FRENCH

Language and Life Styles

FRENCH

Language and Life Styles

Diane L. Butturff   Assistant Professor of French, Fordham University
Mary E. Coffman   Sponsoring Editor, McGraw-Hill Book Company

McGraw-Hill Book Company
New York • St. Louis • San Francisco
Auckland • Düsseldorf • Johannesburg
Kuala Lumpur • London • Mexico
Montreal • New Delhi • Panama • São Paulo
Singapore • Sydney • Tokyo • Toronto

Design: Patricia Friedman
Illustrations: Tony Giamas/Graphic Arts International
Production Supervisor: Samuel Ratkewitch
Editing Supervisor: Jacqueline Rebisz

Library of Congress Cataloging in Publication Data
Butturff, Diane L
  French, language and life styles.

  Includes index.
  *1. French language—Grammar—1950–   I. Coffman, Mary E.,
joint author.   II. Title.*
PC2112.B8   448'.2'421   75-12797

ISBN 0-07-009455-1

2 3 4 5 6 7 8 9 0   VHVH   7 8 3 2 1 0 9 8 7 6

Preface

FRENCH: LANGUAGE AND LIFE STYLES is an introductory college French text intended to teach students the basic structures of the French language. To learn a new language is to have contact with people whose values and life styles differ from our own. An understanding of these people and their culture should grow simultaneously with the student's increasing knowledge of vocabulary and structure.

Methodology and rationale

Each chapter contains the following divisions: vocabulary presentation, structure, pronunciation practice, practical dialogue, and cultural reading. All of these materials are closely interrelated: the vocabulary taught in the beginning of each lesson is reinforced in the structure drills, dialogue, and cultural reading, and the new structures for a particular lesson reappear in the dialogue and reading.

Vocabulaire

A unique feature of this text is the presentation of new vocabulary through association with culturally authentic illustrations. Too often the acquisition of new vocabulary is either taken for granted or assumed to take place through answering questions about readings in which the words occur or through memorizing dialogues. In FRENCH: LANGUAGE AND LIFE STYLES, most new vocabulary is first encountered in simple sentences which describe actions illustrated in the drawings. In the descriptions of the drawings, direct association of the verbal and the visual without interference from English facilitates the students' thinking in the foreign language. After students have acquired some facility with the language, some words not easily illustrated are introduced through definition in French. New words which students will recognize because of their affinity with English are found in cognate lists in each chapter. Vocabulary is made active through extensive oral and written exercises.

Structure

In the section entitled *Structure* the student learns the particular grammatical points of the lesson. The new structures are first practiced in oral drills structured so as to lead students to make meaningful analogies. The drills offer stimuli which are realistic. Contrived drills such as substitution drills have been kept at a minimum since we do not speak in natural conversation through substitutions. Grammar has been organized so that no irregularities are added to interfere with a regular pattern. Oral practice is followed by a grammatical explanation in English. The written exercises which follow provide the student with a chance to make sure he or she has grasped the grammatical point being studied and at the same time reinforce previously learned vocabulary.

Sons et Symboles

French pronunciation is learned principally through imitation of the professor. An additional aid is an awareness in detail of the correspondence between certain letter combinations and their sound. In the *Sons et Symboles* section in Lessons 1–12, there is practice in one or several sounds.

Conversation

Lessons 1–20 contain a *Conversation*. This *Conversation,* unlike dialogues which appear in many typical audio-lingual texts, has the specific goal of presenting in a conversational context the common, everyday vocabulary needed to deal with practical situations, with hotel managers, airline agents, department store clerks, barbers, cleaners, subway tellers, and taxi drivers. The *Conversation* does not have to be memorized since it is followed by a series of exercises which permit students to manipulate and personalize the language of the conversation. Once the *Conversation* is studied, students can act out the situation in class with sentences they have constructed. The *Conversation* in many chapters is also used as the basis for a directed composition.

Lecture culturelle

In each chapter is a cultural reading which deals with a particular cultural aspect of the French-speaking world. Emphasis is on the peoples, their life styles, their concerns, and their problems. Thus we learn the reasons Parisians are moving to the suburbs, the way French people make friends, the life of the displaced *pied noir*, the life of a farmer in the Jura region, the concerns of a typical French worker, life in North Africa and in Haiti. Students should generally be able to read the *Lecture culturelle* without interrupting their reading since new vocabulary not already taught or not found in the cognate list at the beginning of each chapter is side-noted. In addition, reading selections are controlled to contain only those structures previously learned by the students. Both the vocabulary and structures of the particular lesson involved are used extensively in the reading selection. It is suggested that the readings be studied a few paragraphs at a time after the initial section on *Vocabulaire* has been mastered. The reading selection is followed by a series of comprehension questions. Beginning with Lesson 8 there are suggestions for topics for discussions and compositions.

Flexibility

Instructors will find FRENCH: LANGUAGE AND LIFE STYLES adaptable to individual goals. Suggestions in the *Instructor's Manual* indicate how the book can best be used in a course where the primary emphasis is either on speaking or reading. In a course where writing is the primary goal, many of the structure exercises can be written, and the *Cahier d'Exercices* provides supplementary writing exercises for each section of the text.

FRENCH: LANGUAGE AND LIFE STYLES also contains an unusual amount of material permitting integration of acquired knowledge of vocabulary and structure. The illustrations can be used as the basis for encouraging students to make up stories; the conversational situations can be used as the basis for improvised dialogues, and materials for both directed composition and free composition are provided.

Supplementary materials

The text is accompanied by a *Cahier d'Exercices* with a key to permit the student to work on his or her own on those sections he or she finds difficult. *Tapes* are available and are recorded by native speakers. The *Instructor's Manual* contains a sample lesson plan, detailed suggestions for best use of the text, and sample tests. An appendix in the book includes a pronunciation guide, verb charts, a French-English vocabulary, and a grammatical index.

Diane L. Butturff
Mary E. Coffman
New York, New York, 1976

Acknowledgments

The authors wish to express their gratitude to the many professors with whom they consulted during the development of the text. Particular appreciation is due Madame Germaine P. Cressey, formerly Professor of French, Montclair (N.J.) State College, for her careful reading and helpful critique of the original manuscript. The authors also wish to thank the following people for their help in preparation of the reading selections: Madame Michèle Acevedo, New York, New York; Monsieur Michel Coclet, Instructor of French, Douglass College, Rutgers University, The State University of New Jersey, New Brunswick, New Jersey; Dr. Phyllis Lemert, Carbondale, Illinois; Dr. Françoise Siguret, Université de Montréal; Dr. André Vielwahr, Assistant Professor of French, Fordham University, New York, New York; and Dr. Henry Yeager, The Vail-Dean School, Elizabeth, New Jersey.

The photos used for the opening of each lesson in order are: *On cultive le raisin pour les célèbres vins de France*, Michel Artault—Gamma/EPA (1); *Le lycée Henri IV à Paris*, Alain Keler from EPA (19); *Les gens font une promenade sur le boulevard Saint-Michel*, Alain Keler from EPA (41); *La famille mange beaucoup pour le déjeuner*, Alain Keler from EPA (63); *Une Haïtienne au marché*, Editorial Photocolor Archives (EPA) (85); *Un tisserand devant son métier à tisser*, French Embassy Press and Information Division (111); *Un Breton*, French Embassy Press and Information Division (129); *Des invités chez une famille française*, Alain Keler from EPA (149); *Une vue de Montréal*, Office du Film de Québec (168); *L'américanisation en France*, Alain Keler from EPA (187); *Une scierie dans le Jura*, Editorial Photocolor Archives (EPA) (207); *Un coureur dans le Tour de France*, Bernard Vidal from EPA (223); *L'entrée de la Casbah en Algérie*, Editorial Photocolor Archives (EPA) (241); *Une maison à la campagne*, Alain Keler from EPA (257); *Des jeunes gens devant le cinéma*, Alain Keler from EPA (277); *Un nomade berbère*, Editorial Photocolor Archives (EPA) (299); *Des maisons à Bormes-les-Mimosas*, Alain Keler from EPA (319); *L'arrivée de Louis XVI*, Snark International/EPA (339); *Une scène dans une rue à Dakar, Sénégal*, United Nations/EPA (353); *Une petite rue à Paris*, Alain Keler from EPA (371); *Des candidates à l'avortement se retrouvent auprès du MLAC*, Gamma/EPA (387); *Des embouteillages à Paris*, Editorial Photocolor Archives (405); *Un paysan français*, Bernard Vidal from EPA (421).

Table des matières

1	PREMIÈRE LEÇON
2	*Vocabulaire*
8	*Structure*
8	Nouns, articles, and adjectives
10	Adjectives with one oral form
11	The present tense of the verb *être*; subject pronouns
13	The present tense of regular *–er* verbs
14	Verbs beginning with a vowel
15	*Il y a*
15	Numbers 1–20
15	*Sons et symboles*
15	*a, i, o, au, ou, u*
16	*Conversation*
16	Au café
17	*Lecture culturelle*
17	La France — pays varié
19	DEUXIÈME LEÇON
20	*Vocabulaire*
25	*Structure*
25	Numbers 20–1,000,000
25	The indefinite article
26	Omission of the indefinite article
27	Interrogation
29	The present tense of the verb *aller*
30	*aller* plus the infinitive
31	Negative forms of the present tense
32	The imperative of *–er* verbs
33	Contractions of the definite article
35	The present tense of the verb *avoir*
37	*Sons et symboles*
37	*ie, oui, oi, ui, eu, eu* + consonant
38	*Conversation*
38	À l'Université de Paris
39	*Lecture culturelle*
39	L'Éducation en France

41   TROISIÈME LEÇON
42   *Vocabulaire*
47   *Structure*
47   Dates
48   Verbs ending in –cer and –ger
49   Verbs with –e– in the infinitive
50   Verbs with –é– in the infinitive
51   Time
52   The present tense of regular –ir verbs
53   Inversion with a noun subject
54   The present tense of the verb *faire*
56   Negative interrogative forms of the present tense
57   The present tense of the verbs *pouvoir* and *vouloir*
59   *Sons et symboles*
59   on, an, am, en, em, in, ain, aim, ien, un, um
60   *Conversation*
60   À l'hôtel
61   *Lecture culturelle*
61   Paris

63   QUATRIÈME LEÇON
64   *Vocabulaire*
69   *Structure*
69   Verbs with –yer in the infinitive
69   Adjectives that double the consonant to form the feminine
70   The present tense of the verbs *ouvrir*, *offrir*, and *découvrir*
71   Adjectives ending in –er and –et
73   The present tense of regular –re verbs
74   The partitive
76   Exceptions to the rule for using the partitive
80   *Sons et symboles*
80   e, é, er, ed, et, ez
81   *Conversation*
81   Au restaurant
83   *Lecture culturelle*
83   La Cuisine française

85   CINQUIÈME LEÇON
86   *Vocabulaire*
94   *Structure*
94   The present tense of the verb *savoir*
95   Demonstrative adjectives
97   The present tense of verbs like *connaître*
98   The difference between the verbs *savoir* and *connaître*
98   Adjectives ending in –f in the masculine
100   Possessive adjectives

104 *Depuis, il y a . . . que, voilà . . . que, ça fait . . . que* plus the present tense

106 ***Sons et symboles***

106 *è, ê, ei, ai, ay, e* + two consonants, *e* + final consonant

107 ***Conversation***

107 À l'aéroport

108 ***Lecture culturelle***

108 Haïti

111 SIXIÈME LEÇON

112 ***Vocabulaire***

118 ***Structure***

118 The present tense of the verbs *prendre, apprendre,* and *comprendre*

119 Nouns and adjectives ending in *–al* or *–ail*

120 The present tense of the verbs *partir, dormir, servir,* and *sortir*

121 The adjective *tout*

122 Verbs that end with a vowel sound

123 The interrogative adjective *quel*

124 ***Sons et symboles***

124 *l mouillé; gn;* the consonant *r*

125 ***Conversation***

125 À la gare

126 ***Lecture culturelle***

126 La Vie de l'ouvrier

129 SEPTIÈME LEÇON

130 ***Vocabulaire***

135 ***Structure***

135 Use of *à* and *de* after verbs

136 Adjectives ending in *–eux*

137 The present tense of the verbs *croire* and *voir*

139 Adjectives ending in *–c*

139 *jouer, jouer à, jouer de*

140 Adjectives that precede nouns

143 ***Sons et symboles***

143 silent *h;* aspirate *h;* liaison

144 ***Conversation***

144 Au grand magasin

145 ***Lecture culturelle***

145 La Bretagne

149 HUITIÈME LEÇON

150 ***Vocabulaire***

154 ***Structure***

154 Object pronouns *le, la, l', les*

156 Direct and indirect object pronouns *me, te, nous, vous*

158   The present tense of the verbs *lire, conduire, construire, déduire,* and *dire*

159   Object pronouns in negative sentences

160   Object pronouns in the affirmative imperative

160   Object pronouns in the infinitive

162   ***Sons et symboles***

162   The consonant *c;* the consonant *g*

163   ***Conversation***

163   À la station-service

165   ***Lecture culturelle***

165   La Vie sociale

168   NEUVIÈME LEÇON

169   ***Vocabulaire***

173   ***Structure***

173   *Dire à, demander à* plus the infinitive

174   The present tense of the verbs *falloir* and *valoir*

175   Indirect object pronouns *lui* and *leur*

176   The pronoun *y*

178   The pronoun *en*

181   Formation of regular adverbs

182   ***Sons et symboles***

182   *ch = sh;* the consonant *s*

183   ***Conversation***

183   Chez le médecin

184   ***Lecture culturelle***

184   Le Québec, aujourd'hui

187   DIXIÈME LEÇON

188   ***Vocabulaire***

192   ***Structure***

192   The present tense of verbs like *venir* and *tenir*

193   The present tense of the verbs *boire, devoir,* and *recevoir*

194   Adverbs ending in *–ément, –amment,* and *–emment*

196   Reflexive verbs in the present tense

199   Negative forms of reflexive verbs

200   The imperative of reflexive verbs

201   Reflexive verbs in the infinitive

202   The present tense of the verbs *plaire* and *se taire*

203   ***Sons et symboles***

203   The consonant *t*

204   ***Conversation***

204   Dans la résidence

205   ***Lecture culturelle***

205   La France s'américanise

207　ONZIÈME LEÇON
208　*Vocabulaire*
212　*Structure*
212　　The present tense of the verb *s'asseoir*
213　　The present tense of the verb *pleuvoir*
213　　Comparison of adjectives and adverbs
216　　*Venir de* plus the infinitive
216　　The present participle
218　*Sons et symboles*
218　　*qu = k, j, v, f, ph*
219　*Conversation*
219　　Chez le coiffeur
221　*Lecture culturelle*
221　　Lettre d'un paysan du Jura

223　DOUZIÈME LEÇON
224　*Vocabulaire*
229　*Structure*
229　　The *passé composé* of regular verbs
232　　The comparative and superlative of *bon* and *bien;* demonstrative
　　　　pronouns
234　　Negative forms of the *passé composé*
235　　Interrogative forms of the *passé composé* by inversion
236　　Comparisons of quantity
236　*Sons et symboles*
236　　*d, b, p, l, m, n*
237　*Conversation*
237　　Au théâtre
238　*Lecture culturelle*
238　　Le Tour de France

241　TREIZIÈME LEÇON
242　*Vocabulaire*
247　*Structure*
247　　The present tense of the verbs *mettre, promettre, permettre, battre,*
　　　　se battre
248　　The present tense of the verbs *écrire, décrire, vivre, suivre*
250　　Irregular past participles: *–é, –ait, –i, –is, –it*
251　　Negations *ne . . . jamais, ne . . . plus, ne . . . aucun, ne . . . que*
254　*Conversation*
254　　À la banque
255　*Lecture culturelle*
255　　Les Pieds noirs

257　QUATORZIÈME LEÇON
258　*Vocabulaire*
263　*Structure*

263	The present tense of the verb *mourir*
264	The *passé composé* of verbs with past participles ending in *–u*
266	Emphatic pronouns
270	The verbs *peindre, craindre, joindre,* and *rejoindre*
272	Past participles in *–ert:* the verbs *ouvrir, couvrir, découvrir, offrir, souffrir*
273	**Conversation**
273	À la pharmacie
274	**Lecture culturelle**
274	Un Week-end à la campagne
277	QUINZIÈME LEÇON
278	**Vocabulaire**
282	**Structure**
282	The *passé composé* of verbs conjugated with *être*
285	The *passé composé* of reflexive verbs
287	Agreement of the past participle with verbs conjugated with *avoir*
289	Double object pronouns
294	**Conversation**
294	Au métro
295	**Lecture culturelle**
295	La Vie d'étudiant
299	SEIZIÈME LEÇON
300	**Vocabulaire**
304	**Structure**
304	Position of double object pronouns in the affirmative imperative
306	The imperfect tense
308	The imperfect tense of the verb *être*
309	*Si* and the imperfect tense
309	Use of *à* and *de* after verbs
312	*ne . . . rien, ne . . . personne*
313	*rien ne . . . , personne ne . . . , aucun(e) ne . . .*
315	**Conversation**
315	Une Rencontre
316	**Lecture culturelle**
316	Le Pays du Soleil Couchant
319	DIX-SEPTIÈME LEÇON
320	**Vocabulaire**
325	**Structure**
325	Differences between the *passé composé* and the imperfect
325	Completed action, repeated action
327	Two actions in one sentence
327	Description in the past
328	Verbs of mental activity or condition
329	Prepositions with geographical names

331   Regular forms of the future tense
334   *Conversation*
334   À la poste
336   *Lecture culturelle*
336   Des Vacances en Provence

339   DIX-HUITIÈME LEÇON
340   *Vocabulaire*
342   *Structure*
342   Irregular forms of the future tense
342   *être, aller, avoir, faire, savoir*
342   *vouloir, falloir, valoir*
343   *devoir, pleuvoir, recevoir*
344   The future tense after *quand, lorsque, dès que, aussitôt que*
346   *Ne . . . ni . . . ni*
348   *Conversation*
348   Au téléphone
350   *Lecture culturelle*
350   Les Français et la politique

353   DIX-NEUVIÈME LEÇON
354   *Vocabulaire*
357   *Structure*
357   Irregular forms of the future tense
357   *pouvoir, voir, envoyer, courir, mourir*
357   *venir* and *tenir*
358   *Si* in answer to a negative question or statement
359   Interrogative words: *qui, que, qui est-ce qui, qu'est-ce qui, qu'est-ce que, quoi, qu'est-ce que c'est que*
363   Possessive pronouns
366   *Conversation*
366   En taxi
368   *Lecture culturelle*
368   « Afrique, dis-moi, Afrique »

371   VINGTIÈME LEÇON
372   *Vocabulaire*
374   *Structure*
374   The conditional tense
376   *Si* clauses
378   Relative pronouns
381   Relative pronouns *ce qui* and *ce que*
383   *Conversation*
383   Au comptoir d'un pressing
384   *Lecture culturelle*
384   Paris en août

387   VINGT ET UNIÈME LEÇON
388   *Vocabulaire*
391   *Structure*
391   The subjunctive
392   The subjunctive with expressions of wish or desire
393   The subjunctive with impersonal expressions
395   The subjunctive with expressions of emotion
396   The subjunctive with expressions of doubt
397   The subjunctive of verbs with spelling changes
400   Negation of the infinitive
400   *avant de* and *après* plus the infinitive
402   *Lecture culturelle*
402   Le Mouvement de la Libération de la Femme en France

405   VINGT-DEUXIÈME LEÇON
406   *Vocabulaire*
408   *Structure*
408   The subjunctive of *avoir, être, aller, vouloir, valoir*
410   The subjunctive of *faire, pouvoir, savoir, falloir, pleuvoir*
411   The subjunctive with subordinate conjunctions
414   The subjunctive with indefinite antecedents and with the superlative
415   The subjunctive with *que*
416   The passive voice
419   *Lecture culturelle*
419   La Fuite vers la banlieue

421   VINGT-TROISIÈME LEÇON
422   *Vocabulaire*
424   *Structure*
424   The past subjunctive
426   The pluperfect tense
427   The conditional past tense
429   The future perfect tense
431   Causative *faire; laisser, voir, entendre* plus the infinitive
434   *Lecture culturelle*
434   Le Sens de l'humour

437   *Pronunciation*
445   *Verb Charts*
455   *Vocabulary*
485   *Index*

FRENCH

Language and Life Styles

PREMIÈRE LEÇON

Vocabulaire

1.   Un artiste dessine.
Il dessine dans une rue.
La rue est petite.
Il dessine une montagne.
La montagne est haute.
Il dessine une vache aussi.
Les hommes et les femmes admirent l'artiste.
Ils aiment l'artiste.
2.   Des gens sont à la terrasse d'un café.
Ils restent des heures au café.
Ils parlent français.
Ils bavardent beaucoup.
Le garçon apporte un verre de vin.
Il apporte une bière et un café chaud aussi.
Le fromage et le pain sont avec les raisins.
L'étudiant regarde dans le guide.
Il y a une photo dans le guide.
C'est une plage.

3. Les garçons rencontrent les
jeunes filles.
Ils sont dans une boîte de nuit.
Ils dansent et ils écoutent des disques.
Ils sont contents.
4. C'est une ville moderne.
La ville est grande.
Il y a un musée, un théâtre et un
cinéma dans la ville.
Il y a des embouteillages sur le
boulevard.

5.   C'est un village.
Le village est joli.
Les gens habitent dans le village.
Ce sont les habitants.
Il y a une usine dans le village.
Les ouvriers travaillent dans l'usine.
Il y a une tour ici.
6.   Les paysans travaillent dans les champs.
Ils cultivent le blé.

l'unité (f.)	le moment	discuter	mécanisé, –e
la diversité	le problème		cosmopolite
la photo	la pollution	fatigué, –e	agricole
le guide	l'air (m.)	riche	excellent, –e
le monument	la population	touristique	nécessaire
le centre	la région	célèbre	industriel, –le
la mode	la porcelaine	pittoresque	textile
la culture	le parfum	politique	magnifique
l'art (m.)	l'industrie (f.)	moderne	immédiatement
le café	le ski		
la littérature	la partie		

Les gens bavardent au café.   *Alain Keler from EPA* Une petite rue   *Alain Keler from EPA*

Pratique orale

A. Répondez.

1. Est-ce qu'un artiste dessine dans une rue?
2. Est-ce que la rue est petite?
3. Est-ce qu'il dessine une montagne et une vache?
4. Est-ce que la montagne est haute?
5. Est-ce que les hommes et les femmes admirent l'artiste?
6. Est-ce qu'ils aiment l'artiste?
7. Est-ce que des gens sont à la terrasse d'un café?
8. Restent-ils des heures au café?
9. Est-ce qu'ils parlent français?
10. Est-ce qu'ils bavardent beaucoup?
11. Est-ce que le garçon apporte un verre de vin?
12. Est-ce qu'il apporte une bière et un café chaud aussi?
13. Est-ce que le fromage et le pain sont avec les raisins?
14. Est-ce que l'étudiant regarde dans le guide?
15. Est-ce qu'il y a une photo dans le guide?
16. Est-ce que les garçons rencontrent les jeunes filles?
17. Est-ce qu'ils sont dans une boîte de nuit?
18. Est-ce qu'ils dansent et écoutent des disques?
19. Est-ce qu'ils sont contents?
20. Est-ce que c'est une ville moderne?
21. Est-ce que la ville est grande?
22. Est-ce qu'il y a un musée, un théâtre et un cinéma dans la ville?
23. Est-ce qu'il y a des embouteillages sur le boulevard?
24. Est-ce que c'est un village?
25. Est-ce que le village est joli?
26. Est-ce que les gens habitent le village?
27. Est-ce que ce sont les habitants?
28. Est-ce qu'il y a une usine dans le village?
29. Est-ce que les ouvriers travaillent dans l'usine?
30. Est-ce qu'il y a une tour?
31. Est-ce que les paysans travaillent dans les champs?
32. Est-ce qu'ils cultivent le blé?

Les Champs-Élysées

Alain Keler from EPA

B.   *Répondez selon les modèles.*

> *Qu'est-ce que* l'artiste dessine?
> L'artiste dessine *une montagne.*

What 1.   Qu'est-ce que les hommes et les femmes admirent?

2.   Qu'est-ce que le garçon apporte?

3.   Qu'est-ce que l'étudiant regarde?

4.   Qu'est-ce que les garçons et les jeunes filles écoutent?

5.   Qu'est-ce qu'il y a dans la ville?

> *Qui* dessine?
> *Un artiste* dessine.

Who 1.   Qui admire l'artiste?

2.   Qui reste à la terrasse d'un café?

3.   Qui apporte un verre de vin?

4.   Qui regarde dans le guide?

5.   Qui travaille dans les champs?

> *Où* est l'artiste?
> L'artiste est *dans une rue.*

Where 1.   Où est l'étudiant?

2.   Où sont les garçons et les jeunes filles?

3.   Où est-ce qu'il y a des embouteillages?

4.   Où est l'usine?

> *Comment* est la rue?
> La rue est *petite.*

How 1.   Comment est la montagne?

2.   Comment est le café?

3.   Comment est la ville?

4.   Comment est le village?

Exercices   A.   *Complete each sentence with an appropriate word.*

1.   L'artiste _____ dans une rue.

2.   Les gens bavardent beaucoup. Ils _____ français.

3.   Le garçon apporte un _____ de vin.

4.   Les jeunes filles _____ des disques.

5.   Les paysans _____ le blé.

6.   Il y a un _____, un théâtre et un cinéma dans la ville.

7.   Les gens travaillent dans une _____.

8.   La rue est petite mais la tour est _____.

B.   *Answer the following questions, using the indicated word.*

1.   Qu'est-ce qui est joli?   *Le village*

2.   Où est-ce que les paysans travaillent?   *dans les champs*

3.   Qui regarde dans le guide?   *L'étudiant*

4.   Qu'est-ce qui est petit?   *Le village*

5.   Où sont les gens?   *sur le boulevard*

6.   Qu'est-ce que le garçon apporte?   *une bière*

Structure ✧

NOUNS, ARTICLES, AND ADJECTIVES

Pratique
orale

A. Répétez.

La fille est petite.
Le garçon est petit.
L'ouvrier est petit.

B. Substituez.

La	rue / femme / ville / plage	est grande.		L'artiste / L'ouvrier / L'homme / L'étudiant	est intéressant.

Le	boulevard / musée / théâtre / café	est grand.		L'étudiante / L'usine / L'artiste	est intéressante.

C. Répondez.

1. La rue est petite?   2. La montagne est haute?   3. La ville est grande?
4. L'étudiante est intéressante?   5. L'usine est grande?   6. L'artiste est contente?   7. Le disque est intéressant?   8. Le village est petit?   9. Le boulevard est grand?   10. L'homme est petit?   11. L'ouvrier est grand?

D. Répétez.

Les filles sont petites.   Les étudiantes sont intéressantes.
Les boulevards sont grands.   Les hommes sont contents.

E. Substituez.

Les	filles / femmes / montagnes / rues / photos	sont petites.	Les	garçons / boulevards / cafés / théâtres / cinémas	sont grands.

F.   Répondez.

1. Les filles sont contentes?   2. Les villes sont intéressantes?   3. Les villages sont petits?   4. Les boulevards sont grands?   5. Les usines sont grandes?   6. Les étudiantes sont petites?   7. Les hommes sont français? 8. Les artistes sont intéressants?

Note grammaticale

In French, nouns are either masculine or feminine. The definite article that accompanies masculine nouns is *le*. The definite article that accompanies feminine nouns is *la*. *L'* is used for both masculine and feminine nouns beginning with a vowel or silent *h*.

masculine	*feminine*
le garçon	la fille
le village	la ville
l'étudiant	l'étudiante

Some nouns can be either masculine or feminine.

l'artiste (m. or f.)

The plural of the definite article is *les* for both masculine and feminine nouns. Note that *les* is linked with a *z* sound to a word beginning with a vowel or silent *h*. This is called liaison. Many nouns add *s* to form the plural.

masculine	*feminine*
les garçons	les filles
les boulevards	les montagnes
les hommes	les étudiantes

An adjective must agree with the noun it modifies in both gender and number (singular or plural). Note that the final consonant of many feminine adjectives is pronounced while the final consonant of many masculine adjectives is silent. To form the feminine, an *e* is added to the masculine. To form the plural, an *s* is added to either the masculine or feminine form. The pronunciation of singular and plural adjectives is the same.

La fille est petite.
Les filles sont petites.

Le garçon est grand.
Les garçons sont grands.

le, la, les

Exercices

A.   Complete each sentence with the appropriate definite article.

1. _____artiste dessine dans _____ rue.
2. _____ hommes et _____ femmes dansent dans _____ boîte de nuit.
3. _____ garçon apporte _____ verre de vin.
4. _____ ouvriers travaillent dans _____usine.
5. _____ montagne est haute.
6. _____ boulevard est grand.

B. *Complete each sentence with the appropriate form of the indicated adjective.*

1. Il y a des embouteillages sur les _____ boulevards.   *grand*
2. La rue est _____.   *petit*
3. Les montagnes sont _____.   *haut*
4. Les musées et les théâtres sont _____.   *intéressant*
5. L'étudiant est _____.   *content*
6. Les femmes sont _____.   *français*

C. *Answer each question with an appropriate adjective.*

1. Comment est la jeune fille?
2. Comment sont les montagnes?
3. Comment est l'homme?
4. Comment sont les boulevards?
5. Comment est la rue?
6. Comment sont les théâtres?

ADJECTIVES WITH ONE ORAL FORM

Pratique orale

A. *Répétez.*

La ville est jolie.   La montagne est magnifique.
Les villes sont jolies.   Les montagnes sont magnifiques.
Le village est joli.   Le vin est magnifique.
Les villages sont jolis.   Les vins sont magnifiques.

B. *Répondez.*

1. La ville est jolie?   2. Le musée est joli?   3. Les jeunes filles sont fatiguées?   4. Les hommes sont fatigués?   5. La montagne est magnifique? 6. Le pain est magnifique?   7. Les boîtes de nuit sont célèbres?   8. Les vins sont célèbres?

Note grammaticale

Adjectives that end in a vowel other than a silent *e* add *e* to form the feminine and *s* to form the plural. Note that all four forms sound alike.

Le musée est joli.   La montagne est jolie.
Les musées sont jolis.   Les montagnes sont jolies.

Adjectives that end in a silent *e* require no change to form the feminine. An *s* is added to form the plural. There is no change in pronunciation.

Le village est magnifique.   La ville est magnifique.
Les villages sont magnifiques.   Les villes sont magnifiques.

Exercice

A. *Write the correct form of the indicated adjective in the sentence.*

1. La ville est _____ et _____.   *cosmopolite, moderne*
2. L'homme est _____ et _____.   *jeune, célèbre*
3. Les villages sont _____.   *pittoresque*
4. Les plages sont _____.   *joli*
5. Les musées sont _____.   *magnifique*

THE PRESENT TENSE OF THE VERB **ÊTRE**; SUBJECT PRONOUNS

Pratique
orale

Third person — il, elle, ils, elles

A.   Répétez.

La fille est fatiguée.   Le garçon est content.

Elle est fatiguée.   Il est content.

Les filles sont fatiguées.   Les garçons sont contents.

Elles sont fatiguées.   Ils sont contents.

B.   Répondez avec un pronom.

1. La fille est petite?   2. La ville est célèbre?   3. Les femmes sont intéressantes?   4. Les montagnes sont hautes?   5. Le garçon est grand?
6. Le vin est célèbre?   7. Les hommes sont intéressants?   8. Les cafés sont pittoresques?

First person — je, nous

A.   Répétez.

Je suis content(e).   Nous sommes grand(e)s.

Je suis étudiant(e).   Nous sommes étudiant(e)s.

B.   Substituez.

Je suis	étudiant. grand. artiste.	Nous sommes	célèbres. contents. magnifiques.

C.   Répondez.

1. Êtes-vous un garçon (une fille)?   2. Êtes-vous étudiant(e)?   3. Êtes-vous intéressant(e)?   4. Êtes-vous content(e)?   5. Êtes-vous des garçons (des jeunes filles)?   6. Êtes-vous étudiant(e)s?   7. Êtes-vous content(e)s?
8. Êtes-vous artistes?

Second person — vous

A.   Substituez.

Êtes-vous de New York,	mademoiselle? monsieur? madame?

Êtes-vous de Chicago,	mesdemoiselles? mesdames? messieurs?

B.   Imitez les modèles.

> Elle est de New York.
> Êtes-vous de New York aussi, Pierre?

1. Elle est de Paris.   2. Il est de New York.   3. Il est de Montréal.

> Elles sont de New York.
> Êtes-vous de New York aussi, Pierre et Marie?

1. Elles sont de Paris.   2. Ils sont de Marseille.   3. Elles sont de Québec.

Second person singular — tu

A.   *Répétez.*

Tu es de New York.

Es-tu étudiant(e) ?

B.   *Substituez.*

Pierre, es-tu | français?
étudiant?
de Paris?

C.   *Imitez le modèle.*

> Marie est de New York.
> Et toi, d'où es-tu?

1. Hélène est de Paris.   2. Pierre est de Marseille.   3. André est de Bruxelles.   4. Élisabeth est de Lyon.   5. Marc est de Lille.

Note grammaticale

The verb *être* (to be) is an irregular verb. Study the following forms.

je suis	nous sommes
tu es	vous êtes
il est	ils sont
elle est	elles sont

Note that the subject pronouns are *je, tu, il, elle, nous, vous, ils,* and *elles.* When one noun is masculine and one noun is feminine, the masculine plural form *ils* is used. In French there are two ways of saying *you* when speaking to one person— *vous* or *tu.* When addressing an elder or a person whom you do not know well, *vous* is used. When addressing a child, a friend, relative, or close associate, the familiar *tu* form is used. When addressing two or more people, either friends or acquaintances, the pronoun *vous* is used.

> Es-tu étudiante, Marie?
>
> Es-tu artiste, Jean?
>
> Êtes-vous étudiante, mademoiselle?
>
> Êtes-vous artiste, monsieur?
>
> Êtes-vous étudiants?
>
> Êtes-vous artistes, mesdames et messieurs?

Exercice

A.   *Complete the following with the correct form of the verb* être.

1.   Je _____ étudiante.
2.   Pierre _____ français.
3.   Les garçons _____ grands.
4.   Le village _____ pittoresque.
5.   Nous _____ françaises.
6.   _____-tu artiste?
7.   Vous _____ contents.
8.   _____-vous de New York, monsieur?
9.   Ils _____ pittoresques.
10. Elle _____ française.

THE PRESENT TENSE OF REGULAR —ER VERBS

Pratique orale

A.   Répétez.

Vous parlez français?   Tu regardes les photos?

Oui, nous parlons français.   Oui, je regarde les photos.

B.   Répondez.

1. Vous parlez français?   2. Vous travaillez?   3. Vous dessinez?
4. Vous dansez dans les boîtes de nuit?   5. Tu regardes les photos?
6. Tu bavardes beaucoup?   7. Tu rencontres Marie?   8. Tu restes ici?

C.   Répondez.

1. Les hommes cultivent le blé?   2. Ils travaillent?   3. Les femmes restent dans la rue?   4. La jeune fille rencontre Pierre?   5. Le garçon dessine dans la rue?   6. On discute politique?

D.   Imitez le modèle.

> Je regarde le film.
> Et toi, Jean, qu'est-ce que tu regardes?
> Et vous, Marie et Jean, qu'est-ce que vous regardez?

1. Je dessine le village.   2. Je regarde le musée.   3. Je parle français.
4. Je regarde la montagne.

Note grammaticale

Verbs whose infinitives end in *–er* are commonly referred to as first conjugation verbs. To form the present tense of *–er* verbs, the infinitive ending *–er* is dropped and the endings *–e, –es, –e, –ons, –ez, –ent* are added to the stem. Note that all the singular forms and the third person plural sound alike. The pronoun *on* is a third person singular pronoun meaning "you, one, people, they." Study the following:

parler	*regarder*
je parle	je regarde
tu parles	tu regardes
il parle	il regarde
elle parle	elle regarde
on parle	on regarde
nous parlons	nous regardons
vous parlez	vous regardez
ils parlent	ils regardent
elles parlent	elles regardent

Note that the present tense is also equivalent to the present progressive in English. *Je parle* can mean "I am speaking," or "I speak."

Exercices

A.   Complete the following with the appropriate form of the indicated verb.

1. Elle _____ français.   *parler*
2. Il _____ les ouvriers.   *regarder*
3. Je _____.   *travailler*
4. Je _____ dans la rue.   *rester*
5. Tu _____ un homme.   *rencontrer*
6. Tu _____ la plage.   *dessiner*
7. Elles _____ le pain.   *apporter*
8. Ils _____ politique.   *discuter*

B.   Complete the following with the appropriate form of the indicated verb.

1. Je _____ français.   *parler*
2. Nous _____ les artistes dans la rue.   *regarder*
3. Les hommes _____ dans l'usine.   *travailler*
4. Tu _____ dans les boîtes de nuit.   *danser*
5. Vous _____ beaucoup.   *parler*
6. La femme _____ les photos.   *regarder*
7. Ils _____ au café.   *bavarder*
8. Il _____ les gens sur le boulevard.   *regarder*
9. Nous _____ la montagne.   *dessiner*
10. Vous _____ au café.   *rester*

VERBS BEGINNING WITH A VOWEL

Pratique orale

A.   Répétez.

Est-ce que vous aimez la photo?   Est-ce que tu admires l'artiste?
Oui, nous aimons la photo.   Oui, j'admire l'artiste.
Est-ce que vous écoutez les disques? Est-ce que tu habites en ville?
Oui, nous écoutons les disques.   Oui, j'habite en ville.

B.   Répondez.

1. Aimez-vous les photos?   2. Habitez-vous en ville?   3. Admirez-vous l'artiste?   4. Écoutes-tu les disques?   5. Aimes-tu les fromages?   6. Apportes-tu un verre de vin?

C.   Répondez.

1. Est-ce que les jeunes filles aiment les disques?   2. Est-ce qu'elles aiment les disques modernes?   3. Est-ce qu'elles admirent les photos?   4. Est-ce que les hommes écoutent la conversation?   5. Est-ce qu'ils aiment discuter politique?   6. Est-ce que la fille habite dans le village?   7. Aime-t-elle les disques modernes?   8. Admire-t-il le monument?

Note grammaticale

Many *-er* verbs begin with a vowel or silent *h*. Before such verbs, the *e* of *je* is dropped and becomes *j'*. With *ils, elles, nous* and *vous,* the final *s* is pronounced with the following as a *z*. This is called liaison.

J'écoute les disques.
Ils‿aiment les photos.
Elles‿admirent l'artiste.
Nous‿écoutons les disques.
Vous‿habitez dans le village.

Note that there is no liaison or elision in the *tu, il,* or *elle* forms.

Tu écoutes les disques.
Il admire le monument.
Elle aime la ville.

Exercices   *A.   Change the verbs in the following sentences from the plural to the singular.*

1. Nous aimons le disque.
2. Nous écoutons l'artiste.
3. Nous admirons le monument.
4. Nous habitons ici.

B.   Change the verbs in the following from the singular to the plural.

1. J'écoute les disques.
2. Il apporte le pain.
3. Elle aime la ville.
4. Tu habites dans le village.

IL Y A

Pratique   *A.   Substituez.*
orale

| Il y a | un café
un musée
un théâtre | sur le boulevard. | Il y a | des cinémas
des boulevards
des théâtres | dans la ville. |

B.   Répondez selon le modèle.

Qu'est-ce qu'il y a dans la ville?   *un théâtre*
Il y a un théâtre dans la ville.

1. Qu'est-ce qu'il y a dans le village?   *un café*   2. Qu'est-ce qu'il y a dans la ville?   *un musée*   3. Qu'est-ce qu'il y a dans le guide?   *une photo*
4. Qu'est-ce qu'il y a dans la rue?   *des embouteillages*   5. Qu'est-ce qu'il y a dans la boîte?   *des disques*   6. Qu'est-ce qu'il y a dans les champs?   *des vaches*

Note   The expression *il y a* is used to express "there is" or "there are."
grammaticale

Il y a un artiste dans la rue.
Il y a des musées dans la ville.

NUMBERS 1–20   *20 – 1,000,000 – p. 25*

Note   The numbers 1–20 in French are:
grammaticale

1	un, une	6	six	11	onze	16	seize
2	deux	7	sept	12	douze	17	dix-sept
3	trois	8	huit	13	treize	18	dix-huit
4	quatre	9	neuf	14	quatorze	19	dix-neuf
5	cinq	10	dix	15	quinze	20	vingt

SONS ET SYMBOLES

a	*i*	*o*	*o, au*	*ou*	*u*
agricole	ici	apporte	au	vous	tu
artiste	Paris	mode	aux	nous	une
vache	Henri	notre	autre	bonjour	du
fromage	six	votre	chaud	beaucoup	pollution
regarde	dix	agricole	photo	tour	discuter
cinéma	riche	fromage		pour	pur

Conversation

AU CAFÉ

Pierre:	Vous aimez Paris?
Georges:	Oui, j'aime beaucoup les théâtres, les cinémas, les cafés . . .
Yvonne:	Tiens, il y a un café ici dans le Quartier latin.
Pierre:	Bonne idée. Je suis fatigué.
	Au café
Georges:	Une demi-blonde, s'il vous plaît.
Pierre:	Et deux cafés.
Yvonne:	Tu parles bien français, Georges.
Georges:	Merci. Tu es trop gentille.
Pierre:	Non, c'est vrai. Tu parles très bien.

Tiens *Well*
Quartier latin *Latin Quarter*
Bonne idée *Good idea*
demi-blonde *light beer*
s'il vous plaît *please*
trop gentille *too nice*
c'est vrai *it's true*

Exercice

A. *Answer the following questions with a complete sentence.*

1. Est-ce que Georges aime beaucoup Paris?
2. Où est-ce qu'il y a un café?
3. Est-ce que Pierre est fatigué?
4. Qu'est-ce qu'Yvonne et Pierre demandent?
5. Qui parle bien français?
6. Qui est trop gentil?
7. Selon Pierre, est-ce que Georges parle très bien?

On travaille dans les champs.

Robert Rapelye from EPA

Lecture culturelle

LA FRANCE — PAYS VARIÉ

pays *country*
Mais *But*
seule *only*
en *in*
d'abord *first of all*
pense *thinks*
des *of*
comme *like*
qui *who*
mondial *world*
mode *fashion*
puis *then*
quelquefois *some-times*
écrivains *writers*
connus *famous*
oublie *forgets*
vie *life*
jusqu'à l'aube *until dawn*
de moins de *of less than*
élève *raises*
faire *make, produce*
vinicoles *wine growing*
renommé *renowned*
dentelles *lace*
enfin *finally*
vacances *vacation*
stations de ski *ski resorts*
stations balnéaires *beach resorts*
surtout *especially*
Côte d'Azur *Riviera*

La France — ici on parle français. Mais c'est la seule unité dans un pays riche en diversité. Il y a d'abord Paris. On pense immédiatement aux jolies photos des guides touristiques — les monuments célèbres comme la tour Eiffel, le musée du Louvre, et l'Arc de Triomphe. On regarde les théâtres, les musées et les cinémas sur les grands boulevards. On admire beaucoup les artistes qui dessinent dans les petites rues pittoresques. Oui, Paris est un centre mondial de la mode, de la culture, de l'art. Et puis il y a le Paris des Parisiens. À la terrasse d'un café beaucoup de gens, hommes et femmes, restent des heures à bavarder. Ils aiment discuter des affaires politiques, de l'art, de la littérature. Ils sont contents. Les garçons apportent un verre de vin, une bière ou un café chaud. On rencontre quelquefois des artistes ou des écrivains connus et on oublie un moment les problèmes de la vie moderne et mécanisée — les embouteillages, la pollution de l'air, les problèmes des ouvriers. Dans les boîtes de nuit les étudiants, garçons et filles, dansent et écoutent des disques jusqu'à l'aube.

Oui, les villes cosmopolites sont intéressantes. Mais 40% de la population française habite dans des villages ou des petites villes de moins de 2000 habitants. C'est un pays en grande partie agricole: les paysans travaillent dans les champs pour cultiver le blé nécessaire pour le célèbre pain français; on élève des vaches pour faire les excellents fromages de France. C'est un pays connu pour les régions vinicoles comme la Champagne, la région de Bordeaux ou la Bourgogne où on cultive le raisin pour les célèbres vins de France. La France est aussi un pays industriel renommé pour la porcelaine de Limoges, les parfums de Grasse, les dentelles de Chantilly, l'industrie textile de Lille. Et enfin, c'est un pays de vacances. Il y a des stations de ski dans les hautes montagnes et des stations balnéaires, surtout sur les magnifiques plages de la Côte d'Azur.

Compréhension

A. Répondez.

1. Qu'est-ce qu'on parle en France?
2. À quoi pense-t-on quand on pense à Paris?
3. Quels monuments célèbres est-ce qu'il y a à Paris?
4. Qu'est-ce qu'on regarde sur les grands boulevards?

5. Où est-ce que les artistes dessinent?
6. Où est-ce que les gens restent des heures à bavarder?
7. Qu'est-ce qu'ils aiment discuter?
8. Qu'est-ce que les garçons apportent?
9. Qui est-ce qu'on rencontre quelquefois?
10. Qu'est-ce qu'on oublie?
11. Où est-ce que les étudiants dansent et écoutent des disques?
12. Où habite 40% de la population française?
13. Où est-ce que les paysans travaillent?
14. Est-ce qu'on élève des vaches pour faire les fromages?
15. Où sont les régions vinicoles?
16. Est-ce que la France est aussi un pays industriel?
17. Quelle ville est renommée pour la porcelaine?
18. Où est-ce qu'il y a des parfums? des dentelles? de l'industrie textile?
19. Où est-ce qu'il y a des stations de ski? des stations balnéaires?

DEUXIÈME LEÇON

Vocabulaire

1. Les étudiants vont à la
bibliothèque.
Le bâtiment est très grand.
Il y a des arbres.
2. C'est un jour d'école.
Les élèves sont au lycée.
Ils sont en train de passer un examen.
Ils passent un concours.
Ils pensent.
L'examen n'est pas facile.
L'examen est difficile.
Mais les élèves n'échouent pas.
3. C'est la fin de l'année scolaire.
Après l'examen les étudiants quittent
l'école.
C'est la fin des études.
Les étudiants sont libres.

4. Les étudiants assistent à un cours.

Ils ont dix-huit ans.

Ils sont à la Faculté de Droit.

Ils sont dans une salle de cours.

Ils sont dans un amphithéâtre.

Ils désirent être avocats.

5. La jeune fille entre dans un restaurant.

Elle a envie de manger.

Elle a un choix de menus.

Les repas ne semblent pas chers.

6. Le garçon habite en ville.

Il est dans une chambre.

Il prépare les devoirs de français.

Il prépare un exposé maintenant.

7.   C'est un jardin d'enfants.
C'est une école pour les enfants.
Une enfant parle à une autre enfant.
8.   Pierre parle anglais.
On parle anglais aux États-Unis.
Jean parle espagnol.
Marie parle allemand.
L'anglais, l'espagnol et l'allemand
sont des langues.

les lettres (f.)

le restaurant

l'éducation (f.)

le cycle

le programme

l'équivalent (m.)

l'université (f.)

le groupe

l'histoire (f.)

la géographie

les mathématiques (f.)

la science

le latin

le grec

la spécialisation

l'âge (m.)

le baccalauréat

la médecine

l'établissement (m.)

le prestige

le candidat

la place

le campus

le laboratoire

la manière

l'extérieur (m.)

l'obligation (f.)

l'inscription (f.)

la Sécurité sociale

la réduction

la priorité

le ministère

la flexibilité

le système

la classe

la possibilité

la base

l'autonomie (f.)

l'élite (f.)

exister

commencer

consister

entrer   .

compter

payer

réviser

approuver

décider

réorganiser

changer

critiquer

encourager

continuer

obligé, –e

élémentaire

secondaire

divisé, –e

général, –e

technique

administratif,

   administrative

particulièrement

rigoureux, rigoureuse

physique

supérieur, –e

difficile

américain, –e

arrangé, –e

esthétique

différent, –e

situé, –e

certain, –e

universitaire

assuré, –e

rigide

national, –e

intellectuel, –le

Pratique orale

A.   *Répondez.*

1. Où vont les étudiants?
2. Comment est le bâtiment?
3. Est-ce qu'il y a des arbres?
4. C'est un jour d'école?
5. Où sont les élèves?
6. Sont-ils en train de passer un examen?
7. Est-ce qu'ils passent un concours?
8. Est-ce qu'ils pensent?
9. Est-ce que l'examen est facile ou difficile?
10. Est-ce que les étudiants échouent?
11. C'est la fin de l'année scolaire?
12. Est-ce que les étudiants quittent l'école après l'examen?
13. Est-ce que les étudiants assistent à un cours?
14. Quel âge ont-ils?

Une école maternelle   *Alain Keler from EPA*

15. Sont-ils dans une salle de cours?
16. Sont-ils à la Faculté de Droit?
17. Qu'est-ce qu'ils désirent être?
18. Où est-ce que la jeune fille entre?
19. Est-ce qu'elle a un choix de menus?
20. Est-ce qu'elle a envie de manger?
21. Où habite le garçon?
22. Où est-il?
23. Qu'est-ce qu'il prépare?
24. Qu'est-ce qu'un jardin d'enfants?
25. Est-ce que l'anglais, l'espagnol et l'allemand sont des langues?

Exercice   *A. Complete each sentence with an appropriate word.*

1. Les étudiants _____ un examen.
2. Elle désire travailler. Elle a _____ de travailler.
3. Un _____ est un étudiant.
4. Pierre est à la Faculté de Droit. Il désire être _____.
5. Un _____ est une école pour les enfants.
6. L'étudiant prépare les _____ d'anglais.
7. C'est la fin des études. Les étudiants sont _____.
8. Marie _____ un cours d'histoire.
9. Une _____ est un bâtiment où les étudiants travaillent.
10. On parle _____ aux États-Unis.
11. L'examen n'est pas facile. Il est _____.

1-20-p. 15

Structure

| **Note grammaticale** | | NUMBERS 20–1,000,000 | | | |

Study the following numbers.

20	vingt	60	soixante	100	cent
21	vingt et un	61	soixante et un	101	cent un
22	vingt-deux	69	soixante-neuf	102	cent deux
23	vingt-trois	70	soixante-dix	120	cent vingt
24	vingt-quatre	71	soixante et onze	200	deux cents
25	vingt-cinq	72	soixante-douze	201	deux cent un
26	vingt-six	73	soixante-treize	1.000	mille
27	vingt-sept	74	soixante-quatorze	1.100	onze cents
28	vingt-huit	75	soixante-quinze		mille cent
29	vingt-neuf	76	soixante-seize	1.300	mille trois cents
30	trente	77	soixante-dix-sept		treize cents
31	trente et un	78	soixante-dix-huit	1900	mille neuf cents
32	trente-deux	79	soixante-dix-neuf		dix-neuf cents
40	quarante	80	quatre-vingts	1976	mille neuf cent
41	quarante et un	81	quatre-vingt-un		soixante-seize
43	quarante-trois	82	quatre-vingt-deux		dix-neuf cent soixante-
50	cinquante	90	quatre-vingt-dix		seize
51	cinquante et un	91	quatre-vingt-onze	2.000	deux mille
54	cinquante-quatre	92	quatre-vingt-douze	1.000.000	un million

THE INDEFINITE ARTICLE

| **Pratique orale** | *A. Substituez.* |

C'est un garçon.
(bâtiment / boulevard / campus / cinéma / théâtre / disque)
C'est un étudiant.
(homme / artiste / amphithéâtre / arbre / avocat / écrivain)
C'est une femme.
(jeune fille / bibliothèque / chambre / école / usine / étudiante)
Ce sont des garçons.
(filles / femmes / champs / devoirs / montagnes / monuments)
Ce sont des hommes.
(étudiants / étudiantes / ouvriers / usines / avocats / universités)

B.   *Transformez selon les modèles.*

>   C'est le garçon.
>
>   C'est un garçon.
>
>   Il travaille dans la chambre.
>
>   Il travaille dans une chambre.

1. C'est le bâtiment.   2. C'est le problème.   3. Il travaille dans la bibliothèque.   4. C'est l'artiste.   5. C'est l'avocat.   6. Georges travaille dans
la chambre.   7. C'est la rue.   8. C'est la montagne.   9. C'est l'université.   10. Marie travaille dans la bibliothèque.   11. Elle travaille dans
l'usine.

C.   *Transformez selon le modèle.*

>   C'est un garçon.
>
>   Ce sont des garçons.

1. C'est un monument.   2. C'est une bibliothèque.   3. C'est une étudiante.
4. C'est un ouvrier.   5. Il y a un théâtre dans la ville.   6. Il y a une bibliothèque à l'université.   7. Il y a un artiste dans la ville.   8. Il y a une usine
dans la ville.

Note grammaticale

The indefinite articles (a, an) in French are *un* for masculine nouns and *une* for
feminine nouns. The plural is *des* (some, any). Note the liaison between *un* or *des*
and a word beginning with a vowel or silent *h*.

>   C'est un disque.
>
>   C'est un‿étudiant.
>
>   C'est une jeune fille.
>
>   Ce sont des photos.
>
>   Ce sont des‿étudiants.

★   The plural of *c'est* is *ce sont*.

Exercice

A.   *Rewrite the following sentences, changing the definite articles* le, la, *or* les
to the indefinite articles un, une, *or* des. *Make all necessary changes.*

1. Marie travaille dans l'usine.
2. C'est le musée.
3. Ce sont les photos.
4. Elle regarde l'ouvrier.
5. Il travaille avec les avocats.
6. Je regarde la photo.

OMISSION OF THE INDEFINITE ARTICLE

Pratique orale

A.   *Répétez.*

Il est étudiant.   C'est un étudiant.

Elle est artiste.   Sartre est un écrivain célèbre.

B.   *Répondez selon le modèle.*

>   C'est un étudiant?
>
>   Oui, il est étudiant.

1. C'est une étudiante?   2. C'est un Français?   3. C'est une Anglaise?
4. C'est un écrivain?   5. C'est un avocat?   6. C'est une Américaine?

C.   *Répondez selon le modèle.*

Il est étudiant?

Oui, c'est un étudiant.

1. Il est français?   2. Elle est artiste?   3. Il est écrivain?   4. Elle est étudiante?   5. Il est avocat?   6. Elle est espagnole?

Note grammaticale

The indefinite article is omitted after the verb *être* when the verb is followed by a predicate adjective or an unmodified noun of nationality, religion, or profession.

Il est avocat.   *He's a lawyer.*

Elle est anglaise.   *She's English.*

The indefinite article is used after *c'est.*

C'est un avocat.

C'est une Anglaise.

The indefinite article must be used when the noun is modified.

Monsieur Dupont est un avocat célèbre.

C'est un avocat célèbre.

Note that names of nationalities are capitalized when they are nouns, but not when they are adjectives. Thus, they are capitalized after *c'est* but not after *il/elle est.*

Exercice

A.   Complete the following sentences with the appropriate *indefinite* articles when necessary.   *un, une, des*

1. C'est ___un___ étudiant.
2. Il est _____ artiste.
3. Monsieur Dupont est _____ avocat.
4. Je suis ___une___ étudiante qui travaille.
5. Madame Leclerc est ___une___ artiste célèbre.
6. Elle est _____ française.

INTERROGATION

Intonation, **n'est-ce pas, est-ce que**

Pratique orale

A.   *Répétez.*

Marie travaille?

Tu parles français, n'est-ce pas?

Est-ce que tu passes un examen?
Are you

B.   *Formez des questions selon le modèle.*

Pierre passe un examen.

Pierre passe un examen?

Pierre passe un examen, n'est-ce pas?

Est-ce que Pierre passe un examen?

1. Georges passe un concours.   2. Les repas sont chers.   3. Les étudiants travaillent.   4. Tu restes à la bibliothèque.   5. Pierre entre dans le lycée. 6. Un enfant est dans le jardin.   7. Il prépare un exposé.   8. Elle assiste à un cours d'histoire.

Inversion

A. *Répétez.* [handwritten: connect inverted subj + verb + hyphenate it]

Regarde-t-il le monument?   Passe-t-elle un examen?
Regardent-elles les artistes?   Passent-ils un concours?

B. *Substituez.*

Travaille-t-il |
Reste-t-elle | à la bibliothèque?
Sont-ils |

C. *Transformez selon le modèle.*

Il travaille.
Travaille-t-il?

1. Il entre dans un restaurant.   2. Elle entre dans l'amphithéâtre.   3. Ils
échouent à l'examen.   4. Elles parlent français.   5. Il est français.
6. Elles sont libres.

D. *Substituez.*

Danses-tu |
Entres-tu |
Êtes-vous | dans la boîte de nuit?
Parlez-vous |

E. *Transformez selon le modèle.*

Tu parles français.
Parles-tu français?

1. Tu regardes le monument.   2. Tu aimes la photo.   3. Vous parlez
français.   4. Vous habitez dans la ville.   5. Nous sommes contents.
6. Nous assistons à un cours d'histoire.

Note grammaticale   [handwritten: ✱]

Questions can be formed in several ways in French.
1. Change the period to a question mark and use a rising intonation.

Pierre parle français?

2. Add *n'est-ce pas* to a declarative sentence.

Tu travailles, n'est-ce pas?

3. Add *est-ce que* at the beginning of a statement and a question mark at the end.
Note that *est-ce que* becomes *est-ce qu'* before a vowel.   [handwritten: ✱]

Est-ce que vous aimez la photo?
Est-ce qu'il parle français?   [handwritten: Est-ce qu'elle parle française?]

4. Invert the pronoun subject and the verb. The subject is connected to the verb
with a hyphen. The *t* sound is pronounced in the *il, elle, ils, elles* forms.

[handwritten: 3rd person - add "t"]

Êtes-vous français?
Restons-nous ici?
Est-il français?
Regardent-elles les monuments?

When inverting a third person singular subject, the letter *t* is added between the pronoun and the verb if the verb ends in a vowel.   *il, elle, on*

Habite-t-il ici?
Travaille-t-elle dans les champs?

Exercices   *A.   Form two questions for each of the following. Use* n'est-ce pas *and* est-ce que.

1. Il écoute les disques.
2. Marie est au cinéma.
3. Pierre est fatigué.
4. Elles aiment l'idée.
5. Les ouvriers travaillent dans les champs.
6. Ils cultivent le blé.

B.   Form questions, using inversion.

1. Tu parles français.
2. Elle entre dans la bibliothèque.
3. Vous êtes français.
4. Ils dessinent dans la rue.
5. Il travaille.
6. Il est intéressant.
7. Tu assistes à un cours.
8. Nous restons au café.

THE PRESENT TENSE OF THE VERB **ALLER**

Pratique orale   *A.   Répétez.*

Pierre va à la bibliothèque.   Georges et André vont à New York.
Marie va au restaurant.   Les étudiants vont à l'université.

B.   Répondez.

1. Est-ce que Pierre va au musée?   2. Est-ce que Marie va à la bibliothèque?
3. Va-t-elle avec Georges?   4. Est-ce que l'artiste va au musée?   5. Est-ce que les élèves vont à l'école?   6. Est-ce que les garçons et les filles vont au lycée?   7. Est-ce que les ouvriers vont à l'usine?   8. Est-ce que les étudiants vont à l'université?

C.   Répétez.

Je vais à New York.   Nous allons au restaurant.
Je vais à l'école.   Nous allons au cinéma.

D.   Répondez.

1. Vas-tu à Paris?   2. Où vas-tu?   3. Vas-tu maintenant?   4. Quand vas-tu à Paris?   5. Vas-tu avec André?   6. Allez-vous au cinéma?
7. Où allez-vous?   8. Allez-vous au théâtre avec Jean?   9. Avec qui allez-vous au théâtre?   10. Allez-vous à Paris?

E.   Répétez.

Est-ce que tu vas au lycée?   Est-ce que vous allez à l'amphithéâtre?
Vas-tu à New York?   Allez-vous à l'université?

F.   Imitez les modèles.

Elle va à Paris.
Et toi? Vas-tu à Paris aussi?

1. Il va à l'école.   2. Il va au restaurant.   3. Elle va au musée.   4. Elle
va au théâtre.

Ils vont au restaurant.
Et vous? Allez-vous au restaurant aussi?

1. Ils vont à la bibliothèque.   2. Elles vont à l'école.   3. Ils vont à l'usine.
4. Elles vont au laboratoire.

**Note
grammaticale**

The verb *aller* (to go) is irregular. Study the following.

singular	*plural*
je vais	nous allons
tu vas	vous allez
il	ils
elle ⎱ va	elles ⎱ vont
on	

Exercice

A.   Complete the following with the correct form of the verb aller.

1. Je _____ au cinéma.
2. Nous _____ à la bibliothèque.
3. Il _____ au musée maintenant.
4. Vous _____ avec Pierre.
5. Elles _____ dans la boîte de nuit.
6. Tu _____ à New York.
7. _____-t-il à l'université?
8. _____-tu au cinéma?

ALLER PLUS THE INFINITIVE

**Pratique
orale**

A.   Répétez.

Il va rester ici.
Je vais travailler.
Allez-vous danser?

B.   Répondez.

1. Est-ce que Georges va aller à Paris?   2. Va-t-il aller avec Pierre?
3. Est-ce que les ouvriers vont travailler?   4. Vont-ils travailler dans les
champs?   5. Vas-tu aller à la bibliothèque?   6. Vas-tu assister à un cours
d'histoire?   7. Allez-vous passer un examen?   8. Allez-vous entrer dans
la salle?

Robert Rapelye from EPA

Un collège technique

Note grammaticale

The verb *aller* followed by the infinitive is used to express an action which is going to happen in the immediate future. It means "to be going to."

> Je vais travailler.
> Il va aller au cinéma.

Exercice

A. *Rewrite the following sentences, using* aller *plus the infinitive.*

> Je parle français.
> Je vais parler français.

1. Je travaille dans l'usine.
2. Il regarde le monument.
3. Elles vont à Paris.
4. Nous entrons dans le restaurant.
5. Vous passez un examen.
6. Tu restes au café.

NEGATIVE FORMS OF THE PRESENT TENSE

Pratique orale

A. *Répétez.*

Ils ne sont pas fatigués.   Elle n'est pas française.
Vous ne travaillez pas.   Le garçon n'écoute pas.

B. *Substituez.*

Vous ne	dansez travaillez restez	pas avec Georges.	Il n'est pas	français. content. fatigué.

C. *Répondez au négatif.*

1. Est-ce que Pierre travaille?   2. Travaille-t-il dans la bibliothèque?
3. Est-ce que les étudiants vont à l'amphithéâtre?   4. Vont-ils au cinéma?
5. Penses-tu au cours?   6. Passes-tu l'examen?   7. Vas-tu préparer
l'exposé?   8. Allez-vous passer l'examen?   9. Pensez-vous au cours
d'histoire?   10. Est-ce que le garçon habite à la Cité Universitaire?
11. Est-il en train de passer l'examen?   12. Est-ce que Marie écoute le
professeur?

Note grammaticale   Verbs in the present tense are made negative by placing *ne* before the verb and *pas* after the verb. Note that *ne* becomes *n'* before a verb beginning with a vowel or silent *h*.

> Je ne travaille pas.
>
> Elles ne sont pas françaises.
>
> Tu n'écoutes pas.
>
> Il n'habite pas ici.

Exercice   *A.   Rewrite the following sentences in the negative.*

1.   Il va à l'université.
2.   Le bâtiment est très grand.
3.   La jeune fille entre dans la salle de cours.
4.   Vous préparez l'exposé.
5.   Nous travaillons dans les champs.
6.   Ils habitent dans le village.
7.   J'échoue à l'examen.
8.   Il reste des heures à la terrasse d'un café.

THE IMPERATIVE OF —ER VERBS

Pratique orale   *A.   Substituez.*

Parle	français! bien! avec Pierre!	Ne	parlez travaillez dansez	pas!

Travaillons Restons Habitons	ici!	N'écoute pas	le disque! l'homme! la femme!

B.   Répondez selon les modèles.   Tu form w/o s

> Je travaille?
>
> Oui, travaille!
>
> Non, ne travaille pas!

1. Je travaille?   2. Je prépare l'exposé?   3. J'assiste au cours?
4. J'entre dans le restaurant?

> Nous allons travailler.   2nd, plural ending "ez"
>
> Bon. Travaillez!

1. Nous cultivons le blé.   2. Nous dessinons.   3. Nous dansons.   4. Nous entrons.

> Dansons!
>
> Non, ne dansons pas!

1. Travaillons!   2. Regardons le monument!   3. Apportons le vin!
4. Assistons au cours de mathématiques!

Note grammaticale

The singular imperative form of –*er* verbs is formed by omitting the pronouns and the *s* of the *tu* form of the verb.

Tu parles français. Parle français!

(omit subject and s in tu ending (es))

The first and second person imperatives are exactly like the conjugated form of the verb without the pronoun.

Nous dansons.	Dansons!
Vous travaillez.	Travaillez!

The negative imperative is formed by placing *ne* before and *pas* after the verb. *Ne* becomes *n'* before a vowel.

Ne parle pas!
N'entrez pas!
Ne restons pas ici!

CONTRACTIONS OF THE DEFINITE ARTICLE

à *plus the definite article*

Pratique orale

A. Substituez.

L'élève va au	café. *(mas sing)* musée. restaurant. lycée.	Nous allons à	l'école. l'université. l'usine.
Elle va à la	bibliothèque. boîte de nuit. chambre.	Vous parlez	aux garçons. aux filles. aux étudiants. aux hommes.

B. Répondez.

1. Est-ce que la fille va au musée?   2. Va-t-elle au théâtre?   3. Reste-t-elle au café?   4. Est-ce que le garçon va à la bibliothèque?   5. Va-t-il à la boîte de nuit?   6. Reste-t-il à la terrasse d'un café?   7. Parle-t-il à la femme?   8. Allez-vous à l'école?   9. Allez-vous à l'université? 10. Parlez-vous à l'artiste?   11. Parlez-vous à l'homme?   12. Parlez-vous aux femmes?   13. Parlez-vous aux garçons?   14. Parlez-vous aux hommes?   15. Parlez-vous aux amis?

à les

(mas plural)

(amies – fem plural)

C. Imitez le modèle.

> Où allez-vous?   *le café*
> Je vais au café.

1. Où allez-vous? *le cinéma*   2. Où va-t-elle? *la bibliothèque*   3. Où vont les femmes? *l'université*   4. Où vas-tu? *les cafés*   5. Où va-t-il? *le musée*   6. Où vont-ils? *les usines*

de plus the definite article

A.   Substituez.

Je parle du	garçon. musée. théâtre. cinéma.		Vous parlez de	l'étudiant. l'homme. l'élève. l'art.
Elle parle de la	jeune fille. femme. bibliothèque. littérature française.		Elle parle	des cours. des villes. des usines. (24 zen) des étudiants.

B.   Répondez.

1. Parle-t-il du musée?   2. Parle-t-elle du cinéma?   3. Est-ce que ce sont les habitants du village?   4. Parlez-vous de la littérature française? 5. Parlez-vous de la jeune fille?   6. Est-ce que ce sont les habitants de la ville?   7. C'est la bibliothèque de l'université?   8. Parlent-ils de l'art? 9. C'est la fin de l'année?   10. Parlez-vous des cours?   11. Parlez-vous des lettres?   12. Parlez-vous des élèves?

C.   Imitez le modèle.

> le garçon
> Je parle du garçon.

1. la jeune fille   2. l'examen   3. les ouvriers   4. le musée   5. la littérature française   6. les lettres

Note grammaticale   The definite article contracts with *à* (to) and *de* (about, from) in the following way:

à + le = au (ch)	de + le = du (d ə)
à + la do not contract.	de + la do not contract.
à + l' do not contract.	de + l' do not contract.
à + les = aux	de + les = des (də)
(eh)	

The preposition *à* (to, at) contracts with the definite article *le* to form *au* and with the definite article *les* to form *aux*. There is a liaison between *aux* and a word beginning with a vowel or silent *h*. The preposition *à* does not change before the definite articles *la* and *l'*.

> Je vais au café.
> Je parle à la jeune fille.
> Je vais à l'université.
> Je parle aux femmes.
> Je parle aux hommes.

The preposition *de* (of, about, from) contracts with the definite article *le* to form *du* and with the definite article *les* to form *des*. The preposition *de* does not change before the definite articles *la* and *l'*. There is a liaison between *des* and a word beginning with a vowel or silent *h*.

Je parle du garçon.
Je parle de la fille.
Je parle de l'université.
Je parle des femmes.
Je parle des‿élèves.

Exercices   *A. Follow the model.*

Allez-vous au café?   *le musée*
Non, je vais au musée.

1. Allez-vous au musée?   *la bibliothèque*
2. Allez-vous à la boîte de nuit?   *le cinéma*
3. Allez-vous au café?   *l'école*
4. Parlez-vous à la femme?   *les hommes*
5. Parlez-vous au garçon?   *les jeunes filles*
6. Parlez-vous à l'écrivain?   *le garçon*

B. Follow the model.

Il parle de la jeune fille?   *le garçon*
Non, il parle du garçon.

1. C'est la bibliothèque du village?   *la ville*
2. Parle-t-il de l'art?   *la littérature française*
3. Parle-t-elle du restaurant?   *les repas*
4. Parlez-vous de la tour?   *le musée*
5. C'est la bibliothèque de l'école?   *l'université*
6. C'est la chambre des hommes?   *les étudiants*

THE PRESENT TENSE OF THE VERB **AVOIR**   (to have)

Pratique orale   *A. Répétez.*

Il a les photos.   Ils ont dix-huit ans.
Elle a une chambre.   Elles ont envie de manger.

B. Répondez.

1. Est-ce que Pierre a dix-huit ans?   2. A-t-il une chambre en ville?
3. Est-ce que Marie a une photo?   4. A-t-elle envie d'aller à Paris?
5. Est-ce que les ouvriers ont des problèmes?   6. Est-ce qu'ils ont envie de travailler?   7. Est-ce que les filles ont des disques?   8. Est-ce qu'elles ont des photos?

C. Répétez.

J'ai un disque.   Nous avons un verre de vin.
J'ai une photo.   Nous avons un cours de sciences.

D.   *Répondez.*

1. As-tu une photo?   2. As-tu un cours d'espagnol?   3. As-tu une chambre?   4. As-tu des disques?   5. Avez-vous un guide?
6. Avez-vous envie de travailler?   7. Avez-vous un verre de vin?
8. Avez-vous un choix de menus?

E.   *Répétez.*

Tu as un disque.   Vous avez dix-huit ans.
As-tu une idée?   Avez-vous un cours de sciences?

F.   *Imitez les modèles.*

> Pierre a un disque.
> As-tu un disque aussi?

1. André a un verre de vin.   2. Yvonne a une chambre.   3. Jean a un cours de géographie.   4. Hélène a une idée.

> Ils ont des disques.
> Avez-vous des disques aussi?

1. Ils ont un cours de sciences.   2. Ils ont envie de manger.   3. Ils ont dix-huit ans.   4. Ils ont des guides.

G.   *Imitez le modèle.*

> Pierre a un disque. Et Jean?
> Jean a un disque aussi.

1. Anne a dix-huit ans. Et Georges?   2. Pierre a envie de manger. Et toi?
3. Elles ont des disques. Et vous, Anne et Marie?   4. Il a un cours de sciences. Et les garçons?   5. Tu as une lettre. Et moi?   6. J'ai une idée. Et Yvonne?

Note grammaticale

The verb *avoir* (to have) is irregular. Study the following.

singular	*plural*
j'ai	nous avons
tu as	vous avez
il ⎫	ils ⎫
elle ⎬ a	elles ⎬ ont
on ⎭	

Avoir is used in many idiomatic expressions. Two of these are:

> *avoir . . . ans*   to be . . . years old
> J'ai dix-huit ans.

> *avoir envie de*   to want to
> J'ai envie de travailler.

Exercices   *A.   Rewrite the following sentences in the singular.*

1.   Nous avons un cours d'anglais.
2.   Vous avez un disque.
3.   Ils ont des photos.
4.   Elles ont dix-huit ans.

B.   Rewrite the following sentences in the plural.

1.   J'ai un verre de vin.
2.   Elle a un cours de sciences.
3.   J'ai envie de manger.
4.   Tu as une idée.

SONS ET SYMBOLES

ie	*oui, oi*	*ui*	*eu*	*eu* + **consonant**
bien	oui	suis	peu	peur
tiens	boîte	nuit	feu	heure
essentiellement	choix	gratuit	deux	jeune
oublier	droit	produire		seule
ouvrier	histoire	puis		
	laboratoire			

Hubert Josse from EPA

Des étudiants à la Sorbonne

Robert Rapelye from EPA

Les étudiants sont dans un amphithéâtre de la Sorbonne.

Conversation

À L'UNIVERSITÉ DE PARIS

Georges:	Où est l'amphithéâtre Descartes?
Philippe:	Dans le bâtiment en face. Vous êtes américain?
Georges:	Oui, et où habitez-vous?
Philippe:	Je suis parisien et j'ai une chambre en ville.
Georges:	Êtes-vous à la Faculté des Lettres?
Philippe:	Non, je vais à la Faculté de Droit. Je désire être avocat. Ah, bonjour, Pierre.
Pierre:	Je n'ai pas envie de travailler. Est-ce que tu vas travailler? Allons boire un petit café au restaurant universitaire.
Philippe:	Bonne idée. Mais un pot seulement, car je pense à l'examen de fin d'année et j'ai un exposé à préparer.

en face *in front*

pot *drink*
seulement *only*

Exercices

A. *Answer the following questions.*

1. Qu'est-ce que Georges demande?
2. Où est l'amphithéâtre?
3. Est-ce que Georges est américain?
4. Est-ce que Philippe est parisien?
5. A-t-il une chambre en ville?
6. Va-t-il à la Faculté des Lettres?
7. Où va-t-il?
8. Qu'est-ce qu'il désire être?
9. Est-ce que Pierre a envie de travailler?
10. Où a-t-il envie de boire un petit café?
11. Est-ce que Philippe va au restaurant avec Pierre?
12. À quoi pense-t-il?

B. *Answer the following personal questions.*

1. Allez-vous à l'université?
2. Où est l'université?
3. Habitez-vous le campus?
4. Habitez-vous en ville?
5. À quels cours assistez-vous?
6. Allez-vous souvent à la bibliothèque?
7. Préparez-vous les devoirs?
8. Pensez-vous à l'examen de fin d'année?

Lecture culturelle

L'ÉDUCATION EN FRANCE

gratuits *free*
même *even*
garderies *nursery schools*
commence *begins*
son *his/her*
premier *first*
enseignement *instruction*
deuxième *second*
Ces *These*
obtenir *to obtain, to get*
postes *jobs*

De 6 à 16 ans les Français sont obligés d'aller à l'école. Pour les enfants de 2 à 6 ans il existe des jardins d'enfants ou des écoles maternelles qui sont gratuits — et même pour les enfants de moins de 2 ans il y a des garderies gratuites.

De 6 à 11 ou 12 ans le jeune Français ou la jeune Française va à une école élémentaire, et à 11 ou 12 ans l'élève commence son éducation secondaire qui est divisée en deux cycles. Le premier, de 4 ans, consiste en un enseignement général. On a aussi le choix d'un programme technique (l'équivalent du « vocational » américain). Il y a des élèves qui quittent l'école après le premier cycle pour aller travailler. D'autres entrent au lycée ou au lycée technique pour le deuxième cycle. Ces étudiants comptent un jour obtenir des postes administratifs ou bien aller à l'université.

L'étudiant du lycée français a un programme particulièrement rigoureux. Il assiste à des cours de français, d'histoire, de géographie, de mathématiques, de sciences et d'éducation physique. Il a aussi un cours de latin ou de grec et des cours d'une ou deux langues modernes, l'anglais, l'espagnol ou l'allemand selon sa spécialisation. À l'âge de 17 ou 18 ans il passe un examen — le baccalauréat. L'examen est difficile et 30 pour cent des étudiants échouent au bac. Après « le bac » un étudiant ou une étudiante a le droit d'entrer à l'une des Facultés d'une université — à la Faculté des Lettres ou à la Faculté de Droit, ou à la Faculté des Sciences (puis à la Faculté de Médecine). À la fin du deuxième cycle du lycée technique, l'élève a un diplôme équivalent au bac et il a le droit d'entrer dans un institut universitaire de technique. Pour les élèves qui désirent aller à une des Grandes Écoles (Polytechnique, Saint-Cyr, École Normale Supérieure, etc.), les établissements d'études supérieures de grand prestige, il y a encore deux ans de classes après le bac pour préparer un concours difficile.

sa *his*
le droit *the right*
encore *still*
Quand *When*
Seules *Only*
cité universitaire *student residence*
peut-être *perhaps*
toujours *always*
faire *do*
plusieurs *several*
en cours d'année *in the course of a year*
porte sur *deals with*
tout le *the whole*
S'il *If he*
redouble *repeats a grade*
c'est-à-dire *that is to say*
frais d'inscription *enrollment fees*
élevés *high*
100 francs *a little more than 20 dollars*

Quand on pense à l'université américaine, on pense à un campus, des arbres et des bâtiments — bibliothèques, salles de cours, laboratoires — arrangés d'une manière esthétique. En général l'université française n'a pas de campus — les différentes facultés sont situées dans différents quartiers de la ville. Seules certaines universités modernes ont une cité universitaire à l'extérieur de la ville. La vie d'un étudiant universitaire en France semble peut-être très libre. Il n'est pas toujours obligé d'aller au cours ou de faire les devoirs. La seule obligation est de passer un ou plusieurs examens en cours d'année qui porte sur tout le programme de l'année. S'il échoue, il redouble, c'est-à-dire qu'il recommence tout le programme de l'année. Les études en France sont gratuites. L'étudiant paie les frais d'inscription, qui ne sont pas très élevés (100 francs). Il est assuré par la Sécu-

environ *about*

rité sociale, et il va manger au restaurant universitaire où les repas ne sont pas chers (environ 2 francs). Et il a aussi des réductions dans les cinémas et dans les théâtres.

Comme en Amérique, on est en train de réviser les priorités du programme sco-

depuis *since*
manifestations *demonstrations*
plus de *more*

laire. Tout est approuvé par le Ministère de l'Éducation Nationale qui réorganise les universités depuis les manifestations d'étudiants de 1968. Il y a maintenant beaucoup plus de flexibilité dans un programme que certains trouvent encore rigide. Maintenant il est plus facile de changer de programme et il y a plus de choix dans le programme secondaire et universitaire. Les universités françaises ont maintenant une certaine autonomie, mais on critique quelquefois un système qui encourage surtout une élite intellectuelle — les étudiants qui vont continuer jusqu'à l'université. Mais tout Français a la possibilité d'entrer dans cette élite car tout est décidé à base de concours et l'université est gratuite, même la célèbre Sorbonne.

Compréhension
A.   Répondez.

1.   Quelles écoles est-ce qu'il y a pour les enfants de 2 à 6 ans?
2.   Qu'est-ce qu'il y a pour les enfants de moins de 2 ans?
3.   À quel âge est-ce que le jeune Français ou la jeune Française va à une école élémentaire?
4.   À quel âge est-ce que l'élève commence son éducation secondaire?
5.   En quoi est-ce que le premier cycle consiste?
6.   A-t-on le choix d'un programme technique?
7.   Est-ce qu'il y a des élèves qui quittent l'école après le premier cycle pour aller travailler?
8.   Où entrent d'autres élèves?
9.   À quels cours l'étudiant du lycée assiste-t-il?
10.   À quel âge passe-t-il le baccalauréat?
11.   Combien d'étudiants échouent au bac?
12.   Après le bac, où est-ce qu'un étudiant ou une étudiante a le droit d'entrer?
13.   Où entre l'étudiant à la fin du deuxième cycle du lycée technique?
14.   Qu'est-ce que c'est que les Grandes Écoles?
15.   À quoi pense-t-on quand on pense à l'université américaine?
16.   Où sont situées les facultés des universités françaises?
17.   Y a-t-il des universités qui ont une cité universitaire à l'extérieur de la ville?
18.   Est-ce que l'étudiant est toujours obligé d'aller au cours ou de faire les devoirs?
19.   Quelle est la seule obligation?
20.   S'il échoue, est-ce qu'il recommence tout le programme de l'année?
21.   Qu'est-ce que l'étudiant paie?
22.   Où va-t-il manger?
23.   A-t-il des réductions dans les cinémas et dans les théâtres?
24.   Qui réorganise les universités?
25.   Est-ce qu'il y a plus de choix dans le programme secondaire et universitaire?

TROISIÈME
LEÇON

Vocabulaire

1. La femme de chambre est dans l'ascenseur.
Elle a la clef numéro 20.
Elle monte au cinquième étage.
Elle monte les bagages.
Les valises pèsent lourd.
Un homme est derrière la femme de chambre.
2. Il est neuf heures du soir.
Il y a deux lits dans la chambre.
À droite il y a une table.
La salle de bains est à gauche.
On paie 20 francs par jour, le petit déjeuner compris.
Le voyageur jette le livre sur le lit.
3. Les touristes font une promenade.
Ils peuvent flâner le long des quais de la Seine.
Ils regardent les pêcheurs à la ligne.
Le bouquiniste est devant la boîte.
Les touristes jettent un coup d'œil sur les livres.
Une fille veut trouver des livres.
Elle choisit un livre.
Elle achète un livre.
Le prix est modeste.

4.   La ville grandit.
C'est un bâtiment ancien.
On élève des immeubles modernes.
On bâtit des immeubles.
Les loyers sont chers.
Un clochard est dans une rue étroite.
Il est pauvre.
Il appelle les gens.
Il va commencer à manger.
La circulation est difficile.
5. · Il est dix heures du matin.
Le commerçant est devant la
boutique.
Il attire les touristes.
La boutique est sur une place.
Au nord il y a un jardin.
Une jeune fille fait la connaissance
d'une autre jeune fille.

le travail   *ce qu'on fait quand on travaille* (work)
    Les ouvriers font du travail.
finir   *terminer*
lent, —e   *le contraire de* rapide (slow)
laid, —e   *le contraire de* joli, jolie (ugly)   lād   lĕd
trop   *d'une manière excessive* (too much, too many)
surpeuplé, —e   *où les occupants sont trop nombreux, où il y a trop de gens*
dernier, dernière   *le contraire de* premier, première (last)   over populated
incroyable   *fabuleux, extraordinaire* (unbelievable)
loin de   *à une grande distance* (far from)
    New York est loin de Paris.
un peu   *le contraire de* beaucoup (a little)
sans   *le contraire d'*avec (without)
il faut   *il est nécessaire de* (he must) (necessary)
il ne faut pas   *on ne peut pas* (one can not)

Alain Keler from EPA

L'Arc de Triomphe

l'hôtel (m.)

le service

l'excursion (f.)

le visiteur

l'impressionniste (m. or f.)

la galerie

le concert

le music-hall

le cabaret

le café-théâtre

le voyageur

le caractère

le salon

le couturier

l'article (m.)

le luxe

la qualité

la basilique

l'appartement (m.)

le personnage

le couple

la tendance

le centre

l'automobile (f.)

l'autoroute (f.)

la beauté

visiter

posséder

exposer

passer

préférer

dominer

démolir

complet, complète

tranquille

artistique

économique

politique

mythique

réel, –le

social, –le

historique

innombrable

chic

entier, entière

luxueux, luxueuse

sombre

parisien, –ne

rarement

urbain, –e

Pratique orale

A. *Répondez.*

1. Est-ce que la femme de chambre a la clef?
2. Où monte-t-elle avec les bagages?
3. Qu'est-ce qu'elle monte?
4. Est-ce que les valises pèsent lourd?
5. Où est un homme?
6. Quelle heure est-il?
7. Combien de lits est-ce qu'il y a dans la chambre?
8. Qu'est-ce qu'il y a à droite et à gauche?
9. Combien est-ce qu'on paie?
10. Où est-ce que le voyageur jette le livre?
11. Qu'est-ce que les touristes font?
12. Où peuvent-ils flâner?
13. Qui est-ce qu'ils regardent?
14. Où est le bouquiniste?
15. Est-ce que les touristes jettent un coup d'œil sur les livres?
16. Est-ce que la fille veut trouver un livre?
17. Est-ce qu'elle choisit un livre?
18. Est-ce qu'elle achète un livre à un prix modeste?
19. Est-ce que la ville grandit?
20. Qu'est-ce qu'on bâtit?
21. Comment sont les loyers?
22. Où est le clochard pauvre?
23. Appelle-t-il les gens?

Le musée du Louvre

24.   Va-t-il commencer à manger?
25.   Comment est la circulation?
26.   Qui attire les touristes devant la boutique?
27.   Qu'est-ce qu'il y a au nord?
28.   De qui est-ce que la jeune fille fait la connaissance?

Exercice   *A.   Complete the following sentences with an appropriate word.*

1.   Les touristes peuvent flâner le long des _____ de la Seine.
2.   Le garçon choisit un livre. Il _____ le livre. Il paie[1] le livre.
3.   Les _____ sont des bagages.
4.   Elle est dans l'_____. Elle monte au cinquième étage.
5.   Les immeubles ne sont pas modernes. Ils sont _____.
6.   Les valises ne sont pas devant le lit. Elles sont _____ le lit.
7.   Elle ne fait pas les devoirs le matin. Elle fait les devoirs le _____.
8.   Le clochard n'est pas riche. Il est _____.
9.   La ville n'est pas jolie. Elle est _____.
10.   Ce n'est pas une chambre avec salle de bains. C'est une chambre _____ salle de bains.
11.   La ville a beaucoup de gens. Elle est _____.
12.   Les ouvriers font du _____.

---

[1] Note that *payer* means "to pay for."

Structure

DATES

Note grammaticale

The days of the week in French are:

lundi	Monday
mardi	Tuesday
mercredi	Wednesday
jeudi	Thursday
vendredi	Friday
samedi	Saturday
dimanche	Sunday

The months of the year are:

janvier	January
février	February
mars	March
avril	April
mai	May
juin	June
juillet	July
août	August
septembre	September
octobre	October
novembre	November
décembre	December

The names of the days of the week and months are not capitalized. The definite article is used with days of the week to indicate habitual occurrence. The article means "every" or "on."

Le lundi j'ai un cours de français.
On Monday I have a French class.

The definite article is not used when talking about a particular day.

Je vais au cinéma samedi soir.
I am going to the movies (on) Saturday night.

Dates are as follows:

Quel jour est-ce aujourd'hui?
What day is it today?

C'est aujourd'hui lundi, le six juin.
Today is Monday, June 6.

C'est aujourd'hui samedi, le trois juillet, dix-neuf cent (mille neuf cent)
soixante-seize.
Today is Saturday, July 3, 1976.

Le samedi trois juillet nous allons au cinéma.
Saturday, July 3, we are going to the movies.

Note that "in" with the names of the months can be expressed by *au mois de* or
by *en*.

> en juillet
> au mois de septembre
> au mois d'août

The seasons in French are: *All masculine*

le printemps	*spring*	au printemps	*in spring*
l'été	*summer*	en été	*in summer*
l'automne	*fall*	en automne	*in autumn*
l'hiver	*winter*	en hiver	*in winter*

"en" is followed by vowels (↑)

VERBS ENDING IN —CER AND —GER

Pratique orale

A. *Répétez.*

Nous commençons à cinq heures.   Nous changeons de place.
Je commence le programme.   Elles mangent au restaurant.

B. *Répondez avec* nous.

1. Commencez-vous le cours de français?   2. Commencez-vous à dix heures?
3. Recommencez-vous la leçon?   4. Recommencez-vous à manger?
5. Mangez-vous au restaurant?   6. Mangez-vous maintenant?
7. Changez-vous de place?   8. Changez-vous de programme?

Note grammaticale

Verbs ending in *–cer* add a cedilla to the *c* in the *nous* form in order to retain
the soft *c* sound.

> nous commençons   *Nous _çons*
> nous recommençons

Verbs ending in *–ger* add an *e* after the *g* in the *nous* form in order to retain the
soft *g* sound.

> nous mangeons   *nous _geons*
> nous changeons

The other forms are exactly like regular *–er* verbs: *je commence, je mange,* etc.

Exercice

A. *Complete the following sentences with the correct form of the indicated verb.*

1. Les jeunes Français _____ l'éducation secondaire à l'âge de 11 ou 12 ans.
   commencer
2. Les étudiants _____ au restaurant universitaire.   *manger*
3. Nous _____ le cours de français.   *commencer*
4. Vous _____ de place.   *changer*
5. Nous _____ au restaurant.   *manger*

VERBS WITH —E— IN THE INFINITIVE

Pratique orale

A. *Répétez.*

Appelez-vous le garçon?
Oui, nous appelons le garçon.
Jetez-vous des livres?
Oui, nous jetons des livres.
Achetez-vous des disques?
Oui, nous achetons des disques.

Appelles-tu un ami?
Oui, j'appelle un ami.
Jettes-tu des livres?
Oui, je jette des livres.
Achètes-tu des photos?
Oui, j'achète des photos.

B. *Répondez.*

1. Appelez-vous les garçons?   2. Jetez-vous les livres sur le lit?
3. Achetez-vous des disques?   4. Pesez-vous les valises?   5. Appelles-tu
un copain?   6. Jettes-tu un coup d'œil sur la boutique?   7. Achètes-tu
des photos?   8. Pèses-tu les lettres?

C. *Répondez.*

1. Est-ce que le professeur appelle les étudiants?   2. Est-ce que les filles
appellent la femme de chambre?   3. Est-ce que le professeur jette le livre?
4. Est-ce que les hommes jettent les clefs?   5. Est-ce que le commerçant
achète des articles?   6. Est-ce que les ouvrières achètent des appartements?
7. Est-ce qu'on élève des vaches en France?   8. Est-ce que les ouvriers
élèvent un immeuble moderne?

D. *Demandez.*

1. Demandez à un ami s'il appelle le professeur.   2. Demandez à une amie si
elle achète des livres.   3. Demandez à Monsieur Legrand s'il jette les livres.
4. Demandez à Madame Dupont si elle achète des disques.

Note grammaticale

Some verbs which contain —e— in the next to the last syllable of the infinitive
change —e— to —è— in all but the *nous* and *vous* forms. Some of these verbs are
acheter, *peser*, and *élever*.

acheter	*peser*	*élever*
j'achète	je pèse	j'élève
tu achètes	tu pèses	tu 'elèves
il elle on } achète	il elle on } pèse	il 'elève
nous achetons	nous pesons	nous 'elevons
vous achetez	vous pesez	vous 'elevez
ils elles } achètent	ils elles } pèsent	ils élèvent

In other verbs with —e— in the infinitive, the final consonant is doubled in all but the *nous* and *vous* forms.

appeler	jeter
j'appelle	je jette
tu appelles	tu jettes
il elle on } appelle	il elle on } jette
nous appelons	nous jetons
vous appelez	vous jetez
ils elles } appellent	ils elles } jettent

Exercices   *A.   Rewrite the following sentences, putting the verbs in the singular.*
1.   Nous achetons des livres.
2.   Vous jetez un coup d'œil sur les pêcheurs.
3.   Nous appelons le professeur.
4.   Vous pesez les valises.

B.   Rewrite the following sentences in the plural.
1.   J'achète des disques.
2.   Tu appelles la femme.
3.   Je pèse les valises.
4.   Tu jettes les lettres dans la boîte.

VERBS WITH —É— IN THE INFINITIVE

Pratique orale   *A.   Répétez.*
Nous préférons aller au cinéma.   Vous répétez les exercices.
Je préfère aller au musée.   Tu répètes les verbes.

B.   Répondez.
1. Préférez-vous les immeubles modernes?   2. Répétez-vous les exercices?
3. Possédez-vous une valise?   4. Possédez-vous une auto?   5. Préfère-t-elle aller à la boîte?   6. Possède-t-il des bagages?   7. Les étudiants répètent-ils les exercices?   8. Les touristes préfèrent-ils flâner sur les quais?
9. Préfères-tu acheter des livres?   10. Répètes-tu les verbes?

C.   Imitez le modèle.
        Elle préfère rester ici.
        Et toi, qu'est-ce que tu préfères?
        Et vous, qu'est-ce que vous préférez?
1. Elle répète les exercices.   2. Il préfère aller au restaurant.   3. Elle possède des livres.   4. Il préfère aller au cinéma.

Note grammaticale

Verbs which contain –é– in the next to the last syllable of the infinitive change –é– to –è– in all but the *nous* and *vous* forms. É becomes è when there is a mute *e* in the ending.

L forms

préférer

je préfère	nous préférons
tu préfères	vous préférez
il	ils
elle ⎫ préfère	elles ⎫ préfèrent
on ⎭	

Exercices

A.   *Rewrite the following sentences in the singular.*

1. Nous préférons flâner le long des quais.
2. Vous répétez les exercices.
3. Nous possédons des disques.
4. Vous préférez les musées de l'art moderne.
5. Ils préfèrent Paris.

B.   *Rewrite the following sentences in the plural.*

1. Je préfère les cabarets.
2. Tu répètes les exercices.
3. Elle possède des articles de luxe.
4. Il préfère regarder les bouquinistes.

TIME

Note grammaticale

The expression for "What time is it?" is *Quelle heure est-il?* Time is expressed in French in the following way.

1:00	une heure	12:30 a.m.	minuit et demi
2:00	deux heures	12:30 p.m.	midi et demi
3:00	trois heures	4:10	quatre heures dix
4:00	quatre heures	4:15	quatre heures et quart *more common*
5:00	cinq heures		quatre heures quinze
6:00	six heures	5:30	cinq heures et demie
7:00	sept heures		cinq heures trente
8:00	huit heures	7:40	huit heures moins vingt
9:00	neuf heures	7:45	huit heures moins le quart
10:00	dix heures		huit heures moins un quart
11:00	onze heures		
12:00 noon	midi		
12:00 midnight	minuit		

To express A.M. and P.M. in French it is necessary to add *du matin, de l'après-midi* or *du soir*.

It is 8:00 A.M.: *Il est huit heures du matin.* It is 3:00 P.M.: *Il est trois heures de l'après-midi.* It is 9:00 P.M.: *Il est neuf heures du soir.*

The word *demi* agrees with the noun when it follows: *midi et demi, une heure et demie.*

THE PRESENT TENSE OF REGULAR —IR VERBS

Pratique orale

A.   Répétez.

Choisissez-vous des livres?

Oui, nous choisissons des livres.

Finissez-vous les devoirs de français?

Oui, nous finissons les devoirs de français.

Choisis-tu des disques?

Oui, je choisis des disques.

Finis-tu à cinq heures?

Oui, je finis à cinq heures.

B.   Répondez.

1. Choisissez-vous des livres?   2. Choisissez-vous des cours?   3. Finissez-vous à minuit?   4. Choisis-tu des articles de luxe?   5. Finis-tu à sept heures?   6. Grandis-tu?

C.   Répondez.

1. Est-ce que le pêcheur choisit une ligne?   2. Est-ce que l'élève finit les devoirs de mathématiques?   3. Est-ce que l'ouvrier bâtit un immeuble?   4. Est-ce que les touristes choisissent des livres?   5. Est-ce que les étudiants finissent les devoirs maintenant?   6. Est-ce que les ouvriers bâtissent des immeubles?

D.   Demandez.

1. Demandez à un ami s'il choisit un livre.   2. Demandez à une amie si elle finit les devoirs de français.   3. Demandez à des ouvriers s'ils démolissent des´ immeubles.   4. Demandez à des ouvriers s'ils bâtissent des immeubles.

Impératif

A.   Substituez.

| Choisis _Tu_ | un livre!
un hôtel!
une chambre! | Choisissez _Tu / Vous_ | un cours!
une photo!
un disque! |

| Finissez _Tu of Vous_ | les devoirs!
à cinq heures!
l'exposé! |

Les gens regardent les livres des bouquinistes.

Alain Keler from EPA

**Note
grammaticale**

"ir" verbs

Verbs whose infinitives end in *–ir* are referred to as second conjugation verbs. To form the present tense of *–ir* verbs, the infinitive ending *–ir* is dropped and the endings *–is, –is, –it, –issons, –issez, –issent* are added to the stem. Note that the pronunciation of all the singular forms sounds alike.

—*is* —*issons*
—*is* —*issez*
—*it* —*issent*

present

finir	choisir
je finis	je choisis
tu finis	tu choisis
il	il
elle } finit	elle } choisit
on	on
nous finissons	nous choisissons
vous finissez	vous choisissez
ils	ils
elles } finissent	elles } choisissent

imperative

Finis!	Choisis!
Finissons!	Choisissons!
Finissez!	Choisissez!

Exercices

A. *Rewrite the following sentences in the plural.*

1. L'étudiant choisit un cours de français.
2. Tu finis à cinq heures et demie.
3. Je choisis un livre dans la boîte du bouquiniste.
4. L'ouvrier bâtit une usine moderne.
5. Tu démolis l'appartement.

B. *Complete the following sentences with the correct form of the indicated verb.*

1. Nous _____ un programme technique. *choisir*
2. Tu _____ les devoirs à huit heures et quart. *finir*
3. Les travailleurs _____ des immeubles modernes. *bâtir*
4. Je _____ un article dans la boutique. *choisir*
5. Elle _____ l'exposé. *finir*
6. Les enfants _____ chaque jour. *grandir*
7. Pierre et Georges, _____ un livre! *choisir*

INVERSION WITH A NOUN SUBJECT

**Pratique
orale**

A. *Répétez.*

Marie parle-t-elle français?   Les ouvriers travaillent-ils dans les champs?
Pierre travaille-t-il dans l'usine?   Marie et Pierre préfèrent-ils les musées?

B. *Imitez le modèle.*

Marie va au cinéma.
Marie va-t-elle au cinéma?

1. Pierre choisit un disque moderne. 2. Anne achète des livres. 3. Le bouquiniste travaille dans la boîte. 4. Les ouvriers élèvent des immeubles modernes. 5. Les femmes de chambre ont la clef. 6. Jean et Marie parlent aux bouquinistes.

Note grammaticale

When inverting a noun subject, state the noun, then the verb, then the pronoun.

statement	question
Marie parle français.	Marie parle-t-elle français?
Les bouquinistes ont des livres.	Les bouquinistes ont-ils des livres?

Exercice

A.   Form questions, using inversion.

1.   Pierre assiste à des cours de géographie, de mathématiques et d'histoire.
2.   Les hommes restent à la terrasse d'un café.
3.   Marie préfère flâner le long des quais de la Seine.
4.   Les étudiants aiment manger au restaurant universitaire.

THE PRESENT TENSE OF THE VERB **FAIRE**

Pratique orale

A.   Répétez.

Il fait une promenade.	Tu fais les devoirs d'anglais.
Elle fait les devoirs de français.	Tu fais un tour dans la ville.
Je fais du français.	
Je fais une excursion.	

B.   Répondez.

1. Est-ce que la femme de chambre fait le lit?   2. Est-ce que l'étudiant fait les devoirs d'anglais?   3. Fait-il la connaissance d'un Français?   4. Fais-tu les devoirs d'anglais?   5. Fais-tu les devoirs le soir? *every evening* 6. Fais-tu des études? 7. Fais-tu une promenade le long des quais?

C.   Demandez.

1. Demandez à un ami s'il fait les devoirs de français.   2. Demandez à une amie si elle fait une promenade.   3. Demandez à un ami s'il fait une excursion. 4. Demandez à une amie si elle fait un tour dans la ville.

D.   Répétez.

Les étudiants font du français.

Les touristes font la connaissance de Paris.

Nous faisons du travail.

Nous faisons une promenade.

Vous faites les devoirs de français.

Vous faites un tour dans la ville.

E.   Répondez.

1. Les étudiants font-ils des études?   2. Font-ils du français?   3. Font-ils les devoirs de mathématiques?   4. Les touristes font-ils une promenade? 5. Font-ils une promenade le long des quais?   6. Faites-vous un tour de la ville?   7. Faites-vous une excursion?   8. Faites-vous une promenade? 9. Faites-vous des études à l'université?

F.   *Demandez.*

1. Demandez à des amis s'ils font un tour dans la ville.   2. Demandez à des amies si elles font une promenade.   3. Demandez à Monsieur Pierron s'il fait la connaissance d'un Français.   4. Demandez à Madame Dubois si elle fait un tour dans la ville.

Note grammaticale

The verb *faire* (to do, to make) is irregular. Study the following.

je fais	nous faisons
tu fais	vous faites
il	ils
elle } fait	elles } font
on	

The verb *faire* is used in many weather expressions.

Il fait beau.	*It is nice.*
Il fait chaud.	*It is warm.*
Il fait frais.	*It is cool.*
Il fait froid.	*It is cold.*
Il fait du soleil.	*It is sunny.*
Il fait du vent.	*It is windy.*
Il fait mauvais.	*The weather is bad.*

Faire is also used in other idiomatic expressions. Some of these are:

faire une promenade   *to take a walk*
> Ils font une promenade le long des quais de la Seine.

faire la connaissance de   *to become acquainted with*
> Marie fait la connaissance de Pierre.

Exercices   A.   *Complete the following sentences with the correct form of the verb* faire.

1. Je _____ une promenade le long des quais de la Seine.
2. Ils _____ du travail le soir.
3. Nous _____ un tour dans la ville.
4. Vous _____ du français à l'université.
5. Elle _____ la connaissance de Jacques.
6. Tu _____ une excursion.
7. Il _____ du soleil.
8. Nous _____ une promenade dans le jardin.

B.   *Answer the following questions according to the cue.*

1. Quel temps fait-il en hiver?   *froid*
2. Quel temps fait-il en été?   *chaud*
3. Quel temps fait-il en automne?   *frais*
4. Quel temps fait-il au printemps?   *du soleil*

C.   *Translate the following sentences.*

1. It is windy.   4.   It is cold.
2. It is sunny.   5.   The weather is bad.
3. It is warm.

NEGATIVE INTERROGATIVE FORMS OF THE PRESENT TENSE

Pratique orale

A. *Répétez.*

Marie ne travaille pas?   Ne vas-tu pas au cinéma?

Est-ce que les enfants ne vont pas à l'école?   Pierre n'est-il pas français?

Il ne finit pas, n'est-ce pas?

B. *Imitez le modèle.*

> Les ouvriers ne travaillent pas.
>
> Les ouvriers ne travaillent-ils pas?

1. Il ne va pas au cinéma.   2. Elle n'est pas française.   3. Vous ne finissez pas à cinq heures.   4. Tu ne préfères pas aller à la boîte de nuit.   5. La femme de chambre n'a pas la clef.   6. Le bouquiniste ne travaille pas sur les quais.   7. Les ouvriers n'élèvent pas l'immeuble.   8. Les touristes ne vont pas au musée.

Note grammaticale

The negative interrogative is formed by placing *ne* before the verb and *pas* after it when using intonation, *n'est-ce pas*, or *est-ce que*.

affirmative	*negative*
Pierre travaille.	Pierre ne travaille pas?
Tu vas au cinéma, n'est-ce pas?	Tu ne vas pas au cinéma, n'est-ce pas?
Est-ce que vous êtes français?	Est-ce que vous n'êtes pas français?

In interrogative sentences by inversion, *ne* is placed before the verb and *pas* is placed after the pronoun.

affirmative	*negative*
Parle-t-il français?	Ne parle-t-il pas français?
Choisit-elle le disque?	Ne choisit-elle pas le disque?
Marie est-elle contente?	Marie n'est-elle pas contente?

La basilique du Sacré-Cœur   *Alain Keler from EPA*

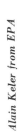
Alain Keler from EPA

Notre-Dame de Paris

Exercice   *A.   Form negative questions by inversion.*

1. Pierre monte les bagages.
2. Il travaille dans l'usine.
3. Le village est laid.
4. Elles restent à la terrasse d'un café.
5. Le bouquiniste appelle les touristes.
6. Tu finis les devoirs.
7. Nous préférons aller au cinéma.

THE PRESENT TENSE OF THE VERBS **POUVOIR** AND **VOULOIR**

Pratique   *A.   Répétez.*
orale   Pouvez-vous aller au cinéma?
Oui, nous pouvons aller au cinéma.
Voulez-vous aller aux concerts?
Oui, nous voulons aller aux concerts.

Peux-tu faire une promenade?
Oui, je peux faire une promenade.
Veux-tu danser dans les boîtes de nuit?
Oui, je veux danser dans les boîtes de nuit.

B.   *Répondez.*

1. Voulez-vous aller à Paris?   2. Voulez-vous aller à la boutique?
3. Pouvez-vous monter les bagages?   4. Pouvez-vous trouver la clef?
5. Veux-tu aller au Quartier latin?   6. Veux-tu aller au musée?
7. Peux-tu regarder les pêcheurs?   8. Peux-tu visiter les monuments historiques?

C.   *Répondez.*

1. Est-ce que Marie veut aller à la boîte de nuit?   2. Veut-elle écouter les disques?   3. Est-ce que Pierre peut regarder les pêcheurs?   4. Peut-il aller au cinéma?   5. Est-ce que les touristes peuvent faire une promenade?
6. Peuvent-ils aller au musée?   7. Est-ce que les ouvriers veulent travailler?
8. Veulent-ils des automobiles?

D.   *Demandez.*

1. Demandez à un ami s'il veut visiter Paris.   2. Demandez à une amie si elle peut commencer la leçon.   3. Demandez à des amis s'ils veulent travailler.
4. Demandez à des amies si elles peuvent aller au cinéma.

Note grammaticale   The verbs *pouvoir* (to be able to) and *vouloir* (to want) are irregular. Note the *v* or *l* sound in the plural forms.

eu ni L forms

pouvoir	*vouloir*
je peux	je veux
tu peux	tu veux
il ⎫	il ⎫
elle ⎬ peut	elle ⎬ veut
on ⎭	on ⎭
nous pouvons	nous voulons
vous pouvez	vous voulez
ils ⎫ peuvent	ils ⎫ veulent
elles ⎭	elles ⎭

Note that *pouvoir* is always followed by an infinitive. *Vouloir* can be followed by an object or an infinitive.

Je peux travailler. (*inf*)
Je veux travailler.
Je veux le livre.

Exercice   *A.   Complete the following sentences with the correct form of the indicated verb.*

1. Je _____ admirer les artistes.   *pouvoir*
2. Il _____ dessiner les petites rues pittoresques.   *vouloir*
3. Nous _____ flâner le long des quais de la Seine.   *pouvoir*
4. Tu _____ des livres pour le cours de français.   *vouloir*
5. Vous _____ jeter un coup d'œil sur les pêcheurs.   *pouvoir*
6. Elles _____ acheter des articles de luxe.   *vouloir*

SONS ET SYMBOLES

on	*an, am*	*en, em*	*in, ain, aim, ien*	*un, um*
on	ans	en	vin	un
vont	dans	cent	jardin	lundi
sont	grand	centre	vingt	vingt et un
salon	manger	entrer	intellectuel	parfum
consiste	restaurant	penser	pain	
montagne	maintenant	rencontrer	train	
station	chambre	différent	certain	
population	champ	souvent	parisien	
		temps	bien	
			faim	

On fait une promenade le long des quais de la Seine.

Alain Keler from EPA

Des immeubles modernes à Paris

Jean Gaumy — Gamma/EPA

Conversation

À L'HÔTEL

Anne:	Nous voulons une chambre à deux lits avec salle de bains, s'il vous plaît.

concierge *manager*
pension complète
*room with breakfast
and dinner*
sur l'arrière   *in the
back*

Concierge:	Oui, mesdemoiselles. Voulez-vous une pension complète?
Suzanne:	Non, seulement avec le petit déjeuner.
Concierge:	Préférez-vous une chambre sur le devant ou sur l'arrière?
Anne:	Ah, Suzanne, choisissons une chambre sur l'arrière. C'est plus tranquille.
Suzanne:	Le service est-il compris?
Concierge:	Oui, c'est 40 francs par jour, le petit déjeuner compris.
Anne:	Bon. Nous pouvons regarder la chambre?
Concierge:	Oui. C'est au sixième étage, numéro 60. La femme de chambre a la clef. Elle va monter les bagages. L'ascenseur est à droite.

car *for*
demain *tomorrow*
renseignements *in-
formation*
À bientôt *See you
soon*

Suzanne:	Bon, car les valises pèsent lourd. Oh — nous voulons faire un tour dans la ville demain. Avez-vous des renseignements?
Concierge:	Oui, la première excursion commence à neuf heures du matin.
Anne:	À bientôt. Merci bien, monsieur.

Exercice   *A.   Answer the following questions with a complete sentence.*

1. Qu'est-ce qu'Anne et Suzanne veulent?
2. Veulent-elles une pension complète?
3. Où préfèrent-elles la chambre?
4. Le service est-il compris?
5. C'est combien le petit déjeuner compris?
6. Où est la chambre?
7. Qui a la clef?
8. Où est l'ascenseur?
9. Qu'est-ce que Suzanne et Anne veulent faire demain?

Lecture culturelle

PARIS

jouit *enjoys*
en fait *makes of it*

Paris est le centre de la vie intellectuelle, artistique, économique et politique de la France qui jouit d'une réputation mondiale qui en fait une ville mythique. Mais il ne faut pas oublier que c'est aussi une ville très réelle qui a des problèmes économiques et sociaux, et où la vie n'est pas toujours facile.

Paris attire les touristes et les visiteurs par centaines de milliers. Ils visitent les monuments historiques, la tour Eiffel, l'Arc de Triomphe, Notre-Dame, les places et les jardins. Pour les amateurs d'art, il y a des musées comme le Louvre, le musée du Jeu de Paume où l'on peut admirer les œuvres des impressionnistes, le musée d'Art Moderne, et si l'on veut, les différentes galeries. Les amateurs de spectacles ont l'embarras du choix: Paris possède en effet plus de cinquante théâtres, sans compter les salles de concert, les music-halls, les cabarets, les cafés-théâtres, et les innombrables cinémas.

l'on *on (Sometimes on is preceded by l to make the pronunciation easier.)*
œuvres *works*
amateurs *fans, enthusiasts, devotees*
spectacles *shows, entertainment*
l'embarras *difficulty*
en effet *in fact*
plus de *more than*
ont tous leur propre *all have their own*
rive gauche *left bank*
arrondissement *district*
monde *world*
plus au *more to the*
butte Montmarte *Montmartre Hill*
également *equally*
insalubres *unhealthy*

Les voyageurs peuvent aussi faire la connaissance des différents quartiers de Paris, qui ont tous leur propre caractère. Ils peuvent flâner le long des quais de la Seine, regarder les pêcheurs à la ligne ou bavarder avec les bouquinistes et jeter un coup d'œil sur les livres qu'ils exposent dans les célèbres « boîtes ». De là, s'ils veulent, ils peuvent passer sur la rive gauche et aller au Quartier latin, visiter la Sorbonne qui est la Faculté des Lettres de l'Université de Paris, faire une promenade sur le Boulevard Saint-Michel (que les Parisiens appellent « le Boul 'Mich' ») et discuter avec les étudiants. S'ils préfèrent, ils peuvent passer sur la rive droite où sont situés les quartiers chic, comme le 16ème arrondissement, le quartier des Champs-Élysées, ou le Faubourg Saint-Honoré. C'est là qu'on trouve les salons des grands couturiers et les boutiques de luxe où l'on achète des articles de haute qualité connus dans le monde entier. C'est aussi sur la rive droite, mais plus au nord, qu'on trouve la butte Montmartre, le quartier des artistes et des boîtes de nuit, dominée par la basilique du Sacré-Cœur. C'est également un quartier de petits commerçants, de petits cafés, et d'appartements pauvres et insalubres qui sont loin d'être luxueux.

« ville lumière » *city of light (nickname for Paris)*
côté *aspect*
avant tout *above all*
Donc *Therefore*
banlieue *suburbs*
vieillit *is aging*
devient *is becoming*

Car la « ville lumière » a aussi un côté sombre. Le clochard est peut-être un personnage très pittoresque sur les quais de la Seine, mais il est aussi et avant tout très pauvre. Certains quartiers parisiens qu'on visite rarement en touriste sont pauvres, laids et surpeuplés. Pour habiter à Paris, en général, il faut acheter un appartement à des prix trop élevés pour un jeune couple. Donc, les jeunes ont tendance à quitter Paris pour la banlieue où les loyers sont plus modestes et les appartements plus modernes. Paris vieillit et devient de plus en plus un centre de travail un peu comme la ville de Washington aux États-Unis. Et comme dans toutes les grandes villes, il y a à Paris des problèmes de pollution et de circulation automobile. Ce dernier problème est peut-être particulièrement difficile à Paris car les rues construites pour laisser passer les chevaux sont très étroites. Paris est une ville qui grandit: on démolit des quartiers anciens, on élève des immeubles modernes; on fait des autoroutes mais les améliorations sont lentes. Devant l'incroyable beauté de Paris, n'est-il pas quelquefois difficile de penser aux problèmes urbains? Mais ces problèmes existent ici comme dans toutes les grandes villes.

construites *built*
laisser passer les
chevaux *let horses
pass*

Compréhension

A. Répondez.

1. De quoi est-ce que Paris est le centre?
2. Est-ce que c'est aussi une ville réelle avec des problèmes économiques et sociaux?
3. Qu'est-ce que les touristes visitent?
4. Quels musées est-ce qu'il y a?
5. Quelles salles de spectacles est-ce qu'il y a?
6. Où est-ce que les visiteurs peuvent flâner?
7. Avec qui peuvent-ils bavarder?
8. Sur quoi est-ce qu'ils peuvent jeter un coup d'œil?
9. Où peut-on faire une promenade au Quartier latin?
10. Quels quartiers sont situés sur la rive droite?
11. Qu'est-ce qu'on trouve ici?
12. Quel est le quartier des artistes et des boîtes de nuit?
13. Qu'est-ce qu'on trouve aussi dans ce quartier?
14. La ville lumière a-t-elle aussi un côté sombre?
15. Qui est un personnage très pittoresque mais pauvre?
16. Comment sont certains quartiers parisiens qu'on visite rarement?
17. Pour habiter à Paris qu'est-ce qu'il faut faire?
18. Qu'est-ce que les jeunes ont tendance à faire?
19. Quels problèmes est-ce qu'il y a à Paris comme dans toutes les grandes villes?
20. Comment est-ce que Paris est une ville qui grandit?

QUATRIÈME LEÇON

Vocabulaire

1

2

1. Les jeunes gens sont au restaurant.
La jeune fille ouvre le menu.
Elle a faim. Elle veut manger.
Elle commande du poulet rôti, des
pommes frites et une salade de
tomates.
Le garçon commande du rosbif, des
haricots verts et une salade.
Comme boisson il y a une bouteille de
vin rouge.
Il y a de l'eau aussi.
Comme dessert il y a de la mousse au
chocolat et des pâtisseries.
Le dîner est bon.

2. Le garçon et la fille entendent une
conversation à l'autre table.
Le garçon paie l'addition.
Il laisse de l'argent sur la table.
Le dîner est cher.

3. La cuisine est un art.
Le chef prépare plusieurs plats.
Il y a de la choucroute et des
saucisses.
Il y a des oignons et des champignons
dans une sauce épaisse.
Il y a quelques gros poissons et des
coquillages.
Le chef essaie un plat préparé avec
beaucoup d'ail,
4. La famille est à la maison.
Elle déjeune.
Le déjeuner est bon.
Il y a de la viande et des légumes.
La femme mange un morceau de
pain.
Il y a des tasses de café sur la table.
Le salon est à côté.

5. Le paysan travaille à la ferme.
Il y a des vaches partout.
Le paysan veut du lait.
On fait du beurre avec de la crème fraîche.
6. L'homme attend les clients.
Il vend du saucisson.
Les femmes achètent du saucisson.

le mot   Aller, garçon, petit *sont des mots. Plusieurs mots font une phrase.*
la matinée   *le matin, le contraire du* soir
l'émission (f.)   *le programme*
répandre   *disperser, disséminer*
employer   *utiliser*
essayer de   *faire un effort de*
découvrir   *trouver*
offrir   *donner*
rentrer   *entrer de nouveau*[1]
fréquenter   *aller souvent à*
descendre   *le contraire de* monter
ressembler à   *avoir les traits communs avec*
breton, —ne   *de la Bretagne*
provençal, —e   *de la Provence*
assez   *en suffisance*
près de   *le contraire de* loin de
ensuite   *puis*
bien des   *beaucoup de*
un peu de   *pas beaucoup de*
souvent   *plusieurs fois*
tout de suite   *immédiatement*

le hors d'œuvre	le filet	le fruit	varié, —e
la soupe	le port	le self-service	sauté, —e
le canapé	le safran	l'expérience (f.)	important, —e
le vocabulaire	le client		élégant, —e
la télévision	la minute	constituer	fixe
la capitale	la tranquillité	payer	typique
la spécialité	la conversation	offrir	complètement
la province	l'ingrédient (m.)	savourer	agréable
la sole	le gourmet	contribuer	par exemple

[1] de nouveau   *again*

Pratique
orale

A.   Répondez.

1.   Au restaurant, qu'est-ce que la jeune fille ouvre?
2.   Est-ce qu'elle a faim?
3.   Qu'est-ce qu'elle commande?
4.   Qu'est-ce que le garçon commande?
5.   Qu'est-ce qu'il y a comme boisson?
6.   Qu'est-ce que qu'il y a aussi?
7.   Qu'est-ce qu'il y a comme dessert?
8.   Qu'est-ce que le garçon et la fille entendent?
9.   Qu'est-ce que le garçon paie?
10. Qu'est-ce que le chef prépare?
11. Qu'est-ce qu'il y a dans une sauce épaisse?
12. Est-ce que la famille déjeune à la maison?
13. Qu'est-ce qu'il y a pour le déjeuner?
14. Qu'est-ce que la femme mange?
15. Qu'est-ce qu'il y a sur la table?
16. Où travaille le paysan?
17. Est-ce que le paysan veut du lait?
18. Avec quoi est-ce qu'on fait du beurre?
19. Qui est-ce que l'homme attend?
20. Qu'est-ce qu'il vend?

Exercice

A.   Complete the following sentences with an appropriate word.

1.   La femme veut trouver un hôtel intéressant. Elle veut _trouver_ un hôtel inté-
     ressant.
2.   La femme de chambre veut aller du dixième étage au cinquième étage. Elle
     veut _monte_.
3.   Le Canada n'est pas loin des États-Unis. Le Canada est _____ des États-
     Unis.
4.   Cet homme habite en Bretagne. Il est _____.
5.   Des haricots verts sont des _legumes_.
6.   Il veut manger. Il a _faim_.
7.   On fait du _beurre_ avec de la crème.
8.   Comme dessert il y a des _patisseries_.
9.   Comme _boisso_ il y a du vin.

Le chef prépare le dîner.

Structure

VERBS WITH **—YER** IN THE INFINITIVE

Pratique orale

A.   Répétez.

Il essaie de faire la cuisine.   Nous employons du beurre.
Je paie l'addition.   Vous essayez le plat.

B.   Répondez.

1. Est-ce que les étudiants essaient de travailler?   2. Est-ce que les chefs emploient du beurre pour faire la mousse?   3. Est-ce que l'homme essaie de trouver un appartement?   4. Est-ce qu'il paie le loyer?   5. Paies-tu l'addition?   6. Essaies-tu de parler français?   7. Employez-vous de la crème pour faire du beurre?   8. Essayez-vous de parler français?   9. Payez-vous l'addition?

Note grammaticale

Verbs whose infinitive ends in *—yer* change *—y—* to *—i—* in all but the *nous* and *vous* forms. The endings are the same as those for regular *—er* verbs.

payer

je paie	nous payons
tu paies	vous payez
il	ils
elle } paie	elles } paient
on	

Exercice

A.   Complete the following sentences with the correct form of the indicated verb.

1. Les paysans _____ d'élever des vaches pour produire les fromages.   *essayer*
2. Je _____ les frais d'inscription.   *payer*
3. Le chef _____ de la crème et du beurre pour faire la sauce.   *employer*
4. Nous _____ vingt francs par jour le petit déjeuner compris.   *payer*
5. Tu _____ d'entrer à l'université.   *essayer*
6. Vous _____ des oignons pour faire de la soupe.   *employer*

ADJECTIVES THAT DOUBLE THE CONSONANT TO FORM THE FEMININE

Pratique orale

A.   Répétez.

C'est un homme intellectuel.   Le poisson est gros.
C'est une femme intellectuelle.   La bouteille est grosse.

Les garçons sont parisiens.
Les filles sont parisiennes.

B.   Répondez.

1. Est-ce que le garçon est intellectuel?   2. Est-ce que la fille est intellectuelle?   3. Est-ce que le village est industriel?   4. Est-ce que la ville est industrielle?   5. Est-ce que l'élève est gentil?   6. Est-ce que l'étudiante est gentille?   7. Est-ce que l'immeuble est ancien?   8. Est-ce que la tour est ancienne?   9. Est-ce que le pêcheur est parisien? 10. Est-ce que la femme est parisienne?   11. Est-ce que le repas est bon? 12. Est-ce que la pâtisserie est bonne?   13. Est-ce que l'homme est breton? 14. Est-ce que la femme est bretonne?   15. Est-ce que le poisson est gros?   16. Est-ce que la valise est grosse?   17. Est-ce que le beurre est épais?   18. Est-ce que la sauce est épaisse?

Note grammaticale

Most adjectives that end in *–el*, *–eil*, *–il*, *–en*, *–on*, and *–s* double the final consonant before adding *–e* to form the feminine.

masculine	*feminine*
Le garçon est intellectuel.	La jeune fille est intellectuelle.
L'étudiant est gentil.	L'étudiante est gentille.
Le chef est parisien.	La femme est parisienne.
Le repas est bon.	La pâtisserie est bonne.
L'homme est gros.	La femme est grosse.

The plural forms are regular. Adjectives ending in *s*, however, have the same form for both the masculine singular and the masculine plural.

Le garçon est parisien.	La jeune fille est parisienne.
Les garçons sont parisiens.	Les jeunes filles sont parisiennes.
Le poisson est gros.	La bouteille est grosse.
Les poissons sont gros.	Les bouteilles sont grosses.

Exercice

A.   Follow the example.

> Comment est le garçon?   *intellectuel*
> Le garçon est intellectuel.

1. Comment est la fille?   *intellectuel*
2. Comment sont les poissons?   *gros*
3. Comment est la pâtisserie?   *bon*
4. Comment est la femme?   *gentil*
5. Comment sont les repas?   *bon*
6. Comment sont les étudiantes?   *gentil*
7. Comment est l'éducation?   *formel*
8. Comment sont les villes?   *impersonnel*
9. Comment est la sauce?   *épais*

THE PRESENT TENSE OF THE VERBS OUVRIR, OFFRIR, AND DÉCOUVRIR

Pratique orale

A.   Répétez.

Les chefs offrent des pâtisseries.
Elle découvre le monument.
Il offre un bon repas.
J'ouvre la lettre.

Tu découvres la France.
Nous ouvrons le livre.
Vous découvrez la cuisine française.

B.   *Répondez.*

1. Est-ce que les étudiants ouvrent les livres?   2. Est-ce que les paysans offrent du lait?   3. Est-ce que le chef offre un bon repas?   4. Est-ce que le touriste découvre la France?   5. Ouvres-tu les valises?   6. Offres-tu des fruits?   7. Ouvrez-vous les valises?   8. Découvrez-vous un restaurant?

C.   *Demandez.*

1. Demandez à un ami s'il ouvre le livre.   2. Demandez à une amie si elle découvre la cuisine française.   3. Demandez à Anne et à Janine si elles offrent des fruits.   4. Demandez à Paul et à Georges s'ils ouvrent le menu.

Note grammaticale   Verbs ending in *–rir* like *ouvrir*, *offrir*, and *découvrir* are conjugated like regular *–er* verbs. Note that the oral forms for the singular and the third person plural sound alike. Remember that *je* becomes *j'* before a vowel.

ouvrir	*découvrir*
j'ouvre	je découvre
tu ouvres	tu découvres
il	il
elle } ouvre	elle } découvre
on	on
nous ouvrons	nous découvrons
vous ouvrez	vous découvrez
ils	ils
elles } ouvrent	elles } découvrent

[handwritten: Keep "r" in stem offrir j'offre tu offres il offre nous offrons vous offrez ils offrent]

Exercice   **A.**   *Change the following sentences according to the indicated cue.*

Je découvre la France.   *Pierre*
Pierre découvre la France aussi.

1. Le chef offre un plat de viande.   *Tu*
2. Les touristes découvrent le côté sombre et le côté charmant de Paris.   *Nous*
3. Nous ouvrons les valises dans la chambre.   *Je*
4. Les chefs offrent des plats.   *Elle*
5. J'ouvre le menu.   *Vous*

ADJECTIVES ENDING IN **—ER** AND **—ET**   *[handwritten: add e an è over e in second to last syllable]*

Pratique orale   **A.**   *Répétez.*

Le repas est cher.   Le mot est discret.
La boisson est chère.   La question est discrète.

B.   *Répondez.*

1. Est-ce que le repas est cher?   2. Est-ce que la boisson est chère?
3. Est-ce que c'est le premier cycle?   4. Est-ce que c'est la première leçon?
5. Est-ce que c'est le dernier prix?   6. Est-ce que c'est la dernière classe?
7. Est-ce que le mot est concret?   8. Est-ce que la question est concrète?
9. Est-ce que l'homme est discret?   10. Est-ce que la femme est discrète?
11. Est-ce que le mot est secret?   12. Est-ce que l'histoire est secrète?

Note grammaticale   Adjectives ending in *–er* change *–er* to *–ère* to form the feminine. Some adjectives ending in *–et* change *–et* to *–ète* to form the feminine.

masculine	feminine
cher	chère
premier	première
dernier	dernière
complet	complète
concret	concrète
discret	discrète
secret	secrète

The plural forms are regular.

un homme discret	une femme discrète
des hommes discrets	des femmes discrètes

Exercice   A. *Complete the following with the correct form of the indicated adjective.*

1. Le repas est _____ et _____. *cher, complet*
2. Les mots sont _____ et _____. *discret, secret*
3. C'est la _____ leçon. *premier*
4. Les femmes sont _____ et _____. *étranger, discret*
5. La pâtisserie est _____. *cher*

Les jeunes gens mangent dans un petit restaurant.

Robert Rapelye from EPA

Un menu dans un restaurant

THE PRESENT TENSE OF REGULAR **—RE** VERBS

Pratique   *A.   Répétez.*
orale
Vendez-vous des livres?   Entends-tu la conversation?
Oui, nous vendons des livres.   Oui, j'entends la conversation.

B.   Répondez.
1. Répondez-vous en français?   2. Descendez-vous au cinquième étage?
3. Attendez-vous des amis?   4. Entendez-vous la conversation?
5. Réponds-tu en français?   6. Vends-tu des livres?   7. Attends-tu
un moment?   8. Entends-tu le professeur?

C.   Répondez.
1. Est-ce que la jeune fille répond en français?   2. Est-ce que le paysan vend
du lait?   3. Est-ce que le bouquiniste attend les clients?   4. Est-ce que les
hommes descendent les valises?   5. Est-ce que les pêcheurs attendent les poissons?   6. Est-ce qu'ils entendent les touristes?

D.   Demandez.
1. Demandez à un ami s'il descend maintenant.   2. Demandez à une amie si
elle attend le professeur.   3. Demandez à des amis s'ils vendent des disques.
4. Demandez à des amies si elles attendent le professeur.

Note grammaticale

Verbs whose infinitives end in –re belong to the third conjugation. The endings –s, –s, –, –ons, –ez, –ent are added to the stem. Note that the final consonant sound is pronounced in the plural forms.

the stem

–re verbs
–s   –ons
–s   –ey
–   –ent

	descendre	*attendre*
	present	

je descends   j'attends
tu descends   tu attends
il ⎫   il ⎫
elle ⎬ descend   elle ⎬ attend
on ⎭   on ⎭
nous descendons   nous attendons
vous descendez   vous attendez
ils ⎫   ils ⎫
elles ⎬ descendent   elles ⎬ attendent

sound final consonant in stem in plural forms

imperative

Descends!   Attends!
Descendons!   Attendons!
Descendez!   Attendez!

Exercice   *A. Complete the following sentences with the correct form of the indicated verb.*

1. Les professeurs _____ aux questions des étudiants. *répondre*
2. Pierre _____ un ami à la terrasse d'un café. *attendre*
3. Vous _____ les valises dans l'ascenseur. *descendre*
4. Nous _____ la conversation entre le bouquiniste et le pêcheur. *entendre*
5. Les bouquinistes _____ des livres le long des quais de la Seine. *vendre*
6. Tu _____ en français. *répondre*
7. Nous passons sur la rive gauche et nous _____ dans une boîte de nuit. *descendre*
8. J'_____ un ami devant la boutique. *attendre*

THE PARTITIVE · *part of a whole*

Pratique orale   *A. Substituez.*

de le

Le garçon apporte ⎪ du rosbif.
⎪ du lait.
⎪ du café.
⎪ du beurre.
⎪ du vin.

Nous voulons ⎪ de l'eau.
⎪ de l'argent.
⎪ de l'eau minérale.

Elle veut ⎪ de la soupe.
⎪ de la salade.
⎪ de la viande.
⎪ de la mousse au chocolat.

de la
Il apporte ⎪ des tomates.
⎪ des pommes frites.
⎪ des champignons.
⎪ des haricots verts.
⎪ des oignons.
⎪ des hors d'œuvre.

treat h + vowels like cons
no liasons

B. Répondez.

1. Est-ce que Pierre veut du café?　　2. Voulez-vous du lait?　　3. Est-ce qu'il y a du vin?　　4. Est-ce que le garçon apporte de la soupe? 5. Mangez-vous de la viande?　　6. Voulez-vous de la salade?　　7. Est-ce que Pierre veut de l'eau?　　8. Voulez-vous de l'eau minérale?　　9. Est-ce que le garçon apporte des champignons?　　10. Est-ce que le chef prépare des pommes frites?　　11. Voulez-vous des haricots verts?　　12. Voulez-vous des oignons?　　13. Avez-vous des amis?

C. Répétez.

J'aime le rosbif. Je vais manger du rosbif.
Il aime le café. Il veut du café maintenant.
Elle aime les haricots verts. Elle mange des haricots verts maintenant.

D. Répondez selon les modèles.

　　Voulez-vous du rosbif?
　　Non, je n'aime pas le rosbif.

1. Voulez-vous des oignons?　　2. Voulez-vous du café?　　3. Voulez-vous des champignons?　　4. Voulez-vous de la salade?　　5. Voulez-vous du fromage?　　6. Voulez-vous de l'eau minérale?

　　Je n'aime pas le lait.　*le café*
　　Voulez-vous du café?

1. Je n'aime pas la soupe.　*la viande*　　2. Je n'aime pas les pommes frites. *les haricots verts*　　3. Je n'aime pas le café.　*le lait*　　4. Je n'aime pas le vin. *l'eau minérale*　　5. Je n'aime pas les tomates.　*les champignons*

Note grammaticale

The partitive (some, any) is formed by using *de* plus the definite article. Note that *de* plus *le* = *du* and *de* plus *les* = *des*.

	singular	*plural*
masculine	du (de le)	des (de les)
feminine	de la	des
masculine or feminine before a vowel	de l'	des

Je veux du pain.　　　　　　*I want some bread.*
Voulez-vous de la soupe?　　*Do you want (any) soup?*
Elle veut de l'eau.　　　　　*She wants some water.*
Il mange des champignons.　*He eats (some) mushrooms.*

✓　The singular forms are used with non-count nouns.

　　du pain
　　du beurre

The plural forms are used with count nouns.

　　des livres
　　des haricots verts

The word "partitive" suggests the idea of part of a whole. The partitive is used to indicate a part of something. The definite article is used with nouns used in a general sense.

Il aime les tomates. (all tomatoes)	*He likes tomatoes.*
Il mange des tomates. (some tomatoes)	*He eats (some) tomatoes.*
Elle aime la viande. (all meat)	*She likes meat.*
Elles mange de la viande. (some meat)	*She eats (some) meat.*

Exercices

like on test

A.   *Complete the following with the correct form of the partitive.*

1.   Le garçon apporte _____ soupe, _____ hors d'œuvre, _____ rosbif, _____ pommes frites, _____ salade et _____ café.

2.   Elle mange _____ champignons, _____ haricots verts, _____ poulet, _____ rosbif et _____ pâtisseries.

3.   Il achète _____ café, _____ lait, _____ eau minérale, _____ beurre, _____ crème et _____ fromage.

4.   Voulez-vous _____ pain, _____ saucisses, _____ saucisson, _____ oignons et _____ tomates?

B.   *Follow the model.*

> Mangez-vous du pain?
> Oui, j'aime le pain et je vais manger du pain maintenant.

1.   Mangez-vous des haricots verts?
2.   Mangez-vous du fromage?
3.   Achetez-vous de l'eau minérale?
4.   Achetez-vous de la viande?
5.   Mangez-vous du rosbif?

EXCEPTIONS TO THE RULE FOR USING THE PARTITIVE

The partitive in negative sentences

Pratique orale

A.   *Répétez.*

J'ai du pain. Je n'ai pas de pain.
Elle a de la viande. Elle n'a pas de viande.
Elle veut de l'eau. Elle ne veut pas d'eau.

Elle a des tomates. Elle ne veut pas de tomates.
J'ai des amis. Je n'ai pas d'amis.

B.   *Répondez au négatif.*

1. Avez-vous de la viande?   2. Est-ce qu'il y a de la soupe?
3. Mange-t-elle du pain?   4. Voulez-vous du lait?   5. Apporte-t-il de l'eau?   6. A-t-il de l'argent?   7. Avez-vous des livres?   8. Veulent-ils des champignons?   9. Voulez-vous des oignons?   10. Avez-vous des amis?

C.   *Répondez selon le modèle.*

> Avez-vous du café?   *du lait*
> Non, je n'ai pas de café, mais j'ai du lait.

1. Avez-vous des fruits?   *de la viande*   2. Avez-vous du lait?   *du café*
3. Avez-vous des oignons?   *des champignons*   4. Avez-vous de la soupe?   *de la salade*

After expressions of quantity and expressions with de

A.   *Substituez.*

Il a	beaucoup de assez de trop de un peu de	viande.	Elle apporte	un verre de vin. un verre de lait. une tasse de café. un plat de viande.

B.   *Répondez.*

1. Avez-vous beaucoup de livres?   2. Avez-vous beaucoup d'argent?
3. Avez-vous assez de salade?   4. Avez-vous assez de pain?
5. Mangez-vous trop de champignons?   6. Mangez-vous trop de viande?
7. Apporte-t-il une bouteille de vin?   8. Apporte-t-il une tasse de café?
9. Apporte-t-il un plat de viande?   10. Emploie-t-il un peu de lait pour faire la sauce?

Don't worry about it!

C.   *Substituez.*

La plupart du temps je *(Most of the time)*	travaille. regarde la télévision. fais les devoirs.

Bien des *(many)*	hommes femmes étudiants élèves	sont ici.

D.   *Répétez.*   *no definite article*

J'ai quelques livres.   Elle a plusieurs livres.
J'ai quelques amis.   Elle a plusieurs amis.
  (some)   *(several)*

E.   *Répondez.*

1. A-t-elle quelques livres?   2. A-t-elle quelques amis?   3. Est-ce qu'il y a quelques cinémas ici?   4. Avez-vous plusieurs livres?   5. Avez-vous plusieurs amis?   6. Est-ce qu'il y a plusieurs musées ici?

Omit

F.   *Répondez selon les modèles.*

> Avez-vous des livres?
> Oui, j'ai quelques livres.
> Avez-vous de la soupe?
> Oui, j'ai un peu de soupe.

1. Avez-vous du pain?   2. Avez-vous des livres?   3. Avez-vous de l'eau?
4. Avez-vous des haricots verts?   5. Avez-vous du beurre?   6. Avez-vous de la salade?

Note grammaticale   The partitive forms *du, de la, de l'*, and *des* are normally replaced by *de* in negative sentences. *De* becomes *d'* before a vowel.

> J'ai du café. Je n'ai pas de café.
> Elle mange de la soupe. Elle ne mange pas de soupe.
> Vous avez des fruits. Vous n'avez pas de fruits.
> Il y a de l'eau. Il n'y a pas d'eau.

The partitive articles also become *de* after expressions of quantity such as the following:

assez	enough
beaucoup	much, a lot of, many
trop	too much
un peu	a little
un verre	a glass
une tasse	a cup
une bouteille	a bottle
une douzaine	a dozen
combien *(how many)*	how many

> Il apporte du vin. Il apporte *un verre de* vin.
> Il mange de la viande. Il mange *assez de* viande.
> Il a des livres. Il a *beaucoup de* livres.

La plupart (most) and *bien* (many) are exceptions. They do require the partitive.

> La plupart du temps je travaille.
> Bien des hommes sont ici.

Quelques (a few) and *plusieurs* (several) are adjectives and do not require the partitive. Note that they have the same forms for masculine and feminine nouns.

> Il a quelques livres.
> Il a plusieurs photos.

Note the liaison between *quelques* and *plusieurs* before words beginning with a vowel.

> Il a quelques‿amis.
> Il a plusieurs‿amies.

Note that *plusieurs* and *quelques* are used only with count nouns while *un peu* is used only with non-count nouns.

> Il a plusieurs livres.
> Il a quelques amies.
> Il a un peu de soupe.

Exercices   *A.   Complete the following sentences with the correct form of the partitive when necessary.*

1.   Elle a plusieurs _____ livres et quelques _____ guides.
2.   Il mange trop _de_ pain. Il ne mange pas assez _de_ viande.   *quantity? neg.*
3.   Elle ne veut pas _de_ café. Elle veut _du_ lait.   *neg.*
4.   Elle mange un peu _de_ soupe et une douzaine _de_ pâtisseries.   *quantity*
5.   Le garçon apporte un verre _de_ vin et une tasse _de_ café.   *quantity*
6.   Combien _de_ livres est-ce qu'il y a dans la boîte?   *quantity*

Un snack-bar   *Robert Rapelye from EPA*

B.   Answer the following questions, using the indicated cue.

1.   Est-ce qu'il y a un musée dans le village?   *ne . . . pas*
2.   Est-ce que le bouquiniste vend des livres?   *Oui, . . . beaucoup*
3.   Est-ce que le chef prépare de la soupe?   *Oui, . . . assez*
4.   Est-ce que l'étudiant a des livres?   *Oui, . . . quelques*
5.   Est-ce que le garçon apporte du vin?   *Oui, . . . un verre*
6.   Est-ce qu'il y a des cinémas ici?   *Oui, . . . bien*
7.   Avez-vous du beurre?   *Oui, . . . un peu*
8.   Est-ce qu'il y a des hôtels ici?   *Oui, . . . plusieurs*
9.   Mangez-vous du pain?   *Oui, . . . trop*
10.   Est-ce qu'il y a un théâtre ici?   *ne . . . pas*

SONS ET SYMBOLES

e	*é*	*er*	*ed, et*	*ez*
le	écouter	parler	pied	regardez
de	école	regarder	et	dessinez
ne	étudiant	écouter	effet	parlez
je	musée	dessiner	cabaret	écoutez
petit	café	apporter		aimez
regarde	université	bavarder		travaillez
demande	général	discuter		

La fille a des baguettes de pain.

Conversation

AU RESTAURANT

carte du jour   list of
things on the menu for
the day

André: Garçon, la carte du jour, s'il vous plaît.

Garçon: Voilà, monsieur. Qu'est-ce que vous désirez?

Alice: J'ai grand faim. Une soupe à l'oignon, du rosbif, avec des pommes frites et une salade de tomates, s'il vous plaît.

Garçon: Et vous, monsieur?

André: Des hors-d'œuvre variés, du poulet rôti et des haricots verts, s'il vous plaît.

Garçon: Et comme boisson?

André: Une bouteille de vin rouge, s'il vous plaît.

Plus tard

Garçon: Voulez-vous un dessert?

au régime   on a diet

André: Non, je ne veux pas de dessert. Je suis au régime.

Alice: Je veux une mousse au chocolat.

André: Et deux cafés, s'il vous plaît.

Garçon: Bien.

Le garçon apporte le dessert.

Alice: À quelle heure commence le film?

André: À huit heures.

Alors   Well then
temps   time

Alice: Il est huit heures moins le quart. Alors, nous n'avons pas trop de temps.

André: Garçon, l'addition, s'il vous plaît.

Garçon: Tout de suite, monsieur.

André: Merci.

Exercices   *A.   Answer the following questions.*

1. Qu'est-ce qu'André demande?
2. Est-ce qu'Alice a faim?
3. Qu'est-ce qu'elle veut manger?
4. Qu'est-ce qu'André veut manger?
5. Qu'est-ce qu'il y a comme boisson?
6. Est-ce qu'André veut un dessert?
7. Qu'est-ce qu'Alice veut comme dessert?
8. À quelle heure commence le film?
9. Est-ce que les amis ont beaucoup de temps?
10. Qu'est-ce qu'André demande?

B.   Form a paragraph from the following elements.

André et Alice / être / restaurant

Ils / avoir / faim

André / demander / carte du jour

Alice / commander / soupe à l'oignon / rosbif / avec / pommes frites / et / salade de tomates

André / vouloir / manger / hors d'œuvre / poulet rôti / haricots verts / et / salade

Comme boisson / ils / commander / bouteille / vin / rouge

Alice / avoir / encore / faim

Elle / vouloir / mousse au chocolat

André / ne / vouloir / dessert

Il / être / au régime

Il / être / huit heures / moins / quart

Les copains / aller / film / qui / commencer / huit heures

Alors / ils / ne / avoir / trop / temps

Ils / demander / addition

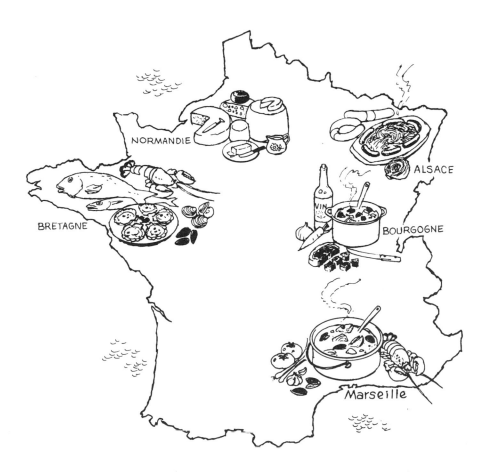

Lecture culturelle

LA CUISINE FRANÇAISE

Hors d'œuvre, canapé, à la carte, à la mode, au gratin, sauté. On entend souvent ces expressions françaises non seulement en France mais aussi aux États-Unis car ces mots font partie du vocabulaire américain aussi. La France, renommée dans le monde entier pour la haute cuisine, répand son art partout. On trouve, par exemple, bien des restaurants aux États-Unis où les menus sont complètement en français, surtout à New York et à la Nouvelle-Orléans. Il y a aussi des émissions à la télévision et des cours dans les grandes villes où on enseigne l'art de la cuisine française.

La capitale de la cuisine française, c'est Paris. Là on trouve les spécialités de toutes les provinces de France. On peut commander, par exemple, une sole normande, un filet préparé avec de la crème fraîche. Comme il y a beaucoup de fermes riches en Normandie, on emploie du beurre, de la crème et du fromage dans beaucoup de plats. Les coquilles Saint-Jacques sont une spécialité de la Bretagne. Comme la Bretagne est une région de ports et de côtes, les gros poissons et les crustacés constituent une partie importante de la cuisine bretonne. Vous aimez l'ail? Alors, commandez un plat provençal. Essayez la spécialité de Marseille, la bouillabaisse — une soupe avec des poissons et des coquillages préparée avec du safran et de l'ail. Vous voulez de la viande? Essayez un bœuf bourguignon — du bœuf, quelques oignons et des champignons dans une épaisse sauce au vin. Ou un plat de choucroute avec des saucisses, la spécialité de l'Alsace.

Pour découvrir ces spécialités il n'est pas nécessaire d'aller dans un restaurant élégant ou de payer trop cher. Il y a assez de petits restaurants à prix fixe cachés dans les petites rues où l'on offre de bons plats et où l'on accueille les clients à bras ouverts. On peut descendre dans une petite salle de restaurant au sous-sol, ouvrir le menu, choisir un plat et attendre quelques minutes avant de savourer un plat sans pareil. La tranquillité et une conversation agréable sont aussi des ingrédients importants qui contribuent à la réussite d'un repas français.

Bien sûr, les Français ne fréquentent pas les restaurants tous les jours. La plupart du temps ils mangent en famille. Mais les repas préparés à la maison ne manquent pas de qualité, car la cuisine n'est pas seulement l'art des grands chefs. En France le Français est gourmet. Comment sont les repas typiques? Pour le petit déjeuner il y a du café, du café au lait ou du chocolat et des tartines, des petits pains beurrés ou des croissants. Au milieu de la matinée les ouvriers mangent quelquefois un casse-croûte, un morceau de pain avec du fromage ou du saucisson. À midi on commence le déjeuner avec des hors-d'œuvre. Ensuite on

---

Glossary (margin):

ces *these*
non seulement . . .
mais aussi *not only
. . . but also*
font partie du *are
part of*
enseigne *teaches*

coquilles Saint-Jacques
*scallops in a wine
sauce*
côtes *coasts*
crustacés *shellfish*

cachés *hidden*
accueille . . . à bras
ouverts *welcome . . .
with open arms*
sous-sol *basement*
sans pareil *unequaled*
réussite *success*
Bien sûr *Of course*

ne manquent pas de
are not lacking in
tartines *slices of
bread with butter*
Au milieu de *In the
middle of*
casse-croûte *snack*

Pendant *During*
pris *taken*
fermés *closed*

Vers *Toward*
goûter *snack*
potage *thick soup*
au lieu de *instead of*
inoubliable *unforgettable*
vit pour manger
lives to eat
manger pour vivre
eat to live

mange de la viande ou du poisson et des légumes. Ensuite il y a de la salade et du fromage ou des fruits. Pendant le repas on mange du pain et, bien sûr, il y a du vin. Enfin il y a du café, souvent pris dans le salon. Beaucoup de Français mangent en famille pour le déjeuner, car les boutiques sont fermées de midi à deux heures. Les ouvriers et les gens qui n'ont pas le temps de rentrer à la maison vont dans des petits bistros ou self-services près du bureau où l'on vend de bons plats. Vers quatre heures les enfants ont souvent un goûter — du pain avec un peu de chocolat peut-être. Pour le dîner il y a souvent du potage au lieu de hors d'œuvre et le reste ressemble un peu au repas du midi. Comme dessert il y a aussi des pâtisseries.

Dans un restaurant ou en famille un repas français est une expérience inoubliable. En France on vit pour manger au lieu de manger pour vivre.

Compréhension

A. Répondez.

1. Quelles expressions entend-on souvent en France et aux États-Unis?
2. Où est-ce qu'on enseigne l'art de la cuisine française?
3. Qu'est-ce qu'on trouve à Paris?
4. Qu'est-ce qu'on emploie dans beaucoup de plats en Normandie?
5. Est-ce que la Bretagne est une région de ports et de côtes?
6. Qu'est-ce qui fait une partie importante de la cuisine bretonne?
7. Quelle est la spécialité de Marseille?
8. Avec quoi est-ce qu'on prépare un bœuf bourguignon?
9. Quelle est une spécialité d'Alsace?
10. Où est-ce qu'il y a assez de petits restaurants où l'on offre de bons plats?
11. Quels sont les ingrédients qui contribuent à la réussite d'un repas français?
12. Est-ce que les repas préparés à la maison sont bons?
13. Qu'est-ce qu'on mange pour le petit déjeuner?
14. Qu'est-ce que les ouvriers mangent au milieu de la matinée?
15. Qu'est-ce qu'on mange pour le déjeuner?
16. Qu'est-ce qu'il y a après la viande?
17. Où vont les ouvriers qui n'ont pas le temps de rentrer à la maison?
18. Est-ce que le dîner ressemble un peu au déjeuner?
19. Qu'est-ce qu'il y a comme dessert?

CINQUIÈME LEÇON

Vocabulaire

1.   Jean est à l'aéroport.
Il est content. Il n'est pas malade.
Il a de la chance. Il va à Paris.
Il va connaître la France.
Il est au comptoir de la compagnie
d'aviation.
Il a son passeport et son billet.
Une jeune fille donne de l'argent au
porteur.
C'est le pourboire pour le porteur.
Les portes sont à l'est.
2.   Jean est à bord de l'avion.
Il est assis à sa place.
Il attache sa ceinture.
L'hôtesse sourit.[1]
Elle a l'air contente.
Les jeunes gens rient.[1]
L'avion va décoller à cinq heures.
Un garçon a peur au décollage.

[1] Note that the verbs *rire* and *sourire* have the same endings as regular *–re* verbs except in the third person singular where a *–t* is added to the stem: *je ris (souris), tu ris, il rit, nous rions, vous riez, ils rient.*

3.   C'est la famille Dupont.
Monsieur Dupont est le père.
Madame Dupont est la mère.
Marie est la fille de Monsieur et de
Madame Dupont.
David est leur fils.
David est le frère de Marie.
Marie est la sœur de David.
Anne est l'amie de Marie.
Elle connaît les Dupont.
4.   C'est une île.
Il y a des forêts tropicales dans l'île.
Le terrain est montagneux.
Les montagnes sont rudes.
Le paysage est joli.
Il y a un château dans l'île.
La pluie est forte.

4

5. Ce fermier travaille la terre.
Il a les cheveux noirs.
Il cultive le maïs et le riz.
Le maïs et le riz nourrissent la famille.
Le travailleur sait faire la récolte.
Il chante au son du tambour.
Il a un cochon et une chèvre.
Sa cabane a un toit de chaume.
Les murs sont en torchis.
6. Il y a un camion sur la route.
La route n'est pas pavée.
Un touriste parcourt[2] le pays à cheval.
Il fait le trajet à cheval.
Un homme court[2] la tête en l'air.

[2] Note that the verbs *courir* and *parcourir* are conjugated like regular –*re* verbs except in the third person singular where a –*t* is added to the stem: *je cours, tu cours, il court, nous courons, vous courez, ils courent.*

7.　C'est un marché.
Il y a des curiosités au marché.
Il y a aussi des couvertures aux couleurs vives.
Une femme regarde des robes multicolores.
Elle marchande.
Elle espère acheter une robe à un prix modéré.

8.　Le chef fait du pain avec de la farine.
Il sait que le pain va être bon.
Il y a du sucre et des épices sur la table.
Une fille goûte le pain.
Il y a beaucoup de vin.
Le vin coule à flots.

le pays   *la nation*
    La France est un pays. Les États-Unis sont un pays.
la lutte   *le conflit*   ~~fight~~
la guerre   *la lutte armée entre pays*   ~~war~~
la façon   *la manière*   ~~manner; way~~
le bonheur   *le plaisir, la joie*   ~~pleasure, happiness~~
le pouvoir   *l'autorité*   ~~; power~~
le lien   *l'attachement, la liaison, le rapport, la relation*   ~~; ties; link~~
le médecin   *le docteur*
le surpeuplement   *la surpopulation*   ~~overpopulation~~
le chef   *la tête du gouvernement*
    Le chef du gouvernement aux États-Unis est le président.
l'agent de police   *le policier*
l'ambiance   *l'atmosphère*
le palais   *somptueuse résidence d'un chef*   ~~palace~~
l'avenir   *le futur*   ~~future~~
    Dans l'avenir l'élève veut être professeur.
avoir peur de   *avoir une terreur de, avoir une appréhension*   ~~to be afraid to~~
avoir de la chance   *avoir bonne fortune*   ~~be lucky~~
partager   *diviser*
tenter de   *essayer de, faire l'effort de*
rompre[3]   *séparer en plusieurs parties, séparer de*   ~~break apart~~
reconnaître   *identifier, discerner*   ~~recognize~~
    Je reconnais cet homme.
parcourir   *aller dans toutes les parties d'une terre, traverser*   ~~travel; pass thru~~
malade   *qui a une maladie*   ~~sick~~
moins   *le contraire de* plus   ~~less~~
environ   *approximativement*   ~~approximately~~
à peu près   *environ*
sous   *le contraire de* sur

---

[3] Note that *rompre* is conjugated like regular *–re* verbs except in the third person singular where a *–t* is added to the stem: *je romps, tu romps, il rompt, nous rompons, vous rompez, ils rompent.*

[4] Note that *conclure* is conjugated like a regular *–re* verb except in the third person singular where a *–t* is added to the stem: *je conclus, tu conclus, il conclut, nous concluons, vous concluez, ils concluent.*

le départ
la destination
la minute
Haïti (f.)
la république
le trouble
le continent
le conflit
l'Africain, –e
le mulâtre
le créole
la tradition
la légende
le mythe
l'acre (m.)
le peuple
le vaudou
l'agriculture (f.)
l'influence (f.)
la séance
la cérémonie
le nombre
la bourgeoisie

la plantation
la majorité
le cultivateur
l'agitation (f.)
le gouvernement
l'aide (f.)
l'opinion (f.)
le développement
le tourisme
la propriété
l'odeur (f.)
le bazar
le coton
l'objet (m.)
le cèdre
le rhum
le transport
la sorte
l'autobus (m.)
la visite
le contraste
la tension

annoncer
passer
attacher
préserver
prier
communiquer
émigrer
déclarer
régner
conclure[4]

direct, –e
fascinant, –e
nord-américain, –e
agité, –e
indépendant, –e
descendant, –e
mulâtre
musical, –e
basé, –e
verbal, –e

juste
religieux, religieuse
rythmique
passionné, –e
prospère
confortablement
vaste
illettré, –e
formel, –le
obligatoire
populaire
secret, secrète
modéré, –e
dramatique
mystique
multicolore
pavé, –e
public, publique
converti, –e
aventureux, aventureuse
primitif, primitive

Le port à Port-au-Prince, Haïti

Pratique orale

A.   *Répondez.*

1.   Jean a-t-il de la chance?
2.   Est-ce qu'il a son passeport et son billet?
3.   Qu'est-ce qu'une jeune fille donne au porteur?
4.   Où sont les portes?
5.   Est-ce que Jean est à sa place à bord de l'avion?
6.   Qu'est-ce qu'il attache?
7.   Qui rit?
8.   Quand est-ce que l'avion va décoller?
9.   Qui est le père de la famille Dupont? la mère? la fille? le fils? la sœur? le frère?
10.   Qu'est-ce qu'il y a dans l'île?
11.   Comment est le terrain?
12.   Est-ce qu'il y a un château dans l'île?
13.   Comment est la pluie?
14.   Que travaille ce fermier?
15.   Qu'est-ce qu'il cultive?
16.   Est-ce que le fermier sait faire la récolte?
17.   Chante-t-il au son du tambour?
18.   Est-ce que le fermier a un cochon et une chèvre?
19.   Quelle sorte de toit a sa cabane?
20.   Comment sont les murs?
21.   Est-ce qu'il y a un camion sur la route?
22.   Comment est-ce que le touriste parcourt le pays?
23.   Comment est-ce qu'un homme court?
24.   Qu'est-ce qu'il y a au marché?
25.   Qu'est-ce qu'une femme regarde?
26.   Avec quoi le chef fait-il du pain?
27.   Qu'est-ce qu'il y a sur la table?
28.   Qu'est-ce qu'une fille fait?
29.   Est-ce que le vin coule à flots?

B.   *Répondez selon l'indication.*

1.   De quoi avez-vous peur?   *des avions*
2.   De quoi a-t-il peur?   *des cochons*
3.   Est-ce que la fille a l'air malade?   *Non, . . . contente*
4.   Est-ce que le garçon a l'air content?   *Non, . . . malade*
5.   Avez-vous de la chance d'aller à Paris?   *Oui*

Exercice

A.   *Complete the following with an appropriate word.*

1.   Une _____ est un conflit.
2.   Comment chante-t-elle? Elle chante d'une _____ rythmique.
3.   Le chef du gouvernement a beaucoup de _____.
4.   Dans l'_____ je vais être avocat.
5.   Il critique le gouvernement. Il _____ les liens avec le gouvernement.
6.   Je peux identifier l'homme. Je peux _____ cet homme.

7. Les chefs d'état habitent dans des châteaux et dans des _____.
8. L'_____ va décoller.
9. Pierre paie l'addition et il donne un _____ au garçon.
10. Le fermier travaille la _____.
11. On fait du pain avec de la _____.
12. Il voyage à cheval. Il fait le _____ à cheval.
13. Le livre n'est pas sur la table. Il est _____ la table.
14. Jean va aller en avion. Il a son _____ d'avion.

Le palais du Président en Haïti   *Editorial Photocolor Archives (EPA)*

Le Cap-Haïtien   *Editorial Photocolor Archives (EPA)*

Structure

THE PRESENT TENSE OF THE VERB **SAVOIR**

Pratique orale

A. Répétez.

Savez-vous parler français?
Oui, nous savons parler français.
Sais-tu que les villes sont grandes?
Oui, je sais que les villes sont grandes.

B. Répondez.

1. Savez-vous le mot en français?   2. Savez-vous manger des coquillages?
3. Savez-vous où sont les bouquinistes?   4. Sais-tu la leçon?   5. Sais-tu
que le cours est difficile?   6. Sais-tu le vocabulaire?

C. Répondez.

1. Les fermiers savent-ils cultiver le riz?   2. Les étudiants savent-ils parler
français?   3. Savent-ils les mots en français?   4. Le chef sait-il préparer
le repas?   5. L'étudiante sait-elle la leçon?   6. Le professeur sait-il parler
français?

D. Demandez.

1. Demandez à un ami s'il sait où sont les livres.   2. Demandez à une amie
si elle sait le vocabulaire.   3. Demandez à des amis s'ils savent parler français.
4. Demandez à des amies si elles savent où sont les garçons.

Note grammaticale

The verb *savoir* means "to know" a fact.

   Je sais la leçon.

When followed by an infinitive, *savoir* means "to know how to."

   Je sais faire la cuisine.

Study the following forms.

savoir

je sais (sà)	nous savons (sŭ vŏn)
tu sais	vous savez (sŭ vă)
il ⎫	ils ⎫
elle ⎬ sait (sà)	elles ⎬ savent (sŭ v)
on ⎭	

Exercice   *A. Complete the following sentences with the correct form of the verb* savoir.

1. Je _____ que la cuisine n'est pas seulement l'art des grands chefs.
2. Elles _____ quand l'avion va décoller.
3. Nous _____ que Paris est le centre de la vie intellectuelle, artistique, économique et politique de la France.
4. Tu _____ où on trouve les salons des grands couturiers.
5. Vous _____ préparer des plats avec du safran et de l'ail.
6. Le garçon _____ que les Français mangent des tartines ou des croissants pour le petit déjeuner.

DEMONSTRATIVE ADJECTIVES

cette

Pratique   *A. Répétez.*
orale
Cette montagne est haute.
Cette usine est grande.

B. Répondez.
1. Est-ce que cette ville est grande?   2. Est-ce que cette forêt est tropicale?
3. Est-ce que cette ceinture est petite?   4. Est-ce que cette robe est jolie?
5. Est-ce que cette université est à Paris?   6. Est-ce que cette usine est grande?

cet
A. Répétez.
Cet homme est intéressant.
Cet hôtel est petit.

B. Répondez.
1. Est-ce que cet homme est intéressant?   2. Est-ce que cet hôtel est petit?
3. Est-ce que cet avion est grand?   4. Est-ce que cet ouvrier travaille?
5. Est-ce que cet étudiant va au lycée?

ce
A. Répétez.
Ce village est intéressant.
Ce pain est bon.

B. Répondez.
1. Est-ce que ce village est intéressant?   2. Est-ce que ce pays est grand?
3. Est-ce que ce paysage est joli?   4. Est-ce que ce garçon travaille?
5. Est-ce que ce garçon va au marché?

ces
A. Répétez.
Ces villes sont intéressantes.   Ces usines sont grandes.
Ces pays sont intéressants.   Ces hôtels sont bons.

B.   Répondez.

1. Est-ce que ces villes sont grandes?   2. Est-ce que ces femmes sont intéressantes?   3. Est-ce que ces pâtisseries sont bonnes?   4. Est-ce que ces murs
sont hauts?   5. Est-ce que ces usines sont grandes?   6. Est-ce que ces
aéroports sont à New York?   7. Est-ce que ces hommes sont intéressants?
8. Est-ce que ces étudiants sont bons?

ce . . . -ci, ce . . . -là; cette . . . -ci, cette . . . -là

A.   Répétez.

Je veux ce livre-ci; je ne veux pas ce livre-là.
Elle aime cette salade-ci. Elle n'aime pas cette salade-là.

B.   Répondez.

1. Voulez-vous ce livre-ci ou ce livre-là?   2. Préférez-vous cet hôtel-ci ou cet
hôtel-là?   3. Préférez-vous cette photo-ci ou cette photo-là?   4. Voulez-
vous ces tomates-ci ou ces tomates-là?   5. Aimez-vous ce restaurant-ci ou ce
restaurant-là?   6. Aimez-vous ces plats-ci ou ces plats-là?

**Note
grammaticale**

The demonstrative adjectives "this," "that," "these," and "those" must agree with
the noun they modify.

	singular	plural
feminine	cette (sĕt)	ces (s ã)
masculine	ce (sᵊ)	ces
masculine before a vowel	cet (sĕt)	ces

Note that there is a special masculine form *cet* before a word beginning with a
vowel. Because of the liaison, it sounds the same as the feminine form *cette*. Note
also the liaisons between *ces* and words beginning with a vowel.

cet homme
ces‿hommes

To make a clear distinction between "this" and "that" and between "these" and
"those," the suffixes *–ci* (this or these) and *–là* (that or those) are added.

Je veux ce livre-ci; je ne veux pas ce livre-là.
I want this book; I don't want that book.
Nous préférons ces hôtels-ci.
We prefer these hotels.

Exercice

A.   Change the definite articles to demonstrative adjectives.

1. La jeune fille travaille la ferme.
2. L'étudiant veut le livre.
3. Les chefs préparent les spécialités.
4. Le paysan regarde la vache.
5. La femme regarde l'homme.
6. Les étudiants travaillent dans la chambre.

THE PRESENT TENSE OF VERBS LIKE **CONNAÎTRE**

Pratique orale

A.   Répétez.

Connaissez-vous cette île?   Connais-tu cette ville?

Oui, nous connaissons cette île.   Oui, je connais cette ville.

Reconnaissez-vous le problème?   Reconnais-tu cette femme?

Oui, nous reconnaissons le problème.   Oui, je reconnais cette femme.

B.   Répondez.

1. Connaissez-vous l'art moderne?   2. Connaissez-vous la littérature française?   3. Reconnaissez-vous cet homme?   4. Connais-tu ce pays?   5. Connais-tu cette femme?   6. Reconnais-tu le problème?

C.   Répondez.

1. Les Haïtiens connaissent-ils une histoire de luttes?   2. Les paysans connaissent-ils la ville?   3. Les voyageurs reconnaissent-ils cet aéroport?   4. Le chef connaît-il ces spécialités?   5. Est-ce que le touriste connaît cette province?   6. Est-ce que le professeur reconnaît les étudiants?

D.   Demandez.

1. Demandez à un ami s'il connaît cette jeune fille.   2. Demandez à une amie si elle connaît la littérature française.   3. Demandez à deux amis s'ils connaissent ce monument.   4. Demandez à deux amies si elles reconnaissent cette photo.

Note grammaticale

The verbs *connaître* (to know) and *reconnaître* (to recognize) are irregular verbs that are conjugated alike.

The verb *connaître* means to know a person, or to be acquainted with a person, place, or thing.

Study the following forms. Note the *s* sound in the plural forms. There is a circumflex over the *i* in the third person singular.

connaître

je connais	nous connaissons
tu connais	vous connaissez
il elle on } connaît	ils elles } connaissent

Exercice

A.   Complete the following sentences with the correct form of the indicated verb.

1. Les chefs _____ les spécialités de chaque région de la France.   *connaître*
2. Le touriste _____ les monuments célèbres de Paris.   *reconnaître*
3. Tu _____ cet hôtel.   *connaître*
4. Vous _____ la littérature et l'art français.   *connaître*
5. Je _____ ces garçons et ces filles.   *reconnaître*
6. Nous _____ un hôtel dans le Quartier latin.   *connaître*

THE DIFFERENCE BETWEEN THE VERBS **SAVOIR** AND **CONNAÎTRE**

Pratique orale   *A.   Répétez.*

Je sais parler français.   Elle connait ce garçon.

Vous savez le vocabulaire.   Vous connaissez Paris.

B.   Substituez.

Vous savez
| les verbes.
| la leçon.
| parler français.
| faire la cuisine.
| que la cuisine est un art.
| que le bouquiniste est devant sa boîte. *used book seller*

Nous connaissons
| la France.
| New York.
| cette province.
| cette ville.
| Marie.
| la littérature française. *(fem)*

C.   Répondez.

1. Savez-vous quand le train va partir?   2. Connaissez-vous Paris?
3. Savez-vous le mot?   4. Connaissez-vous Marie?   5. Savez-vous faire la cuisine?   6. Connaissez-vous la littérature française?   7. Savez-vous parler français?   8. Connaissez-vous la Provence?

Note grammaticale   The verbs *savoir* and *connaître* both mean "to know." *Savoir* means "to know" a fact or "to know how to." *Connaître* means "to know" a person or "to be acquainted with" a person, place, or thing such as a town or city, literature or art.

Je sais le mot. *I know the word.*

Je sais parler français. *I know how to speak French.*

Je connais Paris. *I know Paris.*

Je connais la littérature française. *I know French literature.*

Exercice   *A.   Introduce each of the following with* Je sais *or* Je connais.

1. la géographie   6. les provinces
2. préparer le repas   7. où est Pierre
3. Pierre   8. Haïti
4. la leçon   9. le professeur
5. l'art moderne   10. parler français

ADJECTIVES ENDING IN **F** IN THE MASCULINE

Pratique orale   *A.   Répétez.*

Le garçon est actif.

La fille est active.

Editorial Photocolor Archives (EPA)

On cultive le riz en Haïti.

B.   Substituez.

L'homme est | actif.
attentif.
primitif.
vif.

La femme est | active.
attentive.
primitive.
vive.

C.   Répondez.

1. La femme est-elle active?   2. Le garçon est-il actif?   3. La vie est-elle primitive?   4. L'homme est-il primitif?   5. L'étudiante est-elle attentive? 6. L'étudiant est-il attentif?   7. Est-ce que les couleurs sont vives?   8. Est-ce que les langages sont vifs?

Note grammaticale

Adjectives ending in *–f* in the masculine change *–f* to *–ve* to form the feminine.

masculine	*feminine*
actif	active
attentif	attentive
primitif	primitive
vif (vēf)	vive (vēv)

The plural forms are regular.   add s

des hommes actifs   des femmes actives

✓Exercice

A.   Follow the model.

Comment est la jeune fille?   *actif*
La jeune fille est active.

1. Comment est le fermier?   *actif*
2. Comment est la vie de ces gens?   *primitif*
3. Comment sont les étudiantes?   *actif*
4. Comment est la jeune fille?   *actif*
5. Comment sont les couleurs?   *vif*

POSSESSIVE ADJECTIVES

Pratique orale

sa, son, ses   *(his, hers*
                son   sa

A. *Répétez.*

Voilà la photo de Robert. Voilà sa photo.
Voilà le livre de Marie. Voilà son livre.   *mas*
Voilà l'école de Pierre. Voilà son école.   *(fem, sing before noun beginning*
Voilà les livres de Denise. Voilà ses livres.   *with a vowel.*
Voilà les photos de Pierre. Voilà ses photos.
Voilà les amis de Jean. Voilà ses amis.

B. *Substituez.*

C'est le frère de Marie. C'est son frère.
(père / livre / cours / guide)   *(m,s)*
C'est la sœur de Jacques. C'est sa sœur.   *(f,s)*
(photo / mère / classe)
C'est l'ami de Jean. C'est son ami.
(ami / amie / enfant / école)   *vowel*
Ce sont les frères de Marie. Ce sont ses frères.   *plural*
(sœurs / livres / photos / cours)
Ce sont les amis de Jacques. Ce sont ses amis.
(amies / enfants / hôtels)

C. *Répondez.*

1. Est-ce qu'André regarde sa sœur?   2. Est-ce que Marie regarde sa photo?
3. Est-ce que Pierre a son livre?   4. Est-ce que le chef prépare son dîner?
5. Est-ce que Marie aime son amie?   6. Est-ce que l'élève aime son école?
7. Est-ce que Georges aime ses photos?   8. Est-ce que Lisette aime ses
livres?   9. Est-ce que la mère aime ses enfants?   10. Est-ce que Pierre
regarde ses amies?

mon, ton   *(mas sing (masc, your)*

A. *Répétez.*

J'ai mon livre. As-tu ton livre?
J'ai mon cours. As-tu ton cours?
Je parle avec mon amie. Parles-tu avec ton amie?

                vowel => mon

B. *Répondez.*

1. C'est ton livre?   2. C'est ton frère?   3. C'est ton père?   4. C'est
ton billet?   5. C'est ton école?   6. C'est ton auto?   7. C'est ton amie?

C. *Imitez le modèle.*

> Mon frère est ici.
> Où est ton frère?

1. Mon passeport est ici.   2. Mon frère est ici.   3. Mon billet est ici.
4. Mon père est ici.   5. Mon école est ici.   6. Mon amie est ici.

ma, ta

A. Répétez.

J'ai ma valise. As-tu ta valise?
J'ai ma bouteille. As-tu ta bouteille?

B. Répondez selon le modèle.

> Où est ta photo?
> Ma photo est ici.

1. Où est ta sœur?   2. Où est ta valise?   3. Où est ta mère?   4. Où est ta maison?   5. Où est ta carte?

C. Imitez le modèle.

> Voilà ma photo.
> Où est ta photo?

1. Voilà ma mère.   2. Voilà ma sœur.   3. Voilà ma photo.   4. Voilà ma bouteille.   5. Voilà ma chambre.

mes, tes

A. Répétez.

Ce sont mes sœurs. Ce sont tes sœurs?
Ce sont mes frères. Ce sont tes frères?
Ce sont mes amies. Ce sont tes amies?

B. Répondez.

1. Ce sont tes sœurs?   2. Ce sont tes billets?   3. Ce sont tes passeports?
4. Ce sont tes frères?   5. Ce sont tes amis?   6. Ce sont tes amies?   7. Ce sont tes écoles?

C. Imitez le modèle.

> Il écoute ses sœurs.
> Écoutes-tu tes sœurs?

1. Il écoute ses professeurs.   2. Elle écoute ses frères.   3. Elle écoute ses sœurs.   4. Il écoute ses amies.

leur, leurs

A. Répétez.

C'est le livre de Jacques et de Georges. C'est leur livre.
Ils ont une auto. C'est leur auto.
Ce sont les photos de Marie et d'Hélène. Ce sont leurs photos.
Elles ont des amis. Ce sont leurs amis.

B. Répondez.

1. Est-ce que leur pays est grand?   2. Est-ce que leur jardin est joli?
3. Est-ce que leur ville est grande?   4. Est-ce que leurs frères sont gentils?
5. Est-ce que leurs sœurs sont des intellectuelles?   6. Est-ce que leurs enfants sont gentils?   7. Est-ce que leurs amies sont gentilles?   8. Est-ce que leurs autos sont magnifiques?

notre, votre   (s)

A.   Répétez.

Nous avons un jardin. C'est notre jardin.

Nous avons une maison. C'est notre maison.

Nous avons un ami. C'est notre ami.

Vous avez un guide. C'est votre guide.

Vous avez une bouteille. C'est votre bouteille.

Vous avez une amie. C'est votre amie.

B.   Répondez.

1. C'est votre mère?   2. C'est votre valise?   3. C'est votre père?
4. Avez-vous votre verre?   5. Avez-vous votre livre?   6. Avez-vous votre guide?   7. C'est votre ami?   8. C'est votre appartement?

C.   Répondez.

1. C'est notre livre?   2. C'est notre guide?   3. C'est notre ami?   4. C'est notre appartement?

nos, vos   (P)

A.   Répétez.

Nous avons des billets. Nos billets sont bons.

Nous avons des valises. Nos valises sont grandes.

Nous avons des amies. Nos amies sont gentilles.

Vous avez des livres. Vos livres sont intéressants.

Vous avez des sœurs. Vos sœurs sont jeunes.

Vous avez des amis. Vos amis sont gentils.

B.   Répondez.

1. Ce sont vos frères?   2. Ce sont vos sœurs?   3. Ce sont vos guides?
4. Avez-vous vos billets?   5. Avez-vous vos passeports?   6. Aimez-vous vos amis?   7. Aimez-vous vos écoles?

C.   Répondez selon le modèle.

> Elles ont leurs guides.
> Avez-vous vos guides?

1. Ils ont leurs passeports.   2. Elles ont leurs billets.   3. Ils regardent leurs livres.   4. Elles regardent leurs amies.   5. Ils aiment leurs autos.

D.   Répondez.

1. Marie, c'est votre livre?   2. C'est l'auto de Paul?   3. Aimez-vous votre appartement, Suzanne et Jacqueline?   4. C'est ta photo?   5. Regardez-vous vos livres, André?   6. Ce sont les enfants de Monsieur et de Madame Legrand?
7. Aimez-vous vos frères, Marie et Anne?   8. Lisette, aimez-vous votre mère?
9. C'est la sœur de Jacques?   10. Ce sont les autos de Monsieur et de Madame LeBlanc?   11. Ce sont les livres de Pierre?

Note grammaticale   The preposition *de* plus the name of the possessor can be used to express possession.

le livre de Paul   Paul's book
la sœur de Marie   Mary's sister

Study the following possessive adjectives.

	Masculine singular	Feminine singular	Masculine or feminine before a vowel	Plural
my	mon	ma	mon	mes
your (fam.)	ton	ta	ton	tes
his, her, its	son	sa	son	ses
our	notre	notre	notre	nos
your	votre	votre	votre	vos
their	leur	leur	leur	leurs

Possessive adjectives must agree in gender and in number with the noun they modify, not with the possessor.

Il a sa valise.   *He has his suitcase.*
Elle a sa valise.   *She has her suitcase.*
son frère   *his (her) brother*
sa sœur   *his (her) sister*

Before a feminine noun beginning with a vowel, the masculine forms *mon, ton,* and *son* are used.

mon auto
ton école
son amie

In the plural forms, there is a liaison between the possessive adjective and a word beginning with a vowel.

mes amis
tes écoles

The possessive adjective must be repeated before each noun.

J'ai mon livre, mon guide et mon auto.

Exercices   A.   *Rewrite the following using the possessive adjective for the italicized words.*

1. *L'appartement de Marie* est dans le Quartier latin.
2. *Les monuments de Paris* sont célèbres dans le monde entier.
3. *La chambre de Pierre* est près de la Faculté des Lettres.
4. *Les enfants de Monsieur et de Madame LeBlanc* vont à l'école maternelle.
5. *Le frère de Robert* travaille dans une usine.
6. *La spécialité du chef* est une bouillabaisse — une soupe avec des poissons.
7. *L'auto de Monsieur et de Madame Pierron* est jolie.
8. *Les amis de Pierre et de Jacques* veulent être avocats.

B.   *Complete the following sentences with the appropriate possessive adjective.*

1.   Je parle avec _____ mère. *ma*
2.   Les filles vont au café avec _____ amies. *leurs*
3.   Nous avons _____ livres. *nos*
4.   As-tu _____ billet? *ton*
5.   Monsieur, où est _____ passeport, s'il vous plaît?
6.   Il parle à _____ amie.
7.   Tu parles avec _____ frères.
8.   Nous aimons _____ auto.
9.   Je regarde _____ photos.
10.   Regardez-vous _____ livres?
11.   Tu aimes _____ chambre.
12.   Elle a _____ passeport.

DEPUIS, IL Y A . . . QUE, VOILÀ . . . QUE, ÇA FAIT . . . QUE
PLUS THE PRESENT TENSE

Pratique orale

A.   *Répétez.*

Depuis quand êtes-vous ici?
Je suis ici depuis deux heures.
Il y a deux heures que je suis ici.
Voilà deux heures que je suis ici.
Ça fait deux heures que je suis ici.

B.   *Substituez.*

Depuis quand	êtes-vous ici? travaillez-vous? écoutez-vous les disques? habitez-vous ici? attendez-vous?	Ça fait deux heures Voilà une heure Il y a une heure	que je suis ici.

Je suis ici Je travaille J'habite ici	depuis deux semaines.

C.   *Répondez selon le modèle.*

Depuis quand êtes-vous ici?   *deux heures*
Je suis ici depuis deux heures.

1. Depuis quand travaillez-vous?   *trois heures*   2. Depuis quand habitez-vous ici?   *le mois de septembre*   3. Depuis quand écoutez-vous les disques?   *deux heures*   4. Depuis quand attendez-vous?   *ce matin*   5. Depuis quand attendez-vous Pierre?   *une heure*   6. Depuis quand êtes-vous ici?   *deux heures*

D.   *Transformez selon le modèle.*

> Je travaille depuis deux heures.
> Voilà deux heures que je travaille.
> Il y a deux heures que je travaille.
> Ça fait deux heures que je travaille.

1. Elle écoute le professeur depuis une demi-heure.   2. Je travaille depuis cinq heures.   3. Il attend son ami depuis quinze minutes.   4. Elle habite ici depuis un an.

E.   *Imitez le modèle.*

> Il habite à Paris.
> Depuis quand habite-t-il à Paris?

1. Elle travaille dans une usine.   2. Il écoute des disques.   3. Elles attendent leurs amis.   4. Ils sont ici.   5. J'habite à New York.
6. Je regarde le livre.

Note grammaticale

In French the expressions *depuis, il y a . . . que, voilà . . . que,* and *ça fait . . . que* are used with the present tense to express an action that began in the past but continues into the present.

> Depuis quand travaille-t-elle?   *How long has she been working?*

> Elle travaille depuis une semaine. ⎫
> Il y a une semaine qu'elle travaille. ⎪ *She has been working*
> Voilà une semaine qu'elle travaille. ⎬ *for a week.*
> Ça fait une semaine qu'elle travaille. ⎭

Il y a . . . que, voilà . . . que, ça fait . . . que can only be used with a length of time.

> Il y a deux mois que nous sommes ici.
> *We have been here for two months.*

> Il y a deux heures que nous sommes ici.
> *We have been here for two hours.*

Depuis can be used to express either a length of time or time elapsed from a specific moment.

> J'habite ici depuis deux ans.
> *I have been living here for two years.*

> J'attends ici depuis deux heures.
> *I have been waiting here for two hours.*
> *I have been waiting here since two o'clock.*

Note that *une heure, deux heures,* etc. can mean either "one hour," "two hours," etc. or a specific moment, "one o'clock," "two o'clock," etc.

Exercice   *A.   Translate the following sentences.*

1.   How long have you been waiting?
2.   I have been waiting since one o'clock.
3.   He has been waiting for two hours.
4.   I have been here for six months.

SONS ET SYMBOLES

è	*ê*	*ei*	*ai*	*e* + **two consonants**	*e* + **final consonant**
père	même	treize	mais	appelle	chef
mère	être	seize	anglais	reste	grec
frère	fête	beige	paie	terre	cher
bière	arrête	neige	français	lettre	
très		bouteille	vais	merci	
près		enseigne	plaît	elle	

Une hutte en Haïti
Editorial Photocolor Archives (EPA)

Un marché en Haïti
Editorial Photocolor Archives (EPA)

Conversation

À L'AÉROPORT

	Pierre:	Savez-vous où on pèse les bagages?
pèse-bagages *baggage scale*	*Employé:*	Sur le pèse-bagages à gauche.
	Pierre:	Merci. Marie, donne les valises au porteur.
	Marie:	Bon. Tu as de l'argent pour le pourboire?
	Pierre:	Oui, ici.
	On annonce:	La compagnie d'aviation annonce le départ du vol numéro 350 à destination de Port-au-Prince. Passez par la porte numéro cinq, s'il vous plaît.
	Marie:	L'avion va décoller dans quelques minutes.
	Pierre:	Courons à la porte.
	Employé:	Vos billets et vos passeports, s'il vous plaît.
escales *stops*	*Pierre:*	C'est un vol direct ou est-ce qu'il y a des escales?
	Employé:	Il y a une escale à Miami.
	Pierre:	Merci.
	Employé:	Bon. Passez.

À bord de l'avion

	L'hôtesse:	Attachez vos ceintures, s'il vous plaît.
	Marie:	Pierre, tu as l'air malade.
atterrissages *landings*	*Pierre:*	Ne ris pas. C'est que j'ai toujours peur pendant les décollages et les atterrissages.
	Marie:	Pense au voyage. Tu vas connaître Haïti, un pays fascinant.

Exercice   A.   *Answer the following questions.*

1. Où pèse-t-on les bagages?
2. Qu'est-ce que Marie donne au porteur?
3. Est-ce que Pierre a de l'argent pour le pourboire?
4. Qu'est-ce que la compagnie d'aviation annonce?
5. L'avion va-t-il décoller dans quelques minutes?
6. Où courent Pierre et Marie?
7. Qu'est-ce que l'employé demande?
8. Est-ce que c'est un vol direct ou est-ce qu'il y a une escale?
9. Est-ce que les passagers attachent les ceintures à bord de l'avion?
10. Pierre a-t-il l'air malade?
11. Quand a-t-il peur?
12. Qu'est-ce qu'il va connaître?

Lecture culturelle

HAÏTI

Caraïbes *Caribbean*

La république d'Haïti, une des Grandes Antilles dans les Caraïbes, située à l'est de Cuba, partage son île avec la république Dominicaine. C'est la seule république noire du continent nord-américain. C'est un joli pays avec un terrain montagneux, des forêts tropicales, des stations balnéaires. Mais en même temps, c'est une république agitée de troubles. D'abord espagnole, puis française, ensuite indépendante depuis 1804, Haïti connaît une histoire de luttes et de conflits.

encore *still*
passés *passed*
par écrit *in written language*

Les Haïtiens sont des noirs descendants des Africains ou mulâtres. Ils parlent créole, une langue musicale basée sur le français. Il y a encore en créole une forte tradition de littérature orale, des légendes et des mythes passés de père en fils et qu'on tente maintenant de préserver par écrit.

La plupart des Haïtiens sont des fermiers pauvres qui habitent dans des cabanes avec un toit en chaume et les murs en torchis. Sur une terre de moins de deux acres, l'Haïtien cultive les haricots, le maïs et le riz — juste assez pour nourrir sa famille. Il peut aussi avoir des poulets, un cochon ou une chèvre.

Quelques-uns *Some*

Quelques-uns habitent dans les montagnes où ils cultivent les fruits et le café qu'ils vendent aux marchés. D'autres vont de champs en champs et font la récolte au son des tambours.

dieux *gods*
l'amour *love*

Les Haïtiens prient beaucoup de dieux — de la pluie, de l'amour, de la guerre, de l'agriculture, par exemple. Le vaudou a une grande influence sur la vie du peuple. Dans une séance, cérémonie religieuse, on communique avec les dieux.

prêtre *priest*
dessins *drawings*
possédé *possessed*
esprit *spirit*

Dans la cérémonie, un houngan (le prêtre vaudou) fait des dessins sur la terre avec de la farine. Ensuite les gens dansent et chantent d'une façon rythmique et passionnée. Après un certain temps l'un des participants sait qu'il est possédé d'un esprit et a donc le pouvoir de communiquer avec les dieux.

natal *native*
Pourquoi *Why*

haute bourgeoisie *upper middle class*

Chaque année un certain nombre d'Haïtiens rompent les liens avec leur pays natal pour émigrer aux États-Unis. Pourquoi donc? Il faut reconnaître que d'abord, Haïti est un pays surpeuplé et il y a des problèmes économiques. À peu près 5% des Haïtiens sont de la haute bourgeoisie. Ce sont des commerçants prospères, des avocats ou des médecins qui habitent confortablement dans des maisons modernes à Pétionville ou dans la capitale, Port-au-Prince. Il y a aussi des mulâtres qui ont des plantations où les travailleurs cultivent le café, le sucre ou le sisal. Mais la vaste majorité des Haïtiens sont très pauvres et beaucoup de cultivateurs sont illettrés puisque l'éducation formelle n'est pas obligatoire. Il y a des problèmes d'enseignement à cause du surpeuplement et à cause du manque d'écoles et de professeurs.

mulâtres *mulattos*
sisal *sisal (fiber-yielding plant)*
puisque *since*
à cause du *because of*
manque *lack*

remous *unrest*

jusqu'à *until*
mort *death*
avait gardé *had kept*
avait peur *was afraid*
n'existent plus *no
longer exist*
ouverte *open*
améliorer *improve*
de plus en plus *more
and more*
bâtie *built*
séjour *stay, visit*
à faire sourire *make
one smile*
siège *seat*
tout le *the whole*
Marché en Fer *Iron
Market*
acajou *mahogany*

même *even*
numérotées *numbered*
moyen *means*

en dehors du *outside
of*

route *road*
serpentine *winding*
à faire dresser . . . tête
*enough to make one's
hair stand on end*
Les moins *The less*

meilleur *better*

Depuis 1956 Haïti connaît beaucoup d'agitations politiques et de remous populaire. François Duvalier (Papa Doc), en effet chef du gouvernement du pays pendant 15 ans jusqu'à sa mort en 1971, avait gardé son pouvoir à l'aide d'un groupe d'agents de la police secrète, les tonton Macoutes (bogeymen). On avait peur de déclarer ses opinions politiques. Les agents de police secrète n'existent plus sous le fils de Papa Doc, Jean-Claude, qui règne depuis la mort de son père. On espère une politique plus ouverte.

Pour améliorer la situation économique on encourage de plus en plus le développement du tourisme. Il y a une station de luxe, l'Habitation Leclerc, bâtie sur la propriété de la sœur de Napoléon, Pauline. Il y a aussi beaucoup de pensions à prix modérés. Et le touriste peut passer un séjour agréable en Haïti. Le paysage avec ses rudes montagnes est souvent dramatique. L'ambiance mystique, les couleurs vives et les odeurs d'épices sont à faire sourire avec bonheur. À Port-au-Prince, capitale et siège du gouvernement, on peut visiter le Palais national, le « White House » d'Haïti. Et tout le pays est un grand bazar multicolore. Au Marché en Fer à Port-au-Prince, vous pouvez trouver des curiosités, des couvertures de toutes couleurs, des robes en coton, des objets en acajou et en cèdre. Et n'oubliez pas de marchander. Le soir, quand vous rentrez à l'hôtel, vous pouvez goûter la cuisine créole. Et le rhum, bien sûr, coule à flots, car c'est la boisson nationale de cette île. Si vous avez de la chance, vous pouvez assister à une séance de vaudou.

Vous pouvez aussi parcourir le pays. Mais attention! La plupart des rues en Haïti ne sont pas pavées, même dans les grandes villes. Beaucoup de rues et de maisons ne sont pas numérotées. Le moyen de transport public c'est une camionnette, une sorte de camion converti en autobus. Une visite à la Citadelle la Ferrière, le château imposant d'Henri Christophe, en dehors du Cap-Haïtien, est une expérience inoubliable. Le trajet de huit heures dans une camionnette sur une route non pavée et serpentine est à faire dresser les cheveux sur la tête. Il faut terminer les deux dernières heures du trajet à cheval. Les moins aventureux peuvent faire la plupart du trajet en avion.

On peut conclure qu'Haïti est un pays de contrastes — d'un côté les couleurs vives, l'ambiance mystique, les forêts tropicales et les stations balnéaires qui attirent les touristes — de l'autre côté la vie primitive de ses habitants et les tensions politiques. Et on peut espérer un meilleur avenir pour cette petite république des Antilles.

Compréhension   *A. Répondez.*

1. Avec quel pays la république d'Haïti partage-t-elle son île?
2. Comment est le pays?
3. Depuis quand est-ce qu'Haïti est une république indépendante?
4. Est-ce qu'Haïti connaît une histoire de luttes et de conflits?
5. Quelle langue parlent les Haïtiens?
6. Où habitent la plupart des Haïtiens?
7. Qu'est-ce que l'Haïtien cultive?
8. Qu'est-ce que quelques-uns vendent aux marchés?
9. Comment d'autres font-ils la récolte?

10.   Qu'est-ce qui a une forte influence sur la vie du peuple?

11.   Chaque année qu'est-ce qu'un certain nombre d'Haïtiens font? Pourquoi?

12.   Quelles professions ont 5% des Haïtiens? Où habitent-ils?

13.   Pourquoi est-ce que beaucoup de cultivateurs sont illettrés?

14.   Quel est le nom du chef du gouvernement jusqu'à 1971?

15.   Qui sont les tonton Macoutes?

16.   Qui règne maintenant?

17.   Qu'est-ce qu'on encourage pour améliorer la situation économique?

18.   Comment est le paysage en Haïti?

19.   Quelle ville est la capitale et le siège du gouvernement?

20.   Qu'est-ce qu'on peut trouver au Marché en Fer?

21.   Comment sont les rues en Haïti?

22.   Quel est le moyen de transport public?

23.   De combien d'heures est le trajet au château d'Henri Christophe?

24.   Comment faut-il terminer les deux dernières heures du trajet?

25.   Quels sont les contrastes en Haïti?

SIXIÈME
LEÇON

Vocabulaire

1.   Jean est à la gare.
Il a un billet d'aller et retour.
Le billet coûte dix francs.
Tout le monde sort sur le quai.
Il y a une foule de gens.
Le train siffle.
Il va partir.
Il part à dix heures précises.
Il part à l'heure.
Il y a des voitures et des mobylettes
près du quai.
2.   Les jeunes gens sont dans le
wagon-restaurant.
Le garçon sert le déjeuner.
À une autre table un homme regarde
le journal.
Dans le journal il y a une photo.
C'est une photo d'une course de
chevaux.

4

3. L'ouvrier retrouve sa place dans
son atelier.
Son nom est Monsieur Leman.
Il est debout. Il n'est pas assis.
Il est tisserand.
Il emploie de la laine dans son métier
à tisser.
Il y a beaucoup de bruit.
Il y a beaucoup de graisse.
Son métier est dur et fatigant.
Il est difficile.
4. L'ouvrière est couturière.
Elle travaille dans une fabrique de
lingerie.
Elle travaille sans cesse.
Le travail ne cesse pas.

3

5. Marie étudie le français.
Elle apprend le français.
Le professeur explique la leçon.
Elle comprend la leçon.
Elle n'oublie pas la leçon.
6. Monsieur LeBlanc est sportif.
Il est en bonne forme.
Il fait du sport.
Il fait partie de l'équipe de football.
C'est un match de football.
7. C'est le soir.
Les gens jouent aux cartes.
Un joueur prend une carte.
Un enfant dort.
Il y a un poste de télévision dans la chambre.
La porte n'est pas ouverte.

le congé   *les vacances* (vacation)

l'an (m.)   *l'année* —time duration

l'emploi (m.)   *le travail* (employment)

la retraite   *quand une personne cesse de travailler*
  À 65 ans, Monsieur Pierron prend sa retraite.

l'étranger, l'étrangère   *Les Français sont des étrangers aux États-Unis. Les Américains sont des étrangers en France.*

la journée   *le jour*

la soirée   *le soir* evening
  Toute la soirée il regarde la télévision.

la nuit   *le contraire du jour* night

le loisir   *le temps libre* leisure

le jardin potager   *un jardin où on cultive des légumes pour la consommation* vegetable garden

le jardinage   *l'action de cultiver des produits dans un jardin* gardening

envoyer   *faire aller*
  La mère envoie l'enfant à l'école.

envahir   *entrer dans un lieu par la force, occuper en entier* invade

grave   *sérieux*

divers, —e   *plusieurs* —several; diverse

mal   *le contraire de* bien · bad

quotidien, —ne   *de tous les jours* daily

où   *quand* where or when

parfois   *quelquefois* — sometimes

toujours   *à chaque instant, tous les jours* always

Une ville industrielle

Alain Keler from EPA

l'industrie (f.)

la transformation

la bicyclette

la mine

le garage

la place

la machine

l'avantage (m.)

le syndicat

la colonie

la promotion

le membre

l'intérêt (m.)

la condition

le salaire

la menace

le budget

le crédit

le cas

l'équilibre (m.)

la distraction

l'athlétisme (m.)

la forme

le champion

le spectateur

l'apéritif (m.)

l'animal (m.)

la consommation

voyager

arriver

placer

bénéficier

rembourser

organiser

défendre

augmenter

économiser

profiter

considérer

participer

apprécier

alimentaire

métallurgique

habituel, –le

long, longue

médical, –e, –aux, –ales

assuré, –e

familial, –e, –aux, –ales

organisé, –e

financier, financière

limité, –e

municipal, –e, –aux, –ales

international, –e, –aux, –ales

intéressé, –e

local, –e, –aux, –ales

domestique

personnel, –le

sûr, –e

Pratique orale

A. *Répondez.*

1. Combien coûte le billet d'aller et retour?
2. Où sort tout le monde?
3. Est-ce qu'il y a une foule de gens?
4. Quand part le train?
5. Où est-ce que le garçon sert le déjeuner?
6. Qu'est-ce qu'il y a dans le journal?
7. Est-ce que le tisserand est debout?
8. Qu'est-ce qu'il emploie dans son métier à tisser?
9. Y a-t-il beaucoup de bruit et beaucoup de graisse?
10. Où travaille la couturière?
11. Qu'est-ce que Marie étudie?
12. Qu'est-ce qu'elle apprend?
13. Oublie-t-elle la leçon?
14. Est-ce que Monsieur LeBlanc fait partie de l'équipe de football?
15. À quoi jouent les gens le soir?
16. Est-ce qu'un enfant dort?
17. Qu'est-ce qu'il y a dans la chambre?
18. La porte est-elle ouverte?

Exercices

A. *Complete the following with an appropriate word.*

1. La situation est sérieuse. La situation est _____.
2. Il ne va pas bien. Il va _____.
3. Le travail est difficile. Le travail est __ __.
4. Il cultive des légumes dans son _____ _____.
5. Je travaille toujours. Je n'ai pas beaucoup de temps pour les _____.

6. À 65 ans il ne travaille pas. Il prend sa _____.
7. Aujourd'hui nous ne travaillons pas. C'est un jour de _____.
8. Le train sort de la gare. Il _____.
9. Le garçon _____ le repas dans le restaurant.
10. L'ouvrière est _____. Elle travaille dans une fabrique de lingerie.
11. La fille étudie les verbes. Elle _____ les verbes.

B. *Give a word related to each of the following.*

1. le jardin   6. le soir
2. tisser   7. le jour
3. fatigué   8. jouer
4. les études   9. économique
5. le sport

Une grève d'ouvriers   *Alain Keler from EPA*

Des ouvriers français   *Editorial Photocolor Archives (EPA)*

Structure

THE PRESENT TENSE OF THE VERBS **PRENDRE, APPRENDRE,** AND **COMPRENDRE**

Pratique orale

A. Répétez.

Comprenez-vous le professeur?   Prends-tu des livres?

Oui, nous comprenons le professeur.   Oui, je prends des livres.

Apprenez-vous la leçon?   Apprends-tu le français?

Oui, nous apprenons la leçon.   Oui, j'apprends le français.

B. Répondez.

1. Prenez-vous vos places?   2. Prenez-vous vos places devant le professeur?   3. Comprenez-vous ce livre?   4. Apprenez-vous le français?   5. Prends-tu le livre?   6. Apprends-tu la leçon? 7. Apprends-tu le français?   8. Comprends-tu bien?

C. Répondez.

1. Est-ce que les étudiants prennent des livres?   2. Apprennent-ils la leçon? 3. Comprennent-ils le professeur?   4. Les ouvrières apprennent-elles un métier?   5. Est-ce que l'ouvrière prend sa mobylette pour aller au travail? 6. Apprend-elle un métier?   7. Comprend-elle les enfants?

D. Demandez.

1. Demandez à un ami s'il prend un congé.   2. Demandez à une amie si elle apprend les verbes.   3. Demandez à des amis s'ils comprennent la situation. 4. Demandez à deux amies si elles apprennent le français.

Note grammaticale

The verbs *prendre* (to take), *apprendre* (to learn), and *comprendre* (to understand) are conjugated like regular –re verbs in the singular. The plural is irregular. The final *d* is dropped from the stem before adding the endings. Note the double *n* in the third person plural.

prendre	*apprendre*	*comprendre*
je prends	j'apprends	je comprends
tu prends	tu apprends	tu comprends
il elle } prend on	il elle } apprend on	il elle } comprend on
nous prenons	nous apprenons	nous comprenons
vous prenez	vous apprenez	vous comprenez
ils elles } prennent	ils elles } apprennent	ils elles } comprennent

Exercices   *A. Rewrite the following sentences, putting the verbs in the plural.*

1. J'apprends à cultiver le raisin pour le vin.
2. Elle comprend deux langues modernes, le français et l'anglais.
3. Tu prends du café et des croissants pour le petit déjeuner.
4. Il apprend que la cuisine est un art.

✔ *B. Complete the following with the correct form of the indicated verb.*

1. Le chef _____ de la farine pour faire le pain. *prendre*
2. Les Haïtiens _____ les légendes et les mythes en créole. *comprendre*
3. Nous _____ qu'il y a des problèmes d'enseignement en Haïti à cause du surpeuplement. *comprendre*
4. Tu _____ à préparer les spécialités de chaque région de la France. *apprendre*
5. Vous _____ du poulet rôti, des légumes, de la salade et des fruits pour le dîner. *prendre*
6. Je _____ les problèmes de la circulation automobile. *comprendre*
7. Les étudiants de lycée _____ la géographie, les mathématiques, l'histoire et le français à l'école. *apprendre*
8. Nous _____ nos repas au restaurant universitaire. *prendre*

NOUNS AND ADJECTIVES ENDING IN —AL OR —AIL

Pratique orale   *A. Répétez.*

Il regarde un journal.   C'est un champion international.
Il regarde des journaux.   Ce sont des champions internationaux.

Il fait le travail.   C'est une place locale.
Il fait divers travaux.   Ce sont des places locales.

B. Répondez.

1. Cet animal est gros?   2. Ces animaux sont gros?   3. Est-ce que ce travail est dur?   4. Est-ce que ces travaux sont durs?   5. Regardez-vous ce journal?   6. Regardez-vous ces journaux?   7. Ce sont des problèmes sociaux?   8. Ce sont des organisations sociales?   9. Ce sont des joueurs locaux?   10. Ce sont des équipes locales?   11. Ce sont des champions internationaux?   12. Ce sont des villes internationales?

Note grammaticale   Some nouns ending in *–al* or *–ail* change *–al* or *–ail* to *–aux* to form the plural.

un animal   des animaux
un travail   des travaux
un journal   des journaux

Some adjectives ending in *–al* in the masculine singular change *–al* to *–aux* to form the plural.

un problème médical   des problèmes médicaux
un stade municipal   des stades municipaux

Final and *natal* are exceptions.

l'examen final   les examens finals
le pays natal   les pays natals

The feminine forms are regular. The feminine forms end in *–ale* in the singular and *–ales* in the plural.

une ville internationale   des villes internationales
une boîte locale   des boîtes locales

✓ **Exercice**   **A.**   *Rewrite the following sentences in the plural.*

1. C'est une ville internationale.   *Ce sont des villes internationales*
2. C'est un examen final.
3. C'est un problème familial.
4. C'est un pays natal.
5. C'est un journal intéressant.
6. C'est un cheval intéressant.

THE PRESENT TENSE OF THE VERBS **PARTIR, DORMIR, SERVIR,** AND **SORTIR**

Pratique orale   **A.**   *Répétez.*

Partez-vous à l'heure?   Sors-tu sur le quai?
Oui, nous partons à l'heure.   Oui, je sors sur le quai.
Dormez-vous huit heures?   Sers-tu de la soupe?
Oui, nous dormons huit heures.   Oui, je sers de la soupe.
Servez-vous un bon repas?   Dors-tu bien?
Oui, nous servons un bon repas. Oui, je dors bien.

B.   *Répondez.*

1. Partez-vous en ville?   2. Sortez-vous de la boutique?   3. Servez-vous le repas à la maison?   4. Dormez-vous huit heures?   5. Pars-tu pour l'université?   6. Sors-tu de la bibliothèque?   7. Sers-tu du café à un ami?   8. Dors-tu la nuit?

C.   *Répondez.*

1. Est-ce que les trains partent à l'heure?   2. Est-ce que les voyageurs sortent sur le quai?   3. Est-ce que les garçons servent le déjeuner dans le wagon-restaurant?   4. Est-ce que les passagers dorment dans le train?   5. Est-ce que l'ouvrière part pour l'usine?   6. Sort-elle de l'usine à cinq heures?   7. Sert-elle le dîner à sept heures?   8. Dort-elle la nuit?

D.   *Demandez.*

1. Demandez à un ami s'il part maintenant.   2. Demandez à une amie si elle dort huit heures.   3. Demandez à des amis s'ils servent du café à leurs amis.   4. Demandez à des amies si elles dorment huit heures.

Note grammaticale

Verbs like *partir* (to leave), *sortir* (to leave, to go out), *dormir* (to sleep), and *servir* (to serve) are conjugated like regular *–re* verbs in the plural. Note that the *t* sound in *partir* and *sortir*, the *m* sound in *dormir*, and the *v* sound in *servir* do not appear in the singular.

partir	*sortir*	*dormir*	*servir*
je pars	je sors	je dors	je sers
tu pars	tu sors	tu dors	tu sers
il elle on } part	il elle on } sort	il elle on } dort	il elle on } sert
nous partons	nous sortons	nous dormons	nous servons
vous partez	vous sortez	vous dormez	vous servez
ils elles } partent	ils elles } sortent	ils elles } dorment	ils elles } servent

Exercices

A. Rewrite the following sentences in the singular.

1. Nous partons pour Paris, le centre économique, artistique et politique de la France.
2. Vous sortez de la boutique.
3. Elles dorment huit heures.
4. Ils servent le déjeuner dans le restaurant de midi à trois heures.

B. Rewrite the following sentences in the plural.

1. Je pars pour Haïti, une île fascinante.
2. Elle sort de la bibliothèque.
3. Tu dors huit heures.
4. Il sert le dîner dans un petit restaurant caché dans une petite rue.

THE ADJECTIVE **TOUT**

toute, toutes

Pratique orale

A. Répétez.

Toute la leçon est difficile.
Toute l'histoire est intéressante.

Toutes les villes en France sont intéressantes.
Toutes les ouvrières travaillent.

B. Répondez.

1. Est-ce que toute la région est jolie?   2. Est-ce que toute la leçon est facile?
3. Est-ce que toute l'île est montagneuse?   4. Est-ce que toutes les machines font du bruit?   5. Est-ce que toutes les montagnes sont hautes?   6. Est-ce que toutes les ouvrières travaillent?

tout, tous

A. Répétez.

Tout le monde est content.
Tout le palais est somptueux.

Tous les théâtres sont magnifiques.
Tous les gens travaillent.

B.   *Répondez.*

1. Est-ce que tout le pays est fascinant?   2. Est-ce que tout le repas est déli-cieux?   3. Est-ce que tout le village est joli?   4. Est-ce que tous les prix sont modérés?   5. Est-ce que tous les chevaux sont grands?   6. Est-ce que tous les ouvriers sont tisserands?

Note grammaticale

The adjective *tout* agrees with the noun it modifies.

Tout le pays est intéressant.   Toute la région est intéressante.
Tous les pays sont intéressants.   Toutes les régions sont intéressantes.

Tout le and *toute la* mean "all the" or "the whole" before a singular noun. *Tous les* and *toutes les* mean "all the" before a plural noun.

Toute la région est intéressante.
The whole region is interesting.

Toutes les régions sont intéressantes.
All the regions are interesting.

Exercice

A.   *Complete the following with the correct form of the adjective* tout.

1. _____ le paysage, _____ les montagnes, _____ les champs sont jolis.
2. _____ le repas, _____ le pain, _____ le vin, _____ la salade, et _____ les légumes sont bons.
3. _____ les cours sont intéressants.
4. _____ l'île est montagneuse.
5. _____ les garçons, _____ les jeunes filles, _____ les hommes, _____ les femmes vont au musée.
6. _____ les étudiants, _____ les étudiantes, _____ les ouvriers, _____ les ouvrières travaillent.

VERBS THAT END WITH A VOWEL SOUND

Pratique orale

A.   *Répétez.*

Elles étudient la leçon.   Tu continues tes études.
Elle oublie la leçon.   Nous étudions l'art moderne.
J'étudie le français.   Vous échouez à l'examen.

Les gens sont dans le compartiment d'un train.   *Alain Keler from EPA*

B. *Répondez.*

1. Les élèves étudient-elles le français?   2. Oublient-elles la leçon?

3. L'étudiant contribue-t-il beaucoup?   4. Continue-t-il ses études à
l'université?   5. Étudies-tu le français?   6. Oublies-tu la leçon?

7. Étudiez-vous le français?   8. Oubliez-vous les mots?

**Note
grammaticale**

—*Er* verbs whose infinitive ends in a vowel are conjugated regularly. As with other
—*er* verbs, the endings —*e*, —*es*, —*e*, and —*ent* are not pronounced.

étudier	*continuer*
j'étudie	je continue
tu étudies	tu continues
il	il
elle } étudie	elle } continue
on	on
nous étudions	nous continuons
vous étudiez	vous continuez
ils	ils
elles } étudient	elles } continuent

Exercice

A. Change the following sentences, using the indicated cue.

1. J'étudie la leçon. *Marie*
2. Nous n'oublions pas qu'il y a des problèmes économiques ici. *Tu*
3. Les étudiants continuent leurs études à l'université. *Vous*
4. L'élève échoue au bac. *Je*
5. J'étudie l'histoire, la géographie et les mathématiques. *Nous*

THE INTERROGATIVE ADJECTIVE **QUEL**

**Pratique
orale**

A. Répétez.

Quel temps fait-il?   Quels monuments regardez-vous?

Quelle heure est-il?   Dans quelles usines travaillent les ouvriers?

B. Posez des questions selon le modèle.

Je vais au musée de l'art moderne.

À quel musée allez-vous?

Il traverse la rue.

Quelle rue traverse-t-il?

1. Elle assiste à un cours d'histoire.   2. Le garçon brun est ici.   3. Elle
visite les musées d'art moderne.   4. Elle assiste à des cours d'histoire et de
géographie.   5. La jeune fille blonde est ici.   6. Cette voiture est grande.
7. Elle regarde les montagnes.   8. Les étudiants du lycée sont ici.

C. Répétez.

Quelle fille!   Quelles équipes!

Quel garçon!   Quels hommes!

D.   *Répondez selon le modèle.*

Regarde le monument!
Quel monument!

1. Regarde l'équipe! *quelle*   2. Regarde les voitures! *quelles*   3. Regarde le tisserand! *quel*
4. Regarde les ouvriers! *quels*   5. Regarde les équipes! *quelles*   6. Regarde l'ami! *quel*

Note grammaticale

The interrogative adjective *quel* (which) agrees with the noun it modifies.

Quel homme est tisserand?	*Which man is a weaver?*
Quelle fille travaille dans l'usine?	*Which girl works in the factory?*
Quels hommes sont ici?	*Which men are here?*
Quelles équipes jouent au stade?	*Which teams are playing in the stadium?*

The adjective *quel* can be used to express the idea "What a _____!"

Quel pays!	*What a country!*
Quelle île!	*What an island!*

Exercices

A.   *Form questions, using* quel, *according to the model.*

Cet ouvrier travaille.
Quel ouvrier travaille?

1. *Ces tisserands* travaillent dans cette usine. *Quels*
2. Cette couturière travaille dans *cette fabrique.*
3. *Le bruit des machines* cesse.
4. *Les équipes municipales* sont bonnes.
5. L'étudiant va à *cette école.*

B.   *Follow the model.*

C'est un sportif.
Quel sportif!

1. C'est une ouvrière.
2. C'est un tisserand.
3. Ce sont des mobylettes.
4. Ce sont des journaux.

SONS ET SYMBOLES

l **mouillé**	***gn***
fille	ligne
famille	montagne
travaille	gagne
travail	peigne
accueille	

The consonant r

between vowels	before a consonant	after a consonant	final	initial
forêt	parle	très	cher	rien
haricot	regarde	près	noir	rôti
désirer	artiste	grand	bonjour	région
cérémonie	bavarder	fruit	découvrir	regarder
littérature	parfum	critiquer	offrir	retrouver
américain	jardin	programme		rencontrer

Conversation

À LA GARE

Jacques: Deux billets d'aller et retour pour Marseille, s'il vous plaît.
Employé: Première ou deuxième classe?
Jacques: Deuxième classe, s'il vous plaît.
Pierre: Prenons des couchettes. Nous pouvons dormir la nuit.

couchettes *berths*
in the sleeping car

Jacques: Bon. Sert-on le déjeuner, monsieur?
Employé: Oui, dans le wagon-restaurant.
Jacques: Le train part à dix heures précises, n'est-ce pas?
Employé: Oui, tous les trains sont à l'heure.
Pierre: De quel quai part le train?
Employé: Du quai numéro six.
Pierre: Jacques, le train va partir.
Jacques: Oui, sortons sur le quai.
Pierre: N'oublie pas les valises et les journaux.

Exercice   *A.   Answer the following questions.*

1. Qu'est-ce que Jacques demande?
2. Veut-il des billets de première ou de deuxième classe?
3. Qu'est-ce que Pierre veut prendre?
4. Pourquoi?
5. Où sert-on le déjeuner?
6. Quand part le train?
7. Est-ce que tous les trains sont à l'heure?
8. De quel quai part le train?
9. Où sortent les jeunes gens?
10. Qu'est-ce que Pierre ne veut pas oublier?

Le train est sur le quai.

Alain Keler from EPA

Lecture culturelle

LA VIE DE L'OUVRIER

La région de Lille, Roubaix, Tourcoing est une des grandes régions indus-trielles de la France: industrie textile surtout, mais aussi industrie alimentaire et industrie métallurgique de transformation.

industrie métallurgique de transformation *metal working industry* lilloise *around Lille*

Il est sept heures et demie du matin à Loos, petite ville de la région lilloise. Comme tous les matins, Monsieur Leman prend sa mobylette et part pour l'usine. Il y a beaucoup de circulation, car c'est l'heure où tous les ouvriers vont à leur travail. Ils voyagent parfois d'assez loin, comme les frontaliers qui arrivent de Belgique à bicyclette ou par le train, ou comme les ouvrières du bassin minier qui prennent l'autobus à cinq ou six heures du matin pour aller travailler dans les usines de Lille, Roubaix, Tourcoing. (Dans la région des mines, il y a du travail pour les hommes, mais pas assez de travail pour les femmes.) Monsieur Leman a de la chance; il habite à un quart d'heure de son travail.

d'assez *from rather* frontaliers *people who live near the border* du bassin minier *from the mining district*

la cour *yard*

Il arrive maintenant à l'usine; on ouvre les portes et la foule des ouvriers entre dans la cour de l'usine. Monsieur Leman va placer sa mobylette au garage; sa journée de travail commence. Il entre dans l'atelier et il retrouve sa place habi-tuelle devant son métier à tisser. Il travaille huit heures par jour, quarante heures par semaine, debout devant ce métier, dans le bruit assourdissant des machines, dans l'odeur forte de la laine et de la graisse. Il est tisserand depuis l'âge de qua-torze ans. Sa femme travaille comme ouvrière couturière dans une fabrique de lingerie, et là aussi les heures sont longues, le travail fatigant.

assourdissant *deafen-ing*

là *there*

Bien sûr, les ouvriers bénéficient de beaucoup d'avantages sociaux. Quels sont ces avantages? La Sécurité Sociale rembourse leurs frais médicaux à 80%; ils ont quatre semaines de congés payés par an et une retraite assurée à soixante-cinq ans; ils touchent des allocations familiales et peuvent envoyer leurs enfants dans des colonies de vacances organisées par l'usine pendant l'été, et cela ne coûte pas cher; certaines usines ont des garderies d'enfants (l'usine de Madame Leman, par exemple); les ouvriers peuvent aussi assister à des cours du soir gratuits, dans le cadre de la Promotion Sociale, pour se spécialiser ou pour apprendre un nouveau métier. De plus, presque tous les ouvriers sont membres d'un syndicat qui défend leurs intérêts.

payés *paid* touchent *receive* allocations familiales *family allotments* colonies de vacances *holiday camps* dans le cadre de *(here) under the auspices of* se spécialiser *specialize* nouveau *new* presque *almost* syndicat *union* chômage *unemploy-ment*

Quels sont donc les problèmes des ouvriers? Ce sont des problèmes de deux sortes, d'abord financiers, et ensuite des problèmes de conditions de travail. Les salaires ne sont pas très élevés, les prix augmentent sans cesse, et il y a aussi la menace du chômage. Le budget des ouvriers est limité. Ils ne sortent pas sou-

achetés *bought*

précaire *uncertain, unstable*

main-d'œuvre *manpower*

mal *badly*
les leurs *theirs*

ainsi *thus*

tels que *such as*

aussi . . . que *as . . . as*
en tant que *as*
par cœur *by heart*
parient *bet*
font leur tiercé *bet*
encore *even*

pigeons voyageurs *carrier pigeons*
colombophiles *pigeon fanciers*
au fait *by the way*
finie *finished*
chez eux *to their homes*
sans doute *no doubt*
somnifère *sleeping pill*

vent; ils possèdent un poste de télévision et une voiture achetés à crédit; certains économisent assez pour pouvoir acheter une petite maison, mais dans la plupart des cas ils sont dans un équilibre financier précaire. Les conditions de travail sont parfois très dures, et les ouvriers trouvent qu'ils sont trop fatigués pour profiter de leurs loisirs. Les ouvriers considèrent aussi l'emploi d'une main-d'œuvre étrangère comme une menace; ils ne comprennent pas toujours très bien les travailleurs étrangers et connaissent mal leurs problèmes qui sont souvent plus graves que les leurs.

Dans ces conditions, quelles sont les distractions de l'ouvrier? À cinq heures, après une longue journée de travail, Monsieur Leman va faire du sport au stade municipal: il fait partie de l'équipe d'athlétisme de son usine; il reste ainsi en bonne forme physique et oublie les problèmes de la vie quotidienne. Il pense peut-être aussi aux champions nationaux et internationaux tels que Delecour, Jazy, Rousseau, qui sont aussi ouvriers d'usine. Mais tout le monde n'est pas aussi sportif que Monsieur Leman et beaucoup de ses amis participent aux sports en tant que spectateurs. Ils apprécient un bon match de football et connaissent par cœur les noms de tous les joueurs locaux. Ils parient aussi aux courses de chevaux: tous les dimanches ils envahissent les cafés, discutent, étudient les différentes possibilités devant un verre d'apéritif, et font leur tiercé. D'autres, encore moins intéressés par le sport, vont au café deux ou trois fois par semaine et passent la soirée à jouer aux cartes avec leurs amis. Beaucoup d'ouvriers ont un jardin potager derrière leur maison, où ils font divers travaux de jardinage et élèvent quelques animaux domestiques pour leur consommation personnelle. La région du Nord est connue pour ses colombophiles qui élèvent des pigeons voyageurs; le dimanche il y a des courses de pigeons.

Mais, au fait, quelle heure est-il? Cinq heures? La journée de Monsieur Leman est bientôt finie. La sirène de l'usine siffle; toutes les machines cessent et les ouvriers repartent chez eux. On peut être sûr qu'ils dorment bien la nuit: leur longue journée de travail et toutes leurs activités servent, sans doute, de somnifère.

Compréhension   *A.   Répondez.*

1.   Quelles industries est-ce qu'on trouve dans la région de Lille?
2.   Que fait Monsieur Leman tous les matins?
3.   Comment arrivent les frontaliers de Belgique? les ouvrières du bassin minier?
4.   Est-ce que Monsieur Leman habite loin de son travail?
5.   Où Monsieur Leman va-t-il placer sa mobylette?
6.   Combien d'heures travaille-t-il?
7.   Où travaille sa femme?
8.   Quels frais médicaux est-ce que la Sécurité Sociale rembourse?

9. Combien de semaines de congés payés ont les ouvriers?
10. À quel âge ont-ils une retraite assurée?
11. Est-ce qu'il y a des allocations familiales?
12. Où peuvent-ils envoyer leurs enfants?
13. Est-ce qu'ils sont membres des syndicats qui défendent leurs intérêts?
14. Quels sont les deux sortes de problèmes des ouvriers?
15. Comment sont les salaires?
16. Comment est le budget des ouvriers?
17. Comment sont les conditions de travail?
18. Qu'est-ce que les ouvriers considèrent comme une menace?
19. Comment Monsieur Leman oublie-t-il les problèmes de la vie quotidienne?
20. Qu'est-ce qu'il oublie?
21. Qu'est-ce que les spectateurs de sports connaissent?
22. À quoi parient-ils?
23. Qu'est-ce qu'ils font aux cafés le dimanche?
24. Qu'est-ce que beaucoup d'ouvriers ont derrière leur maison?
25. Quel sport y a-t-il le dimanche dans la région du Nord?
26. Qu'est-ce qu'il y a le dimanche?
27. Quand la journée de Monsieur Leman est-elle finie?

SEPTIÈME LEÇON

Vocabulaire

1. La jeune fille est dans un grand magasin.

Elle est au rayon des chaussures.

Le rayon des chaussures est au rez-de-chaussée.

Elle cherche des chaussures en cuir avec des talons.

Les chaussures sont en solde aujourd'hui.

Une autre fille paie à la caisse.

Elle porte des gants blancs.

2. La région est entourée de trois côtés par la mer.

C'est une région côtière.

Il y a des rochers et des pierres près de la côte.

La côte est rocheuse.

Les marées sont puissantes.

Elles sont très fortes.

La marée recule maintenant.

Elle va remonter plus tard.

Il y a des moules et des huîtres sur le sable.

3.   Le touriste voit une flotille de
bateaux dans le port.
Il respire l'air.
Les pêcheurs vont à la pêche.
Un vieux pêcheur ramène des
homards.
Il est fier et heureux.
Il parle beaucoup.
C'est un raconteur de légendes.
4.   C'est une fête.
Les fidèles défilent.
Ils vont à l'église.
Les femmes portent de belles robes de
soie brodée.
Elles portent des coiffes et des tabliers
blancs.
Les hommes portent des chapeaux
ronds à rubans.
Ils sont en sabots et en costume de
velours.
Il fait beau. Le climat est doux.
5.   La table est couverte de dentelle.
Il y a des petits pois, des choux-fleurs
et des artichauts.
Un homme déguste des crêpes.
Une femme remplit les verres d'eau.

le sud   *le contraire du* nord
le palmier   *l'arbre des régions chaudes*
le siècle   *cent ans*
les vacances (f.)   *la période où on ne travaille pas; le congé*
recouvrir   *couvrir de nouveau*
garder   *préserver*
durer   *continuer d'exister*
croire   *accepter, penser*
nouveau, nouvel, nouvelle   *le contraire de* vieux
nombreux, nombreuse   *abondant, considérable*
actuel, –le   *contemporain, qui existe au moment où l'on parle*
sec, sèche   *aride*
bien   *très*
        Il est bien content.
avant   *le contraire d'*après

Une ferme en Bretagne

Alain Keler from EPA

l'ouest (m.)

la péninsule

la baie

le cap

le mégalithe

le passé

le rythme

le kilomètre

la rivière

l'intérieur (m.)

l'économie (f.)

la sardine

la cargaison

le commerce

la catégorie

la réputation

la multitude

le charme

l'équinoxe (m.)

la céréale

le cidre

l'exploitation (f.)

le lichen

la résidence

le cas

l'individualité (f.)

l'association (f.)

l'union (f.)

la défense

le dialect

le fantastique

la légende

la procession

le musicien

la flûte

la danse

l'accordéon (m.)

le mariage

l'effort (m.)

la libération

l'indépendance (f.)

l'aspect (m.)

le rempart

le granit

l'architecture (f.)

la ténacité

la coutume

recouvrir

prospérer

abonder

créer

incliner

réunir

remplacer

représenter

merveilleux, merveilleuse

mystérieux, mystérieuse

extrême

immense

idéal, –e

hôtelier, hôtelière

spectaculaire

délicieux, délicieuse

typiquement

commercial, –e, –aux, –ales

réputé, –e

celtique

comparable

folklorique

accompagné, –e

profane

gai, –e

exubérant, –e

traditionnel, –le

actif, active

culturel, –le

Pratique orale

A. *Répondez.*

1. Où est le rayon des chaussures du magasin?
2. Qu'est-ce que la jeune fille cherche?
3. Est-ce que les chaussures sont en solde aujourd'hui?
4. Où est-ce qu'une autre fille paie?
5. De quelle couleur sont ses gants?
6. Qu'est-ce qu'il y a près de la côte?
7. Comment sont les marées?
8. Que fait la marée maintenant?
9. Qu'est-ce qu'il y a sur le sable?
10. Qu'est-ce que le touriste voit dans le port?
11. Qui ramène des homards?
12. Comment est-il?
13. Qu'est-ce que les fidèles font?
14. Où vont-ils?
15. Qu'est-ce que les femmes portent?
16. Qu'est-ce que les hommes portent?
17. Comment est le climat?
18. De quoi la table est-elle couverte?
19. Quels légumes est-ce qu'il y a?
20. Qu'est-ce qu'un homme déguste?
21. De quoi la femme remplit-elle les verres?

Exercices   *A.   Complete the following sentences with an appropriate word.*

1. Des arbres de régions chaudes sont des _____.
2. On préserve les vieilles traditions. On _____ les traditions.
3. Les marées sont très fortes. Elles sont _____.
4. Beaucoup de touristes visitent la tour Eiffel. De _____ touristes visitent la tour.
5. La terre dans le désert est _____.
6. On parle des problèmes qui existent maintenant. On parle des problèmes _____.
7. Les traditions _____ depuis des siècles.
8. Il y a cent ans dans un _____.

B.   Give the opposite of the following words.

1. noir
2. après
3. laide
4. le nord
5. remonter
6. jeune

Des menhirs à Carnac   *Alain Keler from EPA*

À marée basse à Saint-Malo   *Alain Keler from EPA*

Structure

USE OF À AND **DE** AFTER VERBS

Pratique orale

A. Substituez.

Je commence		
Je continue	à parler français.	J'assiste au cours
J'apprends		
Je passe mon temps		

	de français.
	d'histoire.
	de mathématiques.

J'ai un exposé à	préparer.
	faire.

B. Répondez.

1. Commencez-vous à étudier?   2. Assistez-vous au cours de français?
3. Apprenez-vous à jouer aux cartes?   4. Pensez-vous à l'examen?
5. Continuez-vous à étudier?   6. Passez-vous votre temps à étudier?
7. Avez-vous un exposé à préparer?   8. Avez-vous des devoirs à faire?

C. Substituez.

Je décide		
Je cesse		
J'essaie	de parler français.	Elle est
Je tente		
J'oublie		

contente	
heureuse	d'assister au cours.
désolée	

D. Répondez.

1. Cessez-vous de travailler?   2. Décidez-vous de partir?   3. Essayez-vous
de parler français?   4. Finissez-vous de travailler?   5. Oubliez-vous
d'apporter les livres en classe?   6. Êtes-vous content(e) de partir?
7. Êtes-vous heureux (heureuse) de parler français?

E. Substituez.

Espérez-vous		
Savez-vous	parler français?	Je regarde
Voulez-vous		J'écoute
		Je paie

Je regarde	
J'écoute	les disques.
Je paie	

F. Répondez.

1. Espérez-vous parler français?   2. Savez-vous jouer aux cartes?
3. Pouvez-vous aller au cinéma?   4. Écoutez-vous les disques?
5. Payez-vous le dîner?

Note grammaticale   Some verbs are followed by the preposition *à* before an infinitive. Others are followed by the preposition *de*, and others are followed directly by the infinitive.

Some verbs that require *à* before an infinitive are: *apprendre, assister, avoir, commencer, continuer, passer (du temps).*

Some verbs that require *de* before an infinitive are: *cesser, décider, essayer, finir, oublier,* and *tenter.*

Some verbs that require no preposition before an infinitive are: *espérer, pouvoir, savoir,* and *vouloir.*

> Je continue à faire la leçon.
> J'essaie de parler français.
> J'espère arriver à l'heure.

Sometimes when English uses a preposition after a verb, French does not. Some examples are *payer* (to pay for), *écouter* (to listen to), *habiter* (to live in), *monter* (to go up), and *regarder* (to look at).

> Elle paie le livre.   *She pays for the book.*
> Il écoute les disques.   *He listens to the records.*

Exercice   *A.   Complete the following sentences with* à le faire, de le faire, *or* faire.

1. J'apprends _____.
2. Elle essaie _____.
3. Nous continuons _____.
4. Elle peut _____.
5. Vous voulez _____.
6. Elles commencent _____.
7. J'oublie _____.
8. Tu sais _____.
9. Nous finissons _____.
10. Il cesse _____.
11. Il passe son temps _____.

ADJECTIVES ENDING IN —EUX

Pratique orale   *A.   Répétez.*

La soupe est délicieuse.   Elles sont heureuses.
Le pain est délicieux.   Ils sont heureux.

B.   Répondez.

1. Est-ce que la province est mystérieuse?   2. Est-ce que le pays est mystérieux?   3. Est-ce que la station balnéaire est luxueuse?   4. Est-ce que l'appartement est luxueux?   5. Est-ce que la femme est heureuse? 6. Est-ce que l'homme est heureux?   7. Est-ce que les boutiques sont nombreuses?   8. Est-ce que les magasins sont nombreux?   9. Est-ce que les Bretonnes sont religieuses?   10. Est-ce que les Bretons sont religieux? 11. Est-ce que les crêpes sont délicieuses?   12. Est-ce que les artichauts sont délicieux?

Note grammaticale   Adjectives ending in *–eux* in the masculine change *–eux* to *–euse* to form the feminine.

masculine	feminine
délicieux	délicieuse
heureux	heureuse
luxueux	luxueuse
merveilleux	merveilleuse
mystérieux	mystérieuse
nombreux	nombreuse
religieux	religieuse

The masculine plural is the same as the masculine singular. The feminine plural is formed regularly.

un pays mystérieux   une province mystérieuse

des pays mystérieux   des provinces mystérieuses

Exercice   *A.* *Complete the following sentences with the correct form of the indicated adjective.*

1. Paris est une ville _____. *merveilleux*
2. Le chef prépare un dîner _____: des hors-d'œuvre variés, du rosbif, des pommes frites, de la salade et des pâtisseries. *délicieux*
3. L'étudiant du lycée a des cours _____. *rigoureux*
4. Les Haïtiens cultivent des fruits _____. *délicieux*
5. La cérémonie du vaudou est _____. *religieux*
6. Au Marché en Fer on peut trouver des couvertures _____. *merveilleux*

THE PRESENT TENSE OF THE VERBS **CROIRE** AND **VOIR**

Pratique orale   *A.* *Répétez.*

Croyez-vous cette histoire?	Crois-tu cet homme?
Oui, nous croyons cette histoire.	Oui, je crois cet homme.
Voyez-vous la rivière?	Vois-tu les coiffes?
Oui, nous voyons la rivière.	Oui, je vois les coiffes.

B. *Répondez.*

1. Croyez-vous cet homme?   2. Croyez-vous le professeur?   3. Voyez-vous des vaches en Bretagne?   4. Crois-tu cette histoire?   5. Crois-tu cette femme?   6. Vois-tu les monuments?

C. *Répondez.*

1. Est-ce que le touriste voit les coiffes?   2. Croit-il que les coiffes sont jolies?   3. Est-ce que le Breton croit les légendes?   4. Est-ce que les touristes voient des bateaux de pêche?   5. Croient-ils les légendes?   6. Est-ce que les touristes voient les fermes bretonnes?

Un bateau de pêche en Bretagne   *Alain Keler from EPA*

D.   Demandez.

1. Demandez à un ami s'il voit les pierres.   2. Demandez à une amie si elle croit que le climat est idéal.   3. Demandez à deux amis s'ils croient l'histoire. 4. Demandez à deux amies si elles voient les marées en Bretagne.

Note grammaticale   The verbs *croire* (to believe) and *voir* (to see) are irregular verbs. Note that the *i* becomes *y* in the *nous* and *vous* forms.

croire	*voir*
je crois	je vois
tu crois	tu vois
il ⎫	il ⎫
elle ⎬ croit	elle ⎬ voit
on ⎭	on ⎭
nous croyons	nous voyons
vous croyez	vous voyez
ils ⎫ croient	ils ⎫ voient
elles ⎭	elles ⎭

Exercice   *A.   Complete the following sentences with the correct form of the indicated verb.*

1. Il _____ qu'il y a des gens qui critiquent un système qui encourage une élite intellectuelle.   *croire*
2. Les touristes _____ les bouquinistes le long des quais de la Seine.   *voir*
3. Je _____ qu'on peut trouver les salons des grands couturiers dans le 16ᵉ arrondissement.   *croire*
4. Vous _____ des appartements pauvres et insalubres dans Montmartre.   *voir*
5. Nous _____ qu'il y a des problèmes de pollution et de circulation.   *croire*
6. Tu _____ des livres dans la chambre.   *voir*

Une procession en Bretagne

French Cultural Services

ADJECTIVES ENDING IN —C

Pratique orale

A.   Répétez.

La coiffe est blanche.   Cette femme est franche.

Le tablier est blanc.   Ce garçon est franc.

B.   Répondez.

1. Est-ce que la coiffe est blanche?   2. Est-ce que le tablier est blanc?

3. Est-ce que la paysanne est franche?   4. Est-ce que le paysan est franc?

5. Est-ce que la terre est sèche?   6. Est-ce que le vin est sec?   7. Est-ce que les chaussures sont blanches?   8. Est-ce que les rochers sont blancs?

Note grammaticale

Adjectives ending in *–c* in the masculine change *–c* to *–che* to form the feminine. The plural is regular.

masculine	*feminine*
un tablier blanc	une coiffe blanche
des tabliers blancs	des coiffes blanches
un homme franc	une femme franche
des hommes francs	des femmes franches
un lieu sec	une terre sèche
des lieux secs	des terres sèches

Note that the final *c* is pronounced in *sec*. Note the grave accent on the *e* in *sèche*.

Exercice

A.   Complete the following sentences with the correct form of the indicated adjective.

1.   On voit des coiffes _____ en Bretagne.   *blanc*

2.   La terre en Bretagne est _____.   *sec*

3.   Le bouquiniste est _____.   *franc*

4.   La robe est _____ maintenant.   *sec*

Pratique orale

JOUER, JOUER À, JOUER DE

A.   Substituez.

Je joue | dans le parc.
| dans le jardin.   Elle apprend à jouer | de la flûte.
| dans la chambre. | de l'accordéon.
        | du piano.

Il joue | au tennis.
| au football.
| aux cartes.

B.   Répondez.

1. Jouez-vous dans le jardin?   2. Jouez-vous dans le parc?   3. Jouez-vous au tennis?   4. Jouez-vous au football?   5. Jouez-vous aux cartes?   6. Jouez-vous de la flûte?   7. Jouez-vous du piano?   8. Jouez-vous de la guitare?   9. Jouez-vous de l'accordéon?

Note grammaticale *Jouer* means "to play." *Jouer à* means "to play (a game)." *Jouer de* means "to play (a musical instrument)."

> Il joue dans le jardin.
> Il joue au tennis.
> Il joue de la flûte.

Exercice *A. Complete the following sentences with the correct form of the present tense of* jouer, jouer à, *or* jouer de.

1. Elle _____ dans le jardin.
2. Nous _____ tennis.
3. Je _____ cartes.
4. Vous _____ flûte.
5. Ils _____ football.

ADJECTIVES THAT PRECEDE NOUNS

Singular

Pratique orale *A. Substituez.*

C'est une	jolie / grande / mauvaise / petite / bonne	photo.

C'est	un jeune / un autre / le même	garçon.

J'étudie la	première / deuxième / troisième	leçon.

C'est un	joli / grand / mauvais / petit / bon	élève.

B. Répondez selon le modèle.

> Le garçon est jeune?
> Oui, c'est un jeune garçon.

1. La fille est jeune? 2. L'enfant est jeune? 3. Le tablier est joli?
4. La coiffe est jolie? 5. La montagne est grande? 6. L'enfant est grand?
7. L'histoire est mauvaise? 8. L'artichaut est mauvais? 9. L'élève est mauvais? 10. L'île est petite? 11. Le garçon est petit? 12. L'arbre est petit? 13. La crêpe est bonne? 14. Le repas est bon? 15. L'hôtel est bon? 16. La leçon est longue? 17. Le livre est long? 18. La fille est gentille? 19. Le garçon est gentil?

C. Substituez.

C'est une	belle / nouvelle / vieille	photo.

C'est un	bel / nouvel / vieil	avion.

C'est une	belle / nouvelle / vieille	histoire.

C'est un	beau / nouveau / vieux	livre.

D. *Répondez.*

L'enfant est beau?
Oui, c'est un bel enfant.

1. L'arbre est beau?   2. L'hôtel est beau?   3. L'avion est vieux?
4. L'homme est vieux?   5. L'appartement est nouveau?   6. L'avion est
nouveau?   7. La photo est belle?   8. Le livre est beau?   9. La maison
est nouvelle?   10. Le livre est nouveau?   11. La ville est vieille?
12. Le monument est vieux?

Plural
A. *Substituez.*

Ce sont de	jolies mauvaises petites belles vieilles bonnes nouvelles	photos.	Ce sont de	jolis mauvais bons beaux nouveaux	livres.
Ce sont de	vieilles nouvelles grandes belles	usines.	Ce sont de	gentils bons mauvais beaux vieux nouveaux	amis.

B. *Répondez selon le modèle.*

Les hôtels sont beaux?
Oui, ce sont de beaux hôtels.

1. Les coiffes sont jolies?   2. Les robes sont belles?   3. Les bateaux sont
grands?   4. Les garçons sont gentils?   5. Les traditions sont vieilles?
6. Les monuments sont vieux?   7. Les chapeaux sont beaux?   8. Les
photos sont mauvaises?   9. Les chapeaux sont vieux?   10. Les villes
sont grandes?

**Note
grammaticale**   Most adjectives in French generally follow the noun. Some adjectives normally
precede the noun. Some of the most common of these adjectives that precede the
noun are: *autre* (other), *jeune* (young), *même* (same), *joli* (pretty, handsome),
mauvais (bad), *petit* (small, little), *bon* (good), *grand* (big, tall, great), *long*,
longue (long), *gentil* (nice), *beau* (beautiful, handsome), *nouveau* (new), and
vieux (old).
Cardinal numbers also precede the noun.

la première leçon
le deuxième livre

Note that the adjectives *beau, nouveau,* and *vieux* have a special masculine form before a vowel. The masculine form before a vowel sounds like the feminine form. When the masculine adjective follows a word beginning with a vowel, the regular masculine form is used.

> C'est un beau garçon.
> C'est un bel arbre. Cet arbre est beau.
> C'est une belle femme.
>
> C'est un nouveau quartier.
> C'est un nouvel appartement. Cet appartement est nouveau.
> C'est une nouvelle maison.
>
> C'est un vieux livre.
> C'est un vieil homme. Cet homme est vieux.
> C'est une vieille femme.

When the adjective precedes the noun, the *s* or *x* of the plural forms is pronounced *z* before a word beginning with a vowel or silent *h.*

> z
> les nouveaux‿hôtels
>
> z
> les vieux‿amis

Grand is linked to a word beginning with a vowel with a *t* sound.

> t
> un grand‿homme

Long is linked to a word beginning with a vowel with a *k* sound.

In the plural, *des* becomes *de* or *d'* before an adjective that precedes a noun.

un vieux livre	de vieux livres	But:	des livres importants
un beau garçon	de beaux garçons		des garçons actifs

When the adjective is an integral part of the noun, *des* is used instead of *de.*

> des jeunes filles
> des petits pois
> But:
> de belles jeunes filles

Exercices   *A. Complete the following sentences with the correct form of the indicated adjective.*

1. Les dentelles de Chantilly sont _____.   *beau*
2. Il y a une _____ station balnéaire en Haïti.   *nouveau*
3. Quand on pense à l'université américaine, on pense à un _____ campus. *beau*
4. C'est un _____ hôtel situé dans le Quartier latin.   *vieux*
5. Ce sont de _____ appartements pauvres.   *vieux*
6. C'est un _____ restaurant caché dans une petite rue.   *nouveau*
7. C'est un _____ arbre.   *beau*
8. Haïti est une _____ république du continent nord-américain.   *vieux*
9. C'est un _____ appartement.   *nouveau*

B.   *Answer the questions according to the model.*

> Comment est le garçon?   *petit, intelligent*
> C'est un petit garçon intelligent.

1.   Comment est le village?   *petit, commercial*
2.   Comment est le pays?   *grand, industriel*
3.   Comment est la robe?   *beau, blanc*
4.   Comment est la boutique?   *petit, intéressant*
5.   Comment est le repas?   *grand, délicieux*
6.   Comment est l'appartement?   *vieux, pauvre*

C.   *Rewrite the following sentences in the plural.*

1.   C'est un grand centre commercial.
2.   J'ai un bon livre historique.
3.   C'est une belle robe blanche.
4.   C'est une petite île fascinante.
5.   C'est une jeune fille.
6.   C'est un petit pois.

SONS ET SYMBOLES

silent h	*aspirate h*
l'hôtel	le héros
l'homme	le haricot
l'histoire	le homard
les‿hôtels	les héros
les‿hommes	les haricots
les‿histoires	les homards

Liaison

un‿hôtel	les‿hôtels	des‿hôtels
un‿enfant	les‿enfants	des‿enfants
un‿arbre	les‿arbres	des‿arbres
un‿étudiant	les‿étudiants	des‿étudiants

Comparez.

nous parlons	nous‿avons
vous finissez	vous‿habitez
vous travaillez	vous‿avez
ils vont	ils‿ont
elles vont	elles‿ont
Il est grand.	Il est‿intéressant.
Elle est grande.	Elle est‿intéressante.
Voilà un palmier.	Voilà un‿arbre.
Voilà des garçons.	Voilà des‿enfants.

Conversation

AU GRAND MAGASIN

Cliente:	Où est le rayon des chaussures, s'il vous plaît?
Employée:	Au rez-de-chaussée, au fond.

au fond   *in the back*

Au rayon des chaussures

Cliente: Je cherche de nouvelles chaussures blanches en cuir.

pointure   *size*

Employée: Quelle est votre pointure?

Cliente: Quarante.

Employée: Essayez cette paire.

Cliente: Non, les talons sont trop hauts.

Employée: Bon, essayez cette paire. Elles sont très belles et elles sont en solde aujourd'hui.

Cliente: Oh, elles sont merveilleuses.

Employée: Payez à la caisse.

Cliente: Savez-vous où est le rayon des gants?

Employée: Au premier étage, madame.

Cliente: Merci, madame.

Exercice   *A.   Answer the following questions.*

1. Qu'est-ce que la cliente demande?
2. Où est le rayon des chaussures?
3. Qu'est-ce que la cliente cherche?
4. Quelle est sa pointure?
5. Comment sont les talons de la première paire?
6. Est-ce que la deuxième paire est en solde aujourd'hui?
7. Où paie la cliente?
8. Qu'est-ce qu'elle veut savoir?

Dans un grand magasin

Robert Rapelye from EPA

Lecture culturelle

LA BRETAGNE

Trégastel, Ploumanac'h, Perros-Guirec, Roscoff, Kermario. Mais où sommes-nous donc? Sans doute dans un pays étranger? Alors, je crois que je sais où nous sommes: en Bretagne. La Bretagne, cette province mystérieuse à l'extrême ouest de la France, cette grande péninsule avec sa côte rocheuse, ses baies, ses pointes, ses caps, avec ses landes, ses genêts, ses champs et ses forêts. C'est aussi la province d'immenses pierres mégalithes, des menhirs et des dolmens, témoins de son passé historique. On trouve beaucoup de ces pierres à Carnac qui est en quelque sorte le Stonehenge français.

La Bretagne est entourée de trois côtés par la mer. Les marées du littoral breton sont particulièrement puissantes. À marée basse, la mer découvre des kilomètres de plages, de sable et de rochers: elle recule à perte de vue et dépose alors ses coquillages, huîtres et moules, et ses algues. Puis à marée haute, elle recouvre toute la grève, remplit toutes les baies et remonte les estuaires des rivières bretonnes très loin à l'intérieur des terres. Les villes et les villages côtiers possèdent tous un petit port bien abrité et une flotille multicolore de bateaux de pêche ou de plaisance. La pêche a une place importante dans l'économie bretonne; pêche côtière au hareng, à la sardine ou aux homards et aux langoustes, pêche en haute mer avec les célèbres pêcheurs qui partent pendant de longs mois pour ramener leur cargaison de morues. Saint-Malo, l'ancienne ville des corsaires, Concarneau, Brest, centre universitaire et port de commerce, et Lorient sont parmi les ports de pêche les plus connus.

C'est aussi la mer qui attire les nombreux touristes français et étrangers en Bretagne; pendant les mois de juillet et d'août, les plages accueillent les touristes. Le climat est idéal pour les vacances, parfois un peu pluvieux, mais toujours doux; il y a même des palmiers à La Baule sur la côte sud. L'industrie hôtelière prospère en Bretagne et les hôtels et les pensions de famille de toutes catégories abondent. Certaines villes comme La Baule et Dinard sont des stations balnéaires luxueuses de grande réputation. Il existe aussi une multitude de petites plages et de régions de la côte au charme plus rude, où la mer affronte la terre de façon spectaculaire, surtout pendant les grandes marées d'équinoxe.

La Bretagne est aussi une région agricole. On élève surtout des vaches laitières, et on cultive des légumes, des petits pois, des haricots verts, des choux-fleurs, des artichauts et des céréales comme le blé, l'avoine et le sarrasin (blé noir). C'est avec le sarrasin que l'on fait les crêpes bretonnes qui sont tellement délicieuses et que l'on déguste avec du cidre. Les fermes de la Bretagne sont petites et sont pour la plupart des exploitations familiales. Typiquement la ferme bre-

---

pointes *headlands, forelands*
landes *moors*
genêts *gorse (a shrub)*
témoins *witnesses*
en quelque sorte *in some way*
littoral *coastal region*
découvre *uncovers*
à perte de vue *as far as the eye can see*
dépose *deposits*
alors *then*
algues *seaweed*
grève *shore*
estuaires *estuaries*
tous *all*
abrité *sheltered*
plaisance *pleasure*
hareng *herring*
langoustes *spiny lobsters*
morues *cod*
corsaires *privateers*
pluvieux *rainy*

affronte *confronts*
au *with a*
laitières *milk-producing*
avoine *oats*
sarrasin *buckwheat*
tellement *so*
exploitations *farming operations*

Des Bretons jouent du biniou.   *French Embassy Press and Information Division*

grises *gray* tonne avec ses murs de pierres grises et son toit d'ardoise, est bâtie au milieu
ardoise *slate* de son champ entouré d'un petit mur de pierres sèches couvertes de lichen. Ces
fermes ne sont pas très riches car la terre est pauvre et difficile à cultiver. Et
voilà un des problèmes de la vie actuelle de la Bretagne. Les vieux sont fiers de
leur « petite terre », mais les jeunes quittent presque tous la ferme pour aller
travailler dans l'industrie à Paris, car il n'y a pas assez de travail pour tout le
monde. On essaie maintenant de créer de nouvelles industries et on voit de plus

en plus des villes industrielles avec leurs résidences modernes, de nouvelles usines, de grands centres commerciaux. C'est le cas de Lorient et de Saint-Brieuc, par exemple.

Et les Bretons, comment sont-ils? Les Bretons, surtout les vieux, sont bien réputés pour leur fierté et leur individualité. Ils inclinent au rêve et au fantastique et ils sont de célèbres raconteurs de légendes. Ils sont bretons avant d'être français et ils essaient de garder les anciennes coutumes. Même de nos jours quelques vieux Bretons en Basse Bretagne ne parlent pas français. Grâce à l'association UDB (Union pour la défense de la langue bretonne) on enseigne la langue bretonne (dialecte celtique comparable au gallois) dans les lycées.

Les Bretons sont connus aussi pour leurs fêtes, surtout les pardons, fêtes religieuses qui réunissent les fidèles et les touristes. Ce sont des processions où l'on voit de beaux costumes folkloriques, les femmes en belles robes de soie brodée, en jolies coiffes et en tabliers de dentelle blanche, les hommes en costumes de velours avec leurs chapeaux ronds à rubans. Ils défilent, ils chantent de vieux cantiques, accompagnés par des musiciens qui jouent du biniou et de la flûte, et assistent à une messe à l'église pour obtenir le pardon de leurs fautes. Après la procession, il y a une fête foraine. L'ambiance est gaie, exubérante. On danse, on chante et on est heureux.

Quand on pense à la Bretagne, on pense à ses traditions qui durent depuis des siècles, mais comme partout, en Bretagne l'ancien cède un peu au moderne. Dans les fêtes, par exemple, les danses modernes ont tendance à remplacer des gavottes et l'accordéon remplace le biniou. Il existe des vieux qui portent toujours des costumes traditionnels, même quand il n'y a pas de fête. À bicyclette, en sabots et en coiffe de dentelle, ils représentent la vieille Bretagne. Mais les jeunes portent les costumes modernes et ils sont en costumes traditionnels seulement les jours de grandes fêtes — pardons, mariages, etc.

En même temps on fait de grands efforts pour préserver les vieilles traditions. Les associations bretonnes sont très actives: il y a même un mouvement de libération de la Bretagne qui réclame son indépendance. On encourage les activités culturelles de toutes sortes. Certaines villes comme la ville close de Concarneau, comme Saint-Malo, ont aujourd'hui le même aspect qu'au XVIIe siècle; avec leurs remparts de granit, leurs tours crénelées, leurs petites rues pavées et leur architecture traditionnelle, elles témoignent de la ténacité et de l'indépendance du caractère breton.

Glossary (margin):

fierté *pride*
rêve *dream*
de nos jours *at the present time*
Grâce à *Thanks to*

gallois *Welsh*

cantiques *hymns*
biniou *Breton bagpipe*
messe *Mass*
obtenir *to obtain*
fautes *sins*
fête foraine *street fair*
cède *gives way*
gavotte *Breton dance*

réclame *claims*
close *walled*

crénelées *crenelated*
témoignent *are witness to*

Compréhension

A. Répondez.

1. Où est la Bretagne?
2. Quels sont les témoins de son passé historique? Où trouve-t-on ces pierres?
3. De quoi la Bretagne est-elle entourée de trois côtés?
4. Qu'est-ce qu'on peut voir à marée basse?
5. Qu'est-ce qu'elle recouvre et remplit à marée haute?
6. Qu'est-ce que les villes et les villages côtiers possèdent?
7. Quelles sortes de pêche est-ce qu'il y a en Bretagne?
8. Comment est le climat le long de la côte bretonne?

9. Quelles villes sont des stations balnéaires de grande réputation?
10. Qu'est-ce qu'on cultive en Bretagne?
11. Qu'est-ce qu'on fait avec le sarrasin?
12. Comment sont les fermes en Bretagne?
13. Pourquoi est-ce que ces fermes ne sont pas très riches?
14. Pourquoi les jeunes vont-ils à Paris pour travailler dans l'industrie?
15. Qu'est-ce qu'on essaie de faire maintenant?
16. Pour quoi les Bretons sont-ils bien réputés?
17. Quelle langue enseigne-t-on dans les lycées?
18. Dans les pardons, qu'est-ce que les femmes portent?
19. Qu'est-ce que les hommes portent?
20. Comment est-ce que les gens défilent?
21. Qu'est-ce qu'il y a après la procession?
22. Comment est-ce que l'ancien cède au moderne en Bretagne?
23. Est-ce que les vieux portent des costumes traditionnels?
24. Quand est-ce que les jeunes portent les costumes traditionnels?
25. Quels efforts y a-t-il pour préserver les vieilles traditions?
26. De quoi est-ce que les villes de Concarneau et de Saint-Malo témoignent?

HUITIÈME
LEÇON

Vocabulaire

1.   Georges est à la station-service.
Son auto est en panne.
Il a un pneu crevé.
Il a une crevaison.
Le mécanicien donne un pneu de
rechange à Georges.
Un autre homme gonfle les pneus.
Georges dit « au revoir » au
mécanicien.
Il dit « merci » au mécanicien.
Il le remercie.
Une femme dit à l'homme de faire
le plein d'essence.
L'homme vérifie l'huile.
Près de la station-service on
construit un immeuble.

1

2.   L'homme conduit une auto.
Il est derrière le volant.
Il a une cravate noire.
Il a le pied sur les freins.
La femme lit un journal.

3.   Jean et Marie Dubois sont mariés maintenant.
Jean est avec Marie.
Tous les deux sont ensemble.
Le prénom de Jean Dubois est Jean.
On présente les gens aux jeunes mariés.
On introduit les mariés dans la salle.
Les gens plaisantent. Ils disent des choses amusantes.
Ils sont sympathiques. Ils sont gentils.

un inconnu   *une personne qu'on ne connaît pas*
l'étranger, l'étrangère   *une personne qui est étrangère*
l'amitié (f.)   *un sentiment d'affection pour un ami*
quelqu'un   *une personne indéterminée* (someone)
le millier   *nombre d'environ mille*
détruire   *démolir, ruiner*
vouloir dire   *signifier*
vouvoyer   *parler à une personne en employant la forme* vous *du verbe*
tutoyer   *parler à une personne en employant la forme* tu *du verbe*
protéger   *aider, donner de la protection à*
déménager   *changer de logement*
      Nous déménageons de New York à Washington à la fin de l'année.
déduire   *conclure, décider par un raisonnement*
suivant, —e   *immédiatement après*
prochain, —e   *suivant*
peu à peu   *petit à petit*
avec soin   *avec attention, avec solicitude*
par hasard   *par chance*
vite   *rapidement*

la corde	la mobilité	aider	certainement
l'ordre (m.)	la raison	risquer	humain, —e
la stabilité	la moquerie	vérifier	centré, —e
la banque	le compliment	imaginer	relativement
le supérieur	l'interlocuteur (m.)	décider	restreint, —e
l'exception (f.)	le masque	utiliser	perméable
le directeur	le processus	présenter	prudent, —e
la période	la circonstance	exposer	pratiquement
l'observation (f.)		différer	extra-professionnel, —le
le, la collègue		varier	professionnel, —le
l'espace (m.)		évoluer	rare
le danger		interpréter	accepté, —e
			stable
			futur, —e

L'homme travaille au bureau.   *Alain Keler from EPA*

Pratique orale

A. *Répondez.*

1. Pourquoi est-ce que Georges est à la station-service?
2. A-t-il un pneu crevé?
3. Qu'est-ce que le mécanicien donne à Georges?
4. Qu'est-ce qu'un autre homme gonfle?
5. Qu'est-ce que Georges dit au mécanicien?
6. Que dit Georges pour remercier le mécanicien?
7. Qu'est-ce qu'une femme dit à l'homme?
8. Qui conduit une auto?
9. Où est-il?
10. De quelle couleur est sa cravate?
11. Qu'est-ce que la femme lit?
12. Est-ce que Jean et Marie sont ensemble?
13. Que font les gens?

Exercices

A. *Give the word being defined.*

1. environ mille
2. bâtir
3. dire « merci »
4. démolir
5. conclure
6. immédiatement après
7. par chance
8. gentil

B. *Complete the following sentences with an appropriate word.*

1. Il emploie la forme *vous*. Il _____ le professeur.
2. Elle emploie la forme *tu*. Elle _____ son ami.
3. Le mot « déduire » _____ « conclure. »
4. Il dit des choses amusantes. Il _____.
5. Une personne qu'on ne connaît pas est un _____.
6. Pierre va au café avec André. Les deux amis vont _____.
7. Mon appartement est trop petit. Je vais _____ la semaine prochaine.
8. Le _____ de Pierre Leclerc est Pierre.
9. Madame Pierron est _____ à Monsieur Pierron.
10. Elle _____ une auto.
11. Le mécanicien gonfle les _____.
12. Le mécanicien vérifie l'_____.

Structure

OBJECT PRONOUNS **LE, LA, L', LES**

Declarative sentences

Pratique orale

A.   Répétez.

Marie regarde le livre. Marie le regarde.
Je regarde l'ouvrier. Je le regarde.

Pierre regarde la jeune fille. Pierre la regarde.
Je connais l'étudiante. Je la connais.

Marie aime le dîner. Marie l'aime.
André attend la fille. André l'attend.

La femme prend les clefs. La femme les prend.
Le professeur regarde les élèves. Le professeur les regarde.
L'employé a les billets. L'employé les a.

B.   Répondez avec un pronom.

1. Est-ce que le garçon remplit le verre?   2. Regardez-vous Pierre?
3. Regardez-vous l'homme?   4. Est-ce que l'enfant mange la pâtisserie?
5. Pesez-vous la valise?   6. Regardez-vous l'ouvrière?   7. Est-ce que le
professeur appelle le garçon?   8. Est-ce que Pierre attend la jeune fille?
9. Achetez-vous la robe?   10. Aimez-vous le monument?   11. Est-ce que
l'étudiant fait les devoirs?   12. Est-ce que l'artiste dessine les montagnes?
13. Regardez-vous les artistes?   14. Est-ce que les jeunes gens écoutent les
disques?   15. Achetez-vous les livres?   16. Admirez-vous les montagnes?

Interrogative sentences

A.   Répétez.

Est-ce qu'il le cherche?   Est-ce que Pierre l'écoute?
Le cherche-t-il?   Pierre l'écoute-t-il?

Est-ce qu'elle les attend?
Les attend-elle?

B.   *Transformez selon les modèles.*

>   Marie l'écoute.
>   Est-ce que Marie l'écoute maintenant?
>   Marie l'écoute-t-elle maintenant?
>
>   Elle la prend.
>   Est-ce qu'elle la prend maintenant?
>   La prend-elle maintenant?

1. Pierre le regarde.   2. Anne l'écoute.   3. Elle les cherche.   4. Il l'appelle.   5. Elles les attendent.   6. Elle la connaît.   7. Je les prends.   8. Je les écoute.

With voici *and* voilà

A.   *Répétez.*

Voici le livre. Le voici.
Voilà la photo. La voilà.

B.   *Répondez selon le modèle.*

>   Où est le livre?
>   Le voilà.

1. Où est Pierre?   2. Où est Marie?   3. Où sont les garçons?   4. Où sont les pneus?   5. Où est l'étudiant?   6. Où sont les élèves?

Note grammaticale

The direct object pronouns *le* (him, it), *la* (her, it), and *les* (them) refer to both persons and things. They usually precede the verb.

>   Pierre regarde André. Pierre le regarde.
>   Marie prend la carte. Marie la prend.
>   Il fait les devoirs. Il les fait.

The pronouns *le* and *la* become *l'* before a vowel or silent *h*. There is a liaison between *les* and a word beginning with a vowel.

>   Il aime la photo. Il l'aime.
>   Il écoute le disque. Il l'écoute.
>   Il admire les monuments. Ils les‿admire.

In interrogative forms, the pronoun precedes the verb in inversion and with *est-ce que*.

>   Est-ce qu'elle l'aime?
>   La regarde-t-elle?

Pronouns directly precede *voici* and *voilà*.

>   Voici le livre. Le voici.
>   Voilà la photo. La voilà.

Exercices

A.   *Rewrite the following sentences, substituting an object pronoun for the italicized words.*

1.   La mer attire *les touristes* en Bretagne.
2.   Ils font *la récolte* au son des tambours.
3.   La France répand *l'art de la cuisine française* dans le monde entier.

4. Les jeunes portent *les costumes traditionnels* seulement les jours de grandes fêtes.
5. On ouvre *la porte* et la foule des ouvriers entre dans la cour de l'usine.
6. Les Haïtiens cultivent *le café* dans les montagnes.
7. Le bouquiniste ouvre *la boîte.*
8. Le touriste prend *les valises.*
9. L'étudiant quitte *l'école* à l'âge de 18 ans.
10. Si l'étudiant échoue, il recommence *son programme.*
11. Le touriste regarde *les pêcheurs* le long des quais de la Seine.
12. On oublie *les problèmes de la vie mécanisée.*
13. Voici *l'ouvrière.*

B.   Rewrite the following sentences in the interrogative, using inversion.
1. Elle la prend.
2. Il l'écoute.
3. Nous les aimons.
4. Vous les quittez.
5. Je les mange.

DIRECT AND INDIRECT OBJECT PRONOUNS **ME, TE, NOUS, VOUS**

Pratique orale

me, m', te, t'

A.   Substituez.

| Le professeur me | voit. regarde. parle. répond. | Le garçon te sert | du bifteck. de la salade. des pommes frites. |

| La fille | m'attend. m'écoute. m'appelle. | Est-ce qu'il | t'appelle? t'écoute? t'aime? |

B.   Répondez.
1. Est-ce que Pierre te regarde?   2. Est-ce que les professeurs te parlent?
3. Est-ce que ton ami te voit?   4. Est-ce que le garçon te sert un bon repas?
5. Est-ce que la jeune fille t'appelle?   6. Est-ce que l'employé t'attend?

C.   Répondez selon le modèle.

> Qui m'appelle?
> Le professeur t'appelle.

1. Qui me sert le dîner?   2. Qui me donne un livre?   3. Qui me cherche?
4. Qui m'attend?   5. Qui m'écoute?   6. Qui m'appelle?

nous, vous

A.   Substituez.

| Elle nous répond | en anglais. en allemand. en français. | Est-ce que vos copains vous | attendent? écoutent? invitent? |

B. *Répondez.*

1. Est-ce que le mécanicien vous donne un pneu de rechange?   2. Est-ce que vos amis vous trouvent sympathiques?   3. Est-ce que l'hôtesse vous sert un bon repas?   4. Est-ce que Pierre vous remercie?   5. Est-ce que le professeur vous appelle?   6. Est-ce que vos amis vous invitent à dîner?   7. Est-ce que ces gens vous admirent?   8. Est-ce que vos copains vous attendent?

C. *Répondez selon le modèle.*

> Ils nous invitent?
>
> Oui, ils vous invitent.

1. Nos amis nous parlent?   2. Ils nous cherchent?   3. Est-ce que le professeur nous répond?   4. Nos amies nous attendent?   5. Elles nous appellent?   6. Ils nous aiment?

Note grammaticale

The pronouns *me* (me, to me), *te* (you, to you, familiar), *nous* (us, to us), and *vous* (you, to you, formal and plural) are both direct and indirect object pronouns. Like *le*, *la*, and *les*, they are usually placed directly before the verb.

Il me remercie.	*He thanks me.*
Il me parle.	*He speaks to me.*
Je te quitte.	*I am leaving you.*
Je te donne le livre.	*I am giving you the book.*
Elle nous comprend.	*She understands us.*
Elle nous parle.	*She speaks to us.*
Elle vous regarde.	*She is looking at you.*
Elle vous donne le livre.	*She is giving you the book.*

The pronoun *me* becomes *m'* and *te* becomes *t'* before a vowel.

> Il m'écoute.
> Je t'attends.

There is a liaison between *nous* and *vous* and a word beginning with a vowel.

> Elle nous‿écoute.
> Il vous‿aime.

As with *le*, *la*, and *les*, the pronouns also precede the verb in interrogative sentences and with *voici* and *voilà*.

> Te cherche-t-il?
> Me voilà.

Exercice

A. *Answer the following questions, using the indicated cue.*

1. Est-ce que le bouquiniste te donne le livre?   *Oui*
2. Qui vous appelle, Marie et Georges?   *Le professeur*
3. Qui m'attend, Pierre?   *L'enfant*
4. Qui te donne de l'essence, Pierre?   *Le mécanicien*
5. Est-ce que Marc vous attend, Jacqueline et Henri?   *Oui*
6. Qui nous parle?   *Le paysan*
7. Qui m'écoute, monsieur?   *Votre mère*
8. Est-ce que l'enfant t'écoute?   *Oui*

9. Qui me donne l'argent? *Ton père*
10. Est-ce que Jacques te parle? *Oui*
11. Qui vous cherche? *Notre ami*
12. Qui nous donne le livre? *L'enfant*

THE PRESENT TENSE OF THE VERBS **LIRE, CONDUIRE, CONSTRUIRE, DEDUIRE,** AND **DIRE**

Pratique orale

A. Répétez.

Dites-vous « bonjour » au professeur?   Conduis-tu une auto?
Oui, nous disons « bonjour » au professeur.   Oui, je conduis une auto.
Lisez-vous des journaux?   Dis-tu « merci »?
Oui, nous lisons des journaux.   Oui, je dis « merci ».

B. Répondez.

1. Dites-vous « bonjour » au professeur?   2. Dites-vous « merci »?
3. Lisez-vous des journaux?   4. Conduisez-vous une auto?   5. Dis-tu
« au revoir »?   6. Lis-tu des livres?   7. Conduis-tu une auto?

C. Répondez.

1. Est-ce que l'élève lit en classe?   2. Dit-il « bonjour » au professeur?
3. L'ouvrier construit-il de nouvelles maisons?   4. Les étudiants lisent-ils
beaucoup?   5. Disent-ils « bonjour » au professeur?   6. Les ouvriers
construisent-ils des immeubles?

D. Demandez.

1. Demandez à un ami s'il lit beaucoup de livres.   2. Demandez à une amie
si elle construit les amitiés avec soin.   3. Demandez à des amis s'ils conduisent
bien.   4. Demandez à deux amies si elles lisent la leçon.

E. Imitez le modèle.

Elles disent « merci ».
Et vous, dites-vous « merci » aussi?

1. Ils disent « bonjour » au professeur.   2. Elles disent « merci ».   3. Ils
disent « au revoir ».   4. Elles disent « bonjour » aux enfants.

Note grammaticale

Many verbs ending in *–ire* are conjugated alike. Some verbs belonging to this group are *lire* (to read), *conduire* (to drive, to conduct), *construire* (to build), *déduire* (to deduce), *détruire* (to destroy), and *dire* (to speak, to say). These verbs add the endings *–s, –s, –t, –sons, –sez, –sent* to the stem. The second person plural of *dire (vous dites)* is an exception.

lire	*conduire*	*dire*
je lis	je conduis	je dis
tu lis	tu conduis	tu dis
il elle on } lit	il elle on } conduit	il elle on } dit
nous lisons	nous conduisons	nous disons
vous lisez	vous conduisez	vous <u>dites</u>
ils elles } lisent	ils elles } conduisent	ils elles } disent

Exercices   *A.   Complete the following sentences with the correct form of the indicated verb.*

1. Le touriste _____ un journal à la terrasse d'un café.   *lire*
2. Les ouvriers _____ une bibliothèque sur le campus.   *construire*
3. Je _____ que j'ai faim.   *dire*
4. Tu _____ tout.   *déduire*
5. Nous _____ une Renault.   *conduire*
6. Vous _____ le bâtiment ancien.   *détruire*

B.   Rewrite the following sentences, putting the verbs in the plural.

1. Je lis beaucoup de livres.
2. Tu dis « bonjour » au professeur.
3. Il conduit une Renault.
4. Je dis « merci ».

OBJECT PRONOUNS IN NEGATIVE SENTENCES

Pratique orale   *A.   Répétez.*

Je ne le lis pas.   Elles ne nous disent pas « bonjour ».
Il ne m'écoute pas.   Ne la regarde pas !
Vous ne l'attendez pas.   Ne les écoutez pas !

B.   Répondez selon le modèle.

> Regardez-vous Pierre ?
> Non, je ne le regarde pas.

1. Quittez-vous l'école ?   2. Lisez-vous le livre ?   3. Prenez-vous les pneus ?
4. Admirez-vous les artistes ?   5. Remerciez-vous la fille ?   6. Me conduisez-vous à l'aéroport ?   7. Te dit-il « bonjour » ?   8. T'écoute-t-elle ?   9. Vous invitent-ils ?   10. Nous croient-ils ?   11. Vous répond-elle ?

C.   Transformez selon le modèle.

> Tu me parles.
> Ne me parle pas !

1. Tu m'écoutes.   2. Tu me quittes.   3. Tu me donnes le livre.   4. Vous m'attendez.   5. Vous nous conduisez à la gare.   6. Vous me parlez.

Note grammaticale   Object pronouns precede the verb in negative sentences, declarative and imperative.

> Il ne le quitte pas.
> Elle ne les attend pas.
> Ne l'appelle pas !
> Ne la cherche pas !

Exercice   *A. Rewrite the following sentences in the negative.*

1. Il me comprend.
2. Elle l'attend.
3. Nous vous disons « bonjour ».
4. Vous les écoutez.
5. Il me donne un pneu de rechange.

6. Il vous remercie.
7. Il me conduit à la garc.
8. Il vous lit le livre.
9. Nous te croyons.
10. Il la prend.

OBJECT PRONOUNS IN THE AFFIRMATIVE IMPERATIVE

Pratique orale   *A. Substituez.*

| Regarde- | le!
la!
les! | Écoutez-
Attendez-
Servez- | moi! |

B. Transformez selon le modèle.

> Ne le regarde pas maintenant!
> Regarde-le plus tard!

1. Ne les prends pas maintenant!   2. Ne nous attendez pas maintenant!
3. Ne le visitons pas maintenant!   4. Ne la faites pas maintenant!   5. Ne nous servez pas maintenant!   6. Ne les paie pas maintenant!   7. Ne me parlez pas maintenant!   8. Ne me donnez pas le livre maintenant!   9. Ne m'attendez pas maintenant!   10. Ne m'écoutez pas maintenant!

Note grammaticale   In affirmative commands, object pronouns are placed after the verb and are attached to the verb with a hyphen.

> Regarde-le!
> Écoutez-les!
> Parlons-nous!

The pronoun *me* becomes *moi* in the affirmative command.

> Écoutez-moi!

Exercice   *A. Rewrite the following sentences in the affirmative.*

1. Ne nous quittez pas!
2. Ne me parle pas!
3. Ne le prends pas!
4. Ne les écoutons pas!
5. Ne m'écoutez pas!

OBJECT PRONOUNS IN THE INFINITIVE

Pratique orale   *A. Répétez.*

Je vais étudier la leçon. Je vais l'étudier.
Il va faire ses devoirs. Il va les faire.

Elle va me regarder.
Elles vont nous appeler.

B. *Répondez avec un pronom.*

1. Est-ce que l'étudiant va faire ses devoirs?   2. Va-t-il étudier la leçon?
3. Veut-il lire le livre?   4. Veut-il écouter le professeur?   5. Vont-ils
t'écouter?   6. Veulent-ils te parler?   7. Va-t-il me répondre?   8. Va-t-il
m'inviter?

C. *Répétez.*

Je commence à étudier la leçon.   Je cesse de faire les devoirs.
Je commence à l'étudier.   Je cesse de les faire.

D. *Substituez.*

Je commence à
J'apprends à   le faire.
Je décide de
Je suis heureuse de

E. *Répondez avec un pronom.*

1. Commencez-vous à étudier la leçon?   2. Continuez-vous à faire les devoirs?
3. Essayez-vous de trouver le pneu?   4. Essayez-vous de préserver les
traditions?   5. Êtes-vous content (contente) de rencontrer Marie?
6. Êtes-vous heureux (heureuse) d'apprendre le français?

Note grammaticale

The object pronoun directly precedes an infinitive.

Je veux lire le livre. Je veux le lire.
Je vais étudier la leçon. Je vais l'étudier.
Je commence à faire mes devoirs. Je commence à les faire.

Note that the prepositions *à* and *de* do not combine with pronouns.

Je commence *à les* faire.
Je décide *de le* faire.

Exercice

A. *Answer the following, according to the cue.*

Qui va préparer le repas? *Les garçons*
Les garçons vont le préparer.

1. Qui va payer le pneu? *Marie*
2. Qui veut lire le livre? *Les enfants*
3. Qui va appeler la jeune fille? *Pierre*
4. Qui va croire cet homme? *Nous*
5. Qui va commencer à étudier la leçon? *L'élève*
6. Qui va te parler? *Anne*
7. Qui va nous attendre? *Les garçons*
8. Qui commence à faire les devoirs? *Les étudiants*

SONS ET SYMBOLES

The consonant c

Hard *c*[1]

ca	**co**	**cu**
cas	comme	culturel
café	côte	cultiver
cadre	costume	culture
carte	continent	sculpture
capitale	connaître	
camion	conduire	
canapé	coiffe	
caisse	cour	

Soft *c*

ça	**ço**
français	garçon
provençal	leçon
commerçant	

ce	**ci**
cent	cidre
centre	cinéma
ceinture	cinq
célèbre	voici
cependant	exercice
procession	financier
placer	délicieux
lycée	social

The consonant g

Hard *g*[1]

ga	**go**	**gu**
garçon	gouvernement	guerre
garderie	goûter	guide
galerie	gourmet	guitare
gauche	gonfler	fatigué
regarde	rigoureux	longue
bagage	langouste	algue
obligatoire		

Soft *g*[1]

ge, gé	**gi**
argent	Gigi
agent	région
légende	agitation
général	métallurgique
géographie	religieux

[1] *C* and *g* are soft before *e* and *i*, and hard before *a*, *o*, and *u*. Before *a*, *o* and *u*, *ç* or *ge* signal the soft sound.

Conversation

À LA STATION-SERVICE

	Voyageur sur la route: Je peux vous aider?
Pourriez-vous *Could you*	*Paul:* Oui. Mon auto est en panne. Pourriez-vous me remorquer à l'aide d'une corde?
remorquer *tow*	*Voyageur:* Certainement. Je vous conduis à la prochaine station-service.
Je vous en suis très reconnaissant *I am very grateful*	*Paul:* Oh, je vous en suis très reconnaissant, monsieur.
	À la station-service
	Mécanicien: Qu'est-ce que je peux faire pour vous, monsieur?
usés *worn out*	*Paul:* Je suis en panne. Les freins sont usés.
resserrer *adjust* en attendant *while waiting*	*Mécanicien:* (*derrière le volant*) Oui, il faut les resserrer. Vous pouvez lire ce journal en attendant.
	Paul: J'ai aussi un pneu crevé. Avez-vous un pneu de rechange?
	Mécanicien: Le voilà. Je vais gonfler les autres ou vous risquez d'avoir une autre crevaison.
bougies *spark plugs*	*Paul:* Bien. Pouvez-vous vérifier les bougies et l'huile, s'il vous plaît? Je ne veux pas détruire cette auto.
	Plus tard
	Mécanicien: Et voulez-vous de l'essence?
	Paul: Oui, faites le plein, s'il vous plaît.
	Mécanicien: Bon, tout est en ordre. Vous pouvez conduire maintenant.
	Paul: Merci, monsieur.

Exercices   *A. Answer the following questions.*

1. Est-ce que l'auto de Paul est en panne?
2. Qu'est-ce qu'il dit à un voyageur sur la route?
3. Comment sont les freins?
4. Faut-il les resserrer?
5. Qu'est-ce que Paul peut lire?
6. A-t-il aussi un pneu crevé?
7. Qu'est-ce que le mécanicien fait avec les autres pneus?
8. Qu'est-ce qu'il vérifie?
9. Que dit-il au mécanicien?
10. Est-ce que tout est en ordre maintenant?

B.   Form a paragraph from the following elements.

L'auto / de / Paul / être / panne
Un voyageur / le / conduire / à / prochain / station-service
À / station-service / mécanicien / resserrer / freins
En attendant / Paul / lire / journal
Il / demander / pneu de rechange / parce que / il / avoir / pneu / crevé
Le mécanicien / gonfler / autre / pneus
Il / vérifier / huile / et / bougies / aussi
Il / faire / plein / essence
Maintenant / Paul / pouvoir / conduire

Une famille française   *Alain Keler from EPA*

Lecture culturelle

LA VIE SOCIALE

autour *around*

La vie sociale en France est centrée autour de la famille et du groupe; elle est relativement restreinte, assez peu perméable aux influences extérieures, et d'une grande stabilité. En général, on ne rencontre pas beaucoup de gens en France car il existe chez les Français une certaine méfiance pour l'étranger. Cela ne veut pas dire que les Français sont xénophobes, mais qu'ils sont prudents; de plus, un étranger est une personne que l'on ne connaît pas, un habitant d'un autre pays (*foreigner*) ou un inconnu (*stranger*).

méfiance *suspicion*
Cela *That*
xénophobes *hostile to strangers*

ne . . . personne *no one*

Imaginons un Français qui arrive avec sa famille dans une ville où il ne connaît personne. Appelons-le Monsieur Dupont, disons qu'il est employé de banque, qu'il a 40 ans, qu'il est marié et a deux enfants, et observons le développement de sa vie sociale.

Le voilà donc à son travail à la banque. Ses supérieurs l'appellent par son nom de famille (Dupont ou Monsieur Dupont) et le vouvoient; il les appelle « Monsieur », « Madame » ou « Mademoiselle », à l'exception du directeur qu'il appelle « Monsieur le Directeur »; il n'a pratiquement pas de rapports extra-professionnels avec ses supérieurs, parce que ce sont ses supérieurs; il ne les fréquente donc pas. Après une certaine période d'observation, ses collègues décident de le tutoyer, mais l'emploi du prénom dans les rapports professionnels est rare. Ils font peu à peu connaissance, ils vont prendre un verre ensemble au café, et un beau soir, un de ses collègues (appelons-le Durand) l'invite à prendre l'apéritif à la maison. Dupont accepte, fait la connaissance de la famille de Durand, prend son apéritif, bavarde un peu, remercie, dit « au revoir » et part. La semaine suivante, Dupont invite Monsieur et Madame Durand pour l'apéritif; les femmes font connaissance, on prend l'apéritif, on plaisante, on décide d'utiliser les prénoms, les Durand disent « au revoir » et partent. Enfin, après une période qui peut durer jusqu'à trois mois et même davantage, on les invite à dîner. On les réinvite une fois, deux fois, on joue aux cartes, on va au cinéma ensemble, au restaurant, à un match de football. Les Durand présentent les Dupont à leurs autres amis, qui à leur tour les invitent, et les voilà acceptés dans le groupe. De son côté, Madame Dupont rencontre des gens qui l'invitent, qu'elle invite, et en l'espace de deux ou trois ans cela constitue un groupe d'amis, stable et fermé.

rapports *relationships*
parce que *because*

l'emploi *the use*

même davantage *even more*

à leur tour *in their turn*
quelque chose *something*
longtemps *a long time*
sinon *if not*
inutiles *unnecessary*
fleurir *flourish*
ailleurs *elsewhere*

L'amitié est quelque chose que l'on construit peu à peu et pour longtemps sinon pour toujours; il est donc important de la construire avec soin, de la protéger, de ne pas l'exposer à des dangers inutiles. La société française n'a pas la mobilité de la société américaine; c'est peut-être pour cette raison que l'amitié est plus longue à fleurir en France. On rencontre des gens au travail ou ailleurs,

ne pas . . . du tout	
not . . . at all	
déjà *already*	
exprimer *to express*	
ouvertement *frankly,*	
openly	
taquineries *teasing*	
que . . . Français *that*	
the French give you	
au lieu de *instead of*	
plutôt *rather*	
goût *taste*	
retirer *take off*	
plaisanterie	
pleasantry	
suivant *according to*	
conduite *conduct*	

un peu par hasard, et on ne les invite pas si on ne les connaît pas; aux États-Unis, on les rencontre de la même façon, mais on les invite pour les connaître; si on attend de les connaître pour les inviter, on risque de ne pas les connaître du tout car on déménage vite aux États-Unis, et les futurs amis sont déjà à des milliers de kilomètres. La façon d'exprimer son amitié diffère aussi, pour les mêmes raisons. Si quelqu'un vous est sympathique aux États-Unis, vous le dites; si quelqu'un vous est sympathique en France, vous ne le dites pas ouvertement, d'où les moqueries, les taquineries, les semi-compliments que vous font les Français. Par exemple, au lieu de dire à un Français que sa femme est belle: dites plutôt qu'il a plus de goût que sa femme. Si l'on vous dit que votre cravate est très jolie, très chic . . . pour une soirée de Mardi-Gras, votre interlocuteur veut vous dire qu'il vous trouve sympathique; mais ne le remerciez pas. On ne le fait pas en France. Dites plutôt que vous trouvez son masque original mais que vous savez qui il est et qu'il peut le retirer, ou répondez par une autre plaisanterie.

Le processus varie suivant les âges, la classe sociale, les régions, les circonstances et les personnes en présence, bien sûr, et évolue sans cesse. Mais il faut connaître la culture du pays où vous êtes. Il faut savoir interpréter la conduite des gens que vous rencontrez en fonction de leur culture avant de déduire qu'ils vous aiment bien ou qu'ils ne vous aiment pas.

Compréhension

A. Répondez.

1. Comment est la vie sociale en France?
2. Qui est un étranger en France?
3. Où travaille Monsieur Dupont?
4. Comment ses supérieurs l'appellent-ils?
5. Comment Monsieur Dupont les appelle-t-il?
6. A-t-il des rapports extra-professionnels avec ses supérieurs? Pourquoi pas?
7. Est-ce qu'un collègue tutoie toujours un autre? Est-ce qu'on emploie les prénoms?
8. Un beau soir est-ce qu'un des collègues de Monsieur Dupont l'invite à prendre l'apéritif?
9. Que font Monsieur Dupont et les Durand ce soir-là?
10. La semaine suivante, est-ce que les Dupont invitent les Durand pour l'apéritif?
11. Après une période est-ce qu'on les invite à dîner?
12. Qu'est-ce qu'on fait aussi?
13. Les Durand présentent-ils les Dupont à leurs autres amis?
14. Est-ce que l'amitié est quelque chose qu'on construit immédiatement?
15. Pourquoi l'amitié est-elle longue à fleurir en France?
16. Si on rencontre des gens au travail ou ailleurs les invite-t-on immédiatement?
17. Aux États-Unis pourquoi les invite-t-on?
18. Si quelqu'un vous est sympathique aux États-Unis, le dites-vous?
19. Si quelqu'un vous est sympathique en France, le dites-vous?
20. Que peut-on dire à un Français si on veut dire que sa femme est belle?
21. Si l'on vous dit que votre cravate est jolie, qu'est-ce que vous dites?
22. Faut-il connaître les gens du pays pour savoir interpréter la conduite des gens?

Thème
de discussion

Quelles sont les différences entre la vie sociale et la formation d'une amitié en France et aux États-Unis? Donnez quelques raisons pour ces différences.

Thèmes
de composition

1. Votre auto est en panne. Écrivez un dialogue avec un mécanicien.
2. Écrivez deux conversations, l'une entre deux Français, l'autre entre deux Américains. Les personnages sont à une soirée.

La famille prend le déjeuner.   *Alain Keler from EPA*

NEUVIÈME LEÇON

Vocabulaire

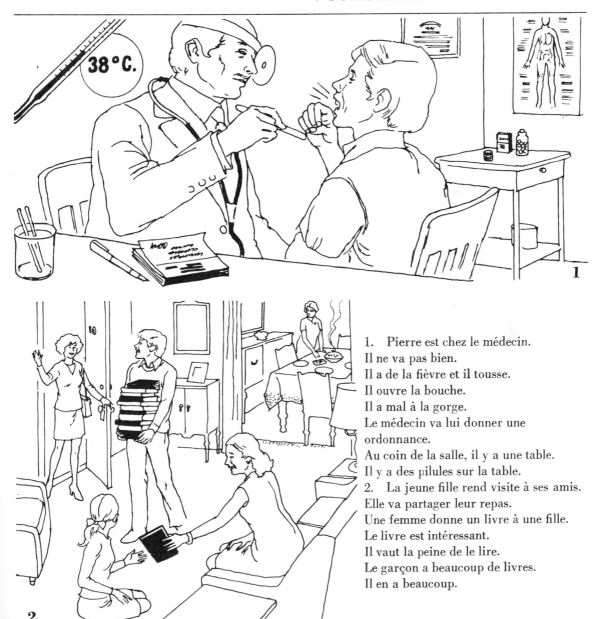

1.   Pierre est chez le médecin.
Il ne va pas bien.
Il a de la fièvre et il tousse.
Il ouvre la bouche.
Il a mal à la gorge.
Le médecin va lui donner une ordonnance.
Au coin de la salle, il y a une table.
Il y a des pilules sur la table.
2.   La jeune fille rend visite à ses amis.
Elle va partager leur repas.
Une femme donne un livre à une fille.
Le livre est intéressant.
Il vaut la peine de le lire.
Le garçon a beaucoup de livres.
Il en a beaucoup.

une quinzaine *un nombre d'environ quinze*
le fleuve *une grande rivière*
le gratte-ciel *un immeuble à de très nombreux étages*
 Il y a beaucoup de gratte-ciel à New York.
la loi *la législation, le statut*
le besoin *la nécessité*
 Il a besoin d'argent pour acheter ce livre.
l'amour (m.) *l'adoration, l'attachement*
le voisin, la voisine *une personne qui habite près d'une autre*
l'habitude (f.) *la coutume*
la tante *la sœur de votre père ou de votre mère, la mère de votre cousin*
l'oncle (m.) *le frère de votre père ou de votre mère, le père de votre cousin*
le Québecois, la Québecoise *une personne de Québec*
falloir *être nécessaire*
 Il faut le faire maintenant.
valoir *avoir de la valeur, être valable*
valoir mieux *être préférable de*
 Il vaut mieux rester.
donner l'occasion de *donner de la chance de*
rendre *faire, donner* (to render, to give back)
 Cela me rend heureux.
 Je vais rendre l'argent à mon ami.
disparaître *cesser d'être visible, partir pour toujours, cesser d'exister* (conjugated like *connaître*)
naître *commencer à exister* (conjugated like *connaître*)
semblable *comparable, qui ressemble à*
voisin, —e *qui est près d'un autre*
 Le Canada est un pays voisin des États-Unis.
neuf, neuve *nouveau, nouvelle* (brand-new)
vivant, —e *en vie*
souterrain, —ne *qui est sous la terre*
lentement *d'une manière lente, le contraire de* vite

l'aspirine (f.)

le pharmacien

le lac

la plaine

le voyage

l'occasion (f.)

le souvenir

l'image (f.)

le Canadien, la Canadienne

l'originalité (f).

la civilisation

le confort

le pragmatisme

la philosophie

la réunion

le supermarché

l'oncle (m.)

le cousin, la cousine

le style

la révolution

le partisan

la confédération

la seconde

le reste

la richesse

la ressource

l'énergie (f.)

l'égalité (f.)

l'industrialisation (f.)

l'Europe (f.)

le Japon

l'échange (m.)

l'héritage (m.)

l'organisme (m.)

le domaine

l'office (m.)

l'employé (m.)

l'employée (f.)

le service

la coopération

définir

résulter

assimiler

décréter

unir

transformer

tourner

conserver

dépendre

coopérer

absolument

inhabité, –e

européen, –ne

nocturne

original, –e, –aux, –ales

attaché, –e

adopté, –e

officiel, –le

Anglo-saxon, –ne

cartésien, –ne

double

latin, –e

exactement

américanisé, –e

radicalement

canadien, –ne

linguistique

probablement

définitif, définitive

isolé, –e

naturel, –le

hydro-électrique

rural, –e, –aux, –ales

gigantesque

désireux, désireuse

sanitaire

pour cent

Pratique orale

A. *Répondez.*

1. Pourquoi est-ce que Pierre est chez le médecin?
2. Est-ce qu'il tousse?
3. A-t-il mal à la gorge?
4. Qu'est-ce que le médecin va lui donner?
5. Qu'est-ce qu'il y a sur la table au coin de la salle?
6. À qui la jeune fille rend-elle visite?
7. Qu'est-ce qu'elle va partager?
8. Vaut-il la peine de lire le livre?
9. Est-ce que le garçon a beaucoup de livres?
10. Est-ce qu'il en a beaucoup?

Exercices   *A.   Complete the following sentences with an appropriate word.*

1.   Pierre a mal à la gorge. Il va chez le _____.
2.   Le médecin lui donne une _____ pour des pilules.
3.   Le Canada est un pays _____ des États-Unis.
4.   Les bâtiments à de nombreux étages sont des _____.
5.   Il _____ la peine de le faire.
6.   Un enfant _____ chaque minute.
7.   Le père de mon cousin est mon _____.
8.   La sœur de mon père est ma _____.
9.   Une grande rivière est un _____.
10. Il aime les sports. Il a l'_____ des sports.
11. Cette voiture n'est pas vieille. Elle est toute _____.

B.   Answer according to the cue.

De quoi avez-vous besoin?   *les livres*
J'ai besoin de livres.

1.   De quoi avez-vous besoin?   *l'argent*
2.   De quoi avez-vous besoin?   *les billets*
3.   Où avez-vous l'occasion d'aller?   *au Québec*
4.   Qu'est-ce que vous avez l'occasion de faire?   *aller au théâtre*
5.   Comment allez-vous?   *bien*
6.   Où avez-vous mal?   *à la gorge*
7.   Où avez-vous mal?   *à la tête*

L'Expo '67 à Montréal

Editorial Photocolor Archives (EPA)

Structure

DIRE À, DEMANDER À PLUS THE INFINITIVE

Pratique orale

A. Substituez.

Demandez à Georges
| de partir maintenant.
| de regarder le monument.
| d'aller chez le médecin.
| d'apprendre la leçon.

Dites à Marie
| de parler aux bouquinistes.
| de parler aux voisins.
| d'aller au cinéma.
| d'écouter les disques.

B. Répondez.

1. Demandez-vous à Marie de travailler?   2. Demandez-vous à Jean de rester? 3. Demandez-vous à Georges d'être à l'heure?   4. Demandez-vous à Louise d'aller au cinéma?   5. Dites-vous à Marie d'essayer des chaussures? 6. Dites-vous à Philippe d'étudier?   7. Dites-vous à Georges de prendre ces pilules?   8. Dites-vous à Babeth de lire ce livre?

Note grammaticale

The verbs *demander* and *dire* are used with the prepositions *à* and *de* in the following way:

Demander
Dire
$\Big\}$ à (*someone*) de (*do something*).

Demandez au garçon de venir.
Dites à Anne de partir.

Exercice

A. Form sentences according to the model.

Georges / venir
Dites à Georges de venir.
Demandez à Georges de venir.

1. Marie / parler français
2. le garçon / aller au cinéma
3. Paul / voir le médecin
4. les filles / partir maintenant

THE PRESENT TENSE OF THE VERBS **FALLOIR** AND **VALOIR**

Pratique orale

A. Répétez.

Il faut le faire.

Il vaut mieux rester ici.

Ça vaut la peine de le faire.

B. Substituez.

Il faut	rentrer maintenant. arriver de bonne heure. apprendre la leçon.	Il vaut mieux	le faire maintenant. aller au musée. lire ce livre-ci.

C. Répondez.

1. Faut-il prendre les pilules?   2. Faut-il les prendre maintenant?
3. Faut-il rentrer tout de suite?   4. Vaut-il mieux aller à Paris?   5. Vaut-il mieux rester au lit?   6. Vaut-il mieux le faire maintenant?

D. Imitez le modèle.

> Allons au musée!
> Non, ça ne vaut pas la peine d'aller au musée.

1. Allons à la bibliothèque!   2. Allons au cinéma!   3. Allons au café!
4. Allons à la banque!

Note grammaticale

The verb *falloir* (to be necessary) is used only in the *il* form. *Valoir* (to be worth) is usually used in the third person singular, but may be used in other forms. The expression *il vaut mieux* means "it is better." The expression *ça ne vaut pas la peine* means "it is not worth the trouble."

falloir

il faut

valoir

je vaux

tu vaux

il
elle } vaut
on

nous valons

vous valez

ils
elles } valent

Il faut le faire maintenant.

Ces livres valent le prix.

Il vaut mieux rentrer tout de suite.

Exercice

A. Complete the following sentences with the correct form of the indicated verb.

1. Il _____ rentrer de bonne heure.   *falloir*
2. Ces chaussures _____ 50 francs.   *valoir*
3. Il _____ mieux aller à Paris par avion.   *valoir*
4. Il _____ la peine de parler à cet homme.   *valoir*
5. Il _____ le finir maintenant.   *falloir*
6. Ces coiffes _____ le prix.   *valoir*

INDIRECT OBJECT PRONOUNS **LUI** AND **LEUR**

Pratique orale

A.   Répétez.

Le bouquiniste parle à Pierre.
Le bouquiniste lui parle.

Le professeur ne donne pas le livre à Marie.
Le professeur ne lui donne pas le livre.

Pierre parle aux femmes.
Pierre leur parle.

Nous ne donnons pas les livres aux garçons.
Nous ne leur donnons pas les livres.

B.   Substituez.

Ils vont leur donner	de l'eau. du cidre. du café.	Je ne lui donne pas	la carte. la photo. le livre.

C.   Répondez avec lui *ou* leur.

1. Est-ce que le bouquiniste donne un livre à Pierre?   2. Est-ce que le professeur parle à l'étudiant?   3. Répondez-vous à la femme?   4. Donnez-vous de l'argent à l'enfant?   5. Est-ce que le professeur répond aux élèves?
6. Est-ce que le pharmacien donne des pilules aux enfants?   7. Donnez-vous la photo à Georges et à André?   8. Parlez-vous à Marie et à Anne?

D.   Répondez avec lui *ou* leur.

1. Allez-vous demander à Pierre de disparaître?   2. Allez-vous demander à Marie de sortir?   3. Allez-vous dire à Pierre et à Anne de travailler?
4. Allez-vous dire à Marie et à Suzanne d'apprendre la leçon?

E.   Répondez au négatif avec lui *ou* leur.

1. Donnez-vous le disque à l'élève?   2. Parlez-vous aux ouvriers?
3. Répondez-vous à votre oncle?   4. Demandez-vous le livre à Pierre?
5. Servez-vous un bon repas à vos amis?   6. Dites-vous « au revoir » à votre tante?   7. Dites-vous à Georges de partir?   8. Demandez-vous à Anne et à Marc de rester?

F.   Transformez selon le modèle.

> Ne lui parle pas maintenant!
> Parle-lui plus tard!

1. Ne lui donnez pas le livre maintenant!   2. Ne leur parlons pas maintenant!
3. Ne leur réponds pas maintenant!   4. Ne lui sers pas de vin maintenant!

Note grammaticale

The pronouns *lui* (him, her) and *leur* (them) are indirect object pronouns. They refer only to people.

Je parle à Marie.   Je parle aux garçons.
Je lui parle.   Je leur parle.

Je parle à l'enfant.   Je parle aux jeunes filles.
Je lui parle.   Je leur parle.

Like other object pronouns, *lui* and *leur* are placed before the verb of which it is the object except in the affirmative command.

> Elle leur donne le livre.
> Je ne lui parle pas.
> Leur parlez-vous?
> Allez-vous lui parler?
> Ne leur parle pas!
> Parle-lui!

Exercice   *A.   Rewrite the following sentences, substituting the pronoun* lui *or* leur *for the italicized indirect object.*

1.   Le père donne le prénom *à l'enfant*.
2.   Les Durand prennent l'apéritif, disent « au revoir » *aux Dupont* et partent.
3.   Le fermier donne du lait *à l'enfant*.
4.   Le chef sert un bon repas *aux clients*.
5.   Vous répondez *à l'homme*.

THE PRONOUN **Y**

Pratique   *A.   Répétez.*
orale

Le touriste va à la gare.   Je réponds à la lettre.
Il y va.   J'y réponds.

Elles sont dans la chambre.   Je pense à l'avenir.
Elles y sont.   J'y pense.

B.   Substituez.

Je vais y	penser.	Je n'y	réponds	pas.
	répondre.		travaille	
	aller.		vais	

C.   Répondez avec le pronom y.

1. Va-t-il au cinéma?   2. Vont-elles en Haïti?   3. Allez-vous à l'université?   4. Allez-vous souvent au musée?   5. Les livres sont-ils dans la chambre?   6. Le monument est-il à Paris?   7. Les fermiers travaillent-ils dans les champs?   8. Répondez-vous aux questions?   9. Répondez-vous à la lettre?   10. Pensez-vous à l'avenir?   11. Pensez-vous aux examens?   12. Allez-vous penser aux examens?   13. Allez-vous répondre à la lettre?

D.   Répétez.

Je réponds à la lettre. J'y réponds.
Je réponds à Marie. Je lui réponds.

E.   Répondez selon les modèles.

> Répond-il à la question?
> Oui, il y répond.
> Répond-il au garçon?
> Oui, il lui répond.

1. Répond-il à la lettre?   2. Répond-elle à l'enfant?   3. Répondez-vous aux questions?   4. Répondez-vous aux étudiants?

F. Répétez.

Va au café! Vas-y!

Ne va pas au café! N'y va pas!

Entre dans le musée! Entres-y!

N'entre pas dans le musée! N'y entre pas!

Allons au théâtre. Allons-y!

N'allons pas au théâtre! N'y allons pas!

G. Transformez selon le modèle.

> Ne va pas au cinéma!
>
> Vas-y plus tard!

1. Ne va pas au musée!   2. Ne va pas à la banque!   3. Ne va pas à l'école!
4. Ne reste pas à la terrasse!   5. N'entre pas dans la boîte de nuit!
6. N'allez pas à la gare!   7. N'allez pas à l'aéroport!   8. N'entrez pas
dans la maison!

Note grammaticale   The pronoun *y* replaces:

1. *à* plus the name of an object or place:

> Je vais à Paris. J'y vais.
> *I am going to Paris. I am going there.*
>
> Je pense à mon examen. J'y pense.
> *I am thinking about my examination. I am thinking about it.*

2. a preposition of location (such as *dans, en, sur, sous,* etc.) plus the name of an object or place:

> Il est dans la bibliothèque. Il y est.
> *He is in the library. He is there.*
>
> La ferme est en Bretagne. Elle y est.
> *The farm is in Brittany. It is there.*

The translation of *y* varies according to the sentence. For locations, it can be translated "there." Because English and French structure differ in the use of prepositions, *y* replacing *à* plus a noun may be translated "it," "about it," "them," "about them" (or other appropriate meanings).

> Elle répond à la lettre. Elle y répond.
> *She answers the letter. She answers it.*
>
> Il répond aux questions. Il y répond.
> *He answers the questions. He answers them.*
>
> Elle pense au problème. Elle y pense.
> *She thinks about the problem. She thinks about it.*

The pronoun *y* cannot replace *à* plus the name of a person. Instead, the indirect object pronouns *lui* and *leur* are used.

> Je réponds à Marie.
> Je lui réponds.
>
> Je réponds aux tantes.
> Je leur réponds.

All imperatives that end in a vowel add *s* when they precede *y*. Note the liaison sound of *z* between imperative forms and *y*.

>Va au café! Vas‿y!
>
>Entrons dans la bibliothèque! Entrons‿y!
>
>Reste sur le lit! Restes‿y!
>
>Allez au cinéma! Allez‿y!

Exercice   *A.   Rewrite the following sentences, replacing the italicized words with the pronoun* y, lui, *or* leur.

1.   Je vais répondre *à la lettre* demain.
2.   Reste *à la terrasse!*
3.   Elle ne va pas *à la gare.*
4.   Il dit « bonjour » *au professeur.*
5.   Nous répondons *aux enfants.*
6.   Va *au laboratoire!*
7.   Les touristes peuvent aller *à Montmartre.*
8.   Le paysan est *dans la maison.*

THE PRONOUN **EN**

In a prepositional sense

Pratique   *A.   Répétez.*
orale
Je sors de la gare. J'en sors.

Elle ne descend pas du train. Elle n'en descend pas.

B.   Répondez avec le pronom en.

1. Est-ce que l'ouvrière sort de l'usine?   2. Est-ce que le paysan sort de la Bretagne?   3. Est-ce que le voyageur descend du train?   4. Sortez-vous de la gare?   5. Partez-vous de New York?

C.   Répondez selon les modèles.

>Allez-vous au café?
>
>Oui, j'y vais.
>
>Sortez-vous de la gare?
>
>Oui, j'en sors.

1. Allez-vous au musée?   2. Sortez-vous de l'aéroport?   3. Entrez-vous dans la bibliothèque?   4. Sortez-vous de l'université?   5. Allez-vous au cinéma?   6. Descendez-vous de la chambre?

With expressions with de

A.   Répétez.

Elle parle de son voyage. Elle en parle.

Il a besoin d'argent. Il en a besoin.

Il est fier de sa ferme. Il en est fier.

B.   *Répondez selon le modèle.*

> Parlez-vous de Paris?
> Oui, j'en parle.

1. Parlez-vous du voyage?   2. Parlez-vous du film?   3. Avez-vous besoin d'argent?   4. Avez-vous besoin de livres?   5. Avez-vous peur des avions? 6. Avez-vous peur des voitures?   7. Êtes-vous fier (fière) de votre succès? 8. Êtes-vous fier (fière) de votre pays?   9. Êtes-vous content(e) de votre travail?   10. Êtes-vous content(e) de votre exposé?

With the partitive
A.   *Répétez.*

J'ai du pain. J'en ai.
Elle mange de la soupe. Elle en mange.
Nous voulons des huîtres. Nous en
  voulons.

Elle ne veut pas de pain. Elle n'en
  veut pas.
Vous n'avez pas d'argent. Vous n'en
  avez pas.

B.   *Répondez selon les modèles.*

> Avez-vous du pain?
> Oui, j'en ai.

1. A-t-elle de l'argent?   2. Mange-t-elle de la soupe?   3. Ont-ils des livres? 4. Prennent-elles du café?   5. Avez-vous de l'eau?   6. Avez-vous du lait? 7. Mangez-vous des huîtres?   8. Mangez-vous des haricots verts?

> A-t-il du pain?
> Non, il n'en a pas.

1. A-t-il du vin?   2. Sert-elle de la soupe?   3. Mangent-elles du rosbif? 4. Avez-vous de l'argent?   5. Mangez-vous des fruits?

C.   *Répétez.*

Prenez de la soupe! Prenez-en! N'en prenez pas!
Mange de la soupe! Manges-en! N'en mange pas!

D.   *Transformez selon le modèle.*

> Mangez de la soupe!
> Mangez-en!
> N'en mangez-pas!

1. Mange de la viande!   2. Mangez des haricots!   3. Prends des livres! 4. Prenez du pain!

With expressions of quantity
A.   *Répétez.*

Il a beaucoup de livres. Il en a beaucoup.
Il mange trop de poisson. Il en mange
  trop.

Elle a plusieurs amis. Elle en a
  plusieurs.
Il a dix photos. Il en a dix.

B. *Répondez selon le modèle.*

>   A-t-il beaucoup de livres?
>   Oui, il en a beaucoup.

1. A-t-il beaucoup d'argent?   2. Mange-t-il trop de viande?   3. Ont-ils assez de chaussures?   4. A-t-il plusieurs amis?   5. Ont-elles dix photos? 6. Vend-il deux billets?

C. *Répétez.*

Il a quelques disques. Il en a quelques-uns.
Elle a quelques valises. Elle en a quelques-unes.

D. *Répondez selon le modèle.*

>   Avez-vous quelques amis?
>   Oui, j'en ai quelques-uns.

1. Avez-vous quelques disques?   2. Avez-vous quelques billets?   3. Avez-vous quelques valises?   4. Avez-vous quelques cartes?

Note grammaticale

The pronoun *en* replaces *de* plus a thing or idea, or a noun following certain expressions of quantity. It may mean, according to usage, "of (about) it," "of (about) them," "from it," "from there," "some," or "any." Like other object pronouns, it precedes the verb except in affirmative commands. It is used to replace *de* plus a noun in the following:

with expressions followed by *de:*

Elle parle du voyage.	*She speaks about the trip.*
Elle en parle.	*She speaks about it.*
Elle est fière de sa coiffe.	*She is proud of her headdress.*
Elle en est fière.	*She is proud of it.*
Il a besoin d'argent.	*He needs some money.*
Il en a besoin.	*He needs some.*
Nous sortons de la gare.	*We leave the train station.*
Nous en sortons.	*We leave it (from there).*

to replace a partitive:

Elle a du pain.	*She has some bread.*
Elle en a.	*She has some.*
Elle ne mange pas de viande.	*She doesn't eat any meat.*
Elle n'en mange pas.	*She doesn't eat any.*

with expressions of quantity:

Tu as beaucoup de livres.	*You have a lot of books.*
Tu en as beaucoup.	*You have a lot of them.*
Elle a trop de robes.	*She has too many dresses.*
Elle en a trop.	*She has too many (of them).*
Il a dix livres.	*He has ten books.*
Il en a dix.	*He has ten (of them).*
Il a plusieurs amis.	*He has several friends.*
Il en a plusieurs.	*He has several (of them).*

Elle achète quelques <u>livres</u>.	*She buys some books.*
Elle <u>en</u> achète quelques-uns.	*She buys some (of them).*
Elle a quelques <u>robes</u>.	*She has some dresses.*
Elle <u>en</u> a quelques-unes.	*She has some (of them).*

Note the change of *quelques* to *quelques-uns* or *quelques-unes*.

Exercices   *A. Rewrite the following sentences, replacing the italicized words by* en.

1. L'Haïtien cultive *des haricots*.
2. Ils vendent quelques *fruits* au marché.
3. Ils sortent *de l'aéroport*.
4. Les Français en Normandie mangent beaucoup *de beurre*.
5. Les vieux Bretons sont fiers *de leur petite terre*.
6. On emploie plusieurs *champignons* dans un bœuf bourguignon.
7. Il y a assez *de petits restaurants* cachés dans les petites rues.
8. Le soir on mange *de la soupe*.
9. On élève *des immeubles modernes* à Paris.
10. Il prend quatre *cartes*.

B. Rewrite the following sentences, replacing the italicized objects with the correct pronoun, y, en, lui, *or* leur.

1. Mange *du pain!*
2. Il répond *à la question*.
3. Elle a plusieurs *photos*.
4. Je ne sors pas *de la gare*.
5. Les valises sont *dans la chambre*.
6. Elles disent *aux enfants* de partir.
7. Il parle *des problèmes urbains*.
8. Il y a beaucoup *de livres* ici.
9. Elle répond *au professeur*.
10. Nous allons *à Paris*.

FORMATION OF REGULAR ADVERBS

Pratique   *A. Répétez.*
orale
C'est un examen facile. L'étudiant apprend facilement.
C'est une femme sérieuse. Elle répond sérieusement.
Heureusement, il arrive.

B. Substituez.

Il parle	lentement.	Heureusement,	il arrive.
	facilement.	Finalement,	
	rapidement.	Naturellement,	
	franchement.	Probablement,	

C. Répondez.

1. Comprend-il facilement?   2. Parle-t-elle rapidement?   3. Le finit-elle complètement?   4. Le fait-il exactement?   5. Travaille-t-elle sérieusement? 6. Parlez-vous franchement?   7. Disparaît-il immédiatement?   8. Finalement, est-ce qu'il va le faire?

Note grammaticale   Most adverbs are formed by adding *-ment* to the feminine form of the adjective.

Adjective		*Adverb*
Masculine	*Feminine*	
exact	exacte	exactement
facile	facile	facilement
naturel	naturelle	naturellement
franc	franche	franchement
vif	vive	vivement
heureux	heureuse	heureusement

Most adverbs follow the verb. However, certain adverbs like *finalement, heureuse-ment, naturellement,* and *probablement* come at the beginning of the sentence if the adverb modifies the complete sentence.

> Il parle rapidement.
> Heureusement, il arrive.
> Finalement, il va le faire.

Exercice   *A. Complete the following sentences with the correct form of the adverb formed from the indicated adjective.*

> Il parle _____. *rapide*
> Il parle rapidement.

1. Il comprend _____. *facile*
2. Quand on pense à la France, on pense _____ aux photos des guides touristiques. *immédiat*
3. L'étudiant de lycée a un programme _____ rigoureux. *particulier*
4. On visite _____ en touriste certains quartiers parisiens pauvres, laids, et surpeuplés. *rare*
5. Il y a des restaurants aux États-Unis où les menus sont écrits _____ en français. *complet*
6. _____ il va y aller. *heureux*
7. _____ il va le faire. *probable*
8. Il discute _____. *vif*

SONS ET SYMBOLES

The consonant s

ch = sh	*s = s*	*s = z*
champs	sur	base
chance	seule	musée
chocolat	soupe	maison
chambre	salle	parisien
chanter	assister	mademoiselle
choix	aussi	désirer
pêcheur	cesser	choisir
rocheuse	stade	visite

Conversation

CHEZ LE MÉDECIN

Docteur: Bonjour, Monsieur LeBlanc. Qu'est-ce que vous avez?

M. LeBlanc: Je ne vais pas bien. J'ai mal à la gorge et je tousse.

Docteur: Avez-vous de la fièvre?

M. LeBlanc: Oui, j'en ai un peu.

angine *sore throat*   *Docteur:*   Voyons. Ouvrez la bouche. Ah — je crois que c'est une angine. Mais, heureusement, ce n'est pas grave. Avez-vous de l'aspirine?

M. LeBlanc: Merci, docteur, j'en ai.

Docteur: Bon. Prenez-en. Allez chez le pharmacien et donnez-lui cette ordonnance. Il faut prendre ces pilules toutes les quatres heures.

garder le lit *stay in bed*   *M. LeBlanc:*   Merci, docteur. J'y vais tout de suite. Faut-il garder le lit?

Docteur: Ce n'est pas absolument nécessaire, mais si possible, restez au lit un ou deux jours.

M. LeBlanc: Merci, docteur.

Exercice   *A.*   *Answer the following questions.*

1. Où est Monsieur LeBlanc?
2. Va-t-il bien?
3. Qu'est-ce qu'il a?
4. A-t-il de la fièvre?
5. A-t-il une angine?
6. Est-ce que c'est grave?
7. Qu'est-ce que le médecin lui demande?
8. Qu'est-ce que le médecin lui dit de faire?
9. Faut-il garder le lit?

Des jeunes gens sur la rue Sainte-Anne à Québec   *Arthur Sirdofsky from EPA*

Lecture culturelle

LE QUÉBEC, AUJOURD'HUI

Le Québec, la « Belle Province » avec ses lacs, ses rivières, ses montagnes, ses forêts, ses villes et ses plaines inhabitées. Il vaut la peine de connaître ce pays de l'Amérique du Nord **dont** 33 pour cent de la population est **francophone**.

dont *of which*
francophone *French-speaking*
Chaque *Each*
calèche *horse-drawn carriage*

Chaque année des milliers de touristes vont au Québec. Ils aiment la ville de Québec, la vieille capitale. Une visite dans cette ville leur donne l'occasion de voir la seule ville du continent nord-américain qui ressemble à une ville européenne. Ils aiment faire un tour en **calèche** dans les rues étroites et admirer les belles maisons de pierre des dix-septième et dix-huitième siècles. L'île d'Orléans avec ses jolies petites églises de village, ses vieilles fermes, ses champs de **pommiers** ressemble à un coin de Normandie.

pommiers *apple trees*

Si Québec est un souvenir du vieux-monde, Montréal est l'image du nouveau monde. Depuis une quinzaine d'années, cette ville, située **au milieu du** fleuve Saint-Laurent, **prend un essor considérable**. Il y a un million et demi d'habitants à Montréal (la province entière en compte six millions). On y trouve des gratte-ciel, des galeries d'art, cinq kilomètres de quartiers commerçants souterrains et une **vie nocturne** — tous typiques d'une grande ville moderne. Depuis l'Expo '67, la ville attire des réunions internationales et elle prépare les **Jeux Olympiques** de 1976.

au milieu du *in the middle of the*
prend un essor considérable *has been developing rapidly*
vie nocturne *night life*
Jeux Olympiques *Olympic Games*

Le contraste entre le vieux et le nouveau rend difficile à définir le caractère du Canadien français. Entre la France et l'Amérique, le Québec connaît une vie originale. Tous les Québecois en sont **conscients**. Tous sont attachés à leurs traditions culturelles, à leur **manière de vivre**. L'originalité du Canadien français résulte du **fait** qu'il tente d'assimiler deux cultures et deux civilisations, et deux langues. La loi canadienne, adoptée par la **Chambre des Communes** du Canada le 7 juillet 1969 **décrète** que le français et l'anglais sont les deux langues officielles et qu'ils sont à égalité. Mais une nouvelle loi adoptée en 1974 décrète que le français est la seule langue officielle du Québec. Nord-Américain par sa mode de vie et son besoin de conforts modernes, le Canadien français essaie d'unir le pragmatisme anglo-saxon à sa philosophie cartésienne. Pour définir son caractère, il faut considérer un double aspect: le Québecois est américain dans la manifestation quotidienne et extérieure de ses activités: il est latin dans sa façon de penser et de **réagir**. Les gratte-ciel, les autoroutes, les supermarchés, les automobiles, l'amour des sports nationaux sont américains. Aussi la vie paraît exactement semblable au Québec ou dans le Vermont voisin. Mais l'habitude de vivre en famille, de rendre visite à « **la parenté** » le dimanche: voir les oncles, les tantes, les cousins, partager un bon repas, bavarder **longuement** sont de vieilles traditions françaises. Et les Canadiens français conservent leur langue et ils ont leurs journaux, leurs livres et leurs **chaînes de télévision**.

conscients *conscious*
manière de vivre *way of life*
fait *fact*
Chambre des Communes *House of Commons*
décrète *decrees*

réagir *of reacting*

la parenté *relatives*
longuement *at length*
chaînes de télévision *television stations*

voir disparaître *to see disappear*

tournant *turning point*

Il y a des gens qui ont peur de voir disparaître la vie traditionnelle et française dans un style de vie complètement américanisée. Depuis 1960 le Québec connaît un tournant de son histoire: la « Révolution tranquille » d'un nouveau gouvernement transforme lentement le pays et le tourne vers l'avenir. Mais quel avenir faut-il lui donner? Bientôt va naître et grandir l'idée de l'indépendance nationale.

Pour eux *For them*

s'angliciser *to become anglicized*

Tous les Québecois ne sont pas partisans de l'indépendance mais 30% croient qu'elle est nécessaire pour conserver au pays sa culture française. Pour eux, rester dans la Confédération canadienne signifie s'angliciser radicalement. Reconnaître le français comme langue officielle est nécessaire au Québec. Son avenir en dépend.

Mais le Québec d'aujourd'hui ne peut pas être isolé du reste du monde. On fait de grands efforts pour coopérer avec les autres pays et pour répandre la vie culturelle partout. Vieux par ses traditions, le Québec est un pays neuf par ses richesses économiques, un pays jeune par ses ressources humaines. La Belle Province possède beaucoup de richesses naturelles: mines, forêts, énergie hydro-électrique. Voilà pourquoi l'industrialisation y est importante après des siècles de vie rurale. Aujourd'hui, le Québec conclut des marchés avec son gigantesque voisin américain, l'Europe, le Japon et les provinces de l'ouest: unissons nos forces, disent les partisans de la Confédération canadienne, ne les divisons pas; l'indépendance peut être lourde pour l'économie du Québec; il ne va pas pouvoir exister seul dans le puissant continent américain.

marchés *trade agreements*

lourde *(here) difficult*

Le gouvernement crée aussi des liens et des échanges culturels avec les pays qui ont un héritage linguistique et culturel français. De nombreux organismes travaillent pour la jeunesse, dans tous les domaines. L'Office franco-québecois pour la jeunesse encourage les échanges d'étudiants ou de jeunes employés entre la France et le Québec. Depuis plusieurs années aussi peuvent travailler en Afrique des Québecois désireux de partir dans les pays de langue française (services de coopération technique ou sanitaire, enseignement, etc).

la jeunesse *youth*

racine *root*

L'Amérique anglo-saxonne ne peut pas détruire cette racine vivante de son histoire moderne.

Le vieux quartier à Montréal   *Eastern Airlines Photo*

Compréhension *A. Répondez.*

1. Quel pourcentage de la population du Québec est francophone?
2. Qu'est-ce qu'une visite dans Québec donne l'occasion de voir?
3. Qu'est-ce que les touristes aiment faire?
4. Qu'est-ce qui ressemble à un coin de Normandie?
5. Combien d'habitants est-ce qu'il y a à Montréal?
6. Qu'est-ce qu'on y trouve?
7. Qu'est-ce que la ville attire depuis l'Expo '67?
8. À quoi les Québecois sont-ils attachés?
9. Qu'est-ce que la loi canadienne adoptée en 1969 décrète?
10. Comment le Canadien français est-il nord-américain?
11. Comment est-il latin?
12. Donnez des exemples de l'influence américaine au Québec.
13. Qu'est-ce qui est de vieille tradition française?
14. Qu'est-ce que les Canadiens français conservent?
15. Qu'est-ce que quelques gens ont peur de voir disparaître?
16. Pourquoi est-ce que 30% des Québecois sont partisans de l'indépendance?
17. Quelles richesses naturelles possède le Québec?
18. Avec quels pays le Québec conclut-il des marchés?
19. Avec quels pays le gouvernement crée-t-il des liens et des échanges culturels?
20. Qu'est-ce que l'Office franco-québecois encourage?
21. Où est-ce que les gens peuvent travailler aussi?

Thèmes de discussion

1. Présentez avec un ami (une amie) une conversation dans le salon d'attente d'un médecin.
2. Comment les Québecois sont-ils américains? Comment sont-ils français?

Thèmes de composition

1. Discutez des richesses économiques et culturelles du Québec. Comment le Québec fait-il des efforts pour coopérer avec les autres pays et pour répandre la vie culturelle?
2. Contrastez le vieux et le moderne au Québec.

DIXIÈME LEÇON

Vocabulaire

1. Le garçon se réveille. Il ne dort pas.
Il n'a pas sommeil.
Il se lève tard parce qu'il se couche tard.
Un autre garçon a sommeil. Il va se coucher.
Un autre garçon s'habille.
Il porte un blue-jean délavé.
2. Les autres garçons sont dans la salle de bains.
Un garçon s'appelle Pierre.
Il se lave la figure.
Un autre se peigne.
Un autre se rase.
Un autre se brosse les dents.

3.   Qu'est-ce qui se passe?
Un homme hausse les épaules.
Un autre homme s'appuie sur le
comptoir.
Il montre du doigt une fille dans la
rue.
La fille se dépêche.
Elle tient des livres à la main.
4.   La femme boit du café.
Elle feuillette une revue.
Elle aime la revue.
La revue lui plaît.
Un homme fume une cigarette.
Il ne parle pas.
Il se tait.
Il est aveugle. Il ne peut pas voir.
Il est triste. Il n'est pas heureux.
La femme ne fume pas. Elle s'abstient
de fumer.
5.   La jeune fille reçoit une lettre.
Elle doit répondre à la lettre demain.
Une voiture s'arrête devant la maison.

le marchand, la marchande   *une personne qui vend quelque chose, un commerçant*

avoir raison   *(to be right)*
Je crois que c'est vrai et j'ai raison.
devenir   *commencer à être*
Un garçon devient un homme.
Une jeune fille devient une femme.
devoir   *avoir l'obligation de; (to owe)*
Elle doit travailler.
Elle lui doit cinq francs.
retenir   *tenir pour toujours, réserver*
s'américaniser   *devenir américain*
s'endormir   *commencer à dormir*
venir   *arriver (to come)*
se rendre compte de   *être conscient de, comprendre (to realize)*
Il sait ce qu'il fait. Il se rend compte de ce qu'il fait.
s'installer   *se loger*
se demander   *(to ask oneself)*
Il se demande ce que l'avenir va apporter.
s'en aller   *partir*
se diriger vers   *aller dans la direction de*
saluer   *s'adresser à, dire « bonjour » à*
paresseux, paresseuse   *le contraire de* diligent
couramment   *sans difficulté*
Il parle couramment le français.
cher, chère   *terme d'amitié souvent employé pour commencer une lettre*
malheureux, malheureuse   *triste*
pauvre   *pitoyable, misérable*
Cet homme n'est pas heureux. C'est un pauvre homme.

la cantine	le snack-bar	le whisky	l'adaptation (f.)
le tee-shirt	le drugstore	le camping	l'impératif (m.)
le Coca-Cola	le hot-dog	le bowling	le changement
le chewing-gum	le hamburger	le gadget	la réalité
le juke-boxe	le sandwich	l'américanisation (f.)	le commentaire
le building	la cigarette	la part	le cocktail

observer
attribuer
se calmer
s'abstenir

ridicule
énormément

profondément
évidemment
découragé, –e
parfaitement
constamment
religieusement

fréquemment
abondamment
fourni, –e
courant, –e
apparemment

superficiel, –le
exagéré, –e
systématiquement
négligemment
prudemment

Pratique orale

A.   Répondez.

1.   Est-ce que le garçon se réveille?
2.   A-t-il sommeil?
3.   Pourquoi se lève-t-il tard?
4.   Est-ce qu'un autre s'habille?
5.   Où sont les autres garçons?
6.   Comment s'appelle un des garçons?
7.   Est-ce qu'il se lave la figure?
8.   Que font les autres garçons?
9.   Qu'est-ce qu'un homme fait?
10.   Où est-ce qu'un autre homme s'appuie?
11.   Qu'est-ce que la jeune fille tient à la main?
12.   Qu'est-ce que la femme boit?
13.   Qu'est-ce qu'elle feuillette?
14.   Qu'est-ce que l'homme fume?
15.   Est-ce qu'il se tait?
16.   Est-il aveugle et triste?
17.   La fille reçoit-elle une lettre?
18.   Où est-ce qu'une voiture s'arrête?

Exercice

A.   Complete the following sentences with an appropriate word.

1.   Il se brosse les _____.
2.   Il _____ dans le lit.
3.   Elle _____ à dix heures du matin.
4.   Elle va vite. Elle _____.
5.   Elle lui montre du _____ le grand bâtiment.
6.   Un _____ ne peut pas voir.
7.   Le _____ vend des légumes.
8.   J'ai _____. Je veux dormir.
9.   C'est la vérité. J'ai _____.
10.   Il ne fait pas ses devoirs. Il ne travaille pas. Il est _____.
11.   Je ne suis pas heureux. Je suis _____.
12.   Elle va arriver demain. Elle va _____ demain.
13.   Mon _____ ami, je vous aime bien.
14.   Il va vers le musée. Il _____ vers le musée.
15.   Je vais _____ une chambre à l'hôtel.
16.   Un petit garçon va _____ un homme.
17.   Il est conscient de l'américanisation. Il s'en _____.

Structure

THE PRESENT TENSE OF VERBS LIKE **VENIR** AND **TENIR**

Pratique orale

A. Répétez.

Venez-vous lundi?

Oui, nous venons lundi.

Tenez-vous des livres à la main?

Oui, nous tenons des livres à la main.

Reviens-tu de la gare?

Oui, je reviens de la gare.

Retiens-tu des places à la cantine?

Oui, je retiens des places à la cantine.

B. Répondez.

1. Venez-vous à l'amphithéâtre?   2. Revenez-vous à cinq heures?   3. Tenez-vous des blue-jean?   4. Retenez-vous une chambre à l'hôtel?   5. Deviens-tu sérieux?   6. Tiens-tu à le voir?   7. Viens-tu maintenant?   8. Obtiens-tu le numéro?

C. Répondez.

1. Est-ce que les touristes viennent en France?   2. Reviennent-ils de l'aéroport?   3. Deviennent-ils fatigués?   4. Est-ce que les étudiants retiennent des places à la cantine?   5. Est-ce que le marchand vient?   6. Est-ce que l'homme obtient le poste?   7. Est-ce que le paysan revient de la ferme?

Des immeubles modernes à Paris   *Jean Gaumy — Gamma/EPA*

D.   *Demandez.*

1. Demandez à un ami s'il vient samedi.   2. Demandez à une amie si elle revient du théâtre.   3. Demandez à des amis s'ils tiennent des cigarettes. 4. Demandez à des amies si elles retiennent des places.

Note grammaticale

The verb *venir* (to come) and its derivatives *revenir* (to come back), *devenir* (to become); and *tenir* (to have, to hold) and its derivatives *obtenir* (to obtain) and *retenir* (to retain, to reserve) are conjugated alike. Note the change from *e* to *ie* in the singular forms and the third person plural. Also note the double *n* in the third person plural.

venir	*tenir*
je viens	je tiens
tu viens	tu tiens
il elle on } vient	il elle on } tient
nous venons	nous tenons
vous venez	vous tenez
ils elles } viennent	ils elles } tiennent

Tenir à plus an infinitive means "to be eager to," "to insist on."

Il tient à me voir.

Exercice

A.   Complete the following sentences with the correct form of the indicated verb.

1. Paris _____ de plus en plus un centre de travail.   *devenir*
2. Les étudiants d'un lycée technique _____ des postes administratifs.   *obtenir*
3. Tu _____ ton passeport.   *tenir*
4. Vous _____ une place au restaurant.   *retenir*
5. Je _____ de l'aéroport après un long voyage.   *revenir*
6. Nous _____ à Paris pour voir les célèbres monuments, les musées, les cinémas, les théâtres.   *venir*
7. Vous _____ votre billet au comptoir de la compagnie d'aviation.   *obtenir*
8. Nous _____ d'Haïti, une île tropicale à l'est de Cuba.   *revenir*

THE PRESENT TENSE OF THE VERBS **BOIRE, DEVOIR,** AND **RECEVOIR**

Pratique orale

A.   Répétez.

Buvez-vous du lait?	Bois-tu du café?
Oui, nous buvons du lait.	Oui, je bois du café.
Devez-vous faire vos devoirs?	Dois-tu assister au cours?
Oui, nous devons faire nos devoirs.	Oui, je dois assister au cours.
Recevez-vous des lettres?	Reçois-tu des billets?
Oui, nous recevons des lettres.	Oui, je reçois des billets.

B.   Répondez.

1. Buvez-vous du café?   2. Buvez-vous du lait?   3. Devez-vous aller à New York?   4. Devez-vous préparer le repas?   5. Recevez-vous de l'argent? 6. Recevez-vous les billets?   7. Bois-tu de l'eau?   8. Dois-tu faire tes devoirs?   9. Reçois-tu beaucoup de lettres?

C.   *Répondez.*

1. Est-ce que les paysans doivent faire la récolte?   2. Doivent-ils travailler dans les champs?   3. Est-ce que les Bretons boivent du cidre?   4. Boivent-ils du café?   5. Est-ce que les étudiants reçoivent des lettres?   6. Reçoivent-ils un diplôme?   7. Est-ce que l'ouvrière reçoit de la laine?   8. Est-ce que la paysanne boit du cidre?   9. Est-ce que l'ouvrier doit travailler?

D.   *Demandez.*

1. Demandez à un ami s'il reçoit des lettres.   2. Demandez à une amie si elle boit du lait.   3. Demandez à deux amis s'ils boivent du vin.   4. Demandez à deux amies si elles doivent travailler.

Note grammaticale

The verbs *boire* (to drink), *devoir* (to owe, to have to), and *recevoir* (to receive) are irregular. Note the cedilla on the *c* in the singular forms and the third person plural form in *recevoir*. Note the *v* sound in the plural forms.

boire	*devoir*	*recevoir*
je bois	je dois	je reçois
tu bois	tu dois	tu reçois
il elle on } boit	il elle on } doit	il elle on } reçoit
nous buvons	nous devons	nous recevons
vous buvez	vous devez	vous recevez
ils elles } boivent	ils elles } doivent	ils elles } reçoivent

Exercices

A.   *Complete the following sentences with the correct form of the indicated verb.*

1. Les Français _____ du café, du café au lait ou du chocolat pour le petit déjeuner.   *boire*
2. Nous _____ des homards, des huîtres, et des coquillages de la Bretagne.   *recevoir*
3. Je _____ étudier pour l'examen à la fin de l'année.   *devoir*
4. Elle _____ faire la récolte dans les montagnes.   *devoir*
5. Vous _____ du vin.   *boire*
6. Tu _____ une lettre de ton ami.   *recevoir*

B.   *Follow the model.*

Je _____ y aller, mais vous ne _____ pas y aller.   *devoir*
Je dois y aller, mais vous ne devez pas y aller.

1. Je _____ du lait mais vous n'en _____ pas.   *boire*
2. Tu _____ une lettre, mais nous n'en _____ pas.   *recevoir*
3. Vous _____ du vin, mais elles n'en _____ pas.   *boire*
4. Elles _____ 50 francs, mais nous ne _____ pas 50 francs.   *devoir*

ADVERBS ENDING IN **–ÉMENT, –AMMENT,** AND **–EMMENT**

Pratique orale

A.   *Répétez.*

C'est une femme profonde. Elle parle profondément.
C'est un homme prudent. Il parle prudemment.
Elle est constante. Elle travaille constamment.

B.   Substituez.

Il parle	profondément. aveuglément. énormément. confusément. précisément.	Il le fait	fréquemment. prudemment. négligemment. patiemment.

Elle parle	couramment. brillamment. constamment.

C.   Répondez.

1. Répond-il aveuglément?   2. Parle-t-il précisément?   3. Regarde-t-il aveuglément?   4. Répond-elle brillamment?   5. Travaille-t-elle constamment?   6. Son appartement est-il abondamment fourni?   7. Va-t-il au cinéma fréquemment?   8. Parle-t-il prudemment?   9. Attend-il patiemment?   10. Évidemment, va-t-elle venir?

Un magasin où on vend des blue-jean   *Alain Keler from EPA*

Le restaurant « McDonald's » sur les Champs-Élysées
Alain Keler from EPA

Note grammaticale   Some adjectives ending in a mute *e* in the feminine change the *e* to *é* before adding *–ment* to form the adverb.

Adjective		Adverb
masculine	*feminine*	
aveugle	aveugle	aveuglément
profond	profonde	profondément

Adjectives ending in *–ant* or *–ent* in the masculine singular change *–ant* to *–amment* and *–ent* to *–emment* to form the adverb.

Adjective	*Adverb*
abondant	abondamment
brillant	brillamment
constant	constamment
évident	évidemment
fréquent	fréquemment
prudent	prudemment

Exercice   *A. Complete the following sentences with the correct form of the adverb formed from the indicated adjective.*

1. Il fume _____ des cigarettes. *constant*
2. Il joue _____ au bowling avec ses amis. *fréquent*
3. Son appartement est _____ fourni en gadgets de toutes sortes. *abondant*
4. Il feuillette _____ une revue. *négligent*
5. Les étudiants attendent _____ les résultats de l'examen. *patient*
6. Ils aiment _____ aller voir leurs amis. *énorme*

REFLEXIVE VERBS IN THE PRESENT TENSE

Pratique orale   *A. Substituez.*

Pierre	se lave. se lève. se réveille. se rase. s'habille.	Marie et Anne	se lavent. se lèvent. se dépêchent. se peignent. se couchent. s'habillent.

B. Répondez.

1. Est-ce que le garçon se lave?   2. Est-ce que la jeune fille se peigne dans la salle de bains?   3. Est-ce que Robert se réveille?   4. Se rase-t-il? 5. S'habille-t-il?   6. S'appuie-t-il sur le lit?   7. Est-ce que Pierre et André se couchent?   8. Est-ce que Marie et Anne s'habillent? 9. S'appellent-elles Marie et Anne?

C. Substituez.

Je	me lève. me lave. me peigne. me couche. m'habille.	Tu	te laves la figure. te brosses les dents. te dépêches. te rases. t'habilles.

D. Répondez.

1. Te réveilles-tu à sept heures?   2. Est-ce que tu te peignes dans la salle de bains?   3. Est-ce que tu te dépêches?   4. T'habilles-tu vite?

E. Imitez le modèle.

> Elle se lave.
> Te laves-tu aussi?

1. Il se peigne.   2. Elle se brosse les dents.   3. Il s'appuie sur le comptoir.
4. Elle se rend compte du problème.

F. Substituez.

Nous nous	levons. lavons la figure. peignons. dépêchons. rasons.	Vous	rendez-vous compte du problème? dirigez-vous vers la porte? appuyez-vous sur le comptoir? installez-vous à Paris? habillez-vous?

G. Répondez.

1. Est-ce que vous vous brossez les dents?   2. Vous brossez-vous les dents dans la salle de bains?   3. Est-ce que vous vous peignez?   4. Vous peignez-vous maintenant?   5. Est-ce que vous vous dépêchez?   6. Vous endormez-vous tout de suite?   7. Vous installez-vous dans la chambre?   8. Vous habillez-vous vite?

H. Imitez le modèle.

> Elles se peignent.
> Et vous, vous peignez-vous?

1. Ils se couchent.   2. Ils s'installent dans la chambre.   3. Ils s'habillent.
4. Elles se lavent la figure.   5. Elles se peignent maintenant.   6. Ils se rendent compte du problème.

Un supermarché

Alain Keler from EPA

I. Répétez.

Je m'en vais.

Il s'en va.

J. Répondez.

1. T'en vas-tu?   2. Vous en allez-vous?   3. S'en va-t-il?   4. S'en vont-elles?   5. T'en vas-tu maintenant?

Note grammaticale

A reflexive verb is one with which the action is both executed and received by the subject. Since the subject also receives the action, an additional pronoun is needed. This pronoun is called the reflexive pronoun. Study the following forms.

se laver	*s'habiller*
je me lave	je m'habille
tu te laves	tu t'habilles
il	il
elle ⎫ se lave	elle ⎫ s'habille
on ⎭	on ⎭
nous nous lavons	nous nous habillons
vous vous lavez	vous vous habillez
ils ⎫ se lavent	ils ⎫ s'habillent
elles ⎭	elles ⎭

Je me lave.   *I wash myself (get washed).*

Je m'habille.   *I dress myself (get dressed).*

Note that *me* becomes *m'*, *te* becomes *t'*, and *se* becomes *s'* before a word beginning with a vowel.

Je m'habille.

Elle s'appelle Marie.

Many reflexive verbs are conjugated like regular *–er* verbs or *–er* verbs with spelling changes.

S'en aller is an irregular reflexive verb meaning "to go away." It is conjugated like *aller*. This is an example of a verb that is reflexive even though the reflexive pronoun does not refer back to the subject.

Il s'en va tout de suite.

In interrogation by inversion, the reflexive pronouns precede the verb.

Se lave-t-il?

Pierre s'habille-t-il?

To form the negative interrogative form of reflexive verbs by inversion, *ne* is placed before the reflexive pronoun and *pas* is placed after the subject pronoun.

Pierre ne se lève-t-il pas?

Ne nous couchons-nous pas?

You will note that the possessive adjective is not used with parts of the body when used with a reflexive verb. Many nouns which are plural in English are singular in French.

Marie se lave la figure.   *Mary washes her face.*

Les filles se lavent la figure.   *The girls wash their faces.*

Some verbs can be used reflexively and non-reflexively. The reflexive pronoun is used when the action of the verb refers back to the subject.

La mère se couche.	*The mother goes to bed.*
La mère couche l'enfant.	*The mother puts the child to bed.*
Marie se lave.	*Mary washes (herself).*
Marie lave la voiture.	*Mary washes the car.*

Exercices   *A. Complete the following sentences with the correct form of the indicated verb.*

1. Pierre _____ tard parce qu'il _____ tard.   *se lever, se coucher*
2. Nous _____ avant de partir.   *se peigner*
3. Les enfants _____ les mains.   *se laver*
4. Elle _____ des changements.   *se rendre compte*
5. Pourquoi est-ce que tu _____ ?   *se dépêcher*
6. Les élèves _____ à leurs places.   *s'installer*
7. Je _____ parce que j'ai sommeil.   *se coucher*
8. Vous _____ tôt.   *se lever*
9. Tu _____ en blanc.   *s'habiller*
10. Je _____ Marie Dupont.   *s'appeler*
11. _____-tu maintenant?   *se laver*
12. Anne _____-elle?   *se réveiller*

B. Complete the following sentences with the appropriate word if an additional word is necessary.

1. La mère _____ couche l'enfant.
2. Les enfants _____ lavent la figure.
3. Elle _____ lève.
4. Nous _____ habillons l'enfant.
5. Elles _____ habillent maintenant.

NEGATIVE FORMS OF REFLEXIVE VERBS

Pratique   *A. Répétez.*
orale
Elle ne se couche pas à dix heures.
Je ne m'habille pas.
Nous ne nous dépêchons pas.

B. Substituez.

	peigne	
	lave	
Elle ne se	rase	pas.
	lève	
	réveille	

C. Répondez au négatif.
1. Est-ce que Marie se réveille?   2. Se lève-t-elle?   3. Est-ce que les garçons se peignent?   4. S'habillent-ils?   5. Est-ce que tu te peignes?
6. Est-ce que tu t'appuies sur le comptoir?   7. Est-ce que vous vous dépêchez?
8. Vous appelez-vous Claude?   9. Est-ce que je me rase?   10. Est-ce que je me brosse les dents?

Note grammaticale In the negative of reflexive verbs, *ne* is placed before the reflexive pronouns and *pas* follows the verb.

> Je ne me peigne pas.
> Elle ne s'habille pas bien.

Exercice

A. *Rewrite the following sentences in the negative.*

1. Il s'en va maintenant.
2. Le marchand s'appuie sur le comptoir.
3. Nous nous dirigeons vers la porte.
4. Vous vous dépêchez.
5. Je m'habille en noir.
6. Tu te couches à minuit.
7. Elles se rasent.
8. Je me réveille à sept heures.

THE IMPERATIVE OF REFLEXIVE VERBS

Affirmative

Pratique orale

A. *Substituez.*

Lave			Lavons	
Peigne	-toi maintenant!		Levons	-nous!
Couche			Réveillons	
Réveille				

Dépêchez	
Habillez	-vous vite!
Lavez	
Rasez	

B. *Répondez selon le modèle.*

> Je m'habille plus tard?
> Non, habille-toi maintenant!

1. Je me couche plus tard? 2. Je me peigne plus tard? 3. Je me lave plus tard? 4. Nous nous habillons plus tard? 5. Nous nous levons plus tard? 6. Nous nous installons plus tard?

C. *Dites.*

1. Dites à un ami de se laver la figure. 2. Dites à une amie de se peigner. 3. Dites à un ami de se brosser les dents. 4. Dites à une amie de se dépêcher.

Negative

A. *Répétez.*

Ne te couche pas!
Ne nous couchons pas!
Ne vous couchez pas!

B. *Imitez le modèle.*

> Je me rase.
> Non, ne te rase pas!

1. Je me peigne. 2. Je me couche. 3. Nous nous habillons. 4. Nous nous levons.

Note grammaticale   In the affirmative command of reflexive verbs, the reflexive pronoun follows the verb and is attached to it with a hyphen. Note that *te* becomes *toi.*

> Lave-toi!
> Dépêchons-nous!
> Habillez-vous!

In the negative command, the pronoun precedes the verb as usual.

> Ne te couche pas!
> Ne vous levez pas!

Exercices   *A. Rewrite the following sentences in the affirmative.*

1. Ne t'habille pas!   3. Ne nous dépêchons pas!
2. Ne vous rasez pas!   4. Ne te couche pas!

B. Rewrite the following sentences in the negative.

1. Lève-toi!   3. Couchons-nous!
2. Habille-toi!   4. Rasez-vous!

REFLEXIVE VERBS IN THE INFINITIVE

Pratique orale   *A. Répétez.*

Pierre va se raser.   Tu veux te coucher.
Elles vont se peigner.   Nous allons nous dépêcher.
Je peux m'habiller.   Vous devez vous lever.

B. Répondez à l'affirmatif et au négatif.

1. Est-ce que Pierre va se raser?   2. Est-ce que les filles vont s'habiller?
3. Est-ce que vous aimez vous lever?   4. Voulez-vous vous coucher?
5. Voulez-vous vous peigner?

C. Demandez.

1. Demandez à un ami s'il sait s'habiller.   2. Demandez à une amie si elle va se dépêcher.   3. Demandez à cette dame si elle va se peigner.   4. Demandez à ce monsieur s'il va se raser.

Note grammaticale   The reflexive pronoun immediately precedes the infinitive and agrees with the subject.

> Elle va s'habiller.
> Je veux me coucher.
> Nous devons nous peigner.

Exercice   *A. Follow the model.*

> Elle se couche.
> Elle va se coucher.

1. Tu te peignes.
2. Elle se réveille à six heures.
3. Nous nous couchons à minuit.
4. Je m'habille en blanc.
5. Ils se rasent dans la salle de bains.
6. Vous vous appuyez sur le comptoir.

THE PRESENT TENSE OF THE VERBS **PLAIRE** AND **SE TAIRE**

Pratique
orale

A. Répétez.

Vous taisez-vous?

Oui, nous nous taisons.

Plaisez-vous au professeur?

Oui, nous plaisons au professeur.

Te tais-tu?

Oui, je me tais.

Plais-tu à tes amis?

Oui, je plais à mes amis.

B. Répondez.

1. Vous taisez-vous en classe?   2. Vous taisez-vous toujours?   3. Plaisez-vous au professeur?   4. Plaisez-vous à vos amis?   5. Est-ce que tu te tais? 6. Te tais-tu maintenant?   7. Plais-tu à cet homme?   8. Plais-tu à cette femme?   9. Est-ce que les enfants se taisent?   10. Se taisent-ils en classe?

C. Demandez.

1. Demandez à un ami s'il se tait en classe.   2. Demandez à une amie si elle plaît aux enfants.   3. Demandez à des amis s'ils se taisent pendant le concert. 4. Demandez à des amies si elles plaisent au professeur.

D. Répétez.

Le concert me plaît.

Les concerts me plaisent.

E. Substituez.

| Le film | me
te
nous
leur | plaît. | Les concerts | me
vous
lui
leur | plaisent. |

F. Répondez selon les modèles.

Pierre aime l'artiste?

Oui, l'artiste lui plaît.

Vous aimez les concerts?

Oui, les concerts nous plaisent.

1. Marie aime le monument?   2. Les enfants aiment le jardin?   3. Tu aimes le disque?   4. Vous aimez ce journal?   5. Elle aime les photos? 6. Ils aiment les homards?   7. Tu aimes les robes noires?   8. Vous aimez les plages?

Note
grammaticale

The verbs *plaire* (to please, to be pleasing) and *se taire* (to be quiet) are conjugated similarly.

plaire	*se taire*
je plais	je me tais
tu plais	tu te tais
il	il
elle } plaît	elle } se tait
on	on
nous plaisons	nous nous taisons
vous plaisez	vous vous taisez
ils	ils
elles } plaisent	elles } se taisent

Note that there is a circumflex on the *i* in the third person singular form of *plaire* but not on *se taire*.

Plaire may be used in place of *aimer*. Note the use of the indirect object in French where a direct object would be used in English.

> Paris me plaît. *Paris pleases me. Paris is pleasing to me.*
> Les livres lui plaisent. *The books please him.*

Exercices   *A. Rewrite the following sentences, putting the verbs in the plural.*

1. Il plaît à tout le monde.
2. Elle se tait pendant le spectacle.
3. Je me tais maintenant.
4. Tu plais à Georges.

B. Rewrite the following sentences, putting the verbs in the singular.

1. Ces livres plaisent à Jean.
2. Elles me plaisent.
3. Nous nous taisons maintenant.
4. Vous vous taisez pendant le concert.

SONS ET SYMBOLES

The consonant t

t = t		*t = s*	*th*
tu	photo	conversation	théâtre
trop	petit	pollution	thé
tour	culture	population	amphithéâtre
travailler	rester	station	esthétique
technique	content	obligation	mythique
très	habitant	circulation	mythe
train	industrie	destination	rythmique

La Maison Internationale de la Cité Universitaire

Robert Rapelye from EPA

Conversation

DANS LA RÉSIDENCE

Pierre: Réveille-toi! Il est tard.

André: Je ne veux pas me lever. J'ai sommeil.

Pierre: C'est parce que tu te couches très tard. La nuit ça ne te plaît pas de dormir, mais le matin c'est évidemment autre chose.

autre chose *another thing*

André: Oh, tais-toi! Oh, tu as raison, Pierre. Je deviens paresseux le matin. Quelle heure est-il?

Pierre: Il est huit heures et demie et à neuf heures les classes commencent. Alors, il faut te dépêcher.

André: Je dois me laver, m'habiller, me brosser les dents et me peigner très vite. Je ne vais pas me raser ce matin.

cantine *dining hall*

Pierre: Bon. Je vais à la cantine.

pour moi *for me*

André: Retiens une place pour moi. Je dois boire une tasse de café ou je vais m'endormir en classe.

Pierre: À bientôt, André.

Exercices

A.   Answer the following questions.

1. Qu'est-ce que Pierre dit à André de faire?
2. André veut-il se lever?
3. Pourquoi a-t-il sommeil?
4. Est-ce que ça lui plaît de dormir?
5. Devient-il paresseux le matin?
6. Quelle heure est-il?
7. À quelle heure commencent les classes?
8. Faut-il se dépêcher?
9. Qu'est-ce qu'André doit faire?
10. Va-t-il se raser ce matin?
11. Est-ce que Pierre va retenir une place à la cantine pour André?
12. Pourquoi André doit-il boire une tasse de café?

B.   Describe your morning, using the following expressions.

se réveiller, se lever, se laver, se raser, se peigner, s'habiller, prendre le petit déjeuner, boire du café, devoir se dépêcher, assister au cours

Lecture culturelle

LA FRANCE S'AMÉRICANISE

« Ah, mon cher monsieur, me dit le marchand de journaux, la France est bien malade. C'est triste à dire, mais les gens s'américanisent de plus en plus. Tenez, les jeunes par exemple, avec leurs blue-jean délavés, leurs tee-shirts ridicules aux couleurs de diverses universités américaines, leur coca-cola, leur chewing-gum, leurs juke-boxes! Et il n'y a pas que les jeunes. Venez voir! » Il se lève, m'entraîne à la porte de son magasin, s'y arrête, et me montre du doigt un grand bâtiment neuf qui se dresse de l'autre côté de la rue. « Regardez ça! Oui, ça! Ce grand building, là! Vous le voyez? Vous savez ce qu'ils vont en faire? Un supermarché avec trois self-services. Il vaut mieux voir ça qu'être aveugle, mais c'est quand même malheureux. C'est comme à Paris; on ne voit plus que ça: des self-services, des snack-bars, des drugstores où on mange des hot dogs, des hamburgers, des sandwiches tout préparés! Quand je pense qu'il y a des gens qui mangent ça.... Ça leur plaît même énormément ces saletés-là! La preuve, c'est que McDonald's vient s'installer à Paris. Quand je vous dis que nous devenons américains. Et le plus grave, c'est que les gens ne s'en aperçoivent même pas. Ils ne se rendent pas compte de ce qui se passe. Ah, on se demande où on va! » Il se tait un moment puis se dirige lentement vers son comptoir où il s'appuie d'un air profondément découragé en me demandant: « Qu'est-ce que vous pensez de tout ça, mon pauvre monsieur? » Je hausse les épaules et je réponds « Eh oui, évidemment! » d'un air aussi découragé que le sien. Car je sais parfaitement que mon marchand de journaux fume constamment des cigarettes américaines, qu'il boit du whisky quand l'occasion s'en présente, qu'il fait du camping pendant les vacances, qu'il regarde religieusement les matches de football à la télévision, qu'il joue fréquemment au bowling avec ses amis, qu'il possède un break 504 dont il s'enorgueillit, et que son cousin, qu'il admire, le reçoit dans un appartement de grand standing abondamment fourni en gadgets de toutes sortes qu'il admire aussi. Tout cela est peut-être une forme d'américanisation de la vie courante, mais d'une part mon marchand de journaux y participe comme tout le monde et cela ne lui déplaît apparemment pas, et d'autre part cette américanisation me semble bien superficielle. On peut tout au plus observer une lente adaptation aux nouvelles conditions économiques et aux impératifs de la vie moderne; il est exagéré, me semble-t-il, d'attribuer systématiquement tous ces changements à une influence

il ... que it is not only

m'entraîne drags me

se dresse rises up

ça that

quand même just the same

malheureux unfortunate

tout préparés ready made

saletés filth

preuve proof

le plus the most

s'en aperçoivent realize it

le sien his

s'en présente presents itself

break 504 station wagon

s'enorgueillit boasts

de grand standing luxury

d'une part ... d'autre part on the one hand ... on the other hand

tout au plus at the most

recouvrent *represent*
ne rien dire *to say nothing*

salue *address*
désinvolte *casual*

américaine. De plus, il y a une façon bien française de déguster le coca-cola, et les mêmes mots ne recouvrent pas la même réalité de chaque côté de l'Atlantique.

Il vaut mieux ne rien dire à mon marchand de journaux, qui a d'ailleurs l'air de se calmer et va derrière son comptoir. Je m'abstiens donc de tout commentaire et feuillette négligemment une revue avant de lui déclarer que je dois m'en aller (je suis invité à un cocktail) et je le salue prudemment d'un « Au revoir, monsieur » bien français, et non du « Bye, bye » un peu désinvolte que l'on emploie parfois si l'on ne veut pas dire « Ciao » !

Compréhension

A. *Répondez.*

1. Selon le marchand de journaux, pourquoi la France est-elle bien malade?
2. Qu'est-ce que les jeunes portent?
3. Qu'est-ce qu'ils boivent?
4. Qu'est-ce que le marchand montre du doigt au narrateur?
5. Qu'est-ce qu'on va faire de ce building?
6. Qu'est-ce qu'on voit à Paris qui indique l'américanisation?
7. Est-ce que les Français aiment les hot dogs, les hamburgers?
8. Qu'est-ce que le marchand en pense?
9. Quelle est la preuve que les Français aiment ces choses?
10. Est-ce que les gens se rendent compte de ce qui se passe?
11. Où s'appuie le marchand?
12. Qu'est-ce que le narrateur pense de l'attitude du marchand?
13. Le marchand est-il américanisé? Comment?
14. Qu'est-ce qu'il fume?
15. Qu'est-ce qu'il boit?
16. Qu'est-ce qu'il regarde à la télévision?
17. Comment est l'appartement de son cousin?
18. Est-ce qu'il participe à l'américanisation?
19. Faut-il attribuer tous ces changements à une influence américaine?
20. Est-ce qu'un Français déguste le coca-cola d'une façon différente des Américains?
21. Est-ce que le narrateur dit au marchand ce qu'il pense?

Thèmes de discussion

1. Quels sont les exemples de l'américanisation en France?
2. Comment le marchand de journaux est-il américanisé? En est-il conscient?

Thème de composition

Écrivez un dialogue entre deux personnes au sujet de l'américanisation en France. L'une des personnes est américanisée mais il critique les gens qui le sont.

ONZIÈME LEÇON

Vocabulaire

1.   L'homme est chez le coiffeur.
Il est dans un fauteuil.
Il a une raie à droite.
Le coiffeur lui coupe les cheveux.
Il va lui tailler la moustache aussi.
2.   Les gens s'asseyent sur l'herbe.
Ils se reposent.
Il y a une chaise sur l'herbe.
Une femme vient de couper le gâteau
en morceaux.
Elle mange du pain avec du miel.
D'autres personnes se promènent le
long du lac.
Il y a du bois près du lac.

3.   Il pleut à verse.
Marie porte un imperméable.
Elle porte un parapluie.
Elle regarde sa montre.
Pierre n'a pas de parapluie.
Il est mouillé.
On peut voir le clocher de l'église
au fond.
4.   Les gens grimpent sur les
collines.
Il y a des gorges profondes.
5.   Les vaches paissent dans les prés.
Ayant du bétail, le fermier fait de
l'élevage.
Il gagne sa vie en faisant de l'élevage.
Il y a des fleurs partout.

la coupe   *l'action de couper*
la colline   *une petite montagne*
la naissance   *le fait de naître, le commencement de la vie, d'une idée, etc.*
la course   *le trajet*
l'aîné, —e (m. and f.)   *le (la) plus âgé(e) des enfants de la famille*
le cadet, la cadette   *le (la) plus jeune des enfants de la famille*
l'artisan, —e (m. and f.)   *une personne qui fait un travail manuel*
    L'artisan fait des objets en bois.
demeurer   *rester longtemps dans un lieu (une place)*
marcher   *fonctionner*
s'élargir   *devenir plus large*
réussir   *le contraire d'*échouer; *accomplir, arriver à faire quelque chose*
    Je réussis à mes examens.
    Je réussis à faire ce travail.
court, —e   *le contraire de* long
propre   *qui est d'une manière exclusive à une personne ou à un groupe;*
    (own)
    C'est ma propre maison.
doux, douce   *le contraire de* fort *(mild)*
    Le fromage est très doux.
carré, —e   *qui a les quatre côtés égaux:*   ☐

la prairie	présenter	impressionnant, —e
le plateau	distribuer	crémeux, crémeuse
la gorge	proposer	particulier, particulière
la coopérative	se reposer	suffisamment
le secret	skier	simple
la fabrication	fabriquer	à présent
le sommet	permettre	fabriqué, —e
la base	se retirer	
le dôme		
la production		
la provision		
la pipe		
le microscope		
le reste		

Editorial Photocolor Archives (EPA)

Les vaches paissent dans les prés du Jura.

Pratique orale

A. *Répondez.*

1. Où est-ce que l'homme a une raie?
2. Est-ce que le coiffeur lui coupe les cheveux?
3. Qu'est-ce qu'il va lui tailler?
4. Où est-ce que les gens s'asseyent?
5. Qu'est-ce qu'une femme vient de couper?
6. Qu'est-ce qu'elle mange?
7. Où se promènent d'autres personnes?
8. Qu'est-ce qu'il y a près du lac?
9. Quel temps fait-il?
10. Que porte Marie?
11. Qu'est-ce qu'elle regarde?
12. Pourquoi est-ce que Pierre est mouillé?
13. Qu'est-ce qu'on peut voir au fond?
14. Où grimpent les gens?
15. Où paissent les vaches?
16. Comment le fermier gagne-t-il sa vie?
17. Qu'est-ce qu'il y a partout?
18. Réussissez-vous à vos examens de français?

Exercices

A. *Complete the sentences with an appropriate word.*

1. Une _____ est une petite montagne.
2. La machine à tisser fonctionne bien. Elle _____ bien.
3. C'est mon livre. C'est mon _____ livre.
4. Les touristes se _____ le long des quais de la Seine.
5. L'_____ fabrique des objets en bois.
6. Je _____ ma vie en travaillant.
7. L'_____ est verte en été.
8. Pour savoir l'heure, elle regarde sa _____.
9. On construit cette maison en _____, pas en pierre.
10. Il _____. Alors, Pierre porte un _____ et un imperméable.
11. Le coiffeur lui _____ la moustache.
12. Les vaches _____ dans les prés.

B. *Give the opposite of each of the following.*

1. long
2. le cadet
3. diminuer
4. échouer

Structure

THE PRESENT TENSE OF THE VERB **S'ASSEOIR**

Pratique orale

A. Répétez.

Vous asseyez-vous à table?

Oui, nous nous asseyons à table.

T'assieds-tu chez le coiffeur?

Oui, je m'assieds chez le coiffeur.

B. Répondez.

1. Est-ce que vous vous asseyez au cinéma?   2. Vous asseyez-vous avec vos amis?   3. Vous asseyez-vous sur l'herbe?   4. Est-ce que tu t'assieds dans la bibliothèque?   5. T'assieds-tu pour étudier?   6. T'assieds-tu sur la chaise?

C. Répondez.

1. Est-ce que les ouvriers s'asseyent?   2. S'asseyent-ils dans l'atelier?
3. Est-ce que les hôtesses s'asseyent dans l'avion?   4. Est-ce que Marie s'assied à table?   5. S'assied-elle sur le lit?

D. Demandez.

1. Demandez à un ami s'il s'assied près de son amie.   2. Demandez à un ami s'il s'assied chez le coiffeur.   3. Demandez à deux amis s'ils s'asseyent sur l'herbe.   4. Demandez à deux amies si elles s'asseyent dans le fauteuil.

Note grammaticale

The reflexive verb *s'asseoir* (to sit down) is irregular. Study the following forms.

present

je m'assieds	nous nous asseyons
tu t'assieds	vous vous asseyez
il	ils
elle } s'assied	elles } s'asseyent
on	

imperative

Assieds-toi!

Asseyons-nous!

Asseyez-vous!

Exercice *A. Complete the following with the correct form of the verb* s'asseoir.

1. Nous _____ près de l'église.
2. Elles _____ dans l'avion.
3. Je _____ sur la chaise.
4. Il _____ dans l'atelier.
5. Tu _____ sur la colline.
6. Nous _____ sur l'herbe en été.
7. Nous allons _____ maintenant.
8. _____-toi!

THE PRESENT TENSE OF THE VERB **PLEUVOIR**

Pratique orale *A. Répétez.*

Il pleut à verse.
Quand il pleut, nous sommes mouillés.
Il va pleuvoir demain.

B. Répondez.

1. Pleut-il maintenant?   2. Pleut-il à verse?   3. Pleut-il dans ce pays?
4. Pleut-il souvent?   5. Portez-vous un parapluie quand il pleut?   6. Portez-vous un imperméable quand il pleut?   7. Es-tu mouillé quand il pleut?
8. Va-t-il pleuvoir demain?   9. Va-t-il pleuvoir beaucoup?

Note grammaticale   The verb *pleuvoir* (to be raining) is an irregular verb with only one form in the present tense: *il pleut.*

COMPARISON OF ADJECTIVES AND ADVERBS

Comparative

Pratique orale *A. Répétez.*

Ce fromage-ci est plus crémeux que ce fromage-là.
Le miel est aussi doux que le sucre.
La France est moins grande que les États-Unis.

Marie apprend plus facilement que Pierre.
Jacques parle aussi vite qu'André.
Anne répond moins précisément que Suzanne.

B. Substituez.

Le cheval est plus	grand fort petit	que la vache.

Marie parle aussi	vite intelligemment précisément	que Pierre.

C.   Répondez selon l'indication.

1. Quelle ville est plus grande que Lyon?   *New York*   2. Quelle province est plus pluvieuse que la Provence?   *La Bretagne*   3. Qui est plus jeune qu'André?   *Pierre*   4. Qui parle plus vite que Suzanne?   *Hélène*   5. Quelle fille est aussi forte que Janine?   *Lisette*   6. Qui est aussi intelligent que Babeth?   *Pierre*   7. Qui travaille aussi patiemment que cet ouvrier?   *Monsieur Dubois*   8. Quelle femme parle aussi précisément que le professeur?   *Madame Dupont*   9. Quelle fille est moins grande que Marie?   *Anne*   10. Quel garçon est moins triste que Pierre?   *André*   11. Qui répond moins rapidement que Jean?   *Claude*   12. Qui travaille moins patiemment que Janine?   *Suzanne*

Superlative

A.   Répétez.

Cette montagne est la plus haute du pays.
Ces filles sont les moins fortes de la classe.

Pierre est le garçon le plus intelligent de la classe.
Pierre est le plus grand garçon de la classe.

Anne est la fille la plus intelligente de la classe.
C'est la moins petite chaise de la classe.

B.   Substituez.

Pierre est le garçon le plus	fort / intelligent / intéressant	du groupe.

Ce sont les plus	jolies / petites / grandes	chaises de la classe.

Il parle le plus	rapidement / sérieusement / fréquemment	de tous.

Elle travaille le moins	vite / rapidement / patiemment	de toutes.

C.   Répondez selon les modèles.

Est-ce que Pierre est intelligent?
Oui, c'est le garçon le plus intelligent de la classe.

1. Est-ce que Pierre est intéressant?   2. Est-ce que Marie est intelligente?
3. Est-ce que Pierre et André sont sympathiques?   4. Est-ce que Denise et Suzanne sont agréables?

Est-ce que Marie est jolie?
Oui, c'est la plus jolie fille de la classe.

1. Est-ce que la chaise est petite?   2. Est-ce que le fauteuil est grand?
3. Est-ce que les garçons sont beaux?   4. Est-ce que les filles sont gentilles?

D.   *Répondez selon les modèles.*

>   On dit que Paul n'est pas grand.
>   Oui, c'est le moins grand garçon de tous.
>   On dit que Marie n'est pas intéressante.
>   Oui, c'est la fille la moins intéressante de toutes.

1. On dit que Georges n'est pas fort.   2. On dit qu'André n'est pas gentil.
3. On dit que Jacques et Roger ne sont pas sympathiques.   4. On dit que
Marie n'est pas petite.   5. On dit que Babeth n'est pas jolie.   6. On dit
que Suzanne et Anne ne sont pas sympathiques.

E.   *Répondez selon le modèle.*

>   Pierre parle lentement.
>   Oui, il parle le plus lentement.
>   Non, il parle le moins lentement.

1. Anne parle rapidement.   2. Pierre étudie sérieusement.   3. Suzanne
répond fréquemment.   4. André travaille patiemment.

Note grammaticale

To form the comparative, *plus* (more), *aussi* (as), or *moins* (less) are placed before the adjective or adverb and *que* follows.

>   plus . . . que   *more . . . than*
>>   Cet imperméable est plus beau que l'autre.
>>   Il parle plus vite que Pierre.

>   aussi . . . que   *as . . . as*
>>   Elle est aussi belle que Marie.
>>   Il parle aussi rapidement que Pierre.

>   moins . . . que   *less . . . than*
>>   La colline est moins haute que la montagne.
>>   Il parle moins vite que Pierre.

In negative sentences *aussi* becomes *si.*

>   Il est aussi gentil que son frère.
>   Il n'est pas si gentil que son frère.

Plus and *moins* do not change in negative sentences.

>   Elle n'est pas plus grande que Pierre.
>   Il ne parle pas moins vite que Marie.

The superlative (most, –est) is formed by adding the definite articles *le, la,* or *les* to *plus* or *moins* plus the adjective. If the adjective normally precedes the noun, the superlative also precedes the noun. If the adjective normally follows the noun, the superlative also follows. Note the preposition *de* to express "in."

>   C'est la plus petite chaise de la classe.
>   C'est le moins grand fauteuil de la classe.
>   Hélène est la fille la plus intelligente de la classe.
>   Paul est le garçon le moins sérieux de la classe.

Exercices   *A.   Follow the example.*

>   Ce livre est joli.
>   Ce livre est plus joli que le premier.
>   Il est aussi joli que le deuxième.
>   Il est moins joli que le troisième.
>   Le troisième est le plus joli de tous.

1.   Ce tablier est joli.
2.   Cette montagne est haute.
3.   Pierre parle vite.
4.   Anne parle profondément.

B.   Rewrite the following sentences in the negative.

1.   Elle parle moins vite que son frère.
2.   Cette herbe est plus verte que l'autre.
3.   Ces plateaux-ci sont aussi hauts que ces plateaux-là.
4.   Ce gâteau-ci est moins grand que ce gâteau-là.

VENIR DE PLUS THE INFINITIVE

Pratique orale   *A.   Répétez.*

Elle vient d'arriver.
Je viens de le voir.
Nous venons de manger.

B.   Imitez le modèle.

>   Mangez-vous?
>   Non, je viens de manger.

1. S'en va-t-il?   2. Voit-elle le film?   3. Achètent-ils les imperméables?
4. Les gens arrivent-ils?   5. Étudiez-vous?   6. Mangez-vous?
7. Vous peignez-vous?

Note grammaticale   The present tense of *venir de* plus the infinitive means "to have just (done something)."

>   Nous venons de manger. We have just eaten.
>   Elle vient d'arriver. She has just arrived.

Exercice   *A.   Translate the following sentences into French.*

1.   He has just left.
2.   We have just drunk the milk.
3.   The passengers have just gotten off the plane.
4.   You have just climbed the hill.
5.   I have just eaten.
6.   You (*plural*) have just arrived.

THE PRESENT PARTICIPLE

Pratique orale   *A.   Répétez.*

Il dit « au revoir » en partant.
Il travaille en regardant la télévision.

B. *Substituez.*

$$
\text{Il dit « merci » en} \left|
\begin{array}{l}
\text{partant.} \\
\text{sortant.} \\
\text{entrant.} \\
\text{arrivant.}
\end{array}
\right.
$$

$$
\text{En partant, il} \left|
\begin{array}{l}
\text{dit « au revoir ».} \\
\text{dit « merci ».} \\
\text{dit: « Je vais revenir bientôt. »}
\end{array}
\right.
$$

C. *Répondez.*

1. Dites-vous « bonjour » en entrant?   2. Dites-vous « au revoir » en partant?   3. Fumez-vous en étudiant?   4. Parlez-vous en regardant la télévision?   5. Discutez-vous en jouant aux cartes?   6. Réussissez-vous en travaillant?   7. Lisez-vous en regardant la télévision?   8. Avez-vous sommeil en vous réveillant?

Note grammaticale

The present participle is formed by dropping the *–ons* ending from the first person plural of the present tense and adding *–ant*.

nous parlons	parlant
nous finissons	finissant
nous vendons	vendant
nous prenons	prenant

The present participles of *avoir*, *être*, and *savoir* are irregular.

avoir	ayant
être	étant
savoir	sachant

The present participle is mainly used after the preposition *en* to express an action that takes place at the same time as that of the principal verb.

On apprend en étudiant.
One learns by studying.

Je travaille en regardant la télévision.
I work while watching television.

En partant, il dit « au revoir ».
Upon leaving, he says "goodbye."

Exercices

A. *Combine each pair of sentences according to the model.*

Il apprend. Il étudie.
Il apprend en étudiant.

1. Il feuillette une revue. Il regarde la télévision.
2. Vous vous reposez. Vous écoutez les disques.
3. Je dis « bonjour ». J'entre dans la salle.
4. Nous apprenons. Nous travaillons.

B.   *Follow the example.*

> J'ai des vaches. Je vends du lait.
> Ayant des vaches, je vends du lait.

1.   Elle a du bétail. Elle fait de l'élevage.
2.   Il est en bonne forme. Il joue au tennis.
3.   Il sait la leçon. Il ne va pas échouer à l'examen.

C.   *Follow the example.*

> Quand il entre, il dit « bonjour ».
> En entrant, il dit « bonjour ».

1.   Quand il entre, il rit.
2.   Quand il part, il dit « au revoir ».
3.   Quand il travaille, il réussit.
4.   Quand il a faim, il mange.

SONS ET SYMBOLES

qu = k	*j*	*v*	*f*	*ph*
que	je	vert	faire	philosophie
quel	journée	vendre	forêt	photo
quai	jardin	venir	fromage	phrase
quinze	jeter	vie	fier	physique
qui	jeudi	verre	fleur	
quand	jeune	viande	facile	
quelques	joli	vieux	faim	
qualité	jour	ville	famille	
	juin			

Une vue du Jura

Editorial Photocolor Archives (EPA)

Conversation

CHEZ LE COIFFEUR

Coiffeur:	Bonjour, Monsieur Leclerc. Comment allez-vous?
M. Leclerc:	Ça va bien, mais il pleut à verse et je suis tout mouillé.
Coiffeur:	Donnez votre imperméable et votre parapluie à l'employé et asseyez-vous dans ce fauteuil en attendant.

Plus tard

M. Leclerc:	Veuillez me couper les cheveux.
Coiffeur:	À la tondeuse?
M. Leclerc:	Bon, et laissez les favoris un peu plus longs que la dernière fois.
Coiffeur:	C'est bien ainsi?
M. Leclerc:	Un peu plus courts sur les côtés, s'il vous plaît. Et faites-moi une raie à droite.
Coiffeur:	Je vous rase et je vous taille la moustache?
M. Leclerc:	Oui, monsieur.
Coiffeur:	Je viens de faire une coupe élégante, n'est-ce pas?
M. Leclerc:	Oui, c'est très bien. Merci, monsieur.

Veuillez *Please*
À la tondeuse *with clippers*
favoris *sideburns*

Une église dans le Jura   *French Embassy Press and Information Division*

Exercice   *A.   Answer the following questions.*

1. Où est Monsieur Leclerc?
2. Quel temps fait-il?
3. À qui M. Leclerc donne-t-il son imperméable et son parapluie?
4. Où s'assied-il?
5. Est-ce que le coiffeur lui coupe les cheveux?
6. Comment est-ce que Monsieur Leclerc veut les favoris?
7. Où veut-il la raie?
8. Est-ce que le coiffeur le rase et lui taille la moustache?
9. Vient-il de faire une coupe élégante?
10. Est-ce que la coupe plaît à Monsieur Leclerc?

Un vieil horloger

Lecture culturelle

LETTRE D'UN PAYSAN DU JURA

jurassien *from the Jura region*

se succèdent *follow one another*

monts escarpés *steep (cragged) hills*

vals *valleys, dales*

scieries *sawmills*

En vérité *In truth*

cave d'affinage *ripening cellar*

dévoiler *reveal*

de toute façon *in any case*

foisonnent *abound*

cité lacustre *lake village*

volontiers *willingly, gladly*

source *spring*

aperçoit *notices*

serré *closed in*

assez peu *rather little*

apiculture *beekeeping*

acacia *locust tree*

horloger *clockmaker*

est assis *is seated*

lunettes *telescopes*

lentilles *lenses*

Je m'appelle Gérard; je suis jurassien. Mon pays natal est ici, dans nos montagnes, et j'y demeure depuis toujours. Je veux vous présenter ma région.

J'habite dans l'est du Jura, un pays où se succèdent les monts escarpés, les vals et les collines rondes et vertes. Mon frère habite dans les prairies sur les hauts plateaux qui sont séparés par des gorges profondes. Les gorges de Gargantua, par exemple, qu'elles sont impressionnantes! Elles ont l'air d'un immense morceau de gâteau blanc qu'on vient de couper!

Il y a aussi beaucoup de forêts par ici, aux couleurs sombres et profondes. Car il pleut juste assez dans la région; c'est pourquoi l'herbe et les forêts sont plus vertes qu'ailleurs. Les scieries sont nombreuses et l'industrie du bois ne semble pas mal marcher. Mais ayant du bétail je fais de l'élevage. Mes vaches paissent dans les prés et avec leur lait je fais du fromage. En vérité je vends une partie du lait à une coopérative qui distribue ses produits laitiers dans toute la France et dans toute l'Europe. Avec le reste du lait je fais mes propres fromages, car j'ai une cave d'affinage et j'en suis assez fier! Mais je ne vais pas vous dévoiler mes secrets de fabrication. Les fromages du Jura sont de toute façon les plus doux et les plus crémeux des fromages.

Lorsque j'ai quelques loisirs j'aime aller à la pêche dans les lacs qui foisonnent dans la région et qui recouvrent très souvent une ancienne cité lacustre. Ou bien je propose à ma femme: « Nous promenons-nous? » et comme elle accepte volontiers, nous grimpons alors dans la montagne jusqu'à la naissance d'une source. Nous nous asseyons et nous nous reposons de notre course. Des sommets, on aperçoit toujours un village bien serré autour de l'église au clocher si particulier. Car il faut vous dire que nos clochers ne ressemblent pas à tous les autres! Ils sont la plupart du temps carrés à la base et s'élargissent ensuite en dôme.

L'une des activités assez peu connues de notre région est l'apiculture et la production du miel. Les gens des villes apprécient énormément nos miels de fleurs des champs, d'acacia ou de sapin lorsqu'ils viennent l'hiver pour skier dans nos petites stations. Ne s'en vont-ils pas ensuite chez eux avec des provisions de miel?

J'ai deux fils, mais ils habitent en ville, l'un à Saint-Claude, la capitale des pipes, l'autre à Morez. Ils aiment mieux les choses techniques. Ainsi l'aîné est horloger et il a un petit atelier. Le cadet travaille dans une usine où il est assis toute la journée, fabriquant des lunettes, des lentilles de toutes sortes et des microscopes. Je suis heureux car ils réussissent dans leur métier et ils ne sont pas obligés de quitter leur pays pour gagner leur vie ailleurs.

Nous sommes peut-être moins riches que certains, mais la région offre suffisamment de ressources naturelles pour nous permettre d'être prospères et heureux. Et la beauté simple de nos petites montagnes semble attirer beaucoup les touristes. Je viens de me retirer et je travaille moins à présent. Alors si vous passez nous rendre visite un jour, venez donc vous asseoir à la maison et déguster mes fromages avec le vin du pays! Pourquoi ne pas remporter aussi une montre ou un coucou fabriqués par l'un de nos artisans?

Pourquoi ne pas remporter *Why not bring back* coucou *cuckoo-clock*

Compréhension

A. Répondez.

1.   Où habite Gérard?
2.   Comment sont les montagnes?
3.   À quoi ressemblent-elles?
4.   Où habite le frère de Gérard?
5.   À quoi les gorges ressemblent-elles?
6.   Pleut-il beaucoup dans la région?
7.   Pourquoi l'herbe et les forêts sont-elles plus vertes qu'ailleurs?
8.   Qu'est-ce qui est nombreux dans cette région?
9.   Ayant du bétail, que fait Gérard?
10. Avec quoi fait-il du fromage?
11. Où vend-il une partie du lait?
12. Que fait-il avec le reste du lait?
13. Comment sont les fromages du Jura?
14. Où va Gérard quand il va à la pêche?
15. Qu'est-ce qu'on aperçoit des sommets des montagnes?
16. Comment sont les clochers?
17. Quelle est une des activités assez peu connues de la région?
18. Où habitent les fils de Gérard?
19. Quelle est la profession de l'aîné?
20. Que fabrique le plus jeune?
21. Pourquoi est-ce que Gérard est content?
22. Qu'est-ce que la région offre pour leur permettre d'être prospères et heureux?
23. Qu'est-ce qui attire les touristes?
24. Qu'est-ce que le narrateur nous invite à faire?

Thème de discussion

Quelles industries est-ce qu'on trouve dans le Jura? Décrivez le paysage dans le Jura.

Thèmes de composition

1.   Écrivez un dialogue entre un homme et le coiffeur.
2.   Décrivez une région des États-Unis qui vous plaît. Décrivez le paysage, l'industrie, les gens. Essayez d'attirer d'autres personnes à cette région.

DOUZIÈME
LEÇON

Vocabulaire

1.   Les gens assistent à une pièce.
Ils sont au théâtre.
Ils ont des fauteuils au balcon.
Les acteurs et les actrices jouent bien.
2.   Il y a des nuages dans le ciel.
Les spectateurs regardent la course cycliste.
Ils ont dénoué leur cravate.
Ils ont enlevé leur veste.
Ils ont roulé les manches de leur chemise.
Ils applaudissent le coureur.
Quelques spectateurs tendent le cou pour mieux voir.
Le coureur a le dos courbé.
Il est penché sur le guidon.
Il porte un maillot jaune.
Il roule à toute vitesse.
C'est l'arrivée de la course.
On annonce les résultats au haut-parleur.

3.   Les gens sont à la campagne.
Ils font du camping.
Ils ont des sacs de couchage.
Un garçon étend une nappe sur
l'herbe.
Il a un poste à transistors.
Il n'y a pas de vin dans la bouteille.
La bouteille est vide.
La fille mange une glace.
Les oiseaux chantent.

4.   Le ciel est bleu.
Les enfants sont en maillots de bain.
Ils portent des casquettes.
Ils jouent au ballon.
Il y a de la poussière.
Les hommes jouent aux boules.

5.   Le gendarme est casqué et botté.
Il y a des voitures et des camionnettes
sur la route.
Il y a des affiches sur les
camionnettes.
Il y a des étoiles au ciel.

le bureau de location   *le bureau où l'on prend des billets*

l'entracte (m.)   *l'intervalle qui sépare les parties ou les actes d'un spectacle ou d'une pièce*

meilleur, —e   *de qualité supérieure, le comparatif de* bon

le jeu, les jeux   *la récréation, l'amusement*

Il y a des gens qui aiment les jeux de cartes.

la moto   *la motocyclette*

le visage   *la figure*

il s'agit de   *c'est une question de*

amener   *conduire quelqu'un à un endroit ou chez quelqu'un*

fermer   *le contraire d'*ouvrir

arrêter   *cesser, retarder*

Il arrête de travailler.

Il arrête les voitures.

se précipiter   *se dépêcher*

laisser   *abandonner*

Il laisse les livres sur la table.

apparaître   *devenir visible, se présenter* (conjugated like *connaître*)

reprendre   *recommencer*

au bord de   *sur le côté*

hier   *le jour avant aujourd'hui*

Le Tour de France   *Bernard Vidal from EPA*

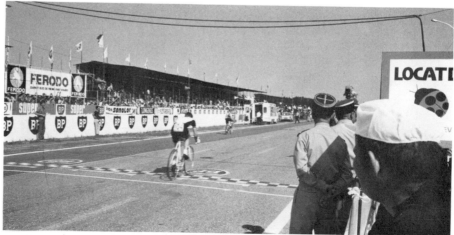

l'acteur (m.)

l'actrice (f.)

le rôle

le balcon

l'orchestre (m.)

la nationalité

l'itinéraire (m.)

le prince

le classement

la compagnie

le passage

le transistor

la tente

la satisfaction

l'équipement (m.)

le short

l'enchantement (m.)

la caravane

la file

la musique

le mérite

le superlatif

le papier

les parents (m.)

l'assaut (m.)

le silence

l'applaudissement (m.)

la résistance

le punch

la position

la radio

l'ambulance (f.)

la discussion

le commentaire

le reportage

le mètre

établir

abandonner

pique-niquer

avancer

s'approcher

installer

escorter

commenter

exagérer

remarquer

diffuser

à l'avance

publicitaire

partiellement

précédé, –e

véritable

ambulant, –e

interminablement

terminé, –e

Pratique orale

A. *Répondez.*

1. Les gens assistent-ils à une pièce?
2. Qu'est-ce qu'il y a dans le ciel?
3. Qu'est-ce que les spectateurs regardent?
4. Qu'est-ce qu'ils ont dénoué?
5. Qu'est-ce qu'ils ont enlevé?
6. Que font quelques spectateurs pour mieux voir?
7. Comment est le dos du coureur?
8. Que porte-t-il?
9. Comment roule-t-il?
10. Qu'est-ce qu'on annonce au haut-parleur?
11. Que font les gens à la campagne?
12. Qu'est-ce qu'ils ont?
13. Qu'est-ce qu'un garçon étend?
14. Qu'est-ce qui chante?
15. Que portent les enfants?
16. À quoi jouent-ils?
17. À quoi jouent les hommes?
18. Comment est le gendarme?
19. Qu'est-ce qu'il y a sur les camionnettes?

Exercices

A. *Complete each sentence with an appropriate word.*

1. On prend des billets de théâtre au _____.
2. Pendant l'_____ les acteurs ne jouent pas.
3. J'aime les _____ de cartes.
4. Il _____ l'enfant au cinéma.
5. Je vais _____ mes livres ici car je ne les veux pas maintenant.
6. Soudain un homme _____ sur la scène.

7. Il n'y a pas de vin dans la bouteille. La bouteille est _____.
8. Je ne vais pas ouvrir la porte. Je vais la _____.
9. Les _____ de cette chemise sont longues.
10. Il y a des _____ dans le ciel. Il va pleuvoir.
11. Il s'assied dans un _____.
12. Il est penché sur le _____ de sa bicyclette.
13. Les spectateurs disent « Bravo. » Ils _____ les acteurs à la fin de la pièce.
14. Les enfants vont dans l'eau. Ils portent des _____.
15. Il a une _____ sur la tête.
16. Je tends le _____ pour mieux voir.
17. Les gens dorment dans des _____ quand ils font du camping.
18. Le gendarme porte des bottes. Il est _____.

B. *Give a synonym for the following.*

1. cesser
2. se dépêcher
3. abandonner
4. recommencer
5. la figure

C. *Study the following verbs meaning "to leave."*

partir   to leave, to go away
            Nous partons maintenant.

sortir   to leave, to go out, to go out of a place, to come out, to go out with some-
            one, to take out
            Elle sort souvent.
            Elle sort de la chambre.
            Elle sort avec Jean.
            Elle sort du pain.

s'en aller   to leave, to go away
            Je m'en vais tout de suite.

laisser   to leave, to leave a thing or person behind
            Elle laisse le livre sur la table.
            Il laisse l'enfant au cinéma.

quitter   to leave, to leave a place or person   (*Quitter* must take a direct object.)
            Elle quitte la maison à sept heures.
            Il me quitte maintenant.

D. *Complete the following sentences, choosing the correct form of one of the*
    indicated verbs.

            Je _____ maintenant.   *quitter / partir*
            Je pars maintenant.

1. Georges _____ avec Marie.   *sortir / quitter*
2. Il _____ sa maison à neuf heures.   *laisser / quitter*
3. Elle va _____ demain matin.   *s'en aller / laisser*
4. Je _____ de Paris.   *partir / quitter*
5. Elle _____ ses livres sur la table.   *sortir / laisser*
6. Je _____ maintenant.   *quitter / s'en aller*
7. Elle _____ de la bibliothèque.   *s'en aller / sortir*
8. Je _____ New York demain.   *quitter / partir*

Structure

THE **PASSÉ COMPOSÉ** OF REGULAR VERBS

Pratique orale

A. Répétez.

J'ai regardé les oiseaux.

Tu as passé la nuit à la belle étoile.

Il a choisi une cravate.

Nous avons déjà dormi.

Vous avez attendu le train.

Ils ont étendu une nappe.

B. Substituez.

Marie a		Vous avez	
	écouté le professeur.		vendu des produits.
	apporté des provisions.		attendu longtemps.
	regardé l'affiche.		bien répondu.
	fini ses devoirs.		entendu le professeur.
	bien dormi.		descendu les valises.

C. Répondez selon les modèles.

Est-ce que Marie va regarder l'affiche?

Elle a déjà regardé l'affiche.

1. Est-ce que le gendarme va fermer les routes?   2. Est-ce que l'étudiant va enlever sa veste?   3. Est-ce que les hommes vont rouler les manches de leur chemise?   4. Vas-tu regarder les oiseaux?   5. Allez-vous appeler le gendarme?

Est-ce que Pierre va finir ses devoirs?

Il a déjà fini ses devoirs.

1. Est-ce que l'hôtesse va servir le déjeuner?   2. Est-ce que les étudiants vont finir leur travail?   3. Vas-tu dormir?   4. Vas-tu finir tes devoirs?
5. Allez-vous choisir vos livres?

Est-ce que Jean va attendre longtemps?

Il a déjà attendu longtemps.

1. Est-ce que la femme va descendre les bagages?   2. Est-ce que la jeune fille va étendre une nappe sur l'herbe?   3. Est-ce que les filles vont répondre à la question?   4. Allez-vous vendre vos livres?   5. Allez-vous entendre le professeur?

Note grammaticale   The *passé composé* (conversational past tense) is used to express a completed action in the past.

> J'ai travaillé.   *I worked (did work, have worked).*
> Avez-vous travaillé?   *Did you work?*

To form the *passé composé*, the present tense of the auxiliary verb *avoir* is added to the past participle. The past participle of *–er* verbs is formed by adding *é* to the infinitive stem. The past participle of *–ir* verbs is formed by adding *i* to the infinitive stem. The past participle of *–re* verbs is formed by adding *u* to the infinitive stem.

Study the following:

parler	*finir*	*répondre*
j'ai parlé	j'ai fini	j'ai répondu
tu as parlé	tu as fini	tu as répondu
il	il	il
elle ⎬ a parlé	elle ⎬ a fini	elle ⎬ a répondu
on	on	on
nous avons parlé	nous avons fini	nous avons répondu
vous avez parlé	vous avez fini	vous avez répondu
ils	ils	ils
elles ⎬ ont parlé	elles ⎬ ont fini	elles ⎬ ont répondu

Short adverbs precede the past participle. Most adverbs in *–ment* and all adverbs of time and place follow the past participle.

> J'ai bien dormi.
> J'ai déjà fini.
> Il a parlé longtemps.
> Nous avons répondu hier.

La Comédie Française   *Alain Keler from EPA*

Exercices　*A.　Complete the following sentences with the correct form of the* passé composé
of the indicated verb.

1.　Ils _____ les camions et les camionnettes sur la route.　*regarder*
2.　Le gouvernement _____ des liens culturels avec les pays d'un héritage linguistique et culturel français.　*créer*
3.　Nous _____ beaucoup _____ hier.　*bavarder*
4.　Elles _____ des croissants et des pains beurrés.　*commander*
5.　Il _____ le caractère du Canadien français.　*définir*
6.　J'_____ une chambre avec pension complète.　*choisir*
7.　Les enfants _____ vite _____.　*grandir*
8.　Tu _____ bien _____ à la question.　*répondre*
9.　Vous _____ des articles de haute qualité.　*vendre*
10.　On a _____ une nappe sur l'herbe.　*étendre*

B.　Rewrite the following sentences in the passé composé.

1.　La fermière vend du lait à une coopérative.
2.　Nous grimpons dans la montagne jusqu'à la naissance d'une source.
3.　Ils réussissent bien dans leur métier.
4.　Je fabrique des lunettes, des lentilles de toutes sortes et des microscopes.
5.　Les ouvriers démolissent les anciens bâtiments et ils élèvent des immeubles
modernes.
6.　Tu fermes la porte de la chambre et tu quittes la salle.
7.　Le marchand montre un grand bâtiment au touriste.
8.　Tu fournis ton appartement en gadgets de toutes sortes.
9.　Il répond d'un « Bye, bye » un peu désinvolte.
10.　Nous dormons à la belle étoile dans des sacs de couchage.

Un gendarme　　　　　　　　　　　　*Editorial Photocolor Archives (EPA)*

THE COMPARATIVE AND SUPERLATIVE OF **BON** AND **BIEN**;
DEMONSTRATIVE PRONOUNS

bon

Pratique orale

A.   Répétez.

Ce journal-ci est bon. Il est meilleur que celui-là.

Ces maillots-ci sont bons. Ils sont meilleurs que ceux-là.

Cette chemise-ci est bonne. Elle est meilleure que celle-là.

Ces glaces-ci sont bonnes. Elles sont meilleures que celles-là.

B.   Substituez.

| Ce journal Ce livre Ce maillot | est meilleur que celui-là. |

| Ces étudiants Ces enfants Ces hommes | sont meilleurs que ceux-là. |

| Cette chemise Cette pomme Cette tente | est meilleure que celle-là. |

| Ces revues Ces voitures Ces robes | sont meilleures que celles-là. |

C.   Répondez selon le modèle.

> Est-ce que ce journal-ci est meilleur que ce journal-là?
> Oui, celui-ci est meilleur.

1. Est-ce que ce coureur-ci est meilleur que ce coureur-là?   2. Est-ce que ce camion-ci est meilleur que ce camion-là?   3. Est-ce que ces produits-ci sont meilleurs que ces produits-là?   4. Est-ce que ces légumes-ci sont meilleurs que ces légumes-là?   5. Est-ce que cette chemise-ci est meilleure que cette chemise-là?   6. Est-ce que cette route-ci est meilleure que cette route-là? 7. Est-ce que ces casquettes-ci sont meilleures que ces casquettes-là?   8. Est-ce que ces robes-ci sont meilleures que ces robes-là?

D.   Répondez selon le modèle.

> Ces chemises sont bonnes?
> Oui, mais celles de Georges sont meilleures.

1. Ce chapeau est bon?   2. Ces livres sont bons?   3. Cette cravate est bonne?   4. Ces chemises sont bonnes?

E.   Répétez.

Ce coureur est le meilleur de l'équipe.

Ces magasins sont les meilleurs de la ville.

Cette fille est la meilleure de la classe.

Ces ouvrières sont les meilleures de l'usine.

F. *Répondez selon les modèles.*

>   Ce restaurant est bon?
>   Oui, c'est le meilleur de la ville.

>   Ces musées sont bons?
>   Oui, ce sont les meilleurs de la ville.

1. Cet hôtel est bon?   2. Ces restaurants sont bons?   3. Cette route est bonne?   4. Ces écoles sont bonnes?

bien

A. *Répétez.*

Jacques parle bien, mais Robert parle mieux.   Pierre travaille le mieux.
Marie danse bien, mais Anne danse mieux.   André chante le mieux.

B. *Répondez selon les modèles.*

>   Ce garçon parle bien?
>   Oui, mais celui-là parle mieux.

1. Cette fille étudie bien?   2. Ce garçon travaille bien?   3. Ces femmes parlent bien?   4. Ces hommes écoutent bien?

>   Cette fille parle bien.
>   Oui, elle parle le mieux de toute la classe.

1. Ce garçon parle bien.   2. Cette fille étudie bien.   3. Ces enfants parlent bien.   4. Ces élèves travaillent bien.

Note grammaticale

The comparative forms of the adjective *bon* and the adverb *bien* are irregular.

<table>
<tr><td></td><td colspan="2" align="center">*comparative*</td></tr>
<tr><td></td><td>*masculine*</td><td>*feminine*</td></tr>
<tr><td>bon(s), bonne(s)
(*good*)</td><td>meilleur(s) (*better*)</td><td>meilleure(s) (*better*)</td></tr>
<tr><td>bien (*well*)</td><td></td><td>mieux (*better*)</td></tr>
</table>

>   Ce coureur-ci est meilleur que ce coureur-là.
>   Ces coureurs-ci sont meilleurs que ces coureurs-là.
>   Cette chemise-ci est meilleure que cette chemise-là.
>   Ces chemises-ci sont meilleures que ces chemises-là.
>   Suzanne travaille mieux que Pierre.

The superlative forms of *bon* are *le meilleur, la meilleure, les meilleurs,* and *les meilleures.* The superlative of *bien* is invariable: *le mieux.*

>   Pierre est le meilleur du groupe.
>   Marie est la meilleure de la classe.
>   Anne parle le mieux.

The demonstrative pronouns "this one," "that one," "these," and "those" are:

	singular	*plural*
masculine	celui	ceux
feminine	celle	celles

>   J'aime la voiture de Jacques, mais celle de Pierre est meilleure.
>   J'aime les photos de Marie, mais celles de Jean sont meilleures.
>   J'aime le livre de Pierre, mais celui de Marc est meilleur.
>   J'aime les livres de Georges, mais ceux de Marie sont meilleurs.

To distinguish between "this one" and "that one" and between "these" and "those," the suffixes –*ci* (this) and –*là* (that) are added.

Ce coureur-ci est meilleur que celui-là.

Celui-ci means "the latter" and *celui-là* means "the former."

Je parle à Monsieur Dubois et à Monsieur Dupont.
Celui-ci (M. Dupont) est médecin.
Celui-là (M. Dubois) est avocat.

Demonstrative pronouns cannot stand alone and must be followed either by –*ci* or –*là*, *de*, *qui* or *que*.

Exercice   *A.   Transformez selon les modèles.*

Ce coureur est bon ?
Oui, mais celui-là est meilleur.
Celui-là est le meilleur du monde.

Ce garçon parle bien ?
Oui, mais celui-là parle mieux.
Celui-là parle le mieux du monde.

1. Cette école est bonne ?
2. Cette fille danse bien ?
3. Ces cérémonies sont bonnes ?
4. Cet artiste est bon ?
5. Cet artiste dessine bien ?
6. Ces professeurs sont bons ?

NEGATIVE FORMS OF THE **PASSÉ COMPOSÉ**

Pratique   *A.   Répétez.*
orale
Je n'ai pas trouvé le livre.
Ils n'ont pas bien répondu.
Nous n'avons pas bien dormi.

B.   Répondez au négatif.

1. Est-ce que l'hôtesse a apporté le dîner ?   2. Est-ce que le touriste a regardé l'affiche ?   3. Est-ce que les marchands ont vendu les cravates ?   4. Est-ce que les élèves ont bien répondu ?   5. Avez-vous apporté votre poste à transistors ?   6. Avez-vous attendu longtemps ?   7. Avons-nous dormi dans des sacs de couchage ?   8. Avons-nous regardé le film ?

Note   The negative of the *passé composé* is formed by adding *n'* before the auxiliary
grammaticale   verb and *pas* after it.

Pierre n'a pas acheté le livre.
Je n'ai pas bien dormi.
Elles n'ont pas attendu les clients.

Exercice   *A. Rewrite the following sentences in the* passé composé.

1. Les gens n'envahissent pas le paysage.
2. Ils ne divisent pas leurs forces.
3. Je ne dors pas dans un sac de couchage.
4. Nous ne dansons pas d'une façon rythmique.
5. Vous ne vendez pas de journaux.
6. Le gouvernement ne tourne pas le pays vers l'avenir.

INTERROGATIVE FORMS OF THE **PASSÉ COMPOSÉ** BY INVERSION

Pratique orale   *A. Répétez.*

Marie a-t-elle bien dormi?

Pierre et Georges ont-ils répondu à la question?

As-tu écouté les oiseaux?

Avez-vous trouvé votre livre?

Avons-nous fermé la porte?

B. Demandez.

1. Demandez à un ami s'il a regardé le coureur cycliste.   2. Demandez à une amie si elle a porté un maillot de bain à la plage.   3. Demandez à ce monsieur s'il a vendu sa bicyclette.   4. Demandez à cette demoiselle si elle a roulé les manches de sa chemise.   5. Demandez si Pierre a enlevé sa veste.   6. Demandez si Anne a joué au ballon.   7. Demandez si les touristes ont regardé la course.   8. Demandez si les étudiants ont bien répondu.   9. Demandez si nous avons vite fini.   10. Demandez si nous avons écouté la radio.

Note grammaticale   To form the interrogative of the *passé composé* by inversion, the subject pronoun and the auxiliary verb are inverted.

Marie a répondu.	Vous avez trouvé la clef.
Marie a-t-elle répondu?	Avez-vous trouvé la clef?
Il a vendu les livres.	Tu as bien dormi hier soir.
A-t-il vendu les livres?	As-tu bien dormi hier soir?

Est-ce que is used when the subject is *je*.

Est-ce que j'ai fini?

In the negative interrogative by inversion, *ne* is placed before the auxiliary verb or an object pronoun, and *pas* is placed after the subject pronoun.

Marie a-t-elle acheté le livre?

Marie n'a-t-elle pas acheté le livre?

Marie ne l'a-t-elle pas acheté?

Avez-vous bien dormi?

N'avez-vous pas bien dormi?

Exercice   *A. Rewrite the following sentences in the interrogative. Use inversion.*

1. Ils ont vendu les fruits et le café au marché.
2. Tu as entendu les oiseaux.
3. Vous avez trouvé des curiosités, des couvertures de toutes couleurs et des robes en coton.

4. Elle a fini de travailler après huit heures debout devant le bruit assourdissant des machines, dans l'odeur forte de la laine et de la graisse.
5. La Sécurité Sociale a remboursé les frais médicaux à 80%.
6. Nous n'avons pas assisté à un cours d'histoire.

COMPARISONS OF QUANTITY

Pratique orale   *A.   Répétez.*

Elle a plus de livres que Pierre.
J'ai autant de robes que Marie.
Il a moins d'argent que Georges.

B.   Imitez le modèle.

Pierre a des disques.   *plus*
Il a plus de disques que Jean.

1. Anne a des disques. *plus*   2. Pierre a des cravates. *moins*   3. Georges a de l'argent.   *autant*   4. Suzanne a des livres. *plus*   5. André a des maillots. *moins*   6. Paul a des photos. *autant*

Note grammaticale   Followed by a noun, *plus . . . que* becomes *plus de . . . que, aussi . . . que* becomes *autant de . . . que,* and *moins . . . que* becomes *moins de . . . que.*

Elle a plus de livres que Pierre.
J'ai autant de disques que Marie.
Il a moins d'argent que M. Dubois.

Exercice   *A.   Follow the model.*

Pierre a des livres.
Il a moins de livres que Georges.
Il a autant de livres que Marie.
Il a plus de livres que Paul.

1. Marie a des disques.
2. André a des chemises.
3. Anne a de l'argent.
4. Jacques a des cravates.

SONS ET SYMBOLES

d	*b*	*p*	*l*	*m*	*n*
de	blanc	Paris	la	miel	ne
des	beaucoup	pour	lac	mieux	nous
douze	bétail	pipe	lycée	monter	nos
demeurer	base	pauvre	leur	montagne	natal
dévoiler	bien	pêche	lait	morceau	notre
danger	billet	petit	laid	machine	naturel
dimanche	boisson	plat	langue	mais	nuit
dîner	bonjour	produit	leçon	manger	nation

Conversation

AU THÉÂTRE

Georges:	Avez-vous assisté à une bonne pièce hier soir?
Marie:	Oui, j'ai beaucoup aimé le spectacle. Les acteurs et les actrices ont très bien joué leurs rôles.
Georges:	As-tu réservé des places à l'avance au bureau de location?
Pierre:	Oui, nous avons choisi des billets au balcon. Les fauteuils d'orchestre sont meilleurs, mais les fauteuils au balcon sont moins chers et on peut voir très bien.

l'ouvreuse *usher*

Georges:	Avez-vous donné un pourboire à l'ouvreuse?
Pierre:	Oui, c'est la coutume en France.
Marie:	Pendant l'entracte nous avons rencontré André et Anne au bar à l'entresol.

entresol *mezzanine*

Georges:	Ah, comment vont-ils?
Pierre:	Très bien. Nous avons attendu nos amis après la pièce pour aller prendre un pot et bavarder un peu.

Exercice *A. Answer the following questions.*

1. Qu'est-ce que Georges demande?
2. Est-ce que Marie a aimé le spectacle?
3. Comment est-ce que les acteurs et les actrices ont joué leurs rôles?
4. Où est-ce que Pierre a réservé des places?
5. Où ont-ils choisi leurs places?
6. Quels fauteuils sont meilleurs?
7. Peut-on voir bien d'un fauteuil au balcon?
8. À qui Georges a-t-il donné un pourboire?
9. Qui est-ce que les amis ont rencontré à l'entresol?
10. Après la pièce ont-ils attendu leurs amis? Pourquoi?

Lecture culturelle

LE TOUR DE FRANCE

à laquelle *in which*

suivant *following*
étape *lap*

Le Tour de France est un des événements sportifs les plus importants de l'année, pour ne pas dire le plus important. C'est celui qui intéresse le plus grand nombre de gens. Il s'agit d'une course cycliste qui dure environ un mois, et à laquelle participent quelque deux cents coureurs de toutes nationalités. Ceux-ci parcourent une distance de deux cents à deux cent cinquante kilomètres par jour, suivant un itinéraire qui, de ville en ville, d'étape en étape, les amène à Paris au Parc des Princes. À la fin de chaque étape, on établit le classement de l'étape et le classement général. Celui qui a le meilleur temps au classement général porte un maillot de couleur jaune qu'il essaie de garder jusqu'à l'arrivée à Paris.

Nous sommes maintenant au bord de la route en compagnie d'une foule de gens qui attendent le passage des coureurs.

bas-côté *roadside*

à la belle étoile *in the open air, under the stars*
être aux premières loges *to have a front seat, to be in an excellent position*
visières de carton publicitaires *cardboard visors with advertisements*
des environs *from the outskirts*
plus une *not a single*

Ils ont tous apporté des provisions, des journaux, des jeux de cartes, des ballons, des boules, des postes à transistors, et ils ont choisi une place au bord de la route nationale. Ils ont étendu une nappe ou une couverture sur l'herbe du bas-côté, et ils ont attendu. Certains ont même passé la nuit dans leurs sacs de couchage, à la belle étoile ou sous une petite tente, à dix mètres des voitures et des camions; ils n'ont pas beaucoup dormi, mais ils ont maintenant la satisfaction d'être aux premières loges. Ils ont regardé arriver les familles avec tout leur équipement, les hommes et les femmes en shorts, les enfants en maillot de bain, portant des casquettes ou des visières de carton publicitaires. Ils ont regardé arriver les paysans des environs dans leur beau costume de dimanche, costume qu'ils ont partiellement abandonné: on a dénoué les cravates, enlevé les vestes, roulé les manches de chemises. Tout ce monde-là a peu à peu envahi le paysage. Ils ont pique-niqué au son des transistors, ils ont joué aux cartes, aux boules, et ils ont attendu. Il fait un beau soleil; le ciel est bleu, sans un nuage; on entend les oiseaux qui chantent; toute la campagne est en fête.

foire *fair*
vantent *boast*

se mêlent *mingle with*

Et puis, comme par enchantement, la circulation a cessé: plus une voiture, plus un camion. Les gendarmes ont fermé la route. Il va se passer quelque chose. Les enfants ont abandonné leurs jeux; les joueurs de cartes ont tourné leurs chaises vers la route, mais ils n'ont pas arrêté de jouer. Un motard, botté et casqué, vient d'arrêter sa moto sur le bas-côté, et voilà la caravane publicitaire qui arrive. Précédée par deux autres motards, une file de camionnettes multicolores, couvertes d'affiches, avance lentement. Des haut-parleurs diffusent une musique de foire et vantent les mérites de divers produits: « La lessive Machin, la meilleure, . . . moins de travail, plus de loisirs, . . . mangez bien, mangez mieux, mangez les produits Lemieux . . . ! » Et les superlatifs se mêlent aux sons de l'accordéon.

récoltent *gather*
buvards *blotting paper*
ménagers *household*
limonade *lemon soda*

Soudain *All of a sudden*

a sept minutes d'avance *is seven minutes ahead*
le peloton *group of cyclists*
km/h *kilomètres par heure*
moyenne *average*
hein *eh*

voiture-balai *cleaning car*
cortège *procession*
rêvé *dreamed*

non plus *either*

Les enfants se précipitent d'une camionnette à l'autre, récoltent des chapeaux de papier, des casquettes, des buvards publicitaires, reviennent les montrer à leurs parents et repartent à l'assaut d'autres camionnettes. On vend aussi des journaux de sport, des produits ménagers, des glaces, de la limonade, du chocolat. C'est une véritable foire commerciale ambulante qui passe interminablement et disparaît enfin, laissant derrière elle une route vide où le silence s'installe.

Soudain, tout le monde se lève, s'approche de la route, tend le cou pour mieux voir, et voilà le premier coureur qui apparaît, escorté par deux motards. On l'applaudit à l'avance, avant de le voir. C'est le meilleur, c'est le champion! Un petit homme en maillot jaune, le dos courbé, la tête penchée sur son guidon passe à toute vitesse. On aperçoit un instant son visage et il disparaît, accompagné par les applaudissements de la foule. Silence. On attend, on commente. Il a sept minutes d'avance sur le peloton. Il a quitté Bordeaux à dix heures du matin; cela fait du 38 km/h de moyenne, et presque deux cents kilomètres! Incroyable! C'est vraiment le meilleur! Il est meilleur que Poulidor, meilleur que Bobet, meilleur que Coppi . . . — Oh! Oh! N'exagérons pas! Parfaitement, monsieur, meilleur que Coppi: il a autant de résistance que Coppi, autant de technique, mais il a plus de punch que Coppi! — Et l'expérience, hein? L'expérience? — Bien sûr, il a moins d'expérience que Coppi, mais . . . Les voilà! Les voilà! Les deux motards habituels, et le peloton tant attendu passent dans un nuage de poussière: cent à cent cinquante coureurs dans la même position que le premier, accompagnés par les voitures et les motos de la télévision, de la radio, et c'est fini. L'ambulance et la voiture-balai ferment le cortège. La course est terminée. On se demande si on n'a pas rêvé. Les discussions et les commentaires reprennent: « Et Merckx? Avez-vous regardé Merckx? En pleine forme! Et son style? Avez-vous remarqué son style? Comment? Vous n'avez pas regardé Merckx! Et Martin? Vous n'avez pas regardé Martin non plus! Alors comment voulez-vous discuter? » Heureusement, il y a la télévision; et après avoir passé la journée sur la route, on peut regarder le reportage sur l'étape et en discuter entre amis. Et cela, tous les jours pendant un mois. C'est cela le Tour de France.

Les gens jouent aux boules.

Alain Keler from EPA

Compréhension   *A.   Répondez.*

1.   Pendant combien de temps dure le Tour de France?
2.   Qui participe à cette course?
3.   Quelle distance parcourent-ils?
4.   Que porte celui qui a le meilleur temps au classement général?
5.   Qu'est-ce que la foule attend?
6.   Qu'est-ce que les gens ont apporté?
7.   Qu'est-ce qu'ils ont étendu sur l'herbe?
8.   Où certains ont-ils passé la nuit?
9.   Qu'est-ce que les spectateurs ont regardé arriver?
10.   Qu'est-ce que les paysans ont dénoué, enlevé et roulé?
11.   À quoi ont-ils joué?
12.   Qui a fermé la route?
13.   Qui vient d'arrêter sa moto sur le bas-côté?
14.   Qu'est-ce qui avance?
15.   Qu'est-ce que les haut-parleurs font?
16.   Que font les enfants?
17.   Qu'est-ce qu'on vend?
18.   Comment est un petit homme en maillot jaune?
19.   A-t-il autant de résistance que Coppi et plus de punch?
20.   Par quoi sont accompagnés les coureurs?
21.   Qu'est-ce qui ferme le cortège?
22.   De quoi discutent les spectateurs?
23.   Qu'est-ce qu'on peut regarder à la télévision?

Thèmes de discussion

1.   Quel sport vous intéresse? Pourquoi?
2.   Comparez l'enthousiasme de la foule pendant le Tour de France à l'enthousiasme de la foule pendant un match de base-ball aux États-Unis.

Thèmes de composition

1.   Décrivez un spectacle auquel vous avez assisté. Où avez-vous choisi vos places? Comment est-ce que les acteurs ont joué?
2.   Décrivez la foule qui attend le passage des cyclistes, ce que les gens portent, leurs commentaires, etc. Décrivez ce qui arrive quand les coureurs apparaissent.
3.   Écrivez une composition dans laquelle vous décrivez un match de base-ball. Décrivez les joueurs et l'enthousiasme de la foule.

TREIZIÈME LEÇON

Vocabulaire

1.   Marie est à la banque.
Elle est au guichet.
Elle donne son carnet de banque et le retrait de fonds au caissier.
Elle retire 100 francs de son compte.
Le caissier lui donne des billets de 50 francs.
D'autres gens font la queue.
Un homme remplit une fiche.
2.   Il y a des fruits et des légumes aux étalages.
Les gens se promènent. Ils vont à pied.
3.   Voici une salle de classe.
Il y a une porte et deux fenêtres.
L'élève écrit au tableau.
Il écrit avec une craie.
Il se sert d'une craie pour écrire.
Le professeur regarde le cahier d'une étudiante.
Elle écrit avec un crayon.

4.   Le garçon met une nappe sur la table.
La nappe est propre.
La femme bat des œufs.
Elle prépare une omelette.
L'homme écrit une lettre avec un stylo.
Il a seulement un stylo.
Il n'a qu'un stylo.
La fille s'appuie contre le mur.
5.   Les garçons se battent.
Maintenant ils ne se battent plus.

la patrie   *la nation, le pays*

les biens (m.)   *la propriété, ce qu'on possède*

promettre   *faire une promesse*

 Elle promet d'arriver à l'heure.

permettre   *donner la permission*

 Elle permet au garçon de sortir.

soumettre   *subjuguer, mettre dans un état de dépendance*

vivre   *exister, être en vie*

 Il va vivre longtemps.

s'enrichir   *devenir riche*

mettre fin à   *terminer*

raconter   *relater, dire*

décrire   *faire une description*

avoir du mal à   *avoir de la difficulté à*

suivre   *venir après, succéder à*

 La lettre *b* suit la lettre *a*.

proche   *très près*

drôle   *amusant*

car   *parce que*

ne . . . jamais   *le contraire de* toujours

aucun   *pas un*

 Allez-y! Il n'y a aucun danger.

En Algérie   *Editorial Photocolor Archives (EPA)*

Des enfants algériens à la cantine   *Editorial Photocolor Archives (EPA)*

le regret
la confiance
la question
le chèque
l'Européen, –ne
la colonie
la dépendance
la date
l'Afrique (f.)
l'implantation (f.)
l'aristocratie (f.)
l'intellectuel, –le
le notable
l'Algérie (f.)
l'arme (f.)
le Front
l'armée (f.)
l'hostilité (f.)
le référendum
la ruine

l'exil (m.)
la catastrophe
l'adaptation (f.)
l'accent (m.)
l'angoisse (f.)
l'humeur (f.)
le métropolitain
la cause
la tragédie
l'exilé, –e
l'Administration (f.)
la nostalgie
le folklore
la personnalité
la note
l'exotisme (m.)

mériter
assurer
nommer
développer
implanter
se rebeller
voter
s'intégrer
expliquer

progressivement
simplement
nomade
indigène
algérien, –ne
tragique
méridional, –e, –aux, –ales
initial, –e, –aux, –ales
comique
en somme

Pratique orale

A.   *Répondez.*

1. Où est Marie?
2. Qu'est-ce qu'elle donne au caissier?
3. Combien d'argent retire-t-elle de son compte?
4. Est-ce que d'autres gens font la queue?
5. Que remplit l'homme?
6. Qu'est-ce qu'il y a aux étalages?
7. Que font les gens?
8. Qu'est-ce qu'il y a dans la salle de classe?
9. De quoi est-ce que l'élève se sert pour écrire?
10. De quoi l'étudiante se sert-elle pour écrire dans son cahier?
11. Est-ce que le garçon met une nappe propre sur la table?
12. Qui bat des œufs?
13. Est-ce que l'homme écrit avec un stylo?
14. Où s'appuie la fille?
15. Que font les garçons?
16. Est-ce qu'ils continuent à se battre?

Exercices

A.   *Complete the following sentences with an appropriate word.*

1. J'ai du _____ à comprendre cette leçon difficile.
2. Non, l'université n'est pas loin d'ici. Elle est _____.
3. C'est une histoire amusante, n'est-ce pas? Oui, elle est _____.
4. Y êtes-vous allé fréquemment? Non, je n'y suis _____ allé.
5. Y a-t-il un problème? Non, il n'y a _____ problème.
6. Mon père va me _____ de conduire son auto.
7. Je porte mon imperméable _____ je crois qu'il va pleuvoir.
8. Roger va nous _____ car il ne connaît pas la route.
9. Il y a des fruits et des légumes aux _____.
10. La femme donne son _____ de banque à l'employée.
11. Il faut attendre longtemps pour entrer dans le cinéma. Les gens font la _____.

B.   *Give the word being defined.*

1. donner une promesse
2. devenir riche
3. la propriété
4. terminer

Dans la Casbah

Structure

THE PRESENT TENSE OF THE VERBS **METTRE, PROMETTRE, PERMETTRE, BATTRE, SE BATTRE**

Pratique orale

A. Répétez.

Mettez-vous un imperméable quand il pleut?

Oui, nous mettons un imperméable quand il pleut.

Promettez-vous de prendre les billets?

Oui, nous promettons de prendre les billets.

Mets-tu une nappe sur la table?

Oui, je mets une nappe sur la table.

Bats-tu les œufs?

Oui, je bats les œufs.

B. Répondez.

1. Mettez-vous un imperméable quand il pleut?   2. Est-ce que vous mettez de l'argent à la banque?   3. Promettez-vous d'économiser?   4. Mets-tu une nappe sur la table?   5. Bats-tu les œufs?   6. Te bats-tu avec ton frère ou avec ta sœur?

C. Répondez.

1. Vos parents mettent-ils de l'argent à la banque?   2. Vous permettent-ils de sortir le soir?   3. Est-ce qu'ils promettent beaucoup?   4. L'homme met-il les œufs dans le plat?   5. Bat-il les œufs?   6. La concierge vous promet-elle une chambre?

D. Demandez.

1. Demandez à un ami s'il met un imperméable aujourd'hui.   2. Demandez à une amie si elle promet de venir.   3. Demandez à deux amis s'ils se battent.
4. Demandez à deux amies si elles mettent un chapeau au printemps.

Note grammaticale   The verb *mettre* (to put, to put on) and its derivatives *promettre* (to promise), *permettre* (to permit), and *soumettre* (to submit, to subdue), and the verbs *battre* (to beat, to strike) and *se battre* (to fight) are conjugated like regular *–re* verbs except that the double *t* of the infinitive becomes a single *t* in the singular forms.

mettre

je mets
tu mets
il ⎫
elle ⎬ met
on ⎭
nous mettons
vous mettez
ils ⎫
elles ⎬ mettent

battre

je bats
tu bats
il ⎫
elle ⎬ bat
on ⎭
nous battons
vous battez
ils ⎫
elles ⎬ battent

Exercice   *A. Complete the following sentences with the correct form of the indicated verb.*

1. L'ouvrier _____ sa bicyclette dans un parking devant l'usine.   *mettre*
2. Je lui _____ de déguster ses fromages avec le vin du pays.   *promettre*
3. _____ les gants au rayon, s'il vous plaît.   *mettre*
4. Les agents _____ les rebelles.   *soumettre*
5. Nous _____ rarement aux étrangers de faire la connaissance de la famille.   *permettre*
6. Les resources naturelles nous _____ d'être prospères.   *permettre*
7. Quand on est jeune, on _____ quelquefois.   *se battre*
8. Est-ce que tu lui _____ d'écrire une lettre?   *promettre*

THE PRESENT TENSE OF THE VERBS **ÉCRIRE, DÉCRIRE, VIVRE, SUIVRE**

Pratique orale   *A. Répétez.*

Écrivez-vous des lettres?
Oui, nous écrivons des lettres.
Vivez-vous en ville?
Oui, nous vivons en ville.
Suivez-vous la route?
Oui, nous suivons la route.

Écris-tu avec ce stylo?
Oui, j'écris avec ce stylo.
Vis-tu bien?
Oui, je vis bien.

B. Répondez.

1. Écrivez-vous avec un crayon?   2. Décrivez-vous un programme de télévision?   3. Vivez-vous en ville?   4. Suivez-vous facilement?   5. Écris-tu de la main droite?   6. Vis-tu bien?   7. Suis-tu un cours d'anglais?

C. Répondez.

1. Les étudiants écrivent-ils souvent?   2. Suivent-ils un cours de français?   3. Vivent-ils en ville ou à la campagne?   4. Écrit-il à ses parents?   5. Vit-elle calmement?   6. Est-ce que l'été suit le printemps?

D. *Demandez.*

1. Demandez à un ami s'il suit un cours de français.   2. Demandez à une amie si elle écrit souvent à sa famille.   3. Demandez à deux amis s'ils suivent la route.   4. Demandez à deux amies si elles vivent en ville.

Note grammaticale   The verbs *écrire* (to write), *décrire* (to describe), *vivre* (to live, to exist) and *suivre* (to follow) are conjugated alike. Note the *v* in the plural forms.

suivre	*écrire*	*vivre*
je suis	j'écris	je vis
tu suis	tu écris	tu vis
il ⎫	il ⎫	il ⎫
elle ⎬ suit	elle ⎬ écrit	elle ⎬ vit
on ⎭	on ⎭	on ⎭
nous suivons	nous écrivons	nous vivons
vous suivez	vous écrivez	vous vivez
ils ⎫ suivent	ils ⎫ écrivent	ils ⎫ vivent
elles ⎭	elles ⎭	elles ⎭

Note that the verb *suivre* is used to mean "to take a course."

Je suis un cours de français. *I am taking a French course.*

The verb *vivre* means "to live" in the sense of "to exist."

Il vit seul.   *He lives alone.*
Elle vit bien.   *She lives well.*

To express the concept of living in a place, use *habiter. Habiter* can be used with or without a preposition of place.

J'habite à Paris.
J'habite Paris.   *I live in Paris.*

Exercices   *A. Rewrite the following sentences, changing the verbs from the singular to the plural or vice versa.*

1. J'écris avec une craie.
2. Suis-tu l'explication?
3. L'étudiant vit seul.
4. Je suis la loi.
5. Nous décrivons l'église.
6. Ils suivent leur guide.
7. Vivez bien!

B. Complete the following sentences with the appropriate form of écrire, décrire, suivre, *or* vivre.

1. Est-ce que tu _____ un quartier pauvre?
2. Les coureurs _____ un itinéraire qui les amène à Paris.
3. _____ la boîte de nuit que vous connaissez.
4. Quels cours _____-tu?
5. Les fermiers _____ longtemps.
6. J'_____ un article de journal.
7. L'écrivain _____ des comédies.

C. *Complete the following sentences with the appropriate form of* vivre *or* habiter.

1. Gérard _____ dans l'est du Jura.
2. Il _____ bien.
3. Les ouvriers _____ en ville.
4. Les clochards _____ difficilement.

IRREGULAR PAST PARTICIPLES: **–É, –AIT, –I, –IS, –IT**

The passé composé *of* faire *and* être

Pratique orale

A. *Répétez.*

Il a fait une promenade.   J'ai été en retard.
Elles ont fait une excursion.   Elle a été à la gare.

B. *Répondez.*

1. A-t-il fait la connaissance d'un cycliste?   2. Ont-elles fait la queue au guichet?   3. Est-ce que l'homme en maillot jaune a été le premier?   4. Est-ce que les cyclistes ont été à Bordeaux à dix heures?   5. Avez-vous été près de la route?   6. Avez-vous été à la banque?

The passé composé *of* rire, sourire, *and* suivre

A. *Substituez.*

		As-tu	
	suivi le cours.		souri à la fin?
Elle a	beaucoup ri.	As-tu	trop ri?
	beaucoup souri.		suivi l'histoire?

B. *Répondez.*

1. Votre mère a-t-elle ri ce matin?   2. Votre père a-t-il souri hier soir?
3. Votre amie Marie a-t-elle suivi un cours de géographie ce semestre?
4. Avez-vous ri en classe hier?   5. Avez-vous ri en faisant cet exercice?
6. Avez-vous suivi un cours de français l'année dernière?

The passé composé *of* mettre, prendre, apprendre, comprendre; *and* dire, écrire, décrire, conduire, construire, détruire

A. *Substituez.*

Le garçon a		J'ai	
	pris le pourboire.		écrit une composition.
	mis la nappe sur la table.		décrit la scène.
Le garçon a	appris à chanter.	J'ai	dit « oui ».
	compris le problème.		construit une église.
			conduit une camionnette.

Elle lui a	
	permis de voyager.
Elle lui a	promis une auto.
	permis d'écrire au tableau.

B. Répondez.

1. Est-ce que votre sœur a pris des œufs pour le petit déjeuner?   2. A-t-on mis une nappe sur la table?   3. Est-ce que les ouvriers ont appris un métier? 4. As-tu compris les problèmes des ouvriers?   5. Avez-vous permis aux enfants de sortir?   6. Est-ce qu'elle a écrit des cartes postales?   7. Est-ce qu'elle a dit « bonjour »?   8. Est-ce que les guerres ont détruit plusieurs villes? 9. Est-ce que les ouvrières ont construit des murs de pierres?   10. As-tu décrit le paysage pittoresque?   11. As-tu conduit une voiture française?

Note grammaticale

The past participles of several verbs are irregular. Study the following:

faire   fait

être   été

Past participles ending in *–i*, *–is*, *–it*:

–i	*–is*	*–it*
rire ri	mettre mis	dire dit
sourire souri	permettre permis	écrire écrit
suivre suivi	promettre promis	décrire décrit
	prendre pris	conduire conduit
	apprendre appris	construire construit
	comprendre compris	détruire détruit

Exercice

A. Follow the example.

Faites-vous votre lit?

Non, mais j'ai fait mon lit hier.

1. Est-ce qu'il dit « oui »?
2. Font-ils du camping?
3. Est-ce que les Bretonnes sont en costume?
4. Souriez-vous beaucoup?
5. Conduis-tu une camionnette?
6. Est-ce que nous lui permettons de sortir seul?
7. Est-ce que je suis la route?
8. Est-ce que je suis en retard?
9. Comprend-il l'explication?
10. La femme met-elle son imperméable?
11. Est-ce que les enfants prennent des glaces?
12. Décrit-elle le paysage?

NEGATIONS **NE . . . JAMAIS, NE . . . PLUS, NE . . . AUCUN, NE . . . QUE**

Pratique orale

A. Répétez.

Allez-vous toujours au cinéma?

Non, je ne vais jamais au cinéma.

Désirez-vous quelquefois y aller?

Non, je ne désire jamais y aller.

Est-ce que l'ouvreuse est encore là?

Non, elle n'est plus là.

B. Substituez.

Je ne veux jamais y | penser.
| aller.
| retourner.

Elle n'a plus de | crayon.
| stylo.
| craie.

C.   *Répondez au négatif selon les modèles.*

>   Va-t-il toujours au cinéma?
>   Non, il ne va jamais au cinéma.

1. Georges va-t-il toujours au théâtre?   2. Est-ce qu'il s'assied souvent à l'orchestre?   3. Allez-vous toujours au cinéma?   4. Allez-vous quelquefois chez le coiffeur?

>   Est-ce qu'il travaille encore?
>   Non, il ne travaille plus.

>   Est-ce qu'il y a encore du pain?
>   Non, il n'y a plus de pain.

1. A-t-on encore des billets pour la pièce?   2. A-t-elle encore de l'argent?
3. Voulez-vous encore des billets?   4. Est-ce que les actrices sont encore au théâtre?   5. Est-ce qu'il regarde encore la télévision?

D.   *Répétez.*

Quel vin désirez-vous?   Avez-vous deux stylos?
Je ne désire aucun vin.   Non, je n'ai qu'un stylo.
Je n'en désire aucun.   J'ai seulement un stylo.

E.   *Substituez.*

N'avez-vous	aucun imperméable?
	aucune chemise?
	qu'un livre?

F.   *Répondez selon les modèles.*

>   Est-ce qu'il y a une église ici?
>   Non, il n'y a aucune église ici.

1. Donnes-tu un pourboire à l'ouvreuse?   2. Quelle pièce joue-t-on cet après-midi?   3. Connais-tu des acteurs?   4. Est-ce qu'il y a une boutique ici?

>   Avez-vous deux livres?
>   Oui, je n'ai que deux livres.

1. Avez-vous un billet?   2. Aimez-vous une actrice?   3. A-t-il dix-huit ans?   4. Avez-vous deux chapeaux?

G.   *Répétez.*

Elle n'a jamais voyagé.   Nous n'avons acheté qu'un livre.
Il n'a plus ri.   Ils n'ont regardé aucun film.

H.   *Substituez.*

Ils n'ont	pas	cherché de station-service.	Je n'ai trouvé	qu'un crayon.
	jamais			aucune chaise.
	plus			aucun fauteuil.

I.   *Répondez au négatif.*

1. N'avez-vous jamais visité cette ville?   2. Est-ce qu'ils n'ont plus visité leur village?   3. Est-ce que l'étudiant n'a trouvé qu'une craie?   4. N'as-tu trouvé aucun guide?   5. Est-ce que nous n'avons jamais goûté ce fromage?
6. Est-ce qu'elle n'a retiré que 10 francs de son compte?

Note grammaticale To express negation in French, two or more words are used as in *ne . . . pas.* Study the following affirmative and negative words.

jamais   *ever*
quelquefois   *sometimes*   ⎫
toujours   *always*   ⎬   ne . . . jamais   *never*
souvent   *often*   ⎭
plus   *more*   ne . . . plus   *no more*
encore   *still*   ne . . . plus   *no longer*

Il ne va jamais au théâtre.	*He never goes to the theater.*
Il n'y a plus de pain.	*There is no more bread.*
Elle ne sort plus.	*She no longer goes out.*

Note that the placement of these negatives in the *passé composé* is the same as for *ne . . . pas.* As with *ne . . . pas, de* is used instead of the partitive after *ne . . . jamais* and *ne . . . plus.*

Il n'a jamais mis de nappe sur la table.	*He never put a tablecloth on the table.*
Elle ne l'a plus cherché.	*She no longer looked for him.*
Je n'ai plus pris de café.	*I drank no more coffee.*

Two negative expressions whose placement is different than that for *ne . . . pas* are:

ne . . . aucun   *not any* (It is more forceful than *ne . . . pas.*)
ne . . . que   *only* (synonym of *seulement*)

With both of these expressions, the second element of the expression precedes the noun it modifies both in the present and in the *passé composé.*

Il <u>ne</u> me donne <u>que</u> trois dollars.	*He only gives me three dollars.*
(Il me donne seulement trois dollars.)	
Il n'y a <u>que</u> du vin rouge.	*There is only red wine.*
Il <u>ne</u> m'a donné <u>que</u> trois dollars.	*He only gave me three dollars.*
Je n'ai trouvé <u>aucun</u> livre.	*I did not find any book.*
Je n'en ai trouvé <u>aucun</u>.	*I found none.*

Note that a partitive can follow *ne . . . que.* Note also that *aucun, aucune* can either be an adjective or pronoun.

Exercice   *A.   Rewrite the following sentences, replacing the italicized words with a negative phrase.*

1.   Ils m'ont permis *quelquefois* de sortir seul la nuit.
2.   Il y a *beaucoup* d'églises comme celle-là.
3.   Je mets *toujours* du sucre dans mon café.
4.   Le cadet habite *encore* la maison de son père.
5.   J'ai acheté *un* guide de Ventville.
6.   On a *encore* skié en été.
7.   Je vois *seulement* un cycliste, le champion.
8.   Il y a *encore* des provisions, n'est-ce pas?
9.   Le fermier a mangé *seulement* ses propres fromages.

Conversation

À LA BANQUE

vraiment *really*	*Danielle:*	C'est vraiment idiot! Je vais déjà retirer l'argent que j'ai mis dans mon compte la semaine dernière.
	Michèle:	Assez de ces regrets, ma chère amie! C'est notre dernière occasion de voyager avant le commencement des classes. Et il faut agir le jour même quand mon père me permet de conduire son auto.

agir *act*
le jour même *that very day*
une telle *such a*

Danielle: Et qu'as-tu fait pour mériter une telle confiance?

Michèle: Je n'ai aucune idée, je t'assure. C'est peut-être que j'ai bien conduit pendant notre voyage à Brest. Je lui ai dit mille fois merci sans poser de questions.

Et bien *well!*

Danielle: Et bien. Si nous ne trouvons pas de guichet où la queue n'est pas trop longue, nous allons passer nos vacances à remplir des fiches.

Au guichet

Danielle: Bonjour, monsieur. Je désire retirer 400 francs. Voilà mon carnet de banque et le retrait de fonds.

Le caissier: Préférez-vous des billets de 100 ou de 50?

Peu importe *It matters little*

Danielle: Peu importe, car je vais acheter immédiatement des chèques de voyage. Où est-ce que je peux les obtenir?

Le caissier: Au guichet à gauche, mademoiselle. Bon voyage!

Exercice   *A. Répondez.*

1. Qu'est-ce que Danielle va faire?
2. Quand a-t-elle mis l'argent dans son compte?
3. Pourquoi retire-t-elle l'argent?
4. Pourquoi faut-il agir vite?
5. Pourquoi est-ce que le père de Michèle lui a permis de conduire son auto?
6. Que dit Danielle au caissier?
7. Qu'est-ce qu'elle va acheter immédiatement?
8. Où va-t-on pour obtenir des chèques de voyage?

Lecture culturelle

LES PIEDS NOIRS

On appelle de ce nom étrange les Français et, en général, les Européens qui ont demeuré en Algérie pendant les cent trente ans où ce pays a été une colonie française. Les Français ont soumis l'Algérie en 1830 et en ont fait une dépendance. Depuis cette date des colons ont installé leurs familles et progressivement ont établi leur vie là-bas. Ce sont ces colons que l'on nomme « pieds noirs ».[1] À leur arrivée ils n'ont trouvé qu'un pays aride, pauvre et complètement en friche. Ils ont alors pris tout leur courage et ils ont cultivé, labouré une terre difficile. Peu à peu ils ont réussi à mettre le pays en valeur et ont construit une vie meilleure. Il a été souvent nécessaire de se battre contre les habitudes d'une population pauvre et de tradition nomade, qui n'a jamais bien accepté cette implantation étrangère. Ceux qui ont choisi de vivre dans les villes ont développé le commerce avec la métropole, implantant des industries surtout dans les ports et bien vite s'enrichissant. Ainsi, à la ville ou à la campagne, les pieds noirs ont formé bientôt une sorte d'aristocratie parmi la population indigène.

Mais un jour, sous l'influence des intellectuels et des notables algériens, l'Algérie se rebelle et réclame son indépendance à la France. La France répond par les armes et pendant huit années l'Algérie est le théâtre où se battent le Front de Libération Nationale et l'armée française. C'est la guerre d'Algérie avec tous les événements tragiques qui la suivent, et tout ce qu'elle détruit à jamais. Certains pieds noirs reviennent en métropole mais la plupart restent cependant sur leur terre, défendant leurs biens, lorsque finalement, en 1962, on met fin aux hostilités par les accords d'Évian. Un référendum a été organisé et l'Algérie a choisi l'indépendance. Pour les pieds noirs, c'est souvent la ruine certaine, l'exil, le départ en catastrophe. Ils se sauvent pour rentrer en France qui leur promet un asile. Ils abandonnent tout: leurs terres, leurs biens, leur passé, et ce qui désormais n'est plus leur pays.

Beaucoup de pieds noirs s'installent dans le sud de la France où le climat méridional permet une adaptation moins douloureuse à leur nouvelle vie. Dans le Midi, les habitants, l'accent et les coutumes sont plus proches de ce qu'ils connaissent. Mais nombreux aussi sont ceux qui cherchent à vivre dans les villes, se répandant comme une marée à travers toute la France. Malgré l'angoisse et la mauvaise humeur initiales des métropolitains, ils finissent par s'intégrer à la vie

---

étrange *strange*

colons *colonists, settlers*
là-bas *there*
en friche *uncultivated*
labouré *plowed*

métropole *(here) France*

parmi *among*

à jamais *forever*
cependant *however*
lorsque *when*
Évian *conference at Évian-les-Bains that ended the Algerian war*
se sauvent *escape*
asile *shelter, refuge*
désormais *henceforth*
douloureuse *painful*
Midi *the South of France*

Malgré *In spite of*

---

[1] *pieds noirs* They were called "pieds noirs" because they wore black shoes while the natives went barefoot or wore sandals.

à propos des *about*

débarquement *land-ing*

l'État *the State*

a dédommagé . . .

pertes *in part compensated the exiles for their losses*

Ou bien *or*

nationale. On a dit beaucoup de choses à propos des pieds noirs au moment de leur débarquement et on écrit toujours des livres pour raconter leur histoire et expliquer les causes de cette tragédie.

Quelques années après leur départ d'Algérie, l'État français a dédommagé en partie les exilés de leurs pertes, et ils ont appris leur nouveau mode de vie. Maintenant ceux qui vivent en ville établissent souvent des chaînes de magasins, des restaurants ou des cinémas. Ou bien s'ils le désirent ils n'ont aucun mal à trouver un emploi dans les Administrations. Ils sont nombreux sur les marchés, où ils mettent de la couleur, surtout l'été avec leurs étalages différents de fruits, de légumes ou de fleurs multicolores.

Ils font maintenant tout à fait partie de la population, même s'ils ont quelquefois la nostalgie d'un pays différent, car on ne peut pas dire qu'ils n'ont aucun regret. Ils ont apporté avec eux leurs habitudes, leur cuisine (qu'on peut apprécier dans de nombreux restaurants), leur folklore et surtout leur accent même —

chantant *melodious*

par lequel *by which*

numéros *acts*

cet accent si particulier et si chantant par lequel on décrit tout de suite un pied noir. On a beaucoup ri des histoires drôles à accent pied noir qui ont fleuri partout après leur arrivée, et les artistes comiques s'en servent toujours dans leurs numéros.

En somme, après bien des événements dramatiques qu'on a suivis avec angoisse, et malgré une certaine nostalgie d'un pays haut en couleurs, les pieds noirs ont retrouvé une patrie et lui ont donné par leur personnalité une note chaude d'exotisme.

Compréhension

A.   Répondez.

1.   Que veut dire les « pieds noirs » ? D'où viennent-ils ?
2.   Quand est-ce que la France a soumis l'Algérie ?
3.   Qu'est-ce que les nouveaux colons ont trouvé à leur arrivée en Algérie ?
4.   Qu'est-ce qu'ils ont réussi à faire ?
5.   Contre qui a-t-il été nécessaire pour les colons de se battre ? Pourquoi ?
6.   Pendant combien de temps la guerre d'Algérie a-t-elle duré ?
7.   Qu'est-ce qui s'est passé en 1962 ?
8.   Quel est le résultat des accords d'Évian ?
9.   Pourquoi les « pieds noirs » reviennent-ils en France ?
10.   Sont-ils aristocrates en France aussi ?
11.   Où préfèrent-ils s'installer ?
12.   Pourquoi préfèrent-ils le Sud ?
13.   Quels métiers choisissent-ils souvent ?
14.   Peut-on dire que les pieds noirs n'ont aucun regret ?
15.   Qu'est-ce qu'ils ont apporté avec eux pour enrichir leur nouveau pays ?

Thèmes de discussion

1.   Discutez les adaptations nécessaires pour un « pied noir » de 1962.
2.   Imaginez ses regrets et sa nouvelle vie.

Thème de composition

Imaginez-vous exilé(e) de votre pays. Indiquez ce que vous ne voulez pas laisser, les regrets les plus importants, les difficultés d'adaptation. Quel métier choisissez-vous dans votre nouveau pays ? Avez-vous besoin d'éducation ? Quels rêves avez-vous ? Imaginez votre vie cinq ans après.

QUATORZIÈME LEÇON

Vocabulaire

1

2

1.   L'homme est à la pharmacie.
Il attend les médicaments que le pharmacien prépare.
Les médicaments ne sont pas encore prêts.
Les médicaments sont pour son fils qui souffre beaucoup.
Il a mal à l'estomac.
L'homme cherche aussi un tube de dentifrice.
Le dentifrice est là-bas à l'étalage.
2.   Un homme rentre chez lui en auto.
C'est le retour après le week-end.
La route est très chargée.
Beaucoup de monde rentre comme lui.
Il tourne pour éviter l'embouteillage.
Un agent routier l'empêche de changer de route.
Les efforts de cet homme fatigué sont en vain.

3

4

5

3.   Cette maison est un peu délabrée.
Madame Dubois et sa fille peignent
la maison.
Monsieur Dubois pose des clous dans
la maison.
Pourtant un fils ne travaille pas.
Il se plaint qu'il est trop fatigué.
Il cherche du repos sur l'herbe.
Il va rejoindre les autres dans un
moment.
4.   Les gens s'amusent dans le parc.
La femme peint une toile.
Une famille déjeune sur l'herbe.
Quelques enfants s'amusent aux
balançoires.
Un autre enfant crie.
Lui, il a vu un lapin.
« Tenez, voilà un petit lapin ! »
Quel lieu agréable.
C'est un endroit tranquille.
5.   Les gens se promènent dans le
bois.
Des enfants sont en train de cueillir
des fraises.
On va faire de la confiture avec des
fraises.

l'ennui (m.)   *la peine, la difficulté*

la sortie   *le départ*

le festin   *un repas somptueux*

le chemin   *la route*

la vieillesse   *le contraire de* la jeunesse

la cave   *le lieu où l'on garde son vin*

craindre   *avoir peur (de)*
 Il craint un embouteillage.

mourir   *cesser de vivre;* **mourir de**   *avoir très . . .*
 Il est midi et elle meurt de faim.

joindre   *mettre ensemble (deux choses); se mettre en contact avec*
 Les enfants joignent les mains.
 J'ai réussi à vous joindre par téléphone.

vieillir   *devenir vieux*

se contenter   *être satisfait de*
 L'enfant se contente d'une balançoire délabrée.

il est   *il y a*
 Il est des gens qui ne partent pas le week-end.

sage   *qui a du jugement*

sain, —e   *qui n'est pas malade*

utile   *avantageux, le contraire d'*inutile

chaque   *tout*
 Chaque jour je vais au parc.

bien sûr   *certainement*

de bonne heure   *avant l'heure habituelle*
 Demain je vais partir de bonne heure.

le type

le shampooing

le spectacle

l'indication (f.)

la précaution

la passion

l'aise (f.)

la Roumanie

la partie

la Normandie

le barbecue

l'absence (f.)

la joie

le refuge

la fatigue

le caprice

la vigne

recommander

surmonter

saisir

cimenter

décorer

satisfaire

s'occuper

regretter

s'adapter

réparer

fameux, fameuse

généralement

massif, massive

départemental, –e, –aux, –ales

délicat, –e

charmé, –e

charmant, –e

fruitier, fruitière

régional, –e, –aux, –ales

encombré, –e

Une cave de vin

Bernard Vidal from EPA

Pratique orale

A. *Répondez.*

1. Où est-ce que l'homme attend les médicaments?
2. Est-ce que les médicaments sont prêts?
3. Est-ce que le fils a mal à l'estomac?
4. Qu'est-ce que l'homme cherche?
5. Où est le tube de dentifrice?
6. Comment l'homme rentre-t-il?
7. Comment est la route?
8. Pourquoi l'homme tourne-t-il?
9. Qui l'empêche de changer de route?
10. Comment est la maison?
11. Que font Madame Dubois et sa fille?
12. Que fait Monsieur Dubois?
13. De quoi se plaint le fils?
14. Où cherche-t-il du repos?
15. Où les gens s'amusent-ils?
16. Qu'est-ce que les gens font dans le parc?
17. Qu'est-ce qu'un enfant a vu dans le parc?
18. Est-ce un endroit agréable?
19. Où se promènent les gens?
20. Qu'est-ce que les enfants sont en train de faire?

Exercices

A. *Complete the following sentences with an appropriate expression.*

1. M. Dubois ne va pas avoir peur des embouteillages. Il ne va pas _____ les embouteillages.
2. Tout le monde devient plus âgé. On _____.
3. Les Dubois partent tous les week-ends. Ils vont à la campagne _____ vendredi.
4. Pour éviter les embouteillages, je dois certainement partir de _____.
5. Le fermier désire nous montrer sa _____ où il garde son vin.
6. _____ certainement des familles qui restent chez elles.
7. Je ne pense qu'aux plaisirs. Je ne pense jamais aux _____.
8. Ce n'est pas ma toile favorite, mais je m'en _____ quand même.
9. Le _____ est parfois difficile à suivre.
10. Je vous quitte maintenant, mais je vais vous _____ à trois heures.

B. *Give a synonym for the following.*

1. certainement
2. peine
3. dominer

C. *Give the opposite for the following.*

1. vivre
2. la jeunesse
3. stupide
4. inutile

Structure

THE PRESENT TENSE OF THE VERB **MOURIR**

Pratique orale

A.   Répétez.

Mourez-vous de soif?   Meurs-tu d'ennui?

Oui, nous mourons de soif.   Oui, je meurs d'ennui.

B.   Répondez.

1. Mourez-vous de faim?   2. Mourez-vous de soif?   3. Mourez-vous d'ennui?   4. Meurs-tu d'envie de partir?   5. Meurs-tu de peur?
6. Meurs-tu de faim?

C.   Répondez.

1. Est-ce que l'homme meurt de soif?   2. Est-ce qu'on ne meurt qu'une fois?
3. Est-ce que les fleurs meurent?   4. Les étudiants meurent-ils de peur?

D.   Demandez.

1. Demandez à un ami s'il meurt de faim.   2. Demandez à une amie si elle meurt d'ennui.   3. Demandez à des amis s'ils meurent de soif.   4. Demandez à des amies si elles meurent d'envie de partir.

Note grammaticale

The verb *mourir* (to die) is irregular. Note the change from *ou* to *eu* in the singular forms and the third person plural.

je meurs	nous mourons
tu meurs	vous mourez
il elle on } meurt	ils elles } meurent

Exercice

A.   Complete the following with the correct form of the verb mourir.

1. On ne ＿＿＿＿ qu'une fois.
2. Les enfants ＿＿＿＿ d'envie de manger les fraises.
3. Les étudiants ＿＿＿＿ de peur quand on leur demande de répondre.
4. Je ne ＿＿＿＿ jamais de soif. J'ai toujours ma cave!
5. Nous ＿＿＿＿ de faim, mais il faut partir immédiatement pour éviter les embouteillages.
6. ＿＿＿＿-tu d'envie de peindre une toile?
7. Le garçon est très malade, mais il ne ＿＿＿＿ pas.
8. Vous ＿＿＿＿ d'ennui, n'est-ce pas?

THE **PASSÉ COMPOSÉ** OF VERBS WITH PAST PARTICIPLES ENDING IN —U

Pratique orale

A. Répétez.

J'ai peur. J'ai eu peur.

Vous savez vivre. Vous avez su vivre.

Vois-tu la ferme? As-tu vu la ferme?

Elles lisent la description. Elles ont lu la description.

La région me plaît. La région m'a toujours plu.

Nous devons réparer la maison. Nous avons dû réparer la maison.

Il peut la peindre. Il a pu la peindre.

Nous buvons beaucoup de cidre. Nous avons bu beaucoup de cidre.

On croit bien choisir. On a cru bien choisir.

B. Substituez.

	dû	
Elle a	pu	éviter l'embouteillage.
	su	
	cru	

	eu	
As-tu	bu	du cidre hier?
	vu	

C. Répondez.

1. Est-ce que le fermier a eu du cidre?   2. Est-ce qu'ils ont eu du vin aussi?
3. Avez-vous bu du cidre?   4. Est-ce que son vin vous a plu?   5. Les Dubois ont-ils déjà vu la maison?   6. Ont-ils vu les enfants?   7. Est-ce que les hommes ont su faire les réparations?   8. Pierre a-t-il pu préparer le festin?   9. Les voyageurs ont-ils pu éviter l'embouteillage?   10. As-tu cru trouver la maison idéale?   11. Les touristes ont-ils cru éviter les ennuis?
12. Est-ce que vous avez dû travailler dur?   13. A-t-on dû partir de bonne heure?   14. Est-ce que la femme a lu l'ordonnance?   15. A-t-elle lu le journal?

D. Répondez selon le modèle.

    Avez-vous soif?
    Non, mais j'ai eu soif ce matin.

1. Lisez-vous le journal?   2. As-tu peur?   3. Peut-il éviter l'embouteillage?
4. Voyez-vous le soleil?   5. Est-ce que la toile vous plaît?   6. Doit-elle cueillir des fraises ?   7. Buvez-vous du cidre?   8. Savez-vous les verbes?

E. Répétez.

Je veux partir de bonne heure. J'ai voulu partir de bonne heure.

Elle ne connaît pas la région. Elle n'a pas connu la région.

Les enfants courent vite. Les enfants ont vite couru.

Nous vivons bien. Nous avons bien vécu.

Il reçoit la lettre. Il a reçu la lettre.

Il faut faire des réparations. Il a fallu faire des réparations.

Tenez-vous une carte à la main? Avez-vous tenu une carte à la main?

Il vaut la peine d'y aller. Il a valu la peine d'y aller.

F.   *Répondez.*

1. Est-ce que la femme a voulu acheter la maison?   2. Avez-vous voulu posséder une maison de campagne?   3. Avez-vous obtenu le tube de dentifrice?
4. Le bouquiniste a-t-il tenu un guide?   5. A-t-il connu la région?   6. Les
Bretons ont-ils reconnu les fermiers?   7. Avez-vous reçu l'ordonnance?
8. As-tu reçu une invitation?   9. Est-ce que le bouquiniste a vécu en ville?
10. Est-ce que le fermier a vécu à la campagne?   11. Est-ce que les gens ont
couru?   12. Avez-vous couru pour voir les cyclistes?   13. A-t-il fallu travailler tout le week-end?   14. Est-ce que cette maison a valu le prix?

G.   *Répondez selon le modèle.*

   Recevez-vous des lettres de Marie?
   Non, nous n'avons jamais reçu de lettres de Marie.

1. Vivez-vous tranquillement?   2. Faut-il courir?   3. Tenez-vous un
passeport à la main?   4. Vaut-il la peine de manger vite?   5. Voyez-vous
des acteurs en ville?   6. Voulez-vous peindre une toile?   7. Court-elle à la
campagne?   8. Reçoivent-ils la permission de conduire?

Note grammaticale   Verbs with infinitives in *–oir*, *–oire*, *–aître*, and *–aire* have past participles ending
in *–u*.

boire	bu	savoir	su
croire	cru	pouvoir	pu
voir	vu	recevoir	reçu
falloir	fallu	connaître	connu
vouloir	voulu	reconnaître	reconnu
valoir	valu	plaire	plu
devoir	dû	vivre	vécu
avoir	eu		

Some common *–ir* and *–ire* verbs also have past participles ending in *–u*.

tenir	tenu
courir	couru
lire	lu

Note the special meanings of *devoir* and *vouloir* in the *passé composé*.

Vous avez dû travailler dur.	*You must have worked hard.*
J'ai dû partir.	*I had to leave.*
Elle a voulu aller à la pêche.	*She tried to go fishing.*

Exercice   *A.   Complete the following paragraph by writing the correct form of the* passé
      composé *of the verbs in parentheses.*

Nous (vouloir) _____ acheter une maison de campagne. Pendant plusieurs
week-ends il (falloir) _____ passer tout notre temps à la chercher. Enfin nous
(pouvoir) _____ trouver la maison idéale. Elle est vieille et un peu délabrée mais
nous (croire) _____ pouvoir la réparer. Ce qui est important c'est que la maison
nous (plaire) _____ immédiatement, et elle (valoir) _____ le prix. Bien sûr, nous
(devoir) _____ obtenir l'argent de la banque et j' (avoir) _____ peur de ne pas y
réussir. Mais, heureusement nous (recevoir) _____ l'argent la semaine dernière.
Nous (boire) _____ notre meilleur vin pour célébrer.

EMPHATIC PRONOUNS

Pratique
orale

A.   Répétez.

Qui parle? Moi, je parle. C'est moi qui parle.

Qui dessine? Toi, tu dessines. C'est toi qui dessines.

Qui crie? Lui, il crie. C'est lui qui crie.

Qui danse? Elle, elle danse. C'est elle qui danse.

Qui parle? Nous, nous parlons. C'est nous qui parlons.

Qui travaille? Vous, vous travaillez. C'est vous qui travaillez.

Qui dort? Eux, ils dorment. Ce sont eux qui dorment.

Qui part? Elles, elles partent. Ce sont elles qui partent.

B.   Substituez.

	moi.		que toi.
	toi.		que lui.
	lui.	Moi, j'ai plus de travail	qu'eux.
	elle.		que vous.
Il va avec	nous.		qu'elles.
	vous.		
	eux.		
	elles.		

C.   Répondez avec le pronom convenable.

1. Est-ce que le livre est pour toi?   2. Veux-tu partir sans moi?   3. Va-t-elle avec André?   4. Est-ce que la confiture est pour les garçons?   5. Vont-ils avec vous?   6. Est-ce que le disque est pour Marie?   7. Allez-vous au cinéma avec Marie et Suzanne?

D.   Répondez avec le pronom convenable selon les modèles.

> C'est toi qui es fatigué?
> Oui, c'est moi qui suis fatigué.

1. C'est toi qui es malade?   2. C'est moi qui dois chercher le shampooing?
3. C'est le pharmacien qui a pu lire l'ordonnance?   4. Ce sont les Martin qui ont évité les routes chargées?   5. C'est Marie qui parle?   6. Ce sont les ouvrières qui font leurs propres vins?   7. C'est vous qui avez préparé le festin?   8. C'est nous qui devons travailler?

> Est-ce que Marie est plus petite que Pierre?
> Oui, Marie est plus petite que lui.

1. Est-il plus grand que toi?   2. Es-tu plus jeune que moi?   3. Hélène est-elle plus intelligente que Robert?   4. Est-ce que les huîtres sont meilleures que les homards?

E.   Répondez selon le modèle.

> Moi, je n'aime pas les fraises. Et Pierre et Jacques?
> Eux, ils les aiment.

1. Toi, tu ne cours pas. Et Pierre?   2. Moi, je ne veux pas faire les devoirs. Et toi?   3. Lui, il n'aime pas cette région. Et Pierre et Georges?   4. Eux, ils ne se reposent pas. Et moi?   5. Lui, il ne va pas travailler. Et vous?

F.   Répondez.

1. Marie a-t-elle trouvé un bon système elle-même?   2. Pierre a-t-il fait le travail lui-même?   3. Georges et Marc ont-ils cueilli le fruit eux-mêmes?
4. Marie et Anne ont-elles écrit l'article elles-mêmes?   5. As-tu obtenu ton passeport toi-même?   6. Avez-vous trouvé le parc vous-mêmes?   7. Est-ce que j'ai bu ce vin moi-même?

Emphatic pronouns as compound subjects
A.   Répétez.

Georges et moi, nous allons peindre.
Lui et elle, ils étudient.
Elle et vous, vous cueillez des fraises.

B.   Répondez selon les modèles.

Avec qui part-il? *elle*
Lui et elle, ils partent.

Avec qui part-il? *vous*
Lui et vous, vous partez.

Avec qui partez-vous? *lui*
Lui et moi, nous partons.

1. Avec qui étudie-t-il? *elle*   2. Avec qui part-il? *elle*   3. Avec qui part-elle? *vous*   4. Avec qui dessine-t-il? *vous*   5. Avec qui partez-vous? *elle*   6. Avec qui travaillez-vous? *lui*   7. Avec qui vas-tu courir? *eux*   8. Avec qui allez-vous à la pêche? *elles*   9. Avec qui étudies-tu? *toi*

Note grammaticale

Study the forms of the emphatic or stress pronouns.

moi	*me, I*	nous	*us, we*
toi	*you*	vous	*you*
lui	*him, he*	eux	*them, they*
elle	*her, she*	elles	*them, they*

Note that *elle, elles, nous,* and *vous* are the same as the subject pronouns.
Emphatic pronouns, which generally refer to specific people, are used:

1.   After *c'est* and *ce sont:*

C'est moi.   C'est nous.
C'est toi.   C'est vous.
C'est lui.   Ce sont eux.
C'est elle.   Ce sont elles.

Note that the verb in a *qui* clause which follows *c'est* or *ce sont* must agree with the emphatic pronoun.

C'est moi qui l'ai fait.
It is I who did it.

Ce sont eux qui partent de bonne heure.
It is they who are leaving early.

2.   As the object of a preposition:

> Elle va travailler avec ses amis. Elle va travailler avec eux.
>> *She is going to work with them.*
>
> Je parle de Georges. Je parle de lui.
>> *I am speaking of him.*

Recall the use of *lui* and *leur* to replace *à* plus a person.

> Il donne ses livres à son amie. Il lui donne ses livres.
>> *He gives her his books.*

An exception to this rule is in sentences with the verb *penser*.

> Je pense à Marie. Je pense à elle.
>> *I am thinking about her.*

3.   To add emphasis to the subject of a sentence:

> Eux, ils désirent l'acheter.
>
> Lui, il préfère aller à la pêche, mais moi, je préfère peindre.

4.   As a single-word answer to a question:

> Qui a préparé ce festin? Moi.
> *Who prepared this feast? I (did).*

5.   After a comparison:

> Georges est plus actif que toi.
> *George is more active than you.*

6.   As parts of compound subjects:

> Lui et elle (ils) vont à la pharmacie.
> *He and she are going to the pharmacy.*

Note that a subject pronoun which sums up the compound subject usually precedes the verb (*lui et moi, nous*). It is necessary to use such a summing up pronoun if there is a first or second person emphatic pronoun.

> Lui et moi, *nous* allons peindre.
>
> Elle et vous, *vous* devez rester.

7.   In combination with *–même*. It then means "myself," "yourself," etc.

moi-même	*myself*	nous-mêmes	*ourselves*
toi-même	*yourself*	vous-même(s)	*yourself (yourselves)*
lui-même	*himself*	eux-mêmes	*themselves*
elle-même	*herself*	elles-mêmes	*themselves*

> Elle l'a fait elle-même. *She did it herself.*

Exercices   *A. Complete the following sentences with the appropriate emphatic pronoun.*

1. Elle et _____, nous allons jouer aux cartes.
2. Cultivez-vous des légumes _____-même?
3. Les Dubois n'achètent pas la maison moderne. Elle est trop chère pour _____.
4. C'est _____ qui prépares le bac, n'est-ce pas?
5. _____, je désire être avocat.
6. _____, ils n'échouent pas.
7. C'est _____ qui avons visité Haïti.
8. Robert et moi _____ avons préparé ce festin _____-mêmes.
9. Elle va avec Pierre. Elle va avec _____.
10. Les disques sont pour les filles. Les disques sont pour _____.

B. Rewrite the following sentences, replacing the italicized words by y, en, lui, leur, *an emphatic pronoun, or the appropriate subject pronoun.*

1. *Monsieur et Madame Martin* ont quitté Paris pour la banlieue.
2. Monsieur Leman habite plus près de son travail que *Madame Dubois.*
3. Ce sont *Marie et Hélène* qui aiment les boîtes de nuit.
4. La mère offre un goûter *à son enfant.*
5. Qui assiste à un cours de géographie? *Marc et Pierre.*
6. *Jean* parle espagnol et *Marie* parle allemand.
7. Le pêcheur bavarde avec *le bouquiniste.*
8. À Paris on élève beaucoup *d'immeubles modernes.*
9. Tout le monde n'est pas si sportif que *les cyclistes.*
10. Voulez-vous vous asseoir à côté de *Jacqueline?*
11. Le guide indique aux touristes *la basilique du Sacré-Cœur.*
12. Vous pensez à *Pierre et à Jacques.*

À la pharmacie   *Ted Feder from EPA*

THE VERBS **PEINDRE**, **CRAINDRE**, **JOINDRE**, AND **REJOINDRE**

Pratique orale

A. Répétez.

Craignez-vous d'être seuls?   Crains-tu un accident?
Oui, nous craignons d'être seuls.   Oui, je crains un accident.
Peignez-vous le paysage?   Peins-tu une toile?
Oui, nous peignons le paysage.   Oui, je peins une toile.

B. Répondez.

1. Craignez-vous d'être seuls?   2. Peignez-vous une toile?   3. Crains-tu
une maladie sévère?   4. Peins-tu la porte?   5. Est-ce que les hommes
craignent de vieillir?   6. Peignent-ils un portrait?   7. Craint-il le médecin?
8. Peint-elle toute la maison?   9. Rejoint-il Marie au cinéma?

passé composé

A. Répétez.

A-t-elle peint cette toile?   Il a craint de prendre l'avion.
Avez-vous peint la porte?   Nous avons joint nos efforts.

B. Répondez.

1. Ont-ils joint leurs efforts?   2. Ont-elles rejoint leurs amis?   3. A-t-il
rejoint sa famille à Paris?   4. Avez-vous craint de manquer l'avion?
5. Avez-vous craint un accident?   6. As-tu craint d'entrer dans la maison?
7. Est-ce qu'elle a peint un portrait?   8. Est-ce qu'elle a vite peint?
9. Est-ce qu'ils ont peint toute la maison?

Note grammaticale

The verbs *craindre* (to fear), *peindre* (to paint), *joindre* (to join together two
things, to reach), *rejoindre* (to rejoin, to reunite), and *se plaindre* (to complain)
are conjugated alike. Note the *gn* in the plural forms.

craindre	*peindre*	*joindre*
je crains	je peins	je joins
tu crains	tu peins	tu joins
il	il	il
elle } craint	elle } peint	elle } joint
on	on	on
nous craignons	nous peignons	nous joignons
vous craignez	vous peignez	vous joignez
ils	ils	ils
elles } craignent	elles } peignent	elles } joignent

The past participles of these verbs are irregular.

craindre	craint
peindre	peint
joindre	joint
rejoindre	rejoint

Exercice   *A. Complete the sentences with the appropriate form of the indicated verb.*

1. L'ouvrier _____ une maladie grave. *craindre*
2. Tu as _____ les étalages en couleurs vives. *peindre*
3. Les fermiers ont _____ le froid. *craindre*
4. Est-ce que vous _____ vos amis au self-service? *rejoindre*
5. Je _____ le toit et je _____ de tomber. *peindre, craindre*
6. Est-ce que les Français _____ l'américanisation? *craindre*
7. Nous _____ un portrait d'un Québecois. *peindre*
8. Je ne _____ pas des jeunes qui portent des blue-jean délavés. *se plaindre*
9. Est-ce que tu _____ les marées du littoral breton? *craindre*
10. Nous avons _____ nos efforts pour garder les traditions bretonnes. *joindre*

Une maison en France

Alain Keler from EPA

PAST PARTICIPLES IN —ERT: THE VERBS **OUVRIR, COUVRIR, DÉCOUVRIR, OFFRIR, SOUFFRIR**

Pratique orale

A. *Répétez.*

J'ai ouvert la porte.   Il a offert du vin.
Il a découvert la maison.   Avez-vous souffert du froid?

B. *Répondez.*

1. Est-ce que l'enfant a découvert le lapin?   2. Le fermier a-t-il ouvert la porte de sa cave?   3. A-t-il offert du vin de sa cave?   4. Pierre a-t-il souffert pendant le voyage?   5. Est-ce que les Martin ont découvert la maison la semaine passée?   6. Les Dubois ont-ils ouvert la porte?   7. Les fermiers ont-ils offert du cidre?   8. Est-ce que les jeunes ont souffert de la fatigue?   9. As-tu couvert les légumes?   10. As-tu ouvert le sac de fruits?

Note grammaticale

The past participles of verbs ending in *–rir* have past participles ending in *–ert*.

ouvrir	ouvert
couvrir	couvert
découvrir	découvert
offrir	offert
souffrir	souffert

Vous avez découvert le meilleur chemin.
Vous avez ouvert la fenêtre.

Exercice

A. *Complete the following sentences with the correct form of the* passé composé *of the indicated verb.*

1. Le cycliste _____ l'étape en trois heures.   *couvrir*
2. Est-ce que vous _____ des produits régionaux aux visiteurs?   *offrir*
3. Les pieds noirs _____ pendant la guerre d'Algérie.   *souffrir*
4. J'_____ la cuisine française.   *découvrir*
5. Elle _____ sa valise dans sa chambre.   *ouvrir*
6. Nous leur _____ quelque chose à boire.   *offrir*
7. Les Françaises _____ la mode américaine.   *découvrir*
8. On n'_____ pas beaucoup _____ de l'américanisation.   *souffrir*
9. Est-ce que tu _____ la bière toi-même?   *ouvrir*

Conversation

À LA PHARMACIE

Le pharmacien:	Bonjour, Monsieur Lamont. Comment allez-vous?
Le client:	Moi, je vais bien, mais mon fils a beaucoup souffert hier soir. J'ai craint une maladie grave, mais ce n'est qu'une grippe.
Le pharmacien:	Le docteur l'a vu ce matin?
Le client:	Oui, et il a fait cette ordonnance, qui est illisible comme toute ordonnance. Pouvez-vous la remplir?
Le pharmacien:	Bien sûr. Elle va être prête dans un quart d'heure.
Le client:	Pouvez-vous me recommander aussi quelque chose pour le mal d'estomac?
Le pharmacien:	Essayez la bouteille à l'étiquette verte en bas.
Le client:	Et j'ai besoin aussi d'une bouteille d'aspirine, d'un tube de dentifrice et de shampooing.
Le pharmacien:	L'aspirine est au rayon contre le mur, le dentifrice à l'étalage à gauche et le shampooing est là-bas avec les autres produits de beauté. Vos médicaments sont prêts, Monsieur. Selon l'étiquette, il faut prendre les pilules trois fois par jour pendant 5 jours.
Le client:	Merci bien. Vous avez bien pu la lire. C'est combien?
Le pharmacien:	33 francs, Monsieur. J'espère que votre fils ira mieux.

Glossary (margin):
illisible *illegible*
étiquette *label*
en bas *below*
selon *according to*
ira *will be*

Exercices   A.   *Answer the following questions.*

1. Pourquoi Monsieur Lamont va-t-il à la pharmacie?
2. Comment va son fils?
3. Quand le docteur l'a-t-il vu?
4. Est-ce que l'ordonnance est facile à lire?
5. Quand est-ce que l'ordonnance va être prête?
6. Qu'est-ce que le pharmacien recommande pour le mal d'estomac?
7. Où se trouve l'aspirine? le dentifrice?
8. Selon l'étiquette, combien de fois par jour faut-il prendre les pilules?
9. Est-ce que le pharmacien a pu lire l'ordonnance?

B.   *Form a paragraph from the following elements.*

fils / M. Lamont / souffrir / beaucoup / hier / soir
Son / père / avoir / craindre / maladie / grave
docteur / avoir / voir / jeune / homme / ce / matin
Il / avoir / faire / ordonnance
M. Lamont / demander / à / pharmacien / de / remplir / ordonnance
En / attendre / il / chercher / aussi / bouteille / aspirine / et / tube / dentifrice

Lecture culturelle

UN WEEK-END À LA CAMPAGNE

Il est un spectacle en France que l'on voit moins souvent ici aux États-Unis. Toutes les fins de semaine on assiste au fameux départ en week-end! Il est très courant, lorsqu'on habite en ville, de posséder une maison de campagne. Elle se trouve généralement dans la région qu'on préfère et c'est là que dès le vendredi soir on part se reposer d'une semaine de travail en ville. Ce départ massif d'une grande partie de la cité donne lieu à quelques désagréments, notamment celui des embouteillages. Chaque famille a bien sûr son système pour éviter les ennuis de la circulation! Certains partent dès la sortie du travail, d'autres n'utilisent que les petites routes départementales, négligeant les autoroutes et les nationales, toujours très chargées. La radio et la Sécurité Routière donnent des indications sur les endroits à éviter. Malgré tout, ces systèmes et ces précautions n'empêchent pas les encombrements. Pourtant, quand on a vaincu cette première difficulté, on a deux ou trois grands jours devant soi pour profiter de sa maison et de son jardin et pour savourer une vie plus tranquille.

Ainsi les Dubois ne craignent pas de prendre la route chaque fin de semaine. Ils ont une toute petite maison dans le Loir-et-Cher. Ils aiment beaucoup cette région aux paysages si délicats. Il y a déjà plusieurs années, ils ont découvert une maison de campagne au détour d'un chemin, et ils ont décidé de saisir l'occasion tout de suite, charmés par l'endroit. Mais il a fallu faire de nombreuses réparations, apporter de nombreux changements, la maison étant très vieille et un peu délabrée. Pendant presque une année ils ont passé tous leurs week-ends à peindre, clouer, cimenter, décorer leur maison. Mais leurs efforts n'ont pas été en vain. Ils ont maintenant une charmante maison de campagne. Les Dubois ne sont pas riches cependant, et ils doivent travailler dur pour rembourser le prêt de la banque. Monsieur Dubois est comptable dans une petite usine. À ses moments perdus, il peint. Mais il a toujours d'autres travaux à faire avant de satisfaire sa passion. Il faut construire une balançoire pour les enfants, s'occuper du jardin potager, vérifier les quelques arbres fruitiers. Les plus jeunes enfants sont très heureux de pouvoir courir dans les champs et de crier à leur aise. Pendant ce temps Madame Dubois s'occupe des fleurs du jardin et fait des provisions. Chaque fois en effet elle ramène à Paris les légumes, les fruits, les fleurs de son jardin. Elle va aussi visiter les fermes voisines à bicyclette et achète ainsi chez ses voisins des œufs tout frais, le lapin ou la volaille que la famille va manger pendant la semaine. À Paris elle travaille dans un grand magasin « La Samaritaine » et c'est très fatigant.

De temps en temps ils invitent des amis à venir passer le week-end chez eux. Ces amis les rejoignent à la maison de campagne et ils organisent alors dans le

---

Glosses (left margin):

courant *common*
dès *beginning*

donne lieu à *results in*
désagréments *discomforts*
notamment celui des *especially that of*
négligeant *(here) avoiding*
nationales *national roads*
encombrements *traffic congestion*
a vaincu *conquered*
soi *oneself*
toute *very*
aux *with*
au détour *at the bend*
réparations *repairs*
clouer *nail*

prêt *loan*
comptable *accountant*
moments perdus *leisure time*

volaille *poultry*

De temps en temps *From time to time*

arrosés de *washed down with*

de pays *(here) local*

à travers *across*

cheminée *fireplace*

dont *of which*
a entendu parlé *heard about*

mûres *mulberries*

vainquons *conquer*
dès maintenant *from now on*
par tous les temps *in all weather*
noix *nut*
garde-champêtre *rural constable*
arpent *about an acre*

meurtrières *murderous*

jardin des repas qui se transforment toujours en véritables festins. On essaie les produits régionaux arrosés de vin de pays souvent peu connu. Madame Dubois en profite pour présenter ses confitures « maison » que les enfants meurent d'envie de manger. Ensuite les hommes vont à la pêche ou jouent aux cartes et les femmes font des voyages à bicyclette à travers la campagne. Ou bien ils vont tous ensemble visiter les châteaux et les musées qui abondent dans la région. L'hiver ils restent simplement dans la maison à bavarder autour de la cheminée de tout ce qu'ils ont vu.

Cette semaine, les deux aînés ne se joignent pas à leur famille. L'une travaille pour gagner l'argent de ses vacances, car elle veut partir visiter la Roumanie dont elle a beaucoup entendu parler. L'autre a rejoint ses amis pour une partie de camping au bord de la mer en Normandie. Aujourd'hui Monsieur Dubois est très content de la toile qu'il a fini de peindre le matin. Il est seul pour le moment et il n'y a aucun bruit autour de la maison restée ouverte. En effet les enfants ont décidé d'aller cueillir des mûres et des fraises dans les bois et de les manger comme dessert après le barbecue. Profitant de cette absence des enfants, les Dubois vont voir un couple de vieux fermiers qui n'ont plus aucune famille. Les Dubois les persuadent de venir déjeuner et de passer l'après-midi en leur compagnie. « Avec joie » répondent les fermiers, « nous avons toujours vécu avec beaucoup de monde autour de nous mais maintenant nous ne voyons plus personne. Le temps passe et nous vieillissons! Mais nous ne nous plaignons pas, nous vivons au rythme des saisons et notre vieillesse est bien douce ici. Vous avez été sages d'acheter une maison par ici. Maintenant elle vous est utile pour votre repos et pour vos enfants. Plus tard vous allez l'apprécier comme un refuge pour vos vieux jours. »

— Vous avez raison, il est bon de venir ici chaque semaine. Nous vainquons ainsi notre fatigue. Mais je regrette de ne pas pouvoir vivre ici dès maintenant. »

— Oh! la vie à la campagne n'est pas si facile! Il faut sortir par tous les temps et s'adapter aux caprices des saisons. Mais c'est une vie saine.

— Voulez-vous essayer du « vin de noix »? C'est une sorte d'apéritif que le garde-champêtre m'a offert. Il le fait lui-même. Il possède quelques arpents de vigne, là-haut sur la colline et il fabrique tout son vin. Moi, je me contente de faire du cidre. Tenez, allons voir ma cave »....

Demain les Dubois vont partir de bonne heure pour essayer d'éviter les embouteillages. Car au retour les routes sont aussi encombrées et malheureusement aussi « meurtrières », comme l'annonce chaque semaine la radio. Mais ces désagréments n'empêchent pas des milliers de Français de partir chaque week-end dans tous les coins de France pour retrouver leur famille, leurs amis ou leur maison.

Compréhension

A.   Answer the following questions.

1. Quand commence le départ en week-end?
2. Quels désagréments y a-t-il au départ?
3. Quels systèmes y a-t-il pour éviter les ennuis de la circulation?
4. Dans quelle région les Dubois ont-ils une maison de campagne?
5. Pourquoi ont-ils décidé d'acheter la maison tout de suite?
6. Qu'est-ce que les Dubois ont fait pour réparer la maison?
7. Quel est le métier de M. Dubois?

8.   Où travaille-t-il?
9.   Quelle passion a M. Dubois?
10.   Pourquoi ne réussit-il pas à satisfaire souvent sa passion?
11.   Que font les plus jeunes enfants?
12.   Et Mme Dubois, de quoi s'occupe-t-elle?
13.   Qu'est-ce qu'elle achète dans les fermes voisines?
14.   Où travaille-t-elle à Paris?
15.   Est-ce que les Dubois invitent souvent des amis à venir passer le week-end chez eux?
16.   Qu'est-ce qu'on prend aux festins du week-end?
17.   Que fait-on pendant le week-end?
18.   Pourquoi les deux aînés sont-ils absents ce week-end?
19.   Pourquoi M. Dubois est-il très content ce jour-ci?
20.   Qui Monsieur Dubois invite-t-il à passer l'après-midi avec eux?
21.   Quand est-ce que les Dubois vont certainement apprécier leur maison?
22.   Quel regret a M. Dubois?
23.   Est-ce que la vie à la campagne est idéale selon le fermier?
24.   Est-ce que le fermier fait son propre vin? Que fait-il?
25.   Pourquoi les Dubois vont-ils partir de bonne heure pour rentrer?
26.   Est-ce que les désagréments de la route empêchent les Français de partir chaque week-end?

**Thèmes
de discussion**

1.   Discutez des avantages et des désavantages de partir en week-end.
2.   Discutez de l'art d'éviter les embouteillages.

**Thèmes
de composition**

1.   Décrivez un week-end chez les Dubois. Décrivez la maison, le paysage, les activités. Que font les hommes, les femmes et les enfants? Que fait-on le matin, l'après-midi, le soir?
2.   Décrivez un week-end d'été avec votre famille.

QUINZIÈME
LEÇON

Vocabulaire

1. Monsieur Bosquet est au guichet du métro.
Il est en train d'acheter un carnet de 10 billets.
Il cherche l'argent nécessaire.
Il a la main dans la poche.
Une femme regarde le plan du métro.
Elle cherche la meilleure route.
Elle n'a pas encore trouvé la meilleure route.
2. Deux jeunes gens se tiennent debout au milieu de l'amphithéâtre.
Les deux étudiants crient « Attention, camarades. »
Ils hurlent de toutes leurs forces.

3 Un groupe de gens s'amusent dans le parc.
Ils sont en train de se distraire.
Un jeune homme chante des chansons.
Une femme allume une cigarette.
Deux enfants jouent avec une balle.
Un enfant lance la balle à l'autre.
Il la lui lance.
L'autre enfant tombe.
On ne souffre pas d'ennui ici.
On ne s'ennuie pas !

4 Philippe aime arriver à l'amphi en avance.
Sa classe commence à neuf heures.
Il arrive à neuf heures cinq.
Alors aujourd'hui il est en retard.
Il n'y a plus de place assise dans l'amphi.
Il reste debout dans le couloir.
Il a du mal à prendre des notes debout !
Son camarade de chambre a une place assise.
Comme il a de la chance !

la bourse   *l'argent donné à un étudiant qui l'emploie pour payer ses études*
les frais d'inscription (m.)   *l'argent qu'il faut payer pour entrer dans ses cours*
le début   *le commencement*
le grand-père   *le père de votre père ou de votre mère*
se tromper   *commettre une erreur*
    Parfois je me trompe.
renouveler   *refaire, donner de nouveau*
    On a renouvelé le contrat.
rassembler   *réunir*
apprendre   *gagner la connaissance; enseigner*
    Apprenez-vous le français?
    Je lui apprends des chansons.
se souvenir de   *revoir comme au présent quelque chose du passé, garder la mémoire de*
    Je me souviens de mon premier voyage en avion.
prêter   *donner à quelqu'un pour un temps*
    Je vous prête ce disque, mais rendez-le-moi la semaine prochaine.
peut-être   *possiblement*
par exemple   *pour illustrer*

l'indication (f.)
le juge
le notaire
le présent
la transition
la discipline
le, la camarade
le combat
le gladiateur

le radiateur
le bourgeois, la bourgeoise
le, la capitaliste
la participation
la politique
le vote

se préoccuper (de)
s'adapter (à)

se loger
hésiter
respecter
pardonner
retourner

civil, –e
total, –e, –aux, –ales
idiot, –e

Pratique orale

A. Répondez.

1. Qu'est-ce que Monsieur Bosquet est en train d'acheter au guichet du métro?
2. Où est sa main?
3. Que fait la femme?
4. Où se trouvent les deux jeunes gens?
5. Est-ce qu'ils hurlent?
6. Est-ce que les gens sont en train de se distraire dans le parc?
7. Qu'est-ce que le jeune homme chante?
8. Que fait la femme?
9. Qu'est-ce que l'enfant lance?
10. Est-ce qu'on s'ennuie au parc?
11. Est-ce que Philippe arrive en retard à l'amphi?
12. Pourquoi doit-il rester debout?
13. D'où écoute-t-il la leçon?
14. Est-ce qu'il est facile de prendre des notes debout?

Exercices

A. Complete the following sentences with an appropriate word.

1. Il préfère arriver en avance et il déteste arriver _____.
2. On n'a pas toujours raison. On se _____ parfois.
3. L'homme désire fumer sa pipe, alors, il l'_____.
4. Une _____ paie les _____ d'inscription pour les études.
5. Mes camarades vont m'_____ des chansons.
6. Elle _____ de son premier jour à l'université. C'est un souvenir agréable.
7. Il est probable qu'il va pleuvoir. Il va _____ pleuvoir.
8. Son ami lui a _____ ses notes, mais elle doit les lui rendre.
9. C'est le mois de septembre. C'est le _____ de l'année scolaire.
10. J'aime me distraire. Hier, _____ exemple, je suis allé au cinéma avec des amis.
11. J'adore mon _____, le père de ma mère.
12. Philippe désire _____ avec ses amis. Il veut s'amuser.

B. Give the opposite of each of the following.

1. oublier
2. la fin
3. éliminer
4. s'ennuyer

Des étudiants sur le boulevard Saint-Michel

Hubert Josse from EPA

Structure

THE **PASSÉ COMPOSÉ** OF VERBS CONJUGATED WITH **ÊTRE**

Pratique
orale

A. Répétez.

Êtes-vous monté(e)s dans le taxi?   Es-tu revenu(e) à l'heure?
Oui, nous sommes monté(e)s dans le taxi.   Oui, je suis revenu(e) à l'heure.

B. Substituez.

| Brigitte et Denise sont | rentrées
revenues
allées
entrées
sorties | à trois heures. |

| Ils sont | arrivés
partis
montés
descendus
retournés
sortis
restés | trop tard. |

C. Répondez.

1. Est-ce que l'acteur est arrivé en retard?   2. Est-ce que l'actrice est partie de bonne heure?   3. La sœur de Georges est-elle sortie de l'amphithéâtre? 4. Est-ce que l'artiste est entré dans le musée?   5. Est-ce que les femmes sont montées par l'ascenseur?   6. Est-ce que les hommes sont descendus? 7. Est-ce que les poissons sont morts hier?   8. Est-ce que les fleurs sont déjà mortes?   9. Ces poulets-ci sont-ils nés hier?

D. Répondez selon les modèles.

>   Êtes-vous arrivés?
>   Oui, nous sommes arrivés.
>   Es-tu parti?
>   Oui, je suis parti.

1. Êtes-vous devenu(e)s riches?   2. Êtes-vous entré(e)s chez vous après le film?   3. Êtes-vous revenu(e)s à votre chambre?   4. Êtes-vous sorti(e)s ensemble?   5. Es-tu devenu(e) fatigué(e)?   6. Es-tu monté(e) au cinquième étage?   7. Es-tu arrivé(e) à l'heure?   8. Es-tu venu(e) avec ton frère?

E. Imitez les modèles.

> Je suis descendue à cinq heures.   *monter*
> Et à quelle heure es-tu montée?
>
> Nous sommes descendues à six heures.   *monter*
> Et à quelle heure êtes-vous montées?

1. Je suis partie à midi.   *arriver*   2. Je suis sorti à l'heure.   *entrer*
3. Nous sommes parties à deux heures.   *arriver*   4. Nous sommes descendues à trois heures.   *monter*   5. Nous sommes revenus de la gare à quatre heures.   *aller*

Note grammaticale

As you have learned, the *passé composé* is generally formed by using the present tense of the verb *avoir* and a past participle. The following verbs use *être* as the helping verb in the *passé composé.*

aller allé *to go*	venir venu *to come*	
retourner retourné *to go back*	revenir revenu *to come back*	
entrer entré *to enter*	sortir sorti *to leave, go out*	
rentrer rentré *to go back*		
arriver arrivé *to arrive*	partir parti *to leave*	
monter monté *to go up*	descendre descendu *to go down*	
naître né *to be born*	mourir mort *to die*	
tomber tombé *to fall*		
rester resté *to stay*		
devenir devenu *to become*		

Un plan du métro   *Alain Keler from EPA*

Most of these verbs are common intransitive verbs of motion to and from a place. Note that twelve are opposites.

The spoken forms of all of these verbs except *mourir* sound alike. In written form, however, with verbs conjugated with *être*, the past participle agrees in gender and number with the subject.

je suis allé(e)	nous sommes allé(e)s
tu es allé(e)	vous êtes allé(e)(s)(es)
il, on est allé	ils sont allés
elle est allée	elles sont allées

Some of the 16 verbs can take objects. If the verb has a direct object, it is conjugated with *avoir*. Compare the following:

Nous sommes montées par l'ascenseur. *We went up by elevator.*

Nous avons monté nos valises. *We took up our suitcases.*

Elle est descendue du taxi. *She got out of the taxi.*

Elle a descendu les lettres. *She took down the letters.*

Ils sont sortis de l'hôtel. *They went out of the hotel.*

Ils ont sorti leur guide de leur poche. *They took their guide books from their pockets.*

Exercices

A. *Complete the following sentences with the correct form of the* passé composé *of the indicated verb.*

1. Les pieds noirs _____ de l'Algérie avec certains regrets.   *sortir*
2. Est-ce que Marguerite _____ médecin? *devenir*
3. Marie et Anne, vous _____ déjà _____.   *monter*
4. Beaucoup de Français _____ en week-end.   *partir*
5. Nous (m.pl.) _____ avec de la volaille et des légumes.   *rentrer*
6. Les pêcheurs bretons _____ avec leur cargaison de morues, de homards et de langoustes.   *revenir*
7. Monsieur Durand _____ prendre un verre au café avec ses collègues.   *aller*
8. Quand Édith Piaf _____? *mourir*
9. Est-ce que vous _____ en retard? *arriver*
10. Je (f.) _____ à la pharmacie.   *tomber*
11. Claire, tu _____ en France, n'est-ce pas? *naître*
12. Vous (m.pl.) _____ apprendre quelque chose.   *venir*

B. *Follow the model.*

Est-ce qu'elle monte ou descend?

Elle est déjà montée. Elle descend maintenant.

1. Est-ce que l'actrice entre ou sort?
2. Est-ce que les artistes restent ou partent?
3. Marc et Paul, arrivez-vous ou partez-vous?
4. Hélène, est-ce que tu montes ou descends?
5. Est-ce que les jeunes femmes vont au cinéma ou reviennent du cinéma?

C. Complete the following sentences with the correct form of the passé composé *of the indicated verb.*

1. Qui _____ vos bagages? *monter*
2. Elle _____ avec Jean. *monter*
3. Nous _____ au Quartier latin. *descendre*
4. Nous _____ la rue en courant. *descendre*
5. L'actrice _____ du théâtre. *sortir*
6. L'ouvrier _____ sa motocyclette du garage. *sortir*

THE **PASSÉ COMPOSÉ** OF REFLEXIVE VERBS

Pratique orale

A. Répétez.

Vous êtes-vous amusé(e)s hier?

Oui, nous nous sommes amusé(e)s hier.

Vous êtes-vous lavé les mains?

Oui, nous nous sommes lavé les mains.

T'es-tu promené(e) dans le bois?

Oui, je me suis promené(e) dans le bois.

T'es-tu brossé les dents?

Oui, je me suis brossé les dents.

B. Répondez.

1. Vous êtes-vous endormi(e)s facilement?   2. Vous êtes-vous levé(e)s tard?   3. Vous êtes-vous dépêché(e)s hier?   4. Vous êtes-vous lavé les mains?   5. T'es-tu couché(e) tard hier soir?   6. T'es-tu lavé les mains?   7. T'es-tu trompé(e) de ligne?   8. T'es-tu brossé les dents?

C. Répondez.

1. L'homme s'est-il trompé de ligne?   2. La femme s'est-elle arrêtée à la place des Vosges?   3. S'est-elle bien amusée?   4. Est-ce que les touristes se sont ennuyés pendant le voyage?   5. Se sont-ils assis le long de la Seine?   6. Marie et Claire se sont-elles bien amusées au cinéma?   7. Se sont-elles assises au cinéma?   8. Se sont-elles brossé les dents?

D. Répondez selon le modèle.

> Vous êtes-vous amusé dans le métro?
> Je ne me suis jamais amusé dans le métro.

1. Le pilote s'est-il amusé dans le train?   2. L'étudiante s'est-elle ennuyée à la bibliothèque?   3. Les touristes se sont-ils trompés de ligne?   4. Les actrices se sont-elles vite habillées?   5. Vous êtes-vous demandé la raison de son départ?   6. Étienne et Marie, vous êtes-vous dépêchés ce matin?   7. T'es-tu couché tard hier soir?   8. Est-ce que je me suis tu hier?

E. Répondez.

1. À quelle heure vous êtes-vous réveillé(e) ce matin?   2. À quelle heure vous êtes-vous lavé(e)?   3. Est-ce que vous vous êtes lavé la figure avant de manger?   4. Vous êtes-vous tu(e) à table?   5. Vous êtes-vous dépêché(e) pour ne pas être en retard?

Interrogative

A.   Substituez.

	peignées?			amusé(e) (s) (es) ?
Se sont-elles	brossé les dents?	Vous êtes-vous		ennuyé(e) (s) (es) ?
	réveillées?			trompé(e) (s) (es) de ligne?
	battues?			
	assises?			

B.   Imitez les modèles.

Je me suis levé tard ce matin.
À quelle heure t'es-tu levé?

Les enfants se sont battus hier.
À quelle heure les enfants se sont-ils battus?

1. Elle s'est couchée de bonne heure hier soir.   2. Il s'est endormi cet après-midi.   3. Elles s'en sont allées hier.   4. Les enfants se sont promenés ce matin.   5. Je me suis réveillée tard ce matin.   6. Je me suis levé tôt ce matin.   7. Nous nous sommes assises au café ce soir.   8. Nous nous sommes réveillés tôt ce matin.

Note grammaticale

All reflexive verbs are conjugated with *être* in the *passé composé*. Study the following.

je me suis levé(e)	nous nous sommes levé(e)s
tu t'es levé(e)	vous vous êtes levé(e) (s) (es)
il s'est levé	ils se sont levés
elle s'est levée	elles se sont levées
on s'est levé	

The past participle of *s'asseoir* is *assis*.

Il s'est assis.   *He sat down.*
Elle s'est assise.   *She sat down.*

The past participle agrees in gender and number with the reflexive pronoun if it is a direct object.

Elle s'est lavée.   *She washed herself.*

Se is the direct object of *laver* and, therefore, the past participle agrees. If, however, the direct object follows the verb, the reflexive pronoun becomes indirect and there is no agreement.

Elle s'est lavé les mains.   *She washed her hands.*

Here, *les mains* is the direct object.

In the negative, *ne* is placed before the reflexive pronoun and *pas* is placed after the auxiliary verb *être*.

Je ne me suis pas levé(e).
Elle ne s'est pas levée.

The interrogative is formed either by adding *est-ce que* or by inverting the helping verb and the subject pronoun.

Est-ce que je me suis bien amusée?
T'es-tu dépêché?
Le touriste s'est-il trompé de ligne?
Ne nous sommes-nous pas brossé les dents?

Exercice   *A. Rewrite the following sentences in the* passé composé.

1. La fille se plaint du travail.
2. Les étudiants s'amusent quand la situation s'en présente.
3. Les garçons ne se battent plus.
4. Nous nous dépêchons pour ne pas arriver en retard.
5. Les enfants ne se brossent pas les dents.
6. Les femmes s'asseyent sur l'herbe pour écouter les chansons.
7. Madeleine, tu t'amuses bien à l'université, n'est-ce pas?
8. Brigitte, est-ce que vous vous arrêtez devant le plan du métro?
9. Pourquoi s'ennuient-ils au parc?
10. Pourquoi vous plaignez-vous du service?
11. La fille se lave les mains avec soin.

AGREEMENT OF THE PAST PARTICIPLE WITH VERBS
CONJUGATED WITH **AVOIR**

Pratique   *A. Répétez.*
orale
Est-ce la chanson que vous avez apprise? C'est la chanson que j'ai apprise.
Est-ce le verbe que vous avez appris? C'est le verbe que j'ai appris.
Avez-vous écrit la lettre? Je l'ai écrite.
Avez-vous écrit le livre? Je l'ai écrit.
Ce sont les excursions qu'ils ont faites.
Ce sont les devoirs qu'ils ont faits.
A-t-il pris les notes? Il les a prises.
A-t-il pris les pourboires? Il les a pris.

B. Répondez.
1. C'est la lettre qu'elle a ouverte?   2. C'est le magasin qu'elle a ouvert?
3. C'est la leçon que l'étudiant a apprise?   4. C'est le métier que l'ouvrier a
appris?   5. C'est la viande qu'elle a prise?   6. C'est le pain qu'elle a pris?
7. C'est la route qu'il a suivie?   8. C'est le cours qu'il a suivi?   9. Ce sont
les fraises qu'ils ont prises?   10. Ce sont les œufs qu'ils ont pris?   11. Ce
sont les balles que les enfants ont lancées?   12. Ce sont les crayons que les
enfants ont lancés?

C. Répondez selon les modèles.

>Avez-vous écouté le professeur?
>Oui, je l'ai écouté.
>
>Avez-vous pris les fraises?
>Oui, je les ai prises.

1. A-t-elle ouvert la fenêtre?   2. A-t-il ouvert le sac?   3. Avez-vous appris
la chanson?   4. Avez-vous appris le français?   5. A-t-elle fait les promenades?   6. A-t-elle fait ses devoirs?   7. Avez-vous visité les usines?
8. Avez-vous visité les musées?

D. *Imitez le modèle.*

> Mettez votre bicyclette dans un parking!
> Je l'ai déjà mise dans un parking.

1. Mettez la nappe sur la table!   2. Mettez l'imperméable!   3. Ouvrez la porte!   4. Ouvrez le livre!   5. Peignez les toiles!   6. Peignez les paysages!   7. Lisez les journaux!   8. Lisez les revues!

Note grammaticale   The past participle must agree in number and in gender with any direct object which precedes a verb conjugated with *avoir.*

> Quelle <u>lettre</u> avez-vous écri<u>te</u>?
> Combien de <u>livres</u> a-t-il lu<u>s</u>?
> C'est <u>la maison</u> qu'ils ont acheté<u>e</u>.
> Avez-vous peint les toiles? Oui, je <u>les</u> ai pein<u>tes</u>.
> C'est <u>le vin</u> qu'il nous a donné.

Note that in the last sentence *donné* agrees with the direct object *vin* and not with the indirect object *nous.*

If the past participle ends in a consonant, the consonant is pronounced in the feminine form. Most past participles sound alike in the feminine and masculine forms.

> la ville que j'ai décri<u>te</u>
> le paysage que j'ai décri̸t

But: la route que j'ai suivi̸e
> les cours que j'ai suivi̸s

Exercices   A. *Complete the following sentences with the correct form of the past participle of the indicated verb.*

1. Voilà les toiles que j'ai _____.   *peindre*
2. Voilà la lettre qu'elle a _____.   *envoyer*
3. Quels produits ont-ils _____?   *vendre*
4. C'est la langue que j'ai _____.   *apprendre*
5. C'est le cidre que le fermier nous a _____.   *vendre*
6. Les jeunes ont profité des échanges culturels que le gouvernement a _____.   *encourager*

B. *Follow the model.*

> Ne prenez pas les fraises.
> Je les ai déjà prises.

1. Ne suivez pas ce cours de français!
2. Ne visitez pas la tour Eiffel!
3. Ne mettez pas les gants au rayon des cravates!
4. N'ouvrez pas les portes!
5. N'écrivez pas la composition!
6. N'apprenez pas les explications!

DOUBLE OBJECT PRONOUNS

le lui, la lui, les lui

Pratique orale

A.   Répétez.

Donnes-tu le livre à Philippe?   Prête-t-il les notes à son ami?
Oui, je le lui donne.   Oui, il les lui prête.

Raconte-t-elle l'histoire à l'enfant? A-t-il donné la permission à son fils?
Oui, elle la lui raconte.   Oui, il la lui a donnée.

B.   Substituez.

Nous	le / la / les	lui prêtons.	Il le lui a	montré. / envoyé. / demandé. / apporté. / écrit.

C.   Imitez le modèle.

> Lit-il le journal à son grand-père?
> Oui, il le lui lit.

1. Demande-t-elle le menu au garçon?   2. Sert-il le repas à la femme?
3. Lui donne-t-il l'apéritif?   4. Le coiffeur rase-t-il la moustache à l'homme?
5. Raconte-t-il l'histoire de sa vie au coiffeur?   6. Demande-t-il son opinion au coiffeur?   7. Vend-il les billets à Philippe?   8. Pose-t-il les questions au professeur?   9. Demande-t-elle les notes à Philippe?   10. A-t-il prêté le cahier à Hélène?   11. A-t-il prêté la photo à Pierre?   12. Lui a-t-il demandé les notes?

le leur, la leur, les leur

A.   Répétez.

As-tu dit « au revoir » à tes parents?
Oui, je le leur ai dit.

Enseigne-t-on la langue bretonne aux Bretons?
Oui, on la leur enseigne.

Montrez-vous les chaussures à vos camarades?
Oui, je les leur montre.

B.   Imitez le modèle.

> J'explique la leçon aux étudiants.
> Je la leur explique.

1. J'apporte le shampooing à mes parents.   2. Je sers le dîner à mes sœurs.
3. Je décris le paysage à mes amis.   4. Je donne l'argent aux enfants.
5. Nous expliquons la leçon aux étudiants.   6. Nous donnons aux jeunes la permission de partir.   7. Nous racontons l'histoire aux enfants.   8. Vous vendez les fruits aux fermiers.   9. Vous servez les fraises aux visiteurs.
10. Vous rendez les livres à vos amis.   11. J'ai promis l'argent à mes enfants.
12. J'ai donné la photo aux enfants.   13. J'ai vendu les billets aux touristes.

C. *Imitez le modèle.*

> Je donne la balle à votre fils.
> Ne la lui donnez pas, s'il vous plaît.

1. Je donne ce livre à votre fils.   2. Je rends ce manteau à Pierre.   3. Je donne cette balle à l'enfant.   4. J'envoie cette lettre à votre sœur.   5. Je vends les billets à Henri.   6. J'enseigne ces chansons à mes camarades. 7. J'envoie ces paquets à mes parents.   8. J'explique l'exercice aux étudiants. 9. Je raconte l'histoire aux enfants.

me, te, nous, vous + le, la, les

A. *Substituez.*

| Michèle | nous
vous
me
te | les enseigne. |

| Le guide te | le montre.
la dit.
les vend.
l'a indiqué. |

| Mes parents | me
te
nous
vous | les ont envoyés. |

B. *Imitez les modèles.*

> Pierre nous envoie la lettre.
> Pierre nous l'envoie.

1. Mes camarades me paient le vin.   2. Ils me racontent leur aventure. 3. Ma tante m'envoie la lettre.   4. Ils me donnent les livres.   5. Tes parents te donnent l'argent.   6. Tes parents te promettent l'auto.   7. Tes parents t'envoient le programme.   8. Le garçon t'apporte les bouteilles. 9. André nous donne le livre.   10. Le fermier nous montre sa cave. 11. Pierre nous apporte le vin.   12. Il nous indique la route.   13. Elle vous dit « bonjour ».   14. Elle vous dit la vérité.   15. Il vous sert les légumes.   16. Ils vous apportent les pommes frites.

> Il m'a donné le livre.
> Il me l'a donné.

1. Ils m'ont vendu le pain.   2. Elles m'ont donné les valises.   3. Il t'a apporté le disque.   4. Elle t'a donné les livres.   5. Il nous a indiqué la route.   6. Elle nous a donné le livre.   7. Elle vous a montré l'église. 8. Il vous a vendu les billets.

C. *Imitez les modèles.*

Je ne te le rends pas!
Ça va. Ne me le rends pas!
Non, rends-le-moi.

Je ne vous la dis pas!
Ça va. Ne me la dites pas!
Non, dites-la-moi!

1. Je ne te le donne pas! 2. Je ne te l'apporte pas! 3. Je ne te la sers pas! 4. Je ne te les lis pas! 5. Je ne vous l'envoie pas! 6. Je ne vous les vends pas! 7. Je ne vous la dis pas!

D. *Imitez le modèle.*

Va-t-il te donner le livre?
Oui, il va me le donner.

1. Vont-ils te vendre le disque? 2. Aime-t-il te dire la vérité? 3. Va-t-elle te chanter les chansons? 4. Allez-vous me dire la vérité? 5. Voulez-vous me rendre les devoirs? 6. Voulez-vous me servir la pâtisserie?

Y *and* en
A. *Répétez.*

Il y a des fruits? Oui, il y en a.
Y a-t-il des fraises? Non, il n'y en a pas.

Lui parlez-vous du problème? Oui, je lui en parle.
Vous écrit-il des lettres? Non, il ne m'en écrit pas.

Mettez-vous le livre sur la table? Oui, je l'y mets.
Vous a-t-il vu au restaurant? Oui, il m'y a vu.

B. *Substituez.*

| Il | m'en
nous en
lui en | a vendu. |

| Y a-t-il des | questions?
réponses?
étudiants?
professeurs? | Il y en a. |

| Nous l'y avons | mis.
vu.
acheté. |

C. *Répondez avec des pronoms.*

1. Y a-t-il des touristes ici? 2. Y a-t-il de l'eau dans la rivière? 3. Lui montre-t-il des photos? 4. Leur vendent-ils des billets? 5. Vous donne-t-il du pain? 6. Se souvient-elle de son voyage? 7. Le touriste trouve-t-il le musée sur la carte? 8. Met-elle ses livres dans sa chambre? 9. L'a-t-il vue au restaurant? 10. Pouvez-vous me rejoindre devant le cinéma?
11. Pouvez-vous l'étudier à l'université?

Note grammaticale   When there are two object pronouns of a single verb, the order is as follows:

me								
te		le						
se	*precede*	la	*precede*	lui	*precede*	y	*precede*	en
nous		les		leur				
vous								

This chart should be committed to memory.

The placement of the double object is the same as for a single object; that is, the double object precedes the verb or infinitive except in affirmative imperatives. Note that in the *passé composé* the pronouns precede the helping verb *avoir*. Study the following examples:

Affirmative sentences

Elle me la dit.	*She says it to me.*
Il te les a rendus.	*He gave them back to you.*
Ils se le disent.	*They say it to each other.*
Je le lui ai donné.	*I gave it to him.*
Je m'en plains.	*I complain about it.*
Il lui en apporte.	*He brings some to him.*
Elle s'y est amusée.	*She had fun there.*
Il y en a assez.	*There is enough of it.*
	(There are enough of them.)

Objects of infinitives

J'hésite à le leur dire.	*I hesitate to say it to them.*
Je désire lui en parler.	*I want to speak to him about it.*

Negative sentences

Je ne la lui donne pas.	*I don't give it to her.*
Je ne m'en suis pas souvenu.	*I did not remember it.*

Negative imperative

Ne la lui racontez pas.	*Don't tell him it.*
Ne me le lisez pas.	*Don't read it to me.*

Interrogative sentences

Y en a-t-il?	*Is (Are) there any?*
Vous en a-t-il parlé?	*Did he speak to you about it?*

Affirmative imperatives

Rendez-le-moi.	*Give it back to me.*
Racontez-les-nous.	*Tell them to us.*

La Place des Vosges   *Alain Keler from EPA*

Exercice   *A. Rewrite the following sentences, replacing noun objects with pronouns. Take care to make agreements of past participles with preceding direct objects where necessary.*

1. Il me prête ses notes.
2. Elle lui envoie des fleurs.
3. Nous nous amusons au parc.
4. Je leur vends les billets.
5. Il y a assez de petits restaurants.
6. Espères-tu leur parler de votre idée?
7. Elle nous a montré la maison.
8. Ne servez pas cette viande au client.
9. Il se souvient de son premier jour de classes.
10. On parle anglais aux États-Unis.
11. Donnez-vous le pourboire à l'ouvreuse?
12. Nous avons donné nos valises au porteur.
13. Il n'a pas oublié de rendre les notes à son camarade de chambre.
14. On boit beaucoup de vin en France.
15. Les autres étudiants nous paient un pot.
16. Est-ce qu'il vous a rasé la moustache?
17. Elles s'amusent bien au parc.
18. Ne me parlez pas du départ en week-end!
19. Elle indique le champion à ses amis.
20. Vend-on des billets à l'enfant?

Conversation

AU MÉTRO

ligne *subway line*	*Monsieur:*	Je crois que je me suis trompé de ligne. Pouvez-vous m'aider?
	Employée:	Où désirez-vous aller, Monsieur?
Hôtel de Ville *City Hall*	*Monsieur:*	Je suis descendu à l'Hôtel de Ville et je cherche l'église Saint-Germain-des-Prés.
prenez *(here) go in* une correspondance *connecting station*	*Employée:*	Vous avez mal choisi, mais ce n'est pas grave. Vous êtes à la Bastille. Alors, prenez la direction Pont de Neuilly jusqu'au Châtelet, qui est une correspondance. Ensuite, suivez bien les indications pour prendre la direction Porte d'Orléans jusqu'à Saint-Germain-des-Prés.
	Monsieur:	Merci bien, Madame. Et donnez-moi un carnet, s'il vous plaît.
	Employée:	Je vous le donne, Monsieur. C'est votre premier voyage au métro?
	Monsieur:	Non, je suis arrivé hier à Paris et j'ai mieux réussi la première fois. Avec les plans aux points lumineux, c'est si simple. La route que j'ai voulue a été illuminée.
aux points lumineux *with lit-up dots (The best route from one station to another is indicated on these maps by a series of illuminated bulbs.)*	*Employée:*	Vous pouvez toujours monter pour voir la place de la Bastille et la place des Vosges.
	Monsieur:	Tiens! Je n'y ai pas pensé. Pourquoi pas? Au revoir.

Exercice

A. Répondez.

1. Quel problème a le monsieur au métro?
2. Où désire-t-il aller?
3. Où est-il descendu?
4. Combien de trains doit-il prendre pour arriver à Saint-Germain-des-Prés?
5. À quelle station doit-il changer de ligne?
6. Qu'est-ce que le monsieur achète?
7. Est-ce son premier voyage au métro?
8. Selon le monsieur, est-il difficile de trouver son chemin dans le métro à Paris?
9. Qu'est-ce qui aide les touristes à trouver leur chemin?
10. Qu'est-ce que l'employée propose au monsieur qui s'est trompé?

Lecture culturelle

LA VIE D'ÉTUDIANT

Je m'appelle Philippe Lannoy, j'ai 19 ans et je suis étudiant de deuxième année à la Faculté de Droit de Lille. Je ne sais pas encore exactement ce que je veux faire, si je veux être avocat, ou juge, ou notaire, mais j'ai le temps de me décider. Pour l'instant, je suis étudiant, je me préoccupe plus du présent que de l'avenir, et ma vie n'est pas trop difficile. Mais il faut dire que j'ai eu de la chance et que tout le monde n'en a pas autant que moi. Je me suis bien adapté à la vie d'étudiant (et la transition entre la discipline du lycée et l'indépendance de la Fac n'est pas toujours facile) ; on a renouvelé ma bourse; donc j'ai assez d'argent pour payer mes frais d'inscription et mes livres, pour me loger (j'ai gardé ma chambre à la Cité Universitaire), et il me reste un peu d'argent de poche pour me distraire.

autant que   *as much as*

la Fac   *la Faculté*

il me reste   *I have left*

Le Panthéon   *Editorial Photocolor Archives (EPA)*

« bizuther »	*haze*
beau	*(here) very*
pétards	*fire-crackers*
bizuths	*freshmen*
anciens	*elders*
nous payer un pot	*buy us a jug (of wine)*
n'avions pas	*did not have*
chahuter	*to be rowdy*
jeux de mots	*plays on words*
ne nous ont pas soutenus	*did not support us*
en mai 68	*time of student-worker revolts in France*
fainéants	*lazy people*
tout de même	*all the same*
droit	*right*

En général, je suis assez sérieux dans mon travail, mais je n'hésite pas à m'amuser quand l'occasion s'en présente. Hier matin, par exemple, avec cinq de mes camarades, nous sommes allés « bizuther » les étudiants de première année. Au beau milieu du cours de Droit Civil, nous sommes entrés dans leur amphithéâtre, nous avons allumé des pétards, et nous les leur avons lancés en hurlant: « Nous voulons la guerre totale! », et nous sommes sortis de l'amphi. Après le cours, nous avons rassemblé trois bizuths, et pour leur apprendre à respecter les anciens, nous sommes allés avec eux au restaurant universitaire où nous leur avons donné la permission de nous payer un pot.

Ensuite nous sommes allés manger, et comme nous n'avions pas cours avant 4 heures, nous sommes allés au cinéma. Nous avons vu un film complètement idiot: « Le combat des gladiateurs ». Nous nous sommes bien amusés; nous n'avons pas arrêté de chahuter et de faire de mauvais jeux de mots (« Le combat des radiateurs »!). Bien sûr, il y a des gens dans la salle qui n'ont pas aimé cela, mais ce ne sont que des bourgeois, des capitalistes, et nous n'avons pas hésité à le leur dire! Ils ne nous ont pas soutenus en mai 68, ils ont eu peur, et ils ne nous l'ont pas pardonné. Ils nous considèrent comme des fainéants, des agitateurs; ils sont contre la participation des étudiants à la politique, mais ils n'ont tout de même pas pu nous empêcher d'obtenir le droit de vote à 18 ans!

Dans le métro　　　　　　　　　　　　　　　　　*Alain Keler from EPA*

Après le cinéma, nous sommes retournés à la Fac et nous sommes allés au cours de Droit Administratif. Au moins, en deuxième année, il y a de la place dans l'amphi pour tout le monde. Ce n'est pas comme en première année où il faut arriver une demi-heure à l'avance pour être sûr d'avoir une place assise. Je me souviens d'un jour, l'an dernier, où je suis arrivé cinq minutes en retard: je n'ai pas trouvé de place dans l'amphi et je suis resté debout dans le couloir devant la porte ouverte, pendant une heure. Et ce n'est pas facile de prendre des notes debout! Après le cours de Droit Administratif, nous sommes repartis au restaurant universitaire. Nous y avons retrouvé quelques bizuths à qui nous avons appris des chansons paillardes. Ils les ont bien apprises et nous les avons chantées ensemble toute la soirée. Nous avons aussi joué au petit foot et nous avons bu de la bière jusqu'à onze heures du soir. Le restaurant a fermé et nous sommes rentrés chez nous.

En arrivant à la Cité, j'ai retrouvé mon camarade de chambre qui s'est plaint d'avoir séché les cours. Quand il m'a demandé mes notes, je les lui ai prêtées mais il ne faut pas qu'il oublie de me les rendre. Nous avons bavardé un peu, des profs, des bizuths, du film, et je me suis couché vers minuit et demi. Vous voyez que ma journée a été bien remplie; je ne me suis pas ennuyé une minute. Je n'ai peut-être pas beaucoup travaillé, mais c'est le début de l'année, nous n'avons pas encore de devoirs, le mois de mai arrive bien assez vite, et comme me l'a dit mon grand-père, il faut s'amuser pendant qu'on est jeune.

Marginal glossary:
paillardes *bawdy*
petit foot *miniature football*
avoir séché *to have missed voluntarily, "cut"*
assez (vite) *rather*
pendant qu' *while*

Compréhension   *A.   Répondez aux questions suivantes.*

1. Où Philippe Lannoy est-il étudiant?
2. Quel métier a-t-il choisi?
3. Doit-il se décider immédiatement?
4. Est-ce qu'un étudiant se préoccupe plus du présent ou de l'avenir?
5. Pour quelles raisons Philippe a-t-il eu de la chance?
6. Pourquoi a-t-il assez d'argent pour payer ses frais d'inscription et de logement?
7. A-t-il assez d'argent pour s'amuser?
8. Philippe est-il un étudiant sérieux?
9. Qu'est-ce qu'il a fait avec des camarades pour se distraire?
10. Qu'est-ce que les trois bizuths ont dû faire au restaurant?
11. Où les camarades sont-ils allés après le déjeuner?
12. Ont-ils vu un bon film?
13. Qu'ont-ils fait pour s'amuser pendant le film?
14. Est-ce que les spectateurs ont apprécié les activités des jeunes?
15. Que pensent les autres spectateurs de ces étudiants?
16. Est-ce que Philippe doit arriver de bonne heure pour trouver une place assise en deuxième année?
17. Qu'est-ce qu'il a fallu faire en première année pour s'assurer une place assise?

18. De quoi se souvient Philippe?
19. Qu'est-ce qu'ils ont fait après le cours de Droit Administratif?
20. Qu'est-ce que les « anciens » ont appris aux « bizuths » ?
21. À quelle heure sont-ils rentrés?
22. De quoi s'est plaint son camarade de chambre?
23. À qui a-t-il prêté ses notes?
24. Comment a été la journée de Philippe?
25. Pourquoi, selon lui, n'a-t-il pas beaucoup travaillé ce jour-là?

Thèmes de discussion

1. Discutez des avantages et des désavantages de la vie d'étudiant.
2. Quelles sont les différences entre la situation d'un étudiant de première année et de deuxième année?

Thèmes de composition

1. Que pensez-vous des activités de Philippe et de ses camarades ce jour-là?
2. Écrivez, un peu comme Philippe l'a fait, une description de la vie d'étudiant pour vous — logement, classes, divertissements, attitudes.

SEIZIÈME LEÇON

Vocabulaire

1

2

1.   Un enfant est blessé.
Il cherche quelqu'un pour l'aider.
Il regarde autour de lui.
Mais il ne trouve personne.
Personne ne vient l'aider.
2.   Un homme et une femme sont à
une foire.
Ils y font des achats.
Ils cherchent à acheter une chemise.
Un peintre peint des danseurs.
Les danseurs sont vêtus de costumes
traditionnels.
C'est une foire perpétuelle.
C'est-à-dire la foire a lieu tous les
jours.

3

4

3.   Un nomade dort.
Il rêve.
Il gardait son troupeau.
Quelqu'un venait vers lui.
On lui indiquait quelque chose.
Un de ses animaux était blessé.
L'animal souffrait.
Heureusement ce n'est qu'un rêve.
4.   Robert et Suzanne se rejoignent
au kiosque.
Le kiosque est au coin d'une rue.
C'est un grand carrefour.
Trois autres rues viennent ensemble
au carrefour.

la gloire   *l'honneur*
la moitié   *cinquante pour cent*
    Cinq est la moitié de dix.
le conquérant   *un pays ou une personne qui triomphe d'un autre*
le mangeur   *quelqu'un qui mange*
les affaires   *entreprise commerciale ou industrielle*
    Mon père est un homme d'affaires.
croissant, —e   *qui grandit*
    Il y a un nombre croissant d'accidents. Il y a de plus en plus d'accidents.
rien   *le contraire de* quelque chose
    Il n'y a rien à manger.
    Rien ne m'ennuie.
de même   *de la même façon*
    Elle est d'accord. Elle pense de même.

le kiosque	le héros	s'infiltrer
la défaite	l'antiquité (f.)	contrôler
le protectorat	le descendant, la descendante	pénétrer
la Tunisie	l'extrémité (f.)	influencer
le Maroc	le lotus	
le pillage	l'ancêtre (m.)	sauvage
la tribu	l'habitation (f.)	bloqué, —e
le prétexte	le club	tunisien, —ne
la troupe	la Méditerranée	turc, turque
Tanger	l'aventure (f.)	classique
le souverain	la forteresse	second, —e
l'Arabe (m. and f.)	le désert	arabe
l'exclusion (f.)	la légion	impérial, —e, —aux, —ales
la zone	la colonisation	perpétuel, —le
l'Espagne (f.)	la race	
l'immoraliste (m. and f.)	le comédien, la comédienne	
l'effet (m.)	le danseur, la danseuse	

Un marché en Tunisie   *Editorial Photocolor Archives (EPA)*

Pratique orale

A. *Répondez.*

1. Qu'est-ce que l'enfant blessé cherche?
2. Où regarde-t-il?
3. Qui vient l'aider?
4. Que font l'homme et la femme à la foire?
5. Qui peint des danseurs?
6. De quoi les danseurs sont-ils vêtus?
7. Qu'est-ce qu'ils portent?
8. Que fait le nomade?
9. Que faisait-il dans son rêve?
10. Est-ce que quelqu'un venait vers lui?
11. Qu'est-ce qu'on indiquait au nomade?
12. Comment était l'animal?
13. Où se rejoignent Robert et Suzanne?
14. Où se trouve le kiosque?
15. Combien de rues viennent ensemble au carrefour?

Exercice

A. *Complete the following with an appropriate expression.*

1. Les amis ont décidé de se rejoindre au _____ devant l'Académie Française.
2. Un homme qui peint est un _____.
3. Le soldat s'est battu pour la _____ de son pays.
4. Y a-t-il quelque chose d'intéressant à faire? Non, il n'y a _____ à faire.
5. De plus en plus de Français vont en Afrique. Il y en a un nombre toujours _____.
6. Les hommes d'_____ doivent comprendre l'économie.
7. Où est-ce que la partie s'est passée? Où a-t-elle eu _____?
8. J'aime ce qu'il a fait. Moi aussi, je veux faire de _____.

Structure

POSITION OF DOUBLE OBJECT PRONOUNS IN THE AFFIRMATIVE IMPERATIVE

Pratique orale

le, la, les + lui, leur

A.   Répétez.

Montre-leur le danseur! Montre-le-leur!
Racontons-lui l'histoire! Racontons-la-lui!
Rendez-lui ses notes! Rendez-les-lui!

B.   Transformez selon le modèle.

> Prêtez-lui les notes!
> Prêtez-les-lui!

1. Apportez-lui son cahier!   2. Prêtons-leur l'auto!   3. Vendons-lui les photos de la Tunisie!   4. Montre-lui les troupeaux!   5. Explique-lui l'influence arabe!   6. Envoyez-leur le livre!

moi, nous + le, la, les

A.   Répétez.

Montrez-moi le marché!   Apportez-nous les photos!
Montrez-le-moi!   Apportez-les-nous!
Envoie-moi la lettre!
Envoie-la-moi!

B.   Imitez le modèle.

> Racontez-moi l'aventure!
> Racontez-la-moi!
> Ne me la racontez pas!

1. Racontez-moi votre aventure!   2. Envoie-moi le film!   3. Dis-moi la situation des musulmans!   4. Passez-moi les fruits, s'il vous plaît!   5. Montrez-nous le paysage africain!   6. Dites-nous la vérité!   7. Passe-nous le pain!   8. Prête-nous ton livre sur l'Algérie!

me, nous, lui, leur + en

A.   Répétez.

Donnez-moi des petits pois!   Apportons-lui de la bière!
Donnez-m'en!   Apportons-lui-en!

B. Substituez.

Vendez- | m'
nous-
lui-
leur- | en !

C. Imitez le modèle.

Envoie-moi des parfums !
Envoie-m'en !

1. Racontez-moi des anecdotes !   2. Parle-moi de leur façon de vivre !
3. Raconte-moi des histoires d'aventure !   4. Envoie-lui des livres !
5. Prêtons-leur trois livres !   6. Plaignons-nous des conditions !
7. Donnez-nous du pain.

Note grammaticale

In the affirmative imperative, object pronouns follow the verb and are connected to it by hyphens. Note that *me* and *te* become *moi* and *toi*.

Donnez-moi le livre !
But:
Ne me donnez pas le livre !

The order of double object pronouns with an affirmative command is: direct object precedes indirect object precedes *y* precedes *en*.

le		moi				
le	*precede*	toi	*precede*	y	*precede*	en
les		nous				
		vous				
		lui				
		leur				

Rendez-le-moi !	*Give it back to me!*
Envoyez-la-nous !	*Send it to us!*
Prêtons-les-lui !	*Let's lend them to him!*
Donne-m'en !	*Give me some!*
Raconte-lui-en !	*Tell some to him!*
Mets-l'y !	*Put it there!*
Mettez-y-en !	*Put some there!*

Exercice

A.   Rewrite the sentences, replacing all nouns with object pronouns.

1.   Donnez le livre à votre frère !
2.   Indiquez-moi le métro, s'il vous plaît !
3.   Racontons des légendes bretonnes aux enfants !
4.   Dites les raisons aux Durand !
5.   Amusez-vous au parc !
6.   Parle-moi des richesses naturelles !
7.   Décrivez-nous les grands boulevards !
8.   Invite les Durand au restaurant !
9.   Préoccupe-toi de l'avenir !
10.   Rends-moi mon poste à transistors, s'il te plaît !

THE IMPERFECT TENSE

Pratique orale

nous, vous

A.   Répétez.

Nous allons au marché. Nous allions au marché. Vous alliez au marché.

Nous faisons des achats. Nous faisions des achats. Vous faisiez des achats.

B.   Substituez.

$$\text{Nous} \left| \begin{array}{l} \text{voulions} \\ \text{pouvions} \\ \text{allions} \\ \text{désirions} \end{array} \right| \text{visiter la France.}$$

$$\text{Vous} \left| \begin{array}{l} \text{appreniez à} \\ \text{commenciez à} \\ \text{essayiez de} \\ \text{demandiez de} \end{array} \right| \text{parler arabe, n'est-ce pas?}$$

C.   Imitez les modèles.

> Nous nous lavons le matin.
> Nous nous lavions le matin.
>
> Vous étudiez beaucoup.
> Vous étudiiez beaucoup.

1. Nous vivons à la campagne.   2. Nous sortons de bonne heure.   3. Nous venons au marché.   4. Nous faisons des achats.   5. Nous lisons les prix des provisions.   6. Vous étudiez beaucoup.   7. Vous prenez deux kilos de fraises.   8. Vous avez besoin de viande.   9. Vous voyez arriver la foule. 10. Vous vous sentez contents.

je, tu, il, elle, on, ils, elles

A.   Répétez.

J'étudiais peu.   On se taisait en attendant.

Tu servais de vrais festins.   Les étudiants mangeaient vite.

Il y avait des clubs de vacances.   Les ouvreuses venaient de bonne heure.

Elle riait souvent.

B.   Répondez.

1. Le peintre regardait-il les danseurs et les comédiens?   2. La femme voyait-elle la foule?   3. Y avait-il des clubs de vacances?   4. Les Français influençaient-ils les Arabes?   5. Les ouvrières faisaient-elles des achats? 6. Les jeunes filles s'amusaient-elles à la foire?   7. Pouvais-tu visiter la Tunisie?   8. Voyageais-tu par avion?   9. Apprenais-tu à parler arabe?

C.   Imitez le modèle.

> Je dormais tard.
> Dormais-tu tard tous les jours?

1. Je buvais un apéritif.   2. Je disais « au revoir » au garçon.   3. Je devais faire des achats.   4. J'allais au marché.

D. *Substituez.*

Nous allions là-bas
| fréquemment.
| souvent.
| de temps en temps.
| d'habitude.
| en ce temps-là.

E. *Répondez selon l'indication.*

1. Quand mangeaient-elles dans ce restaurant? *tous les vendredis* 2. Quand faisaient-elles des achats? *le samedi* 3. Quand jouaient-ils au tennis? *de temps en temps* 4. Quand allaient-ils à la plage? *tous les étés* 5. Quand assistait-elle au théâtre? *souvent* 6. Quand rendait-il visite à ses parents? *fréquemment* 7. Quand payait-il le loyer? *chaque mois* 8. Quand étudiait-elle? *tous les jours*

Note grammaticale

The imperfect tense in French is formed by adding the imperfect endings *–ais, –ais, –ait, –ions, –iez, –aient* to the stem of the *nous* form of the present tense. Study the following.

nous dis~~ons~~   je disais (*I was saying, used to say*)   nous disions

tu disais   vous disiez

il
elle } disait   ils
on   elles } disaient

nous finiss~~ons~~   je finissais (*I was finishing, used to finish*)   nous finissions

tu finissais   vous finissiez

il
elle } finissait   ils
on   elles } finissaient

nous recev~~ons~~   je recevais   nous recevions

Note the spelling changes in *–cer* and *–ger* verbs before *–a*.

je commençais	je mangeais
tu commençais	tu mangeais
il, elle, on commençait	il, elle, on mangeait
ils, elles commençaient	ils, elles mangeaient
But:	
nous commencions	nous mangions
vous commenciez	vous mangiez

Note also that verbs ending in *–ier* have a double *i* in the *nous* and *vous* forms of the imperfect.

present	*imperfect*
nous étudions	nous étudiions
vous criez	vous criiez

The imperfect of impersonal verbs is as follows:

falloir	il fallait
valoir	il valait
pleuvoir	il pleuvait

The imperfect tense is more commonly used in French than in English. The imperfect tense is used to express continuing action or an action in the past which is either customary or habitual. (The differences in use between the imperfect and the *passé composé* will be presented in the next lesson.)

Exercice   *A.   Rewrite the following sentences in the past.*

1. Elles partent chaque matin à huit heures et elles reviennent à cinq heures.
2. Pierre étudie à la Faculté de Droit cette année.
3. Les Marocains viennent au marché le dimanche.
4. Chaque année nous passons nos vacances en Bretagne.
5. Je me lève tôt souvent parce que je ne me couche jamais tard.
6. Fréquemment il nous dit ce qui se passe.
7. Le vendredi nous rendons visite à nos parents.
8. Les jours de fêtes les Bretonnes portent des costumes traditionnels.
9. D'habitude Monsieur Dupont se trouve devant son métier à tisser à neuf heures.
10. Quand vous avez envie de sortir, vous allez au cinéma.

THE IMPERFECT TENSE OF THE VERB **ÊTRE**

Pratique   *A.   Répétez.*
orale

Elle était contente.	Tu étais au marché.
Ils étaient à l'université.	Nous étions à Marrakech.
J'étais en Algérie.	Vous étiez en Afrique.

B.   Répondez.

1. La vendeuse était-elle au marché?   2. Était-elle à l'heure?   3. Les touristes étaient-ils au Maroc?   4. Étaient-ils à la foire?   5. Étais-tu en Tunisie?   6. Étais-tu à la plage?   7. Étiez-vous contents?   8. Étiez-vous fatigués?

C.   Demandez.

1. Demandez à une amie si elle était en retard.   2. Demandez à un ami s'il était triste.   3. Demandez à un professeur s'il était fatigué.   4. Demandez à Georges et à Marc s'ils étaient prêts à partir.

Note   The only irregular verb in the imperfect tense is *être*. The imperfect endings are
grammaticale   added to *ét–*.

je, tu étais
il, elle, on était
nous étions
vous étiez
ils, elles étaient

Exercice *A. Follow the model.*

> Quand alliez-vous à la plage? *être enfant*
> J'allais à la plage quand j'étais enfant.

1. Quand voyageais-tu beaucoup? *être étudiant*
2. Quand Monsieur Leman participait-il aux sports? *être plus jeune*
3. Quand allaient-ils parler au café? *être fatigués*
4. Quand dormiez-vous à la belle étoile? *être au Club Méditerranée*
5. Quand faisait-elle beaucoup de promenades? *être à la campagne*
6. Quand faisait-on des efforts pour garder son individualité? *être plus fier*

SI AND THE IMPERFECT TENSE

Pratique orale *A. Substituez.*

Si nous	dormions tard?	Si on	partait maintenant?
	étudiions sérieusement?		leur apportait du pain?
	sortions ensemble?		apprenait à parler arabe?
	allions à la foire?		

B. Imitez le modèle.

> Partons tout de suite!
> Si nous partions tout de suite?
> Si on partait tout de suite?

1. Ouvrons la fenêtre! 2. Faisons des achats! 3. Vivons ensemble!
4. Peignons le mur! 5. Taisons-nous!

Note grammaticale *Si* usually means "if." When a complete sentence is formed by *si* and an imperfect, however, the *si* means "Let's . . ." or "Suppose . . ."

> Si nous faisions une promenade? *Suppose we take a walk.*
> Si on rejoignait les autres? *Let's meet the others.*

Exercice *A. Translate the following according to the model.*

> Suppose we eat now.
> Si nous mangions maintenant?
> Si on mangeait maintenant?

1. Let's run!
2. Suppose we leave now.
3. Let's drink some wine!
4. Suppose we wait for them.
5. Suppose we meet at the kiosk.

USE OF À AND DE AFTER VERBS

Pratique orale *A. Substituez.*

Elle	m'aide à peindre.
	m'invite à voyager.
	est prête à travailler.
	réussit à trouver un poste.

B.   *Répondez.*

1. L'aide-t-elle à peindre?   2. L'aide-t-elle à faire la cuisine?   3. Invite-t-elle son ami à faire un voyage?   4. L'invite-t-elle à faire une promenade? 5. Est-elle prête à travailler?   6. Est-elle prête à aller à la bibliothèque? 7. Réussit-elle à trouver un poste?   8. Réussit-elle à gagner de l'argent?

C.   *Substituez.*

Ils ont besoin	
Ils ont envie	
Ils ont peur	de prendre la route.
Ils craignent	
Ils regrettent	

D.   *Imitez les modèles.*

De quoi avez-vous envie?
J'ai envie de partir immédiatement.

Qu'est-ce que vous regrettez?
Je regrette de partir immédiatement.

1. De quoi avez-vous peur?   2. De quoi a-t-elle peur?   3. De quoi avez-vous besoin?   4. De quoi avez-vous envie?   5. Qu'est-ce qu'elles regrettent?   6. Qu'est-ce que tu regrettes?

E.   *Substituez.*

J'aimais			regarde	
Je préférais	visiter la Tunisie.	Il	attend	ses amis.
Je désirais			cherche	
Je devais				

Algérie

F. *Répondez.*

1. Aimais-tu lire?   2. Aimais-tu écrire?   3. Préférais-tu écouter la radio ou regarder la télévision?   4. Préférais-tu assister à un match de football ou de base-ball?   5. Désirais-tu visiter l'Afrique?   6. Désirais-tu traverser l'Atlantique?   7. Devais-tu travailler chez toi?   8. Devais-tu faire ton lit?

G. *Répondez.*

1. Robert a-t-il attendu Suzanne?   2. A-t-il attendu longtemps?   3. L'a-t-il attendue au kiosque?   4. Suzanne cherche-t-elle Robert?   5. Le cherche-t-elle depuis longtemps?   6. Cherche-t-elle une chemise?

Note grammaticale

As you recall, some verbs are followed by the preposition *à* before the infinitive, some by *de*, and some directly by the infinitive. (Review pages 135–136.)

Some additional verbs which require *à* before the infinitive are: *aider, inviter, réussir,* and *être prêt.*

Some additional verbs which require *de* before the infinitive are: *avoir besoin, avoir envie, avoir peur, craindre,* and *regretter.*

Some additional verbs which are followed directly by the infinitive are: *aimer, préférer, désirer,* and *devoir.*

Je regrette de ne pas être à l'heure.
Il m'a aidé à réparer la maison.
Elle désire te voir.

The meaning of the verb *devoir* is "to owe." With an infinitive it has the following meanings.

Je dois étudier. (present)
I must (have to) study.
Elle devait partir de bonne heure. (imperfect)
She was to leave (was supposed to leave) (had to leave) early.
Il a dû travailler.
He had to work (must have worked).
Il a dû être malade.
He must have been sick.

Note that "to think about" is *penser à* plus a noun object.

Je pensais à Marie. *I used to think about Mary.*

Certain verbs take a preposition in English but a direct object in French.

Robert attend Suzanne. *Robert is waiting for Suzanne.*
Je cherche une chemise. *I am looking for a shirt.*

Exercice

A. *Complete the following with* à le faire, de le faire *or* le faire.

1. Elle est prête _____.
2. Nous l'avons aidé _____.
3. Je désire _____.
4. Préférais-tu _____?
5. Il a réussi _____.
6. Nous craignons _____.
7. Elles devaient _____.
8. J'aime _____.
9. Ils ont peur _____.
10. Nous pouvons _____.
11. Je les ai invités _____.
12. Il regrette _____.

NE . . . RIEN, NE . . . PERSONNE

Pratique orale

A.   Répétez.

Regardez-vous le danseur? Non, je ne regarde personne.

Entendez-vous la musique? Non, je n'entends rien.

Voit-elle quelque chose? Non, elle ne voit rien.

Aime-t-il quelqu'un? Non, il n'aime personne.

Parles-tu à Georges? Non, je ne parle à personne.

Avez-vous besoin d'un livre? Non, je n'ai besoin de rien.

B.   Répondez négativement avec rien *ou* personne.

1. Le voyageur regarde-t-il quelque chose?   2. Le voyageur regarde-t-il quelqu'un?   3. Les nomades voient-ils leurs troupeaux?   4. Les nomades voient-ils leurs amis?   5. Qu'est-ce que vous regardez?   6. Qui est-ce que vous regardez?   7. Le touriste écoute-t-il les disques?   8. Le touriste écoute-t-il les comédiens?   9. Avez-vous besoin d'un stylo?   10. Parlez-vous à vos professeurs?   11. Avez-vous envie d'un verre de vin?   12. Pensez-vous à vos parents?

In the passé composé

A.   Répétez.

Avez-vous lu cet article? Non, je n'ai rien lu.

Qu'avez-vous pris? Je n'ai rien pris.

A-t-elle rejoint son ami? Non, elle n'a rejoint personne.

Qui a-t-elle attendu? Elle n'a attendu personne.

B.   Substituez.

| Tu n'as rien | fait.
désiré.
dit.
regretté. | Nous n'avons | vu
écouté
aidé
compris | personne. |

En Tunisie

C. *Répondez négativement avec* rien *ou* personne.

1. Est-ce que Robert a rencontré Suzanne?   2. Est-ce que Michèle a attendu son amie?   3. Les touristes ont-ils beaucoup acheté?   4. L'enfant blessé a-t-il trouvé quelqu'un?   5. Le nomade a-t-il vu l'animal blessé?   6. Avez-vous apprécié ce film?   7. Avez-vous bu quelque chose avant d'y aller?
8. A-t-il dit « bonjour » au professeur?   9. À qui l'enfant a-t-il parlé?

Note grammaticale

Ne ... rien (nothing, anything) and *ne ... personne* (no one, anyone) are negative expressions like *ne ... pas.*

Je ne vois rien.	*I see nothing. (I don't see anything.)*
Je ne vois personne.	*I see no one. (I do not see anyone.)*

Note that in the *passé composé, rien* precedes the past participle like *pas. Personne,* however, follows the past participle.

Je n'ai rien lu.
Je n'ai attendu personne.

Both *rien* and *personne* can be used as objects of prepositions.

Je n'avais besoin de rien.
Elle n'a parlé à personne.

Exercice

A. *Answer in the negative with* rien *or* personne.

1. Qu'est-ce que les artistes dessinaient?
2. De quoi les gens étaient-ils contents?
3. Voyiez-vous des pêcheurs le long de la Seine?
4. Y avait-il beaucoup de monde dans la rue?
5. Le jeune couple a-t-il trouvé un appartement?
6. A-t-elle assisté à une séance de vaudou?
7. Avez-vous vu des Bretons en costumes traditionnels?
8. M. Leman pensait-il aux champions nationaux?
9. Y a-t-il quelque chose à manger?

RIEN NE . . . , PERSONNE NE . . . , AUCUN(E) . . . NE

Pratique orale

A. *Répétez.*

Qu'est-ce qui est tombé? Rien n'est tombé.
Quelle langue est facile à apprendre? Aucune langue n'est facile à apprendre.
   Aucune n'est facile.
Qui entre? Personne n'entre.
Qui est arrivé en retard? Personne n'est arrivé en retard.

B. *Répondez selon les modèles.*

   Qu'est-ce qui est arrivé?
   Rien n'est arrivé.

1. Qu'est-ce qui s'est passé?   2. Qu'est-ce qui a blessé l'enfant?   3. Qu'est-ce qui a influencé le peintre?   4. Qu'est-ce qui a arrêté le voyageur?

   Qui est resté?
   Personne n'est resté.

1. Qui parlait arabe?   2. Qui se sentait triste?   3. Qui lui a dit d'attendre?
4. Qui l'a aidé?

C.   *Imitez les modèles.*

>   Suzanne est-elle arrivée?
>   Personne n'est arrivé.
>
>   Le film lui a-t-il plu?
>   Rien ne lui a plu.

1. L'homme aide-t-il l'enfant?   2. La femme parle-t-elle à Marie?
3. Suzanne est-elle revenue au kiosque?   4. La musique lui plaît-elle?
5. La pièce l'intéresse-t-elle?   6. Le film les amuse-t-il?

D.   *Imitez le modèle.*

>   Est-ce que le stylo rouge vous plaît?
>   Aucun stylo ne me plaît.

1. Est-ce que la chemise bleue est chère?   2. Est-ce que la constitution française est parfaite?   3. Est-ce que la langue arabe est impossible à comprendre?
4. Est-ce que le marché marocain est fermé?   5. Est-ce que le nomade marocain reste longtemps?

Note grammaticale

Rien, personne, and *aucun* can be subjects of a verb. *Rien ne . . . , personne ne . . . ,* and *aucun(e) ne . . .* then precede the verb. Study the following:

>   Personne ne . . .   *no one*
>   Personne n'attend.   *No one is waiting.*
>   Rien ne . . .   *nothing*
>   Rien ne s'est passé.   *Nothing happened.*
>   Aucun(e) ne . . .   *none*
>   Aucun(e) n'est parfait(e).   *None is perfect.*

Aucun(e) can also modify a noun. It then means "no."

>   Aucun gouvernement n'est parfait.   *No government is perfect.*

Exercice

A.   *Answer the following in the negative, using* Personne ne . . . , Rien ne . . . , *or* Aucun(e) ne . . .

1. Qui rentrait tard?
2. Qu'est-ce qui fatiguait les Dubois?
3. Quel cycliste gagne toujours?
4. Qu'est-ce qui cause des ennuis?
5. Qui se plaint qu'il est trop fatigué?
6. Quel argument vous a persuadé?
7. Qui l'a empêché de changer de route?
8. Qu'est-ce qui a été vain?
9. Quel changement est accepté par tout le monde?

Conversation

UNE RENCONTRE

Michèle: Bonsoir, Robert. Vous êtes seul?

Robert: Suzanne a dit qu'elle allait me rejoindre au kiosque devant l'Académie. J'ai attendu, mais personne n'est venu et je suis parti.

Michèle: Que faire donc? Si nous revenions au kiosque?

de même *likewise*   *Robert:* D'accord. Je pensais de même.

Plus tard au kiosque

Suzanne: Mes amis, je regrette bien d'être en retard, mais une amie m'a téléphoné au moment où j'allais partir. Vous attendez depuis longtemps?

nous inquiéter *worry*   *Michèle:* Nous sommes contents de te voir car nous commencions à nous inquiéter un peu. Qu'est-ce qu'on va faire maintenant?

Robert: Il n'y a rien d'intéressant à l'Académie. C'est une pièce que nous avons déjà vue. Avez-vous la *Semaine de Paris?* Y a-t-il quelque chose à la Cinémathèque?

Semaine de Paris weekly magazine of things to do and see in Paris

Suzanne: *L'Enfant sauvage* de François Truffaut. Personne ne l'a vu?

Robert: C'est un film que je veux voir depuis longtemps.

Michèle: Alors, au métro!

Exercice   *A. Répondez.*

1. Pourquoi est-ce que Robert est seul?
2. Qui est-ce que Robert attendait au kiosque?
3. Qui est venu?
4. Qu'est-ce que Michèle lui a proposé de faire?
5. Est-ce que Robert pensait de même?
6. Pourquoi Suzanne a-t-elle été en retard?
7. Qu'est-ce qu'on va faire ensemble?
8. Y a-t-il quelque chose d'intéressant à l'Académie?
9. Qu'est-ce qu'il y a à la Cinémathèque?
10. Qui a déjà vu *l'Enfant sauvage?*
11. Par quel moyen de transport va-t-on à la Cinémathèque?

Lecture culturelle

LE PAYS DU SOLEIL COUCHANT

La France se sentait profondément blessée, depuis sa défaite dans la guerre Franco-Allemande de 1870 et la perte de l'Alsace et d'une partie de la Lorraine. Il lui fallait retrouver sa gloire nationale. Bloquée en Europe, établie en Algérie depuis 1857, rien n'était plus naturel pour la France que de vouloir étendre son pouvoir sur l'Afrique du Nord. On pourrait presque croire que les Français se sont dit « Si nous établissions notre protectorat sur la Tunisie et le Maroc? »

commis *past participle of* commettre
l'envoi *the sending*
le Bey *Bey (ruler)*
Quant au *As for*
se faisait par *was done through*
puissances *powers*

Des pillages nombreux commis en Algérie par des tribus tunisiennes ont servi de prétexte à l'envoi de troupes françaises en Tunisie. Le Bey de Tunis, en 1881, était obligé d'accepter le protectorat français. Quant au Maroc, ce n'était pas si facile. C'est d'abord par le commerce, qui se faisait par Tanger, que l'influence française s'est infiltrée peu à peu. En 1912 le protectorat de la France sur le Maroc a été reconnu par le souverain du Maroc et les grandes puissances européennes. Pendant la première moitié du vingtième siècle la France contrôlait toute la région de l'Afrique du Nord que les Arabes appellent « le Maghreb », le pays du soleil couchant, à l'exclusion de la zone septentrionale du Maroc réservée à l'Espagne.

septentrionale *northern*

musulmans *Moslems*

La langue et la culture françaises pénétraient ces pays bien variés. À son tour, le paysage africain et la façon de vivre des musulmans influençaient quelques-uns des meilleurs peintres et écrivains français. André Gide, par exemple, dans son livre bien connu, *l'Immoraliste*, nous raconte l'effet profond de la Tunisie et de son peuple sur son héros.

parmi *among*
les Berbères *nomadic tribe in North Africa*

réfugiés *refugees*

Depuis l'antiquité, la Tunisie, au carrefour de la Méditerranée, voyait arriver tous les peuples qui vivaient autour de cette mer. Près de Tunis, l'ancienne Carthage, les descendants des conquérants turcs habitent parmi les Arabes et les Berbères. À l'autre extrémité du pays, dans l'île où demeuraient « les mangeurs de lotus » des temps classiques, les Juifs, habitant à côté de leurs voisins musulmans, continuent les métiers de leurs ancêtres réfugiés d'Espagne ou de Constantinople.

Moyen Âge *Middle Ages*
ou bien *or*

souks *markets in Arab countries*

Néanmoins *Nevertheless*
classe moyenne *middle class*

Les divers peuples qui vivaient au Maroc avaient peu de contacts avec les étrangers. Aujourd'hui même beaucoup ne sont pas encore sortis du Moyen Âge. Ils vivent à la campagne dans les villages ou comme de petits fermiers, ou bien, ce sont des nomades avec leurs troupeaux sans habitation fixe. Mais tous viennent de temps en temps aux *souks*, les marchés.

La Tunisie, l'Algérie, et le Maroc sont des pays indépendants aujourd'hui. Néanmoins, cette région garde encore des liens économiques et culturels avec la France. La classe moyenne continue à parler français comme seconde langue et

Des Marocaines
Editorial Photocolor Archives (EPA)

Une famille marocaine
Editorial Photocolor Archives (EPA)

à envoyer ses fils et ses filles à l'université en France. Les ouvriers arabes y vont aussi, mais pour chercher du travail. Car, souvent, ils ne trouvent rien chez eux.

Les Français, de leur côté, traversent la Méditerranée en nombres toujours croissants pour leurs affaires, mais surtout pour des raisons touristiques. Il y a des clubs de vacances au Maroc et en Tunisie dans l'île même où Ulysse s'est arrêté. Les Français viennent bien sûr pour les plages magnifiques et pour voir des endroits de rêves. De nombreux livres et films d'aventures ont lieu au Maroc.

aussi bien que   *as well   Casablanca est célèbre aussi bien que les forteresses dans le désert qui aidaient
as*   la Légion Étrangère à contrôler ces pays au temps de la colonisation.

Le voyageur aime visiter l'ancienne ville impériale, Marrakech, capitale du
comprend   *(here)*   Sud. À la foire perpétuelle au centre de cette ville, la foule comprend toutes les
includes   races du Maroc y compris les Noirs des régions tropicales et les « Hommes bleus » (toujours vêtus de bleu) du désert. Ils y font des achats et regardent les danseurs et les comédiens. Il n'y a personne pour empêcher le voyageur de s'y joindre discrètement.

Ainsi grâce aux voyageurs des deux côtés de la Méditerranée, musulmans en
se mêler   *to mix*   France, Français au Maghreb, deux cultures puissantes continuent à se mêler et à s'influencer.

Compréhension   *A.   Répondez.*

1. Pourquoi la France se sentait-elle blessée?
2. Pourquoi la France a-t-elle cherché à établir un protectorat sur la Tunisie et le Maroc?
3. Comment l'influence française s'est-elle infiltrée au Maroc?
4. Où se trouve « le Maghreb »?
5. Qu'est-ce que « le Pays du Soleil Couchant »?
6. Y avait-il une influence mutuelle des cultures musulmanes et françaises?
7. Quel écrivain français a été influencé par ses expériences dans l'Afrique du Nord?
8. Quels groupes différents sont venus habiter en Tunisie?
9. Comment est-ce que le Maroc avait une histoire très différente de celle de la Tunisie?
10. Le Maroc a-t-il une population cosmopolite?
11. Où vivent les nomades?
12. Qu'est-ce qu'un *souk?*
13. Est-ce que la France continue à gouverner la Tunisie, l'Algérie et le Maroc?
14. Quels liens économiques et culturels y a-t-il entre le Maghreb et la France?
15. Pourquoi les ouvriers arabes vont-ils en France?
16. Pourquoi les Français vont-ils dans l'Afrique du Nord?
17. Qu'est-ce que Marrakech?
18. Qu'est-ce qu'on trouve à la foire perpétuelle à Marrakech?
19. Où a lieu cette foire?
20. Que font les gens qui vont à la foire?
21. Est-ce que les cultures françaises et musulmanes continuent à se mêler et à s'influencer?

**Thème
de discussion**   Discutez de l'influence française au « Maghreb ».

**Thème
de composition**   Deux cultures se mêlent dans l'Afrique du Nord. Discutez de l'histoire de leur interaction.

DIX-SEPTIÈME LEÇON

Vocabulaire

1.   Un jeune homme mettra une
lettre à la poste.
Il est devant la boîte aux lettres.
Sur l'enveloppe il y a trois timbres.
Il va envoyer la lettre par avion.
La lettre va arriver plus vite par
avion.
2.   La touriste loue un cheval.
Elle paie l'homme pour le louer.
Elle désire aller voir les flamands
roses sur le lac.
Ensuite elle va revenir.
Elle rendra le cheval vers trois
heures.

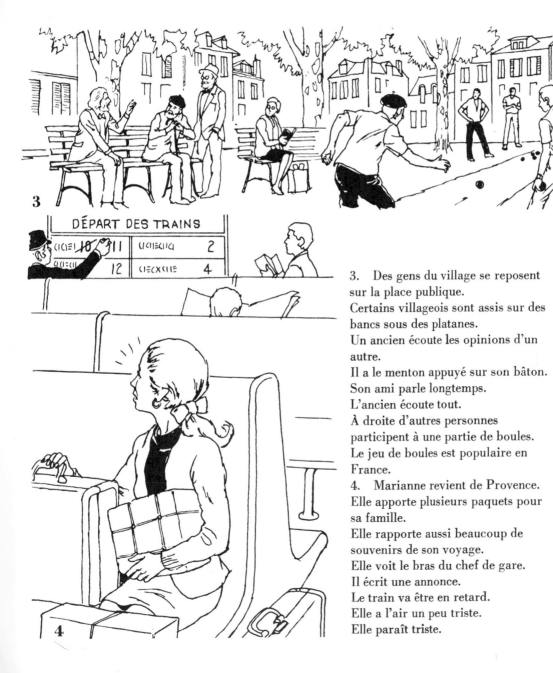

3.   Des gens du village se reposent sur la place publique.

Certains villageois sont assis sur des bancs sous des platanes.

Un ancien écoute les opinions d'un autre.

Il a le menton appuyé sur son bâton. Son ami parle longtemps.

L'ancien écoute tout.

À droite d'autres personnes participent à une partie de boules.

Le jeu de boules est populaire en France.

4.   Marianne revient de Provence. Elle apporte plusieurs paquets pour sa famille.

Elle rapporte aussi beaucoup de souvenirs de son voyage.

Elle voit le bras du chef de gare.

Il écrit une annonce.

Le train va être en retard.

Elle a l'air un peu triste.

Elle paraît triste.

la voix   *les sons produits par le larynx*
la rizière   *le champ de riz*
la Côte d'Azur   *la Riviera*
le conte   *histoire courte*
    Connaissez-vous les contes d'Edgar Allan Poe?
l'exposition (f.)   *l'exhibition*
le pape   *le chef de l'Église catholique romaine*
le but   *l'objectif*
s'habituer à   *prendre l'habitude de*
    Elle s'habitue facilement à son accent.
prévoir (p.p. prévu)   *voir à l'avance*
    Avez-vous prévu ce départ?
survivre (p.p. survécu)   *continuer à vivre*
    Combien de gens n'ont pas survécu à la guerre?
périr   *disparaître, mourir*
se rappeler   *se souvenir de*
    Je me rappelle mon voyage en Provence.
accueillir   *donner l'hospitalité à* (conj. like *ouvrir*)
    Les villageois accueillent les touristes.
longer   *suivre, marcher le long de*
gâter   *détruire son effet agréable*
    Les bâtiments modernes gâtent la beauté de la plage.
perdre   *le contraire de* trouver
pénible   *qui donne de la peine*
muet, —te   *sans son, sans voix*
accueillant, —e   *qui donne l'hospitalité*
    Les villageois sont accueillants.
effrayant, —e   *qui fait peur*
    Trouvez-vous la nuit effrayante?
désolant, —e   *qui donne une grande affliction à*
gravé, —e   *fixe*
    Le voyage est gravé pour toujours dans ma mémoire.

la Provence

le delta

le « cowboy »

la race

la réserve

l'allergie (f.)

l'arène (f.)

le Romain, la Romaine

la fontaine

l'arcade (f.)

la sieste

la prune

l'abricot (m.)

l'herbe (f.)

le mimosa

l'irruption (f.)

la permanence

le festival

la représentation

le pin

admettre

prononcer

composer

repeupler

évoquer

échanger

possible

bleu, –e

terrible

insecticide

antique

déséquilibré, –e

méditerranéen, –ne

tortueux, tortueuse

transparent, –e

irrésistible

exotique

mutilé, –e

coloré, –e

parfumé, –e

Pratique orale

A. *Répondez.*

1. Qu'est-ce que le jeune homme va faire?
2. Où est-il?
3. Combien de timbres y a-t-il sur l'enveloppe?
4. Comment va-t-il envoyer la lettre?
5. Pourquoi envoie-t-il la lettre par avion?
6. Qu'est-ce que la touriste loue?
7. Qu'est-ce qu'elle désire voir?
8. À quelle heure rendra-t-elle le cheval qu'elle a loué?
9. Où se reposent des gens du village?
10. Sous quels arbres sont-ils assis?
11. Qu'est-ce que l'ancien écoute?
12. A-t-il un bâton?
13. A-t-il le menton appuyé sur son bâton?
14. Est-ce qu'il écoute tout?
15. Que font d'autres personnes?
16. Est-ce que le jeu de boules est un sport populaire en France?
17. D'où revient Marianne?
18. Qu'est-ce qu'elle rapporte avec elle?
19. Que voit-elle?
20. Qu'est-ce que le chef de gare écrit?
21. Pourquoi Marianne paraît-elle triste?

Exercices

A. *Rewrite the following sentences, substituting an equivalent expression for the italicized words.*

1. Je *n'ai pas trouvé* ma montre.
2. Il *n'a pas de voix* aujourd'hui.
3. Je *me souviens de* mon premier voyage.
4. *Le chef de l'Église catholique romaine* habite à Rome.
5. Les touristes *suivent* la côte de Provence.

6. Cette scène *reste pour toujours* dans ma mémoire.
7. Les gratte-ciel ne *détruisent* pas la beauté de Paris.
8. Aimez-vous les *histoires courtes?*
9. Est-ce que ce chien *te fait peur?*

B.   *Give a word related to each of the following.*

1. l'habitude   5. accueillant
2. apporter   6. vivre
3. le riz   7. la peine
4. le village

Marseille   *Robert Rapelye from EPA*

Bormes-les-Mimosas   *Alain Keler from EPA*

Structure

DIFFERENCES BETWEEN THE **PASSÉ COMPOSÉ** AND THE IMPERFECT

Pratique orale

Completed action, repeated action

A. *Substituez.*

Jean a loué un cheval | hier.
| hier soir.
| l'autre jour.

Jean louait un cheval | tous les jours.
| chaque semaine.
| de temps en temps.

La jeune femme a pris un train | samedi.
| une fois.
| il y a deux jours.

La jeune femme prenait un train | tous les jours.
| d'habitude.
| quelquefois.

B. *Répondez selon l'indication.*

1. Quand Jean a-t-il loué un cheval? *hier*   2. Quand as-tu vu les flamands?
ce matin   3. Quand avez-vous acheté des timbres? *l'autre jour*   4. Quand
as-tu mis la lettre à la poste? *il y a quatre jours*   5. Quand tes parents
l'ont-ils reçue? *lundi*   6. Quand les villageois venaient-ils à la place? *tous
les jours*   7. Quand les gens jouaient-ils aux boules? *chaque après-midi*
8. Quand vous reposiez-vous sur les bancs? *fréquemment*   9. Quand
allaient-ils au marché? *chaque semaine*   10. Quand écrivais-tu à tes parents?
tous les dimanches

C. *Répondez.*

1. As-tu écrit une lettre hier?   2. Quand as-tu écrit une lettre?
3. Écrivais-tu des lettres fréquemment?   4. Quand écrivais-tu des lettres?
5. Es-tu allé au concert hier soir?   6. Quand es-tu allé au concert?
7. Allais-tu au concert tous les vendredis?   8. Quand allais-tu au concert?
9. As-tu fait un voyage l'année passée?   10. Quand as-tu fait un voyage?
11. Faisais-tu un voyage chaque année?   12. Quand faisais-tu un voyage?

**Note
grammaticale**   The *passé composé* is used to express an action completed at a definite time in the past.

> J'ai regardé la télévision hier.
> Hier soir elle est allée au concert.

The imperfect tense is used to express an action in the past which is continuous or repeated. The time at which the action was completed is unsure.

> Ils venaient à la place tous les jours.
> *They used to come to the square every day.*
> Elle allait souvent au marché.
> *She used to go to market often.*

Some common adverbial expressions which are used with the *passé composé* are:

hier	*yesterday*
avant hier	*the day before yesterday*
hier soir	*last night*
l'autre jour	*the other day*
la semaine dernière (passée)	*last week*
l'année passée (dernière)	*last year*

Some common adverbial expressions which indicate continuance and thus demand the imperfect are:

toujours	*always*
fréquemment	*frequently*
d'habitude	*usually*
bien des fois	*many times*
quelquefois	*sometimes*
de temps en temps	*from time to time*
tous les jours	*every day*
en ce temps-là	*at that time*
chaque année (jour, mois)	*every year (day, month)*

Exercice   *A.   Complete the following sentences with the correct form of the* passé composé *or the imperfect of the indicated verb.*

1.   Chaque jour Philippe Lanoy _____ à la Faculté de Droit où il _____ aux classes et _____ avec ses amis.   *aller, assister, bavarder*

2.   En 1830 les Français _____ l'Algérie et en _____ une dépendance.
soumettre, faire

3.   Samedi dernier nous _____ de la maison à cinq heures du matin pour arriver tôt à notre maison de campagne. Nous _____ tout le week-end à peindre.   *partir, passer*

4.   Chaque année la famille _____ à attendre le passage des coureurs du Tour de France. Elle _____ des provisions, des journaux et des postes à transistors et elle _____ une nappe sur l'herbe.   *se préparer, apporter, étendre*

5.   D'habitude, Monsieur Leman _____ à l'usine à mobylette. Il _____ huit heures par jour, debout devant son métier à tisser.   *aller, travailler*

6.   Soudain, tout le monde _____, _____ de la route, _____ le cou pour mieux voir le premier coureur.   *se lever, s'approcher, tendre*

Two actions in one sentence

Pratique orale   *A.   Substituez.*

Quand je suis entré, elle | chantait.
| parlait.
| mangeait.

Je jouais au tennis quand | tu es parti.
| tu as crié.
| tu es revenu.

B.   Répondez.

1. Parlais-tu au villageois quand elle est arrivée?   2. Écrivait-elle une lettre quand j'ai téléphoné?   3. Jouiez-vous aux boules quand il a crié?
4. Dormaient-ils quand elle est partie?   5. Portiez-vous des paquets quand l'enfant a commencé à courir?   6. Le chef de gare écrivait-il l'annonce quand tu l'as vu?   7. La touriste attendait-elle le train quand elle a remarqué l'annonce?   8. Achetait-il des timbres quand son ami l'a reconnu?

Note grammaticale   Many sentences contain two types of past action. The action which was going on is expressed by the imperfect tense, and the action which interrupted that action is expressed by the *passé composé.*

> Elle achetait des timbres quand je suis entrée.
>
> Je lisais un journal quand ils sont partis.

Exercice   *A.   Complete the following with the* passé composé *or the imperfect of the indicated verb.*

1. Je _____ quand elle _____.   *manger, entrer*
2. _____-tu du shampooing quand ton ami t'_____.   *acheter, voir*
3. _____-elle de l'argent de la banque quand sa mère lui _____ l'argent nécessaire?   *retirer, offrir*
4. Quand je _____ à la salle de classe, le professeur _____ la leçon.   *arriver, expliquer*
5. M. Leman _____ dur quand la sirène de l'usine _____.   *travailler, siffler*
6. Ils _____ un tour dans Québec en calèche quand il _____ à pleuvoir.   *faire, commencer*
7. Les enfants _____ impatiemment l'arrivée du champion quand quelqu'un _____.   *attendre, crier*
8. Nous _____ au café quand quelqu'un _____ que le café allait fermer.   *bavarder, annoncer*

Description in the past

Pratique orale   *A.   Répétez.*

Le ciel était plus bleu.   Il avait un terrible accent méridional.
Elle était contente.   Il faisait froid.
Il avait les cheveux bruns.

B.   Répondez.

1. Est-ce que le soleil de la Provence était plus brillant?   2. Est-ce qu'il faisait plus chaud?   3. Est-ce que la mer était irrésistible?   4. Est-ce que les villageois semblaient contents?   5. Est-ce qu'ils étaient heureux d'accueillir les touristes?   6. Est-ce que vous aviez faim?   7. Est-ce que vous aviez des sacs sur le dos?   8. Est-ce que l'enfant avait les cheveux blonds?   9. Est-ce que la foule était effrayante?

Note grammaticale

Descriptive expressions in the past are expressed in the imperfect tense.

> Elles avaient faim.
>
> Les enfants étaient contents.
>
> Hier, il faisait frais.
>
> La femme avait les cheveux bruns.

Exercice

A.   Rewrite the following sentences in the past.

1. L'enfant qui joue sur la place a huit ans.
2. Puisque c'est l'hiver il fait très froid au nord.
3. Elles n'ont pas faim, mais elles sont fatiguées.
4. Les gens défilent et chantent de vieux cantiques.

Pratique orale

Verbs of mental activity or condition

A.   Substituez.

Je voulais	travailler. revenir. sortir.	Elles aimaient	écrire. voyager. peindre.

B.   Répondez.

1. Vouliez-vous visiter la Provence?   2. Désiriez-vous voir la Côte d'Azur?
3. Aviez-vous envie de goûter la bouillabaisse?   4. Espériez-vous louer un cheval?   5. Préfériez-vous le nord de la Provence?   6. Pensais-tu au Festival d'Avignon?   7. Pouvais-tu rester longtemps?   8. Savais-tu éviter la foule de touristes?   9. Croyais-tu que les villageois se parlent beaucoup? 10. Regrettais-tu de quitter la Provence?

Note grammaticale

Verbs denoting a mental process or condition are often expressed in the imperfect tense. The most common of these verbs are:

aimer	*to like*
craindre	*to fear*
croire	*to believe*
désirer	*to desire, to want*
espérer	*to hope*
penser	*to think*
préférer	*to prefer*
pouvoir	*to be able*
regretter	*to be sorry*
savoir	*to know*
vouloir	*to want*

It would appear that these verbs would be translated by the *passé composé* in French, from English, but they are used in the imperfect most of the time.

Je voulais partir.	*I wanted to leave.*
Elle espérait louer un cheval.	*She hoped to hire a horse.*

When used in the *passé composé*, these verbs often have a different meaning.

Elle voulait partir.	*She wanted to leave.*
Elle a voulu partir.	*She tried to leave.*
Nous savions les raisons.	*We knew the reasons.*
Nous avons su les raisons.	*We learned (found out) the reasons.*

Exercice   *A. Form sentences from the following in the past.*

1. Je / savoir / que / le petit / ne / aimer / peindre
2. Elles / préférer / parler / français
3. Espérer / tu / goûter / crêpes / breton / ?
4. Nous / vouloir / éviter / embouteillages / et / donc / nous / vouloir / partir / tôt
5. Ils / connaître / par / cœur / tous / joueurs / local
6. Croire / vous / Père Noël / ?

PREPOSITIONS WITH GEOGRAPHICAL NAMES

Pratique   *A. Répétez.*
orale
En France il faut aller à Paris.

En Italie il faut aller à Rome.

En Angleterre il faut aller à Londres.

En Allemagne il faut aller à Berlin.

Au Canada nous avons passé une semaine à Montréal.

Au Japon nous avons passé une semaine à Tokyo.

Au Danemark nous avons passé une semaine à Copenhague.

Au Mexique nous avons passé une semaine à Acapulco.

Le pont d'Avignon   *Alain Keler from EPA*

B. *Substituez.*

	New York.		en Haïti?
Aux États-Unis nous habitions à	Washington.	Voulez-vous aller	en Israël?
	San Francisco.		en Iran?
	Chicago.		

C. *Répondez.*

1. Est-ce que Leningrad est en Allemagne ou en Russie?   2. Est-ce que Lille est en France ou en Belgique?   3. Est-ce que Rome est en Italie ou en Espagne?
4. Est-ce que Tel Aviv est en Grèce ou en Israël?   5. Est-ce que Marrakech est au Maroc ou au Canada?   6. Est-ce que Montréal est au Canada ou aux États-Unis?   7. Est-ce qu'Albany est aux États-Unis ou au Mexique?
8. Est-ce que Copenhague est au Danemark ou en Finlande?

D. *Répondez selon l'indication.*

> Où est la tour Eiffel? *Paris*
> La tour Eiffel est à Paris.

1. Où est le musée du Louvre? *Paris*   2. Où est le Kremlin? *Moscou*
3. Où est le pont d'Avignon? *Avignon*   4. Où est la Cinquième Avenue?
New York   5. Où est le Vatican? *Rome*   6. Où est Big Ben? *Londres*
7. Où est le musée du Prado? *Madrid*

Note grammaticale

à

The preposition *à* is used before the names of most cities to express "in" or "to."

> Elle est allée à Paris.
> Nous sommes restés à Berlin.

en

The preposition *en* is used with the names of all feminine countries, provinces, and states. Almost all the names of countries, provinces, and states ending in a mute *e* are feminine (exception: *le Mexique*).

> Je vais en France.
> Ils vont en Algérie.
> J'habite en Provence.
> Ils restent en Pennsylvanie.
> *But:* Nous allons au Mexique.

au

The preposition *au* is used with masculine countries.

> Allez-vous souvent au Canada?
> Je suis allé au Portugal.

The preposition *aux* is used with *États-Unis* since it is plural.

> Nous habitons aux États-Unis.

en

With many masculine countries beginning with a vowel or mute *h*, *en* is used.

> Nous sommes en Israël.
> Je suis en Haïti.

Study the following:

en: Amérique, Europe, France, Italie, Espagne, Suède (*Sweden*), Chine, Russie, Allemagne (*Germany*), Angleterre (*England*), Normandie, Provence, Algérie, Tunisie

au: Mexique, Portugal, Canada, Japon, Danemark, Maroc

en: Israël, Iran, Haïti

aux: États-Unis

Exercice   A.   *Complete the following sentences with the correct preposition.*

1. Nous voyagerons ＿＿＿ Provence; ＿＿＿ Marseille nous goûterons la bouillabaisse.
2. Si l'on va ＿＿＿ Europe, il faut aller ＿＿＿ France.
3. Le musée du Prado est ＿＿＿ Madrid, ＿＿＿ Espagne.
4. Êtes-vous resté ＿＿＿ Québec quand vous êtes allé ＿＿＿ Canada?
5. Nous goûterons la cuisine créole ＿＿＿ Haïti.
6. Je n'ai jamais voyagé ＿＿＿ Japon, mais l'année dernière j'ai passé un mois ＿＿＿ Russie.
7. Pour mieux connaître la culture des régions arabes de l'Afrique, il faut aller ＿＿＿ Tunisie, ＿＿＿ Maroc et ＿＿＿ Algérie.
8. Quand est-ce que les Espagnols sont venus ＿＿＿ Mexique?
9. Beaucoup de Français espèrent un jour venir ＿＿＿ États-Unis, surtout ＿＿＿ New York.
10. Je ne vais pas ＿＿＿ Angleterre cette année parce que l'année dernière nous avons passé plusieurs semaines ＿＿＿ Londres.

REGULAR FORMS OF THE FUTURE TENSE

il, elle, ils, elles

Pratique orale   A.   *Substituez.*

| Paul | arrivera / partira / prendra le train | demain. | Elles | écouteront des disques. / finiront bientôt. / les attendront. |

B.   *Répondez.*

1. Robert visitera-t-il la Côte?   2. Achètera-t-il beaucoup de souvenirs?
3. Est-ce que cette lettre partira bientôt?   4. Choisira-t-il un livre?
5. Est-ce que Paul comprendra l'accent méridional?   6. Le touriste perdra-t-il son passeport?   7. Passeront-elles leurs vacances dans le Midi?   8. Les marchands appelleront-ils les gens?   9. Dormiront-ils l'après-midi?
10. Sortiront-ils après la sieste?   11. Les enfants boiront-ils leur lait?
12. Perdront-ils les balles?

C.   *Répétez.*

Mangerez-vous bientôt?
Oui, nous mangerons bientôt.
Partirez-vous bientôt?
Oui, nous partirons bientôt.
Répondrez-vous à la question?
Oui, nous répondrons à la question.

Joueras-tu bientôt?
Oui, je jouerai bientôt.
Dormiras-tu plus tard?
Oui, je dormirai plus tard.
Attendras-tu longtemps?
Oui, j'attendrai longtemps.

D.   *Répondez.*

1. Resterez-vous longtemps?   2. Achèterez-vous la maison?   3. Sortirez-vous seuls?   4. Servirez-vous le dîner bientôt?   5. Écrirez-vous souvent?
6. Attendrez-vous devant le cinéma?   7. Arriveras-tu à l'avance?
8. Écouteras-tu des disques?   9. Partiras-tu bientôt?   10. Mettras-tu des lettres à la poste?

E.   *Imitez le modèle.*

> Je vais partir bientôt.
> À quelle heure partiras-tu?
> À quelle heure partirez-vous?

1. Je vais manger bientôt.   2. Je vais me lever bientôt.   3. Je vais dormir bientôt.   4. Je vais lire bientôt.

F.   *Répondez selon le modèle.*

> Est-ce que Paul part maintenant?
> Non, il partira plus tard.

1. Est-ce que Marie met une lettre à la poste maintenant?   2. Est-ce que la lettre arrive maintenant?   3. Est-ce que les villageois se reposent maintenant?
4. Est-ce que les touristes paient l'homme maintenant?   5. Rends-tu le cheval maintenant?   6. Pars-tu maintenant?   7. Écrivez-vous des lettres maintenant?   8. Rejoignez-vous vos amis maintenant?   9. Est-ce que je parle anglais maintenant?   10. Est-ce que je dors maintenant?

Note grammaticale   The future tense of most verbs is formed by adding the endings *–ai, –as, –a, –ons, –ez, –ont* to the infinitive. The final *e* of *–re* verbs is dropped before adding the future endings. The future tense has three spoken forms. The *je* and *vous* forms, the *tu* and *il, elle* forms and the *nous* and *ils, elles* forms sound alike.

The future tense is used as in English to express an event or describe a condition which will take place in the future. Study the following forms.

manger	*finir*	*prendre*
je mangerai	je finirai	je prendrai
tu mangeras	tu finiras	tu prendras
il elle on } mangera	il elle on } finira	il elle on } prendra
nous mangerons	nous finirons	nous prendrons
vous mangerez	vous finirez	vous prendrez
ils elles } mangeront	ils elles } finiront	ils elles } prendront

Certain *–er* verbs with spelling changes in the present tense have the same changes in all forms of the future tense. These verbs use the third person singular of the present tense as the future stem.

Verbs ending in *–yer* like *employer, s'ennuyer, payer:*

> *employer* — j'empl<u>o</u>ierai, etc.

En Provence   *Alain Keler from EPA*

Verbs endings in *–ayer* like *payer* and *essayer* can use the infinitive stem also:

> payer — je p<u>ai</u>erai, or je p<u>ay</u>erai

Verbs with *e* in the infinitive like *lever, se lever, mener, appeler, s'appeler* and *jeter:*

> se lever — je me l<u>è</u>verai, etc.
> mener — je m<u>è</u>nerai
> appeler — j'appe<u>ll</u>erai

Exercices   *A.   Rewrite the following sentences in the future tense.*

1.   Les touristes louent des chevaux.
2.   Je cherche de nouvelles chaussures blanches en cuir.
3.   Comprenez-vous les conditions de travail des ouvriers?
4.   Prends-tu les livres à la bibliothèque?
5.   À marée haute la mer remplit toutes les baies.
6.   Je passe sur la rive droite.
7.   On démolit des quartiers anciens.
8.   Les Bretons ne perdent pas leurs traditions.
9.   Vous évitez les embouteillages, n'est-ce pas?

B.   Follow the model.

> Avez-vous employé ce livre?
> Non, mais je l'emploierai bientôt.

1.   A-t-il employé le bâton?
2.   Avez-vous jeté la lettre dans la boîte?
3.   Les touristes ont-ils payé les chevaux?
4.   As-tu appelé tes amis?
5.   L'homme a-t-il essayé ces chaussures-là?
6.   Vous êtes-vous levés?
7.   Est-ce que le bruit l'a ennuyé?

Conversation

À LA POSTE

Client: Combien faut-il payer pour envoyer une lettre par avion aux États-Unis?

Employée: Deux francs, monsieur.

Client: Et est-ce que cette lettre partira aujourd'hui?

Employée: Certainement, monsieur, et elle arrivera à sa destination dans trois ou quatre jours.

Client: Ça va bien. J'espérais cela, car moi j'y arriverai dans une semaine. Si la lettre y arrive avant moi, ma famille m'accueillera plus chaleureusement.

Employée: Et bien, pourquoi pas?

Client: Il est pénible de l'admettre, mais j'ai toujours détesté d'écrire des lettres. Je suis ici depuis cinq semaines et ma famille n'a pas encore reçu un mot de moi.

Employée: Alors, voici les timbres nécessaires. La boîte aux lettres est à droite.

Client: J'ai encore une question. À quel guichet dois-je m'adresser pour envoyer ce paquet?

Employée: Je le prendrai. Y a-t-il quelque chose à déclarer ici?

Client: Non. Ce sont des livres qui sont trop lourds pour mes bagages.

Employée: Pour les envoyer par voie ordinaire c'est dix francs.

efficace *efficient*

Client: Merci bien, madame. J'espère bien que votre service de poste est efficace.

Exercices   *A. Répondez.*

1. Combien faut-il payer pour envoyer une lettre par avion aux États-Unis?
2. Quand la lettre arrivera-t-elle aux États-Unis?
3. Quand le client rentrera-t-il chez lui?
4. Pourquoi désire-t-il que la lettre arrive avant lui?
5. Pourquoi est-ce que sa famille va l'accueillir plus chaleureusement?
6. Depuis quand le garçon est-il en France?
7. Est-ce que l'employée lui donne les timbres nécessaires?
8. Où est la boîte aux lettres?
9. Qu'est-ce que le client cherche?
10. Qui prendra le paquet?
11. Qu'est-ce qu'il y a dans le paquet?
12. Pourquoi ne les prend-il pas avec lui?
13. Combien est-ce que cela coûte pour envoyer les livres?
14. Quel espoir a le client?

*B. Form a paragraph from the following elements. Put all the italicized verbs
in the future tense.*

Michel / aller / à / poste / pour / envoyer / lettre / avion / à / États-Unis

Il / vouloir / savoir / si / lettre / *partir* / aujourd'hui.

Il / être / en / France / depuis / cinq / semaine / et / son / famille / ne /
avoir / pas / recevoir / mot / lui

famille / aller / le / accueillir / plus / chaleureusement / quand / il/ *arriver* /
chez / lui / si / elle / recevoir / lettre

employée / poste / le / rassurer / que / lettre / *arriver* / dans / trois / ou
quatre / jour

Michel / acheter / timbres / nécessaire / pour / mettre / lettre / à / poste

Il / *mettre* / à / poste / aussi / livres / qui / être / trop / lourd / pour /
bagages

À la poste   *Alain Keler from EPA*

Le pont du Gard   *French Cultural Services*

Lecture culturelle

DES VACANCES EN PROVENCE

Quand j'ai décidé avec mes amis d'aller passer mes vacances en Provence, c'était l'été, il faisait beau et nous avions tout notre temps. Pour voir le plus possible, nous avons décidé de faire du camping. Alors, les sacs sur le dos, nous avons pris le Paris-Marseille vers le soleil du sud et le pays des peintres impressionnistes Van Gogh et Cézanne.

le Paris-Marseille *train from Paris to Marseilles*
Aux environs *In the vicinity*

Aux environs d'Avignon, nous avons compris que nous étions près du but du voyage: la lumière était plus blanche, le soleil plus brillant, le ciel plus bleu et le chef de gare avait un terrible accent méridional. Un étranger s'habituera difficilement à l'accent méridional. La voix lui semblera chanter des mots qui paraîtront nouveaux parce qu'ils sont dits sur un rythme différent. Tous les « e » muets, par exemple, sont prononcés.

« mas » *ranch*
Enfermé *Enclosed*

Nous avons commencé par aller en Camargue. Nous avons passé plusieurs journées sur le dos des chevaux loués dans un « mas ». Si vous allez en Camargue, vous trouverez que c'est une région extraordinaire pour la France. Enfermée entre les bras du Rhône, sur le delta, la Camargue est composée en partie de prairies où les « gardians », un peu comme des « cowboys » américains, élèvent une race particulière de taureaux. L'autre partie, marécageuse, est une merveilleuse réserve naturelle pour les oiseaux, surtout les flamands roses, et les chevaux sauvages. J'ai également appris pendant mon séjour que la Camargue produit à elle seule les deux tiers de la consommation française de riz. L'un d'entre nous avait malheureusement une sérieuse allergie aux piqûres de moustiques et nous avons dû quitter plus tôt que prévu les rizières et les chevaux. L'année suivante, je crois, une grande lutte insecticide devait être menée en Camargue. Si bien qu'aucun moustique n'a survécu et qu'il faut maintenant repeupler la Camargue de moustiques sinon les oiseaux périront à leur tour.

taureaux *bulls*
marécageuse *swampy*
à elle seule *by itself*
deux-tiers *two-thirds*
piqûres de moustiques *mosquito bites*
tôt *soon*
menée *conducted*

Après avoir quitté définitivement le delta nous nous sommes arrêtés à Arles. Arles évoquait pour moi surtout les contes d'Alphonse Daudet. Mais après notre séjour, je me rappelais plutôt le goût du saucisson, le théâtre antique, les arènes. Aujourd'hui on écoutera les concerts et on assistera aux pièces de théâtre dans ces arènes construites par les Romains au deuxième siècle.

Après avoir *After having*
Alphonse Daudet *19th century French writer*

Nous nous sommes alors accordé quelques jours en pleine campagne dans un village situé entre Arles et Aix-en-Provence. La place du village était le centre d'activité, avec ses bancs sous les platanes, sa fontaine et ses arcades. À la fin de l'après-midi, après la sieste, tous les anciens du village venaient se retrouver et échanger des souvenirs ou des opinions, le menton appuyé sur leur bâton. Les habitants se sont montrés particulièrement accueillants et drôles. Contrairement

Nous nous sommes alors accordé *We thus allowed ourselves*
en pleine campagne *in the heart of the country*
platanes *plane trees*

Le théâtre romain à Arles

Editorial Photocolor Archives (EPA)

désabusés *cynical*
vis-à-vis *towards*
Parisiengues
provençal pronunciation of Parisiens
cure *therapeutic cure*
pêches *peaches*
relevés *seasoned*

aux habitants de la côte qui ne vivent que du tourisme et sont par conséquent désabusés vis-à-vis des gens du nord, nos villageois étaient heureux d'accueillir les « petits Parisiengues » et de nous inviter à leur table. Nous avons fait une véritable cure de pêches, de prunes et d'abricots pendant cette semaine. Nous goûtions chaque jour des plats différents relevés d'herbes et d'ail. Je me demandais cependant « mais quand mangerons-nous cette fameuse bouillabaisse ? » Nous attendrons Marseille, le premier port de France, une des villes les plus cosmopolites du monde, pour goûter notre bouillabaisse.

Nous nous sommes dirigés vers la Côte d'Azur que nous avons longée jusqu'à Nice. Il faut bien dire que notre plaisir a quelquefois été gâté par l'irruption soudaine d'un bâtiment moderne au bord d'une plage. Le paysage en était tout déséquilibré. Les endroits pleins du charme méditerranéen sont encore nombreux cependant. Hyères avec ses vieilles rues tortueuses et sombres ; Bormes-les-Mimosas qui semble un immense jardin de fleurs, et tout le long de la côte, les

pins parasols *parasol pines*
à la mode *in fashion*

pins parasols, les palmiers, les mimosas et la mer transparente, chaude, irrésistible. Nous n'avons pas vu beaucoup d'endroits à la mode comme Cannes ou Saint-Tropez car il y avait en permanence une foule incroyable, étrange, exotique et effrayante. « Nous visiterons la Côte après le départ des touristes » avons-nous décidé.

Puis nous sommes partis vers Avignon. Le Festival n'était pas terminé et nous avons pu assister aux dernières représentations. Le soir nous allions voir une pièce de théâtre, écouter un concert ou visiter une exposition. La journée nous visitions la ville, la « cité des Papes ». Rien n'est plus étrange et désolant que de

écroulé *ruined*

voir le vieux pont sur le Rhône, écroulé, mutilé, inutile. Le pont existera dans l'esprit pourtant, à cause de la chanson, « Sur le Pont d'Avignon, l'on y danse, l'on y danse . . . »

Nous devions rentrer maintenant. « Tout est déjà fini. Je n'ai pas eu assez de temps pour tout voir et je n'ai acheté aucun souvenir pour ma famille. » « Ne t'inquiète pas, la prochaine fois tu achèteras tout ce qu'il y a dans les boutiques de Provence ! »

Nous avons rapporté à Paris des souvenirs colorés et parfumés inoubliables, ainsi que l'accent et quelques expressions méridionales. Nous avons très vite

hâle *suntan*
lavande *lavender*

perdu le hâle et l'accent, mais la lavande, la bouillabaisse, les parties de boules, les ruines et les pins, tout restera toujours gravé dans notre mémoire.

Compréhension *A. Répondez.*

1. Où les amis ont-ils décidé de passer leurs vacances?
2. Pourquoi ont-ils décidé de faire du camping?
3. Quels artistes célèbres ont habité la Provence?
4. Comment savait-on que les touristes étaient près de leur but?
5. Comment est l'accent méridional?
6. Qu'est-ce que les amis ont fait en Camargue?
7. Que font les « gardians »?
8. Que trouverez-vous dans la réserve naturelle de la Camargue si vous y allez?
9. Quel produit est important pour l'économie de la Camargue?
10. Pourquoi les amis ont-ils dû quitter la Camargue plus tôt que prévu?
11. A-t-on trop bien réussi à éliminer les moustiques en Camargue?
12. Quels animaux périront s'il n'y a pas de moustiques?
13. Qu'est-ce qui a surtout frappé les amis à Arles?
14. Dans quel siècle les Romains ont-ils construit les arènes?
15. Quel était le centre d'activité du village visité par les amis?
16. Où se retrouvaient les anciens après la sieste?
17. Pourquoi venaient-ils à cette place?
18. Les villageois ont-ils traité les amis en touristes?
19. Étaient-ils accueillants envers eux?
20. Quels fruits est-ce que les amis ont mangé pendant ce séjour?
21. Où les amis mangeront-ils la bouillabaisse?
22. Quel est le premier port de France?
23. Où se trouve Nice?
24. Pourquoi le plaisir des amis a-t-il été gâté?
25. Quels arbres trouve-t-on en Provence?
26. Pour quelle raison les amis ont-ils évité les endroits à la mode comme Cannes ou Saint-Tropez?
27. Quand visiteront-ils la Côte d'Azur?
28. Que peut-on faire au Festival d'Avignon?
29. Quelle ville s'appelle « la cité des Papes »?
30. Est-ce que le pont d'Avignon est en bonne condition?
31. Qu'est-ce qui restera gravé dans la mémoire des amis?

Thème de discussion Quelles activités vous semblent typiques de la vie sous le climat plus doux du sud?

Thèmes de composition

1. Comparez la vie en Bretagne et la vie en Provence.
2. Décrivez un voyage imaginaire en Provence.

DIX-HUITIÈME LEÇON

Vocabulaire

1. **donner un coup de téléphone**   *téléphoner*
   Robert _____ à son ami Paul.

2. **cabine téléphonique**   *petite chambre où il y a une boîte de téléphone*
   (telephone booth)
   Il entre dans la _____ pour donner un coup de téléphone.

3. **être de retour**   *être revenu*
   Votre frère est-il déjà _____? Ah oui, il est revenu à une heure.

4. **avoir rendez-vous**   *avoir une rencontre décidée à l'avance*
   J'ai _____ avec Michel demain à 15 heures.

5. **ajouter**   *dire en plus, dire aussi*
   « C'est un bon candidat, » dit-il. Et il _____ aussi que c'est un candidat honnête.

6. **ne . . . ni . . . ni**   *la négation de* et (neither . . . nor)
   Avez-vous des frères ou des sœurs?
   Je n'ai _____ frères _____ sœurs.

7. **encore**   *plus* (Note the use of the partitive with *encore*.)
   Avez-vous encore du lait? Certainement, nous en avons _____.

8. **le mal**   *le contraire de* le bien
   Personne n'aime faire du _____ s'il peut faire du bien.

9. **étonnant, —e**   *ce qui semble incroyable* (surprising)
   C'est _____. Beaucoup de personnes ne votent pas.

10. **élevé, —e**   *haut*
    Le pourcentage de personnes qui votent est plus _____ en France qu'aux États-Unis.

11. **le citoyen, la citoyenne**   *une personne qui doit une allégeance à son pays*
    (citizen)
    Il est important que tout _____ vote dans une élection.

12. **se lasser**   *se fatiguer*
    Vous _____-vous quelquefois de vos études? En devenez-vous quelquefois fatigué?

13. **le discours**   *une présentation orale*
    Les candidats doivent faire d'innombrables _____ pour expliquer leurs programmes.

14. **élu, —e** (*participe passé d'*élire)   *choisi par une élection*
    Le progressiste a gagné l'élection. Donc il a été _____.

15. **dès que**   *immédiatement, à l'instant où* (as soon as)
    Nous partirons _____'il arrivera.

16. **la mort**   *le contraire de* la vie
    Son oiseau est mort. Sa _____ a rendu l'enfant bien triste.

17. **les yeux**   *les organes de la vue, le pluriel d'œil*
     On voit par ses _____. Tout le monde a deux _____.

18. **le mari**   *un homme uni à une femme par le mariage*
     Madame Dupont c'est la femme; Monsieur Dupont c'est son _____.

19. **élire**   *choisir par élection*
     Pour _____ la personne qu'on croit la meilleure, il faut voter.

20. **parvenir**   *réussir*
     On va _____ un jour à élire une présidente.

21. **soupçonner**   *avoir des doutes sur une personne, suspecter*
     Un cynique ne croit personne. Il _____ tout le monde.

22. **tromper**   *donner une impression qui n'est pas juste*
     Est-ce que les politiciens _____ les électeurs avant d'être élus?

23. **aussitôt que**   *dès que*
     _____ j'arriverai à l'hôtel, je te téléphonerai.

24. **l'élu, –e**   *une personne qui est élue, choisie*
     Savez-vous qui est _____ dans cette élection?

le régime
la monarchie
le consulat
l'Empire (m.)
la discussion
la remarque
le politicien, la politicienne
le cynisme
la naïveté
l'abstention (f.)
l'élection (f.)
le parti
l'éligibilité (f.)
la mesure
le général
la fidélité

la discrimination
l'électeur (m.), l'électrice (f.)
le modéré, la modérée
le signe
la protestation
le résultat
la victoire

accuser
reprocher
voter
intimider
affirmer
se consoler
ridiculiser

téléphonique
interurbain, –e
remarquable
crédule
blasé, –e
présidentiel, –le
législatif, législative
électoral, –e, –aux, –ales
consacré, –e
féminin, –e
résolument
absolu, –e
satirique

Exercices   *A.   Replace the italicized words with a synonym.*

1. Est-ce que votre ami vous a *téléphoné?*
2. À quelle heure est votre *rencontre* avec Michèle?
3. Je *me fatigue* souvent des programmes de télévision.
4. *Dès que* l'auto sera prête, nous vous téléphonerons.
5. Voilà le candidat *choisi* par le peuple.
6. Cette fleur *n'est pas vivante.*
7. A-t-on *plus de* journaux aujourd'hui?
8. Le candidat *dit en plus* qu'il ne trompe personne.
9. Il est *incroyable* de voir un éléphant dans la rue.
10. Aucun gouvernement *n'a réussi* à éliminer la pollution.
11. Les prix *ne sont pas modestes.*

B.   Give the opposite for each of the following.

1. le mal   3.   croire sans doutes
2. la vie

Structure

IRREGULAR FORMS OF THE FUTURE TENSE

être, aller, avoir, faire, savoir

Pratique orale

A. Répétez.

Est-elle à la bibliothèque aujourd'hui? Non, mais elle y sera demain.

Va-t-elle à une conférence aujourd'hui? Non, mais elle ira demain.

A-t-il du temps libre aujourd'hui? Non, mais il en aura demain.

Faites-vous une promenade aujourd'hui? Non, mais je ferai une promenade demain.

Savez-vous la leçon aujourd'hui? Non, mais nous la saurons demain.

B. Répondez selon l'indication.

1. À quelle heure sera-t-il de retour? *à deux heures*   2. Où ira-t-il ensuite? *au parc*   3. Que fera-t-il? *une promenade*   4. Avec qui aura-t-il rendez-vous? *Jeannette*   5. Quand saura-t-il l'heure du départ? *dans une heure* 6. Serons-nous chez nous le jour de l'élection? *Oui*   7. Irons-nous voter? *Certainement*   8. Ferons-nous notre devoir de citoyen? *Bien sûr* 9. Aurons-nous le temps de décider? *Oui*   10. Comment saurons-nous la date de l'élection? *par le journal*   11. Où irez-vous après cette classe? *au café*   12. Aurez-vous le temps de bavarder? *Oui*   13. Que ferez-vous ensuite? *mes devoirs*   14. Saurez-vous où me rejoindre? *Bien sûr*

C. Demandez à un(e) ami(e) ou à des ami(e)s

1. s'il sera chez lui.   2. où elle ira voter demain.   3. s'il aura besoin de sa carte.   4. quand elles feront leurs devoirs.   5. quand elles feront une promenade.   6. s'ils sauront bientôt les noms des meilleurs candidats.

vouloir, falloir, valoir

A. Répétez.

Je ne veux pas voter maintenant, mais cet après-midi je voudrai voter.

Il faut attendre maintenant mais bientôt il faudra partir.

Il vaut mieux rester ici maintenant et il vaudra mieux sortir ce soir.

B. Répondez selon le modèle.

> Faudra-t-il voter?
> Non, mais il vaudra mieux voter.

1. Faudra-t-il savoir les programmes des candidats?   2. Faudra-t-il écouter leurs discours?   3. Faudra-t-il écrire à mes parents?   4. Faudra-t-il étudier pour l'examen?

C. Répondez.

1. Est-ce qu'il lui faudra de l'argent?   2. Est-ce qu'il lui faudra trouver une cabine téléphonique?   3. Est-ce qu'il lui faudra donner un coup de téléphone? 4. Le candidat voudra-t-il faire des discours?   5. Les électeurs voudront-ils choisir le meilleur candidat?   6. Voudrez-vous faire votre devoir de citoyen?

devoir, pleuvoir, recevoir

A. Substituez.

Nous | devrons nous reposer
devrons rester
recevrons des paquets | pendant cinq jours.

Il ne pleuvra pas | demain.
le jour de Noël.
le jour du pique-nique.

B. Répondez selon l'indication.

1. Le candidat devra-t-il faire ses discours? *Oui*   2. Les électeurs devront-ils l'écouter? *Oui*   3. Devrons-nous voter pour lui? *Non*   4. Quand pleuvra-t-il? *la semaine prochaine* 5. Pleuvra-t-il demain? *Non* 6. Est-ce que Georges Dupont recevra la majorité? *Non*   7. Recevrez-vous beaucoup de cartes de Noël? *Oui*   8. Les étudiants recevront-ils de bonnes notes? *Certainement*

C. Demandez à des amis

1. s'ils devront voter.   2. s'ils devront étudier.   3. s'ils recevront de bonnes notes.   4. s'ils recevront des lettres de leurs amis.

Charles de Gaulle

Raymond Depardon—Gamma/EPA

Note grammaticale   Certain verbs have irregular future stems to which the regular future endings are added. Study the following.

être	je serai
aller	j'irai
avoir	j'aurai
faire	je ferai
savoir	je saurai
vouloir	je voudrai
falloir	il faudra
valoir	il vaudra
devoir	je devrai
pleuvoir	il pleuvra
recevoir	je recevrai

Exercice   *A. Rewrite the following sentences, inserting the correct form of the future tense of the indicated verb.*

1. Les électeurs _____ élire un bon président.   *vouloir*
2. _____-vous assez de temps pour nous rejoindre au café?   *avoir*
3. Il _____ trouver un petit restaurant à prix fixe.   *falloir*
4. Nous _____ à Marseille pour goûter la bouillabaisse.   *aller*
5. Elle _____ certainement essayer une coquille Saint-Jacques en Bretagne.   *devoir*
6. « Vous _____ bientôt devant la cathédrale de Notre-Dame, » dit le guide.   *être*
7. Je _____ faire de la cuisine française après l'été prochain.   *savoir*
8. Il _____ mieux descendre dans un petit bistro au sous-sol.   *valoir*
9. _____-il beau demain ou bien _____-il?   *faire, pleuvoir*
10. Tu _____ certainement de bonnes notes.   *recevoir*
11. Nous _____ de retour à 15 heures.   *être*

THE FUTURE TENSE AFTER QUAND, LORSQUE, DÈS QUE, AUSSITÔT QUE

Pratique orale   *A. Répétez.*

Je vous téléphonerai quand j'arriverai à l'hôtel.
Lorsque vous me téléphonerez, je serai content.
Nous partirons aussitôt que nous déciderons l'heure de notre rencontre.
Dès que l'heure sera fixe, je me dépêcherai.

B. Substituez.

Nous vous téléphonerons quand | vous serez de retour.
| vous serez à l'hôtel.
| nos amis arriveront.

Aussitôt que je trouverai une cabine téléphonique, | je te téléphonerai.
| je chercherai le numéro.
| je te dirai où nous rencontrer.

C.   *Répondez selon le modèle.*

> aussitôt que nos amis arriveront.
> Nous partirons aussitôt que nos amis arriveront.

1. dès qu'on saura les résultats.   2. dès que le candidat terminera son discours.   3. aussitôt que tu nous téléphoneras.   4. aussitôt que nous trouverons un taxi.   5. quand je saurai où voter.   6. quand Hélène et Marguerite arriveront.   7. lorsque nous déciderons où manger.   8. lorsque vous serez prêt à partir.

D.   *Répondez.*

1. Irez-vous en France quand vous aurez l'argent?   2. Achèterez-vous vos livres quand vous saurez quels livres acheter?   3. Prendrez-vous une tasse de café lorsque la classe se terminera?   4. Parlerez-vous au professeur lorsque vous aurez des problèmes?   5. Les étudiants partiront-ils aussitôt qu'ils auront de l'argent?   6. Partiront-ils aussitôt que les vacances commenceront?   7. Téléphonera-t-il à ses parents dès qu'il entendra les résultats?   8. Leur téléphonera-t-il dès qu'il désirera leur dire quelque chose?

Note grammaticale   When the verb in the main clause is in the future tense, the verb in the clause introduced by *quand, lorsque* (when), *dès que* (as soon as), and *aussitôt que* (as soon as) must also be in the future tense.

> Nous <u>irons</u> en France quand nous <u>aurons</u> l'argent.
> *We will go to France when we have the money.*
> Je vous <u>téléphonerai</u> dès que j'<u>arriverai</u> à l'hôtel.
> *I will call you as soon as I arrive at the hotel.*

Note the difference in sequence of tenses between these sentences and sentences with a *si* clause. If the verb in the main clause is in the future, the verb in the *si* clause is in the present.

> Je vous <u>téléphonerai</u> si j'<u>arrive</u> à l'hôtel avant minuit.

Exercice   A.   *Follow the models.*

> Si j'ai de l'argent, j'irai en France.
> Quand j'aurai de l'argent, j'irai en France.
> Dès que j'aurai de l'argent, j'irai en France.

1.   S'il fait beau, nous partirons.
2.   S'il y a des cours gratuits, les ouvriers en profiteront.
3.   Si Monsieur Dupont et Monsieur Durand se connaissent bien, ils s'inviteront chez eux.
4.   Si Monsieur Durand va chez Monsieur Dupont, leurs femmes feront connaissance aussi.
5.   Si le Québec fait des efforts pour coopérer avec les autres pays, il ne sera pas isolé.

Mes amis arrivent. Je quitte l'hôtel.

Lorsque mes amis arriveront, je quitterai l'hôtel.

Aussitôt que mes amis arriveront, je quitterai l'hôtel.

1. Je trouve le numéro. Je donne un coup de téléphone à Paul.
2. Nous nous rencontrons au café. Nous avons le temps de bavarder.
3. Le premier coureur s'avance. Tout le monde tend le cou.
4. Les gens voient le maillot jaune. Ils l'applaudissent.
5. Les Dubois achètent leur maison de campagne. Ils y passent leurs week-ends.

NE . . . NI . . . NI

Pratique orale

A. Répétez.

Aimez-vous le café ou le thé?

Je n'aime ni le café ni le thé.

Avez-vous une craie ou un crayon?

Je n'ai ni craie ni crayon.

Est-ce que votre mère ou votre père est chez vous?

Ni ma mère ni mon père n'est chez nous.

B. Substituez.

Je n'ai vu | ni le musée de Cluny ni le Panthéon.
Je n'ai vu | ni Jean ni Danielle.
Je n'ai vu | ni trains ni avions.

Ni ce livre ni ce journal | ne m'intéresse.
Ni ce livre ni ce journal | n'est meilleur.
Ni ce livre ni ce journal | ne coûte beaucoup.

C. Répondez selon les modèles.

Aimez-vous la Provence ou la Bretagne?

Je n'aime ni la Provence ni la Bretagne.

Prenez-vous du café ou du lait?

Je ne prends ni café ni lait.

1. Aimez-vous la coquille Saint-Jacques ou les crêpes bretonnes?   2. Aimez-vous Monsieur Dupont ou Monsieur Leman?   3. Aimez-vous le discours de Jean ou le discours de Marie?   4. Prenez-vous du café au lait ou du coca-cola?   5. Avez-vous des bicyclettes ou des camions?   6. Voyez-vous des taxis ou des autobus?

Est-ce que la chaise verte ou la chaise rouge est confortable?

Ni la chaise verte ni la chaise rouge n'est confortable.

1. Aimez-vous la coquille Saint-Jacques ou les crêpes bretonnes?   2. Aimez-que le politicien ou l'homme d'État inspire de la confiance?   3. Est-ce que Marie ou Anne a voté pour ce candidat?   4. Est-ce que le café ou le lait est bon?

Note grammaticale   *Ne . . . ni . . . ni* means "neither . . . nor." When it is used in the partitive sense, *ni* immediately precedes the noun.

> Avez-vous des frères ou des sœurs?
>
> Je n'ai ni frères ni sœurs.

If *ni* precedes a definite article or a preposition, the article and preposition remain.

> Je n'aime ni les haricots ni les petits pois.
>
> Je ne suis allé ni en Italie ni en Suisse.

Exercice   *A. Follow the model.*

> Téléphonez-vous à Jeanne ou à Patricia?
>
> Je ne téléphone ni à Jeanne ni à Patricia.

1. Visiterez-vous Paris ou Marseille?
2. Est-ce que les ouvriers travaillent le samedi ou le dimanche?
3. Philippe étudie-t-il la musique ou l'art moderne?
4. Avez-vous un frère ou une sœur?
5. Est-ce que les autoroutes ou les nationales sont chargées?
6. Prenez-vous du vin rouge ou du vin blanc?
7. Téléphone-t-il à Robert ou à Simone?
8. Préfère-t-on le théâtre ou le cinéma?

**Premier hommage des habitants de
Paris à la Famille Royale, 1789**

Premier hommage des Habitans de Paris à la Famille Royale
le mercredi 7 Octobre 1789. lendemain de son heureuse arrivée dans cette Ville
Famille Auguste et tendre avec transport cherie
Lorsque nous vous voyons parmi nous réunie.
Que vous puissiez rester dans nos murs desormais.
C'est le vœu le plus doux de tous vos vrais Sujets

Conversation

AU TÉLÉPHONE

Roberta est à son hôtel. Elle veut donner un coup de téléphone à un ami.

en face   *opposite*

Roberta:	Bonjour, monsieur. Où est la cabine téléphonique la plus proche?
Concierge:	Elle est en face, mademoiselle. Quel numéro voulez-vous? Est-ce un numéro local ou interurbain?

jeton   *token needed to make a phone call*

Roberta:	Oh, c'est vous qui faites le numéro? J'allais vous demander un jeton.
Concierge:	Pour téléphoner à la poste, il faut d'ordinaire un jeton. Mais ici c'est moi qui fais le numéro.

Donnez-moi la ville *I want to make a local call*

décrochez l'appareil *pick up the receiver*

Roberta:	Très bien. Donnez-moi la ville, numéro 468-17-73.
Concierge:	Allez dans la cabine et décrochez l'appareil, mademoiselle.
	Au téléphone
Concierge:	Ne quittez pas, monsieur.
Roberta:	Allô. Ici Roberta Sullivan. Est-ce que Paul est là?
Paul:	Allô, Roberta. Quelle surprise! Depuis quand êtes-vous en ville?
Roberta:	Depuis hier. Je suis ici en groupe.
Paul:	Et vous resterez combien de temps?
Roberta:	Je serai ici pour cinq jours.
Paul:	Quelle chance alors! Quand aurez-vous le temps de bavarder un peu?
Roberta:	Je n'aurai d'heures libres ni aujourd'hui ni demain, mais je serai libre mercredi vers 16 heures. Il me faudra retrouver le groupe à 19 heures.
Paul:	Quel programme! Mais Paris est riche, après tout. Alors, téléphonez-moi quand vous serez de retour mercredi et nous arrangerons un rendez-vous. À mercredi donc.

Exercices   *A.   Answer the following questions.*

1. Où est Roberta?
2. Qu'est-ce qu'elle désire faire?
3. Qu'est-ce qu'elle cherche donc?
4. Où est la cabine téléphonique?
5. Pourquoi Roberta n'a-t-elle pas besoin de jeton pour téléphoner?
6. Que fera Roberta quand elle sera dans la cabine?
7. Est-ce que Paul est surpris d'entendre la voix de son amie?

8. Pour combien de tcmps Roberta restera-t-elle en ville?
9. Aura-t-elle des heures libres ce jour-ci ou demain?
10. Quand aura-t-elle le temps d'avoir un rendez-vous avec Paul?
11. Quand Roberta téléphonera-t-elle à Paul?

B.   Form a paragraph from the following.

Roberta / être / hôtel
Elle / vouloir / donner / coup / téléphone / ami / Paul
Elle / chercher / cabine / téléphonique
concierge / hôtel / lui / dire / cabine / être / en / face
Elle / ne / avoir / besoin / jeton / parce / que / à / hôtel / c'est / concierge / qui / faire / numéro
Elle / entrer / cabine / et / décrocher / appareil
Roberta / réussir / contacter / Paul / qui / être / surpris
Il / lui / demander / combien / temps / elle / aller / rester
Elle / être / ici / pour / cinq / jours / mais / elle / ne / être / libre / avant / mercredi
Elle / téléphoner / Paul / quand / elle / être / retour / hôtel / mercredi

Des Français votent   *French Embassy Press and Information Division*

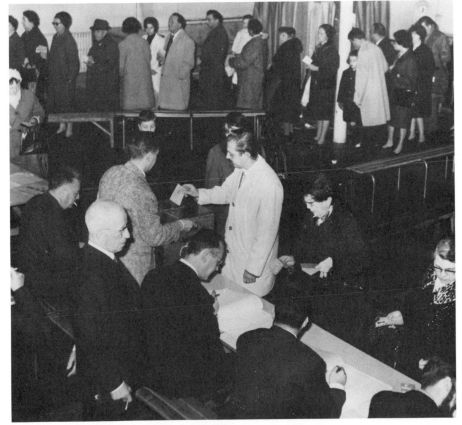

Lecture culturelle

LES FRANÇAIS ET LA POLITIQUE

succédera (future tense used as historical future to look forward from a point in the past) was to succeed

ne seront pas en peine will not fail to

En moins de deux siècles, la France a connu une dizaine de régimes politiques. À la Monarchie succédera la Première République qui sera vite remplacée par le Consulat et l'Empire. Celui-ci cédera la place à la Restauration et à la Monarchie constitutionnelle. Suivront la Seconde République, le Second Empire puis la Troisième République, la Quatrième et la Cinquième. Il est évident que la stabilité politique n'est pas la grande qualité des Français. Mais si, au cours d'une discussion, vous leur en faites la remarque, ils ne seront pas en peine de vous expliquer que cette diversité est plus apparente que réelle. « Ne savez-vous pas », ajouteront certains, « que plus ça change, en France, plus c'est la même chose? »

hommes d'État statesmen

Aussi Therefore
en revanche in return

La plupart des Français n'ont jamais eu ni beaucoup d'estime pour les politiciens, ni beaucoup de confiance en eux. Il y a eu, sans doute, des hommes d'État remarquables, et il y en aura encore, mais il vaut mieux, pensent-ils, ne pas être trop crédules. Ils reconnaissent qu'il faudra toujours des politiciens pour gouverner un pays; c'est un mal nécessaire. Aussi n'est-il pas étonnant que l'Américain accuse le Français de cynisme; celui-ci, en revanche, reproche à celui-là sa naïveté. Ni l'un ni l'autre n'a raison. Comment expliquer, en effet, que le pourcentage d'abstention est bien plus élevé aux États-Unis qu'en France? Les Français, tout blasés qu'ils semblent l'être, votent en grand nombre.

moyens average

devoir duty
députés members of Parliament
auparavant formerly
campagne campaign

Pour les Dupont, famille de Français moyens, les élections présidentielles sont les plus importantes. Quand les élections législatives auront lieu, ils feront leur devoir de citoyen et ils iront voter, mais ils se lasseront assez vite des innombrables discours des candidats. Sous la Cinquième République, les députés n'ont plus le rôle qu'ils avaient auparavant. C'est le président de la République qui, élu pour sept ans, est devenu véritablement le chef de l'État. Dès que la campagne pour l'élection du président s'ouvrira, Monsieur Dupont regardera toutes les émissions de TV consacrées aux différents candidats. Mais enfin, il votera pour le candidat de son parti.

devront would have to

Et Madame Dupont, pour qui votera-t-elle? Avant la guerre, les Françaises ne possédaient ni le droit de vote ni l'éligibilité: elles devront attendre jusqu'en 1945 pour pouvoir participer à la vie politique. Cette mesure, prise par le général de Gaulle, lui vaudra la fidélité d'un grand nombre d'électrices. Mais depuis la mort du Général, les élections n'ont plus le même intérêt aux yeux de Madame Dupont. Elle ne donnera certainement pas sa voix au candidat de son mari; il n'est pas assez modéré et, en outre, il a toujours été hostile à de Gaulle. Monsieur Dupont aura beau lui faire de longs discours sur la nécessité d'élire un progressiste, elle fera ce qu'elle voudra et elle ne se laissera ni intimider ni influencer.

en outre besides
aura beau lui faire will in vain make
progressiste radical

estime *(here) feels, deems, considers*
se dit *(here) calls himself*
du scrutin *of the balloting*
sondages d'opinion *opinion polls*
ballottage *negative result of first ballot in which no candidate has received the necessary votes for election*
en tête *first*
Quant aux *As for*
urne *ballot-box*
bulletin *ballot*
l'emportera *(here) will win*
entrera en fonction *takes up his duties*
ne manqueront pas de *will not fail to*

L'aînée des enfants Dupont, Jacqueline, votera pour la seule candidate féminine. Pour la première fois, une femme se présentera aux élections présidentielles. Jacqueline sait que sa candidate ne recevra pas beaucoup de votes, mais elle estime que le moment est venu d'éliminer toute discrimination et que le meilleur moyen d'y parvenir est d'élire une femme. Jacques, le cadet de la famille, ne pense ni comme ses parents, ni comme sa sœur aînée. Il se dit résolument progressiste, il soupçonne tous les partis de vouloir tromper les électeurs.

Enfin le jour du scrutin est arrivé. Les élections ont lieu le dimanche. Selon les sondages d'opinion, aucun candidat ne recevra la majorité absolue, il y aura donc ballottage et les Français devront voter une nouvelle fois. C'est, en effet, ce qui se passe. Le candidat de Madame Dupont, un modéré, arrive en tête. Celui de Monsieur Dupont, représentant la gauche, est en seconde position. Quant aux candidats de Jacqueline et de Jacques, ni l'un ni l'autre n'a eu beaucoup de voix. Au deuxième tour, Jacqueline votera pour le candidat de sa mère et Jacques mettra dans l'urne un bulletin blanc, en signe de protestation. Ce sera le modéré qui l'emportera. Madame Dupont est heureuse du résultat; sa fille affirme que la victoire ira à une femme la prochaine fois; Jacques déclare qu'il y aura une révolution aussitôt que le président entrera en fonction; et Monsieur Dupont se consolera en lisant les journaux satiriques qui ne manqueront pas de ridiculiser, à chaque occasion, le nouvel élu du peuple français.

Compréhension   *A.   Répondez.*

1.   Est-ce que la France est connue pour sa stabilité politique?
2.   Est-ce que les Français trouvent les formes de gouvernement très différentes l'une de l'autre?
3.   Quelle est l'attitude de beaucoup de Français envers les politiciens?
4.   Qu'est-ce que l'Américain reproche au Français lorsqu'ils discutent politique?
5.   De quoi est-ce que le Français accuse l'Américain?
6.   Qui a raison?
7.   Est-ce qu'il y a un plus grand pourcentage de Français que d'Américains qui votent?
8.   Sous quelle république la France est-elle actuellement?
9.   Pour combien de temps le président de la France est-il élu?
10.   Est-ce que Monsieur Dupont fera attention aux programmes de tous les candidats?
11.   Depuis quand les Françaises peuvent-elles voter?
12.   Madame Dupont sera-t-elle influencée par le choix de son mari?
13.   Pour qui Jacqueline votera-t-elle?
14.   Pourquoi votera-t-elle pour la candidate féminine?
15.   Quelle est l'attitude du cadet de la famille envers les partis politiques?
16.   Quel jour les élections ont-elles lieu en France?
17.   Qu'est-ce qui se passera si aucun candidat ne reçoit la majorité absolue?
18.   Pourquoi Jacques met-il dans l'urne un bulletin blanc?
19.   Pourquoi Monsieur Dupont lisera-t-il les journaux satiriques?

Thèmes
de discussion

1. Que pensez-vous des attitudes françaises envers la politique?
2. Est-ce que la famille Dupont est comme la vôtre avant une élection présidentielle?

Thème
de composition

Comparez les attitudes françaises et les attitudes américaines envers la politique.

DIX-NEUVIÈME LEÇON

Vocabulaire

1. **le chauffeur de taxi**   *celui qui conduit un taxi*
   Le _____ va vous conduire à la gare.

2. **s'inquiéter**   *s'alarmer* (to worry)
   Ma mère me dit de ne pas y penser, mais je m'_____ quand même.

3. **là-dedans**   *dans quelque chose*
   Qu'est-ce qu'il y a dans cette boîte? Qu'est-ce qu'il y a _____?

4. **la librairie**   *un magasin où l'on achète des livres*
   Pour acheter mes manuels de cours, je vais à la _____.

5. **autrefois**   *dans un temps passé*
   À l'heure actuelle est le contraire d'_____.

6. **l'esclave (m. and f.)**   *une personne qui est sous le contrôle total d'un*
   autre
   C'est Abraham Lincoln qui a donné la liberté aux _____ des États-Unis.

7. **au lieu de**   *à la place de* (instead of)
   Il cherche à être fidèle à ses propres traditions _____'imiter les Européens.

8. **la souffrance**   *le fait de souffrir*
   Le poète nous parle de la _____ des esclaves, de ce qu'ils ont souffert.

9. **l'esclavage (m.)**   *la condition d'être esclave, la servitude*
   On a pris beaucoup d'Africains comme esclaves. On les a mis en
   _____.

10. **arriver**   *se passer*
    Qu'est-ce qui se passe? Qu'est-ce qui _____?

11. **le corps**   *la partie physique d'un être humain*
    Les bras, les pieds, les mains, la tête font partie du _____.

12. **l'auteur (m.)**   *l'écrivain*
    Une personne qui écrit un livre est un _____.

13. **le regard**   *l'action de regarder*
    Il me regarde d'une façon étrange; son _____ me trouble.

14. **le sang**   *le liquide rouge qui circule dans le corps* (blood)
    Un homme blessé peut perdre beaucoup de _____.

15. **transmis, —e**   *communiqué*
    C'est une tradition orale qui est _____ de génération en génération.

16. **s'adresser à**   *parler à (quelqu'un)*
    Il s'_____ à son professeur en employant « vous ».

17. **l'intimité (f.)**   *le rapport entre deux personnes qui s'aiment*
    L'emploi de « tu » et de « toi » marque _____. Il y a un rapport intime entre eux.

18. **la racine** *la partie d'un arbre qui est sous la terre et par laquelle un arbre se nourrit* (root)

Les _____ d'un arbre sont aussi grandes que ses branches.

19. **souffrant, –e** *qui souffre*

Le poète pense à ses ancêtres qui ont souffert, à ses ancêtres _____.

20. **le guerrier** *une personne qui se bat dans une guerre*

C'était un fier _____ qui s'est battu dans la dernière guerre.

21. **lointain, –e** *qui est à une grande distance, loin*

Christophe Colomb a fait des voyages aux pays inconnus et _____.

Léopold Sédar Senghor

French Embassy Press and Information Division

le taxi	la conception	guidé, –e
la tapisserie	le Cameroun	principal, –e, –aux, –ales
le Sahara	le poème	ethnique
la source	l'empire (m.)	personnifié, –e
l'origine (f.)	l'époque (f.)	subtil, –e
la savane	la renaissance	insistant, –e
l'utilité (f.)	la génération	ancestral, –e
la Côte-d'Ivoire	le symbole	tremblant, –e
la frontière	la répétition	impétueux, –euse
le Sénégal	le chant	robuste
le, la nomade	l'humilité (f.)	physique
la prison	la liberté	spirituellement
le poète		splendidement
le, la compatriote	unifier	obstinément
la Guinée	fonder	
la Martinique	marquer	

Exercices   *A.*   *Form sentences, using the following words.*

1. arbre / avoir / racines / pour / se nourrir
2. téléphoner / moi / au / lieu / de / écrire / lettre
3. David Diop / être / auteur / célèbre / qui / avoir / écrire / poèmes / sur / Afrique
4. message / être / transmis / d'une / personne / à / une / autre
5. savoir / vous / ce qui / être / arriver / ?
6. femme / avoir / perdre / beaucoup / sang
7. maintenant / il / ne / y / avoir / plus / esclavage / États-Unis / mais / autrefois / il / y / en / avoir
8. Quand / je / s'adresser / à / amis / de / mes / parents / je / employer / « vous »
9. Une / personne / avoir / yeux / pour / voir
10. si / on / être / amoureux / de / autre / on / avoir / grand / intimité / avec / lui
11. je / être / entrer / librairie / mais / je / ne / avoir / rien / trouver / là-dedans
12. je / ne / aimer / pas / s'inquiéter

B.   *Complete the following sentences with a word related to the italicized word.*

1. Celui qui lutte dans une *guerre* est un _____.
2. Un pays qui est *loin* de vous est un pays _____.
3. Quand je *regarde* quelque chose, mon _____ tombe sur la chose.
4. Un *esclave* est en _____.
5. Si quelqu'un *souffre*, c'est une personne _____.

Une bibliothèque dans la Côte-d'Ivoire   *United Nations/EPA*

Structure

IRREGULAR FORMS OF THE FUTURE TENSE

pouvoir, voir, envoyer, courir, mourir

Pratique orale

A.   Répétez.

Peut-elle rester aujourd'hui? Non, mais elle pourra rester demain.
Voit-il l'arbre maintenant? Non, mais il le verra dans un moment.
Envoyez-vous votre poème aujourd'hui? Non, mais je l'enverrai demain.
Courez-vous dans les forêts aujourd'hui? Non, mais j'y courrai demain.
La fleur meurt-elle aujourd'hui? Non, mais elle mourra demain si elle n'a pas
   d'eau.

B.   Répondez selon les modèles.

> Qui pourra venir?   *Je*
> Je pourrai venir.

1. Qui pourra nous expliquer le poème? *L'écrivain*   2. Qui pourra mieux
comprendre l'Afrique? *Vous*   3. Qui verra bientôt les savanes? *Le guide*
4. Qui verra l'arbre célèbre? *Nous*   5. Qui nous enverra le poème? *Diop*
6. Qui nous enverra l'histoire de l'esclavage? *L'écrivain*

> Les enfants courront-ils dans les forêts?
> Oui, ils courront dans les forêts.

1. Les guerriers courront-ils?   2. Courrez-vous après les classes?   3. La
jeune fille courra-t-elle bien vite?   4. L'esclavage mourra-t-il?   5. Le
guerrier blessé mourra-t-il?   6. Les fleurs mourront-elles en hiver?

venir *and* tenir

A.   Répétez.

Viennent-ils aujourd'hui? Non, mais ils viendront demain.
Retiens-tu la chambre aujourd'hui? Non, mais je la retiendrai demain.

B.   Répondez.

1. Viendrez-vous un jour en Afrique?   2. Viendront-ils en Afrique aussi?
3. Reviendrons-nous un jour dans ce continent si mal connu?   4. Retiendrez-
vous une chambre?   5. Le poète retiendra-t-il une image de la souffrance?
6. Tiendras-tu la lettre à la main?

Note grammaticale   Additional verbs with special future stems are the following:

infinitive	future
pouvoir	je pourrai
voir	je verrai
envoyer	j'enverrai
courir	je courrai
mourir	je mourrai
venir	je viendrai
tenir	je tiendrai

Future endings are always regular.

Exercice   A. *Follow the model.*

>   Avez-vous déjà envoyé la lettre?
>   Non, mais je l'enverrai bientôt.

1. Les gens ont-ils déjà vu le maillot jaune?
2. As-tu déjà pu visiter l'Algérie?
3. Êtes-vous déjà venus voir les gratte-ciel?
4. Est-ce que les fleurs sont déjà mortes?
5. As-tu retenu la chambre à l'hôtel?
6. Est-ce que le petit a couru dans le bois?
7. Avez-vous envoyé la lettre par avion?
8. Marie a-t-elle déjà vu cette pièce?
9. Vos amis ont-ils pu prendre les billets au guichet?
10. L'ouvreuse est-elle déjà venue vous demander un pourboire?

SI IN ANSWER TO A NEGATIVE QUESTION OR STATEMENT

Pratique orale   A. *Répétez.*

L'esclavage n'existe plus? Mais si, il existe encore.
L'Afrique n'est pas un pays lointain. Mais si, c'est un pays lointain.
On ne parle pas français en Afrique. Mais si, on parle français en Afrique.

B. *Répondez selon le modèle.*

>   Vous n'êtes pas fatigué.
>   Si, je suis fatigué.

1. Tu ne travailles pas patiemment.   2. Un guerrier n'est pas brave.   3. On ne parle pas français ici.   4. Un écrivain n'écrit pas.   5. Cet arbre n'a pas de racines.   6. Les esclaves ne sont pas venus d'Afrique.

Note grammaticale   To express "yes" in French, one usually says *oui*. But to contradict a negative statement or question, use *si*.

>   Il ne vient pas.
>   Mais si, il vient.
>   Tu n'y vas pas?
>   Si, j'y vais.

Exercices *A. Contradict the following negative statements.*

1. La tour Eiffel n'est pas à Paris.
2. L'Algérie n'est pas encore indépendante.
3. Il n'y a pas de programme de sécurité sociale pour l'ouvrier en France.
4. On ne porte plus les costumes traditionnels en Bretagne.
5. La langue créole des Haïtiens n'est pas basée sur le français.

B. Make a number of obviously incorrect comments to your classmates. They will respond with an emphatic si.

> Examples: Tu n'es pas beau (belle).
> Nous n'apprenons pas le français.

INTERROGATIVE WORDS: **QUI, QUE, QUI EST-CE QUI, QU'EST-CE QUI, QU'EST-CE QUE, QUOI, QU'EST-CE QUE C'EST QUE**

Pratique orale *A. Répétez.*

Qui a conduit?

Qui est-ce qui a conduit?

Que demandez-vous?

Qu'est-ce que vous demandez?

À quoi pensez-vous?

À quoi est-ce que vous pensez?

Qu'est-ce qui vous inquiète?

Qu'est-ce que c'est qu'une tapisserie?

Abidjan, Côte-d'Ivoire

Editorial Photocolor Archives (EPA)

B.   *Substituez.*

Qu'est-ce qui	fait ce bruit?
	est posé sur la table?
	arrive?
	attire les touristes à Paris?

Sur quoi	écrit-il?
	est-il assis?
	met-il ses livres?
	est son imperméable?

| Que | faites
dites
recommandez
voyez | -vous? |

C.   *Imitez les modèles.*

> Un chauffeur conduit un taxi.
> Qui conduit un taxi?
> Qui est-ce qui conduit un taxi?

1. Le touriste monte dans le taxi.   2. La jeune femme cherche le musée de Cluny.   3. Les Américains désirent trouver le boulevard Saint-Michel. 4. L'étudiant africain a besoin de livres.   5. Tout le monde doit voir la fameuse tapisserie.   6. Le guerrier a perdu du sang.   7. L'esclave africain a beaucoup souffert.

> Je vois le chauffeur.
> Qui voyez-vous?
> Qui est-ce que vous voyez?

1. Je cherche un agent de police.   2. Elle attend son chauffeur de taxi. 3. Nous regardons les touristes.   4. J'écoute le président.   5. Je vais inviter des amis.

> Je cherche un taxi.
> Que cherchez-vous?
> Qu'est-ce que vous cherchez?

1. Nous attendons un taxi.   2. Ils cherchent le musée.   3. Il désire trouver une librairie.   4. Je vais acheter des livres.   5. Vous verrez la célèbre tapisserie.   6. Il y a des boutiques dans ce quartier.

> Nous parlons du poète Diop.
> De qui parlez-vous?
> De qui est-ce que vous parlez?

> Je parle avec Suzanne.
> Avec qui parlez-vous?
> Avec qui est-ce que vous parlez?

1. Nous parlions du président.   2. Je suis sorti avec mon frère.   3. Il l'a fondé avec deux amis.   4. Les guides expliquent leur pays aux touristes. 5. Nous avons voyagé avec d'autres Américains.   6. Il travaille avec ses collègues.   7. Elle a parlé de ce poète.   8. Je pense aux esclaves.

> Il écrit avec un stylo.
> Avec quoi écrit-il?
> Avec quoi est-ce qu'il écrit?

1. Nous écrivons sur du papier.   2. Elle parle de l'Afrique.   3. Je pense à la souffrance des esclaves.   4. Les Africains sont fiers de leur passé.   5. Nous pensons au poème.   6. Je suis content de ma connaissance du français.

Le musée de Cluny l'intéresse.
Qu'est-ce qui l'intéresse?

1. Le voyage en taxi l'inquiète.   2. Les poèmes africains l'intéressent.   3. Les autos font du bruit.   4. Ce taxi va trop vite.   5. L'Afrique est un continent mystérieux.   6. Ce poème est intéressant.   7. L'argent pour le taxi est sur la table.

L'esclavage est une condition de servitude.
Qu'est-ce que c'est que l'esclavage?

1. Un Africain est une personne qui habite en Afrique.   2. Une librairie est un magasin où l'on achète des livres.   3. La racine est la partie d'un arbre qui est sous la terre.   4. La négritude est une philosophie de la fierté d'être noir. 5. La savane est une vaste prairie pauvre en arbres et en fleurs.

Note grammaticale   The choice of interrogative pronouns depends on two factors:

    1.   whether one is asking about a *person* or a *thing*.

    2.   whether the interrogative pronoun is *subject* or *object* of the verb or *object of a preposition*.

For most interrogative pronouns there are two possible forms, a short form with verb and subject inverted, and a long form with subject and verb in normal order.

To ask about a person: "who" or "whom"

subject

Qui arrive?	*Who is arriving?*
Qui est-ce qui arrive?	

object

Qui avez-vous vu?	*Whom did you see?*
Qui est-ce que vous avez vu?	

object of a preposition

Avec qui êtes-vous sorti?	*With whom did you go out?*
Avec qui est-ce que vous êtes sorti?	

To ask about a *thing:* "what"

subject

Qu'est-ce qui est bon?	*What is good?*
(Note that there is no short form)	

object

Qu'avez-vous vu?	*What did you see?*
Qu'est-ce que vous avez vu?	

object of a preposition

À quoi pensez-vous?	*What are you thinking about?*
À quoi est-ce que vous pensez?	

Que becomes *qu'* before a word beginning with a vowel. *Qui* never changes.

Qui avez-vous vu?	*Whom did you see?*
Qu'avez-vous vu?	*What did you see?*

Qu'est-ce que c'est que and *qu'est-ce que* are used in explanations or definitions and mean "what is."

Qu'est-ce que c'est?	*What's that?*
Qu'est-ce que c'est que le musée de Cluny?	*What's the Cluny museum?*
Qu'est-ce qu'une librairie?	*What's a library?*

The third person singular form of the verb is usually used with *qui, qui est-ce qui, qu'est-ce qui* even when a plural answer is expected.

Qui vient?
Georges et Anne viennent.

Exercices   *A.   Complete the following sentences with an appropriate interrogative word.*

1.   On oublie les problèmes de la vie moderne.
_____ oublie-t-on?
_____ on oublie?

2.   Il est difficile de penser aux problèmes urbains.
À _____ est-il difficile de penser?
À _____ il est difficile de penser?

3.   Les Bretons sont fiers et individualistes.
_____ est fier et individualiste?   *(short form)*
_____ est fier et individualiste?   *(long form)*

4.   Ce problème existera toujours.
_____ existera toujours?

5.   Le clochard est avant tout très pauvre.
_____ est très pauvre?   *(short form)*
_____ est très pauvre?   *(long form)*

6.   Les hommes sont accompagnés par des musiciens.
Par _____ les hommes sont-ils accompagnés?
Par _____ les hommes sont accompagnés?

7.   La langue bretonne est un dialecte celtique comparable au gaulois.
_____ la langue bretonne?   *(short form)*
_____ la langue bretonne?   *(long form)*

B.   Form a question, using the interrogative word that will elicit the italicized element in the response.

Jean arrive.
Qui arrive? Qui est-ce qui arrive?

1.   Le pardon est *une fête religieuse.*
2.   Il s'agit d'une *course cycliste.*
3.   Nous sommes allés à l'amphithéâtre avec *cinq camarades.*
4.   Les jeunes portent *les costumes modernes.*
5.   On démolit des *quartiers anciens.*
6.   *La vie à Québec* ressemble à la vie dans le Vermont voisin.
7.   La Sécurité Sociale rembourse *leurs frais médicaux.*
8.   Un beau soir, un collègue invite *Monsieur Durand* chez lui.
9.   *Le Tour de France* est un des événements sportifs les plus importants de l'année.
10.   On n'expose pas l'amitié aux *dangers inutiles.*

POSSESSIVE PRONOUNS

Pratique orale

le mien, le tien, le sien

A. Répétez.

C'est mon livre. C'est le mien.   C'est le pays de Robert. C'est le sien.

C'est ma bicyclette. C'est la mienne.   C'est la classe de Robert. C'est la sienne.

C'est ton crayon. C'est le tien.   Ce sont mes livres. Ce sont les miens.

C'est ta craie. C'est la tienne.   Ce sont tes idées. Ce sont les tiennes.

B. Répondez selon les modèles.

> Ce livre, est-ce le tien?
>
> Oui, c'est le mien.

1. Ce poème, est-ce le tien?   2. Ce journal, est-ce le tien?   3. Cette auto, est-ce la tienne?   4. Cette télévision, est-ce la tienne?   5. Est-ce que ces gants sont les tiens?   6. Est-ce que ces bagages sont les tiens?   7. Est-ce que ces chaussures sont les tiennes?   8. Est-ce que ces robes sont les tiennes?

> Cette auto est à Robert.
>
> C'est la sienne.
>
> Ces gants sont à Paul.
>
> Ce sont les siens.

1. Cette auto est à Robert.   2. Cette photo est à Marie.   3. Ce billet est à Madame Dupont.   4. Ce livre est à Monsieur Dupont.   5. Ces carnets sont à Pierre.   6. Ces poèmes sont à Simone.   7. Ces frites sont à André. 8. Ces valises sont à l'étudiant.

le nôtre, le vôtre, le leur

A. Répétez.

C'est notre idée. C'est la nôtre.   C'est leur maison. C'est la leur.

Ce sont nos billets. Ce sont les nôtres.   C'est leur guide. C'est le leur.

C'est votre jardin. C'est le vôtre.   Ce sont leurs légumes. Ce sont les leurs.

C'est votre boutique. C'est la vôtre.

B. Imitez les modèles.

> Est-ce que ce guide est le vôtre?
>
> Oui, c'est le nôtre.

1. Est-ce que ce billet est le vôtre?   2. Est-ce que ce journal est le vôtre? 3. Est-ce que cette télévision est la vôtre?   4. Est-ce que cette tapisserie est la vôtre?   5. Est-ce que ces parfums sont les vôtres?   6. Est-ce que ces valises sont les vôtres?

> Ce pain est aux étudiants.
>
> C'est le leur.

1. Cette bicyclette est aux ouvriers.   2. Cette maison est aux Leman.   3. Ce vin est aux jeunes femmes.   4. Ce fromage est aux enfants.   5. Ces bagages sont aux touristes.   6. Ces vaches sont aux fermiers.   7. Ces bicyclettes sont aux cyclistes.

> Ce vin
>
> Ce vin, c'est le vôtre?

1. Cette lettre   2. Cette photo   3. Ce pain   4. Ce journal   5. Ces tapisseries   6. Ces poèmes   7. Ces idées

Note grammaticale   Possessive pronouns are used to replace a possessive adjective plus a noun.

The possessive pronoun agrees *in gender and number* with the *noun it replaces* and is accompanied by the appropriate definite article or its contracted forms *au, aux, du, des.*

	Masculine		Feminine	
	Singular	*Plural*	*Singular*	*Plural*
mine	le mien	les miens	la mienne	les miennes
yours (fam.)	le tien	les tiens	la tienne	les tiennes
his, hers, its	le sien	les siens	la sienne	les siennes
ours	le nôtre	les nôtres	la nôtre	les nôtres
yours	le vôtre	les vôtres	la vôtre	les vôtres
theirs	le leur	les leurs	la leur	les leurs

When you use the third person singular possessive pronoun, be sure that it agrees in gender and number with the noun, not with the person possessing it.

C'est sa bicyclette.	*It is his/her bicycle.*
C'est la sienne.	*It is his/hers.*
Ce sont ses crayons.	*They are his/her pencils.*
Ce sont les siens.	*They are his/hers.*

Un village dans la Côte-d'Ivoire

L'enseignement agricole dans le Cameroun   *Editorial Photocolor Archives (EPA)*

Study the following.

J'ai mon journal et le tien.
I have my newspaper and yours.
J'aime ma robe et la tienne.
I like my dress and yours.
Parle à mon père et au tien.
Speak to my father and yours.
Robert a sa bicyclette. Il a la sienne.
Robert has his bicycle. He has his.
Ces gants, est-ce que ce sont les siens?
Are these gloves his/hers?
Voyez-vous votre maison et la nôtre?
Do you see your house and ours?
Voilà la maison des Dupont. Voilà la leur.
There is the Duponts' house. There is theirs.
Parle-t-il de son professeur? Parle-t-il du sien?
Does he speak about his teacher? Does he speak about his?

Exercice   *A. Replace the italicized words by the appropriate possessive pronoun.*

1. Voilà *la boutique des Algériens.*
2. Parlez-vous de *la ferme de Monsieur Leman* ou de *ma ferme?*
3. J'ai *vos billets* et *mes billets.*
4. Que pensez-vous de *ses chaussures?*
5. *Ses chaussures* sont plus jolies que *tes chaussures.*
6. *Les légendes des Haïtiens* sont intéressantes.
7. Voilà *leur maison. Notre maison* est plus loin.
8. Parlez à *mon frère* et au *frère d'André.*
9. Ce sont *nos idées.* Quelles sont *vos idées?*
10. *Leurs enfants* ne veulent pas jouer avec *vos enfants.*

Conversation

EN TAXI

Touriste:	Quel est le prix de la course pour aller au musée de Cluny?
Chauffeur:	À peu près 18 francs, monsieur. Ce n'est pas trop loin d'ici.
Touriste:	Ça va. Allons-y, mais pas trop vite, s'il vous plaît.
Chauffeur:	Ne vous inquiétez pas, monsieur. Si l'on va trop lentement, on risque davantage.

davantage *more*

En route:

vivement *(here) strongly*

Touriste:	On m'a vivement recommandé ce musée. Qu'est-ce qu'il y a d'intéressant là-dedans?

« la Dame à la licorne » *The Lady With the Unicorn*

Chauffeur:	Vous y verrez la célèbre tapisserie « la Dame à la licorne » parmi d'autres et des objets de la vie quotidienne au Moyen Âge. C'est un petit musée charmant.
Touriste:	Mais quel est ce bâtiment-là, monsieur?

enterrés *buried* Voltaire, Rousseau *18th century philosophers*

Chauffeur:	C'est le Panthéon où sont enterrés Voltaire et Rousseau parmi d'autres grands hommes.
Touriste:	Il n'y a pas beaucoup de boutiques dans ce quartier-ci.
Chauffeur:	Mais, si, monsieur. Ici c'est l'Université de Paris. Mais le long du boulevard Saint-Michel il y en a beaucoup. Si vous aimez les livres, vous reviendrez plusieurs fois aux nombreuses librairies de ce quartier. Nous voici au musée. Tournez à droite et continuez tout droit pour trouver le boulevard Saint-Michel.

tout droit *straight ahead*

Touriste:	C'est combien, monsieur?
Chauffeur:	19 francs y compris le tour guidé, monsieur.

Exercices

A. Answer the following questions.

1. En montant dans le taxi, quelle question le touriste pose-t-il au chauffeur?
2. À quel musée va le touriste?
3. Est-ce que le conducteur va conduire lentement? Pourquoi pas?
4. Qu'est-ce qu'il y a dans le musée de Cluny?
5. Qui est enterré au Panthéon?
6. Y a-t-il beaucoup de boutiques dans ce quartier?
7. Qu'est-ce qu'il y a le long du boulevard Saint-Michel?
8. Est-ce que le boulevard Saint-Michel est loin du musée de Cluny?
9. Trouvez-vous ce chauffeur plus ou moins gentil que d'ordinaire?

B.   Form a paragraph from the following elements.

touriste / désirer / visiter / musée / Cluny

Il / monter / dans / taxi / et / demander / conducteur / prix / course

Il / demander / chauffeur / ne pas / aller / trop / vite / mais / chauffeur /
   dire / que / on / risquer / davantage / si / on / aller / lentement

Dans / musée / touriste / aller / voir / fameux / tapisserie / et / autre /
   objets / de / vie / quotidienne / Moyen Âge

Ensuite / il / aller / aller / librairies / sur / boulevard / Saint-Michel / pour /
   acheter / livres

Le musée de Cluny   *Editorial Photocolor Archives (EPA)*

Lecture culturelle

« AFRIQUE, DIS-MOI, AFRIQUE »

l'Afrique occidentale *western Africa*
qu'a-t-il à voir *what does it have to do with*

Qu'est-ce que l'Afrique occidentale représente pour l'Américain? Surtout, ce continent appelé mystérieux, qu'a-t-il à voir avec son étude du français? D'abord, ces pays au sud du Sahara étaient autrefois la source principale d'esclaves. Ainsi est-ce la région d'origine de la plupart des Américains noirs. Pour les autres, cette étendue de forêts et de savanes comprend des nations d'un intérêt aussi riche que varié. Et on ne pourra pas les connaître sans savoir le français.

étendue *stretch*
comprend *(here) includes*

« Quoi? » dites-vous, « le français n'a pas d'utilité en Afrique. »

Si, ces peuples des anciennes colonies françaises, chacun avec sa langue différente, se parlent français entre eux. De plus, nous verrons que lorsqu'ils veulent expliquer leur expérience africaine au monde extérieur ils se servent aussi du français.

« Qui en Afrique parle français? » demandez-vous, pas encore persuadé.

La Côte-d'Ivoire, par exemple, a entre ses frontières cinq grands groupes ethniques parlant à peu près 60 langues africaines différentes. Qui est-ce qui pourra les comprendre toutes? Pour unifier le pays, à l'heure de l'indépendance ses chefs ont choisi le français comme langue officielle.

il existe *there exist*
le fulani, le wolof *African languages*
des ... aux *from ... to*

Il en est de même au Sénégal où il existe plusieurs langues locales. Dans le nord-est c'est le fulani des nomades: près des côtes, le wolof des fermiers. Mais quand vous viendrez ici, vos guides expliqueront en français leur pays, des gratte-ciel de Dakar aux anciennes prisons d'esclaves de l'île de Gorée.

Le président du Sénégal, Léopold Sédar Senghor, écrivain et poète célèbre, se sert du français pour communiquer avec ses compatriotes, avec les autres chefs d'État africains et avec le monde entier. Quand il était étudiant à Paris, il a fondé, avec deux amis noirs, l'un de la Guinée et l'autre de la Martinique, un journal français basé sur la conception de la « négritude. » Qu'est-ce que c'est que la négritude? C'est la philosophie qui dit que l'Africain doit être fidèle à son « âme noire » au lieu d'imiter les Européens. Remarquez que ces trois hommes d'origine africaine ont choisi le français pour communiquer leurs idées aux autres Africains.

« âme » *soul*

dont *whose*
tel qu'il *as he*

Un autre poète noir, David Diop, dont le père était du Sénégal et la mère du Cameroun, emploie le français pour nous montrer son continent tel qu'il le voit de ses propres yeux. De son poème suivant on retiendra trois images différentes de l'Afrique; la gloire des empires d'autrefois, la souffrance de l'époque de l'esclavage, la renaissance de l'indépendance.

liés au *linked with*

Pour Diop, comme pour beaucoup d'Africains, son pays, la terre elle-même et ses ancêtres sont toujours bien vivants et liés au présent, ce qu'il exprime par les

ressent *feels*	

sensations physiques qu'il ressent, « Mon regard est plein de ton sang, » et spiri-tuellement par le moyen des histoires orales transmises de génération en généra-tion, « Afrique que chante ma grand'Mère ». Il s'adresse directement à l'Afrique comme à un être personnifié. L'emploi de « tu » et de «toi » marque l'amour et l'intimité. Et, dit-il « une voix me répondit. »

Le symbole est clair. L'Afrique est un arbre, les racines dans la terre, arrosé de « beau sang noir . . . répandu » par les ancêtres souffrants. Cet arbre nourri par le passé donne, à son tour, de la force à la génération actuelle.

Même dans cette langue européenne Diop donne un rythme africain à son poème. La répétition variée de mots et de sons fera penser aux chants tradition-nels. Par exemple, les mots « sang », « sueur », et « travail » (vers 6–10) marquent un rythme subtil, ou bien la simple répétition de l'appel, « Afrique », présente un accent insistant, comme des tam-tams.

Et voilà un poème en français mais africain dans sa forme aussi bien que dans son fond.

Left glossary column (aligned with paragraphs above):

être *being*
me répondit *answered me*
arrosé de *watered by*
répandu *(here) shed*
à son tour *in turn*
actuelle *present*
fera penser *will make one think*
"sueur" *sweat*
l'appel *(here) demand*

fond *content*

AFRIQUE[1]

À ma Mère

Afrique mon Afrique
Afrique des fiers guerriers dans les savanes ancestrales
Afrique que chante ma grand'Mère
Au bord de son fleuve lointain
Je ne t'ai jamais connue
Mais mon regard est plein de ton sang
Ton beau sang noir à travers les champs répandu
Le sang de ta sueur
La sueur de ton travail
Le travail de l'esclavage
L'esclavage de tes enfants
Afrique dis-moi Afrique
Est-ce donc toi ce dos qui se courbe
Et se couche sous le poids de l'humilité
Ce dos tremblant à zébrures rouges
Qui dit oui au fouet sur les routes de midi
Alors gravement une voix me répondit
Fils impétueux cet arbre robuste et jeune
Cet arbre là-bas
Splendidement seule au milieu de fleurs blanches et fanées
C'est l'Afrique ton Afrique qui repousse
Qui repousse patiemment obstinément
Et dont les fruits ont peu à peu
L'amère saveur de la liberté.

Glossary for the poem (left column):

que chante ma grand'Mère *which my grandmother sang*
à travers les champs répandu *shed across the fields*

se courbe *bends*
le poids *weight*
zébrures *stripes*
au fouet *to the whip*
me répondit *answered me*

fanées *withered*
repousse *grows again*
dont *whose*
amère *bitter*
saveur *taste*

[1] David Diop: "Afrique" tiré de *Coups de Pilon* (Présence Africaine, Paris, 1956)

Compréhension   *A.   Répondez.*

1. Quelle est la région d'origine de la plupart des Américains noirs?
2. Quelle utilité a la langue française en Afrique?
3. Pourquoi parle-t-on français dans la Côte d'Ivoire et au Sénégal?
4. Qui est Léopold Sédar Senghor?
5. Dans quelle langue écrit-il ses poèmes?
6. Qu'est-ce que Senghor a fondé avec deux amis?
7. Qu'est-ce que c'est que la négritude?
8. Qui est David Diop?
9. Quelles images différentes retiendra-t-on de l'Afrique en lisant son poème?
10. Est-ce que les ancêtres du narrateur sont toujours vivants dans le poème? Quelle évidence y a-t-il de cette actualité?
11. Qu'est-ce que l'emploi de « tu » et de « toi » indique?
12. Qu'est-ce que l'arbre symbolise?
13. Comment l'arbre se nourrit-il?
14. Quel rôle joue le sang répandu par les ancêtres souffrants?
15. Qu'est-ce que cet arbre donne à la génération actuelle?
16. Peut-on entendre un rythme africain dans ce poème français?

B.   En lisant le poème:

1. À qui parle le poète de l'Afrique?
2. Quelle Afrique le poète n'a-t-il jamais connue?
3. Est-ce que l'Afrique de sa grand'mère est toujours vivante dans le poème? Quelle évidence y a-t-il du passé qui vit au présent?
4. D'où vient le « beau sang noir »?
5. Les ancêtres du poète étaient-ils des esclaves?
6. Pourquoi est-ce que le dos de l'Afrique se courbe?
7. Qu'est-ce que les « zébrures rouges » et le « fouet » indiquent?
8. Qui a répondu au poète?
9. Comment la voix décrit-elle le poète?
10. Qu'est-ce que l'arbre symbolise?
11. Selon la voix, quel est le rôle du passé de l'Afrique pour l'Afrique du présent?
12. Selon la voix, doit-on souffrir sous l'humilité de l'esclavage du passé?

Thèmes de discussion

1. Parlez de l'utilité de l'étude du français si l'on désire mieux comprendre l'Afrique occidentale.
2. L'Afrique comme un arbre qui pousse, nourri par la souffrance du passé: est-ce une image qui vous semble juste?

Thème de composition

Expliquez en un langage plus simple l'image de l'Afrique qu'on trouve dans le poème de David Diop.

VINGTIÈME LEÇON

Vocabulaire

1. **nettoyer**   *rendre propre*
    Cette robe n'est pas propre. Je vais la _____.
2. **vêtements (m. pl.)**   *ce qu'on porte*
    Une robe, une chemise, une blouse, un pantalon sont tous des _____.
3. **manquer**   *ne pas avoir*
    Cette robe avait trois boutons. Mais maintenant il n'y en a que deux.
    Il lui _____ un bouton.
4. **à l'étranger**   *dans un pays étranger*
    Quelques Français voyagent _____ pour leurs vacances.
5. **sale**   *le contraire de* propre
    Regarde tes mains! Comme elles sont _____! Va les laver, mon petit!
6. **bruyant, —e**   *qui fait beaucoup de bruit*
    Les autos font beaucoup de bruit. Alors les rues d'une ville sont _____.
7. **pollué, —e**   *où il y a de la pollution*
    Dans les villes il y a plus de pollution; elles sont _____.
8. **la banlieue**   *le territoire qui entoure une grande ville*
    Paris compte environ deux millions et demi d'habitants, mais Paris et
    sa banlieue comptent à peu près dix millions d'habitants.
9. **le bureau**   *le lieu de travail des employés d'une entreprise*
    Monsieur Dupont travaille au bureau.
10. **la fermeture**   *l'état de ce qui est fermé*
    L'heure de la _____ du musée est cinq heures. On ferme la porte à
    cinq heures.
11. **déranger**   *contrarier, troubler le fonctionnement normal*
    J'irai vous voir demain si ça ne vous dérange pas.
12. **le boulanger, la boulangère**   *une personne qui fait du pain*
    Si on a besoin de pain à Paris, on va chez un _____.
13. **la machine à laver**   *une machine électrique pour laver les vêtements*
    Si l'on a une chemise sale, on peut la mettre dans la _____.
14. **tomber en panne**   *cesser de fonctionner*
    La machine à laver ne marche plus. Elle _____.
15. **rassurer**   *assurer encore une fois; donner de la confiance à quelqu'un*
    Je vous assure qu'on va réparer votre machine à laver. Et je peux vous
    _____ qu'on la réparera demain à une heure.
16. **le mécanicien**   *celui qui répare les machines*
    Le _____ viendra demain pour réparer votre machine à laver.

17. **casser**   *mettre en morceaux (to break)*

On a _____ ma fenêtre ce matin; je dois trouver quelqu'un pour la réparer.

18. **être désolé, —e**   *regretter*

Je suis _____, mais je ne peux pas venir au cinéma avec vous.

Une usine dans le nord de la France   *Alain Keler from EPA*

le bouton	l'agence (f.)	favoriser
le domicile	la réponse	poser
l'Italie (f.)	le, la secrétaire	s'arranger
la Grèce	la dimension	déserter
le million	la masse	se regrouper
le commissariat	la confusion	
le restaurateur		frénétique
la clientèle		annuel, –le
la fortune		provincial, –e, –aux, –ales

Exercice   *A.   Answer the following questions.*

1. Si votre machine à laver ne marche pas, à qui téléphonez-vous?
2. Préférez-vous habiter le centre de la ville ou la banlieue?
3. Où se trouve le bureau de votre père ou de votre mère? Est-il près ou loin de chez vous?
4. À Paris, où va-t-on pour acheter du pain?
5. Rassurez-vous un enfant qui ne peut pas trouver son chien?
6. Avez-vous jamais cassé une fenêtre? Comment?
7. Est-ce que votre ville est polluée? Essaie-t-on de contrôler la pollution?
8. Votre rue est-elle bruyante ou tranquille? Aimez-vous les rues bruyantes?
9. Y a-t-il une fermeture annuelle de votre université?
10. Avez-vous voyagé à l'étranger? Dans quel pays êtes-vous allé(e)?
11. Est-ce que vous nettoyez vos vêtements vous-même? Si non, qui les nettoie?

Structure

THE CONDITIONAL TENSE

Pratique orale

A. Répétez.

À l'usine, travailleriez-vous?
Oui, à l'usine, nous travaillerions.
À la bibliothèque, liriez-vous des livres?
Oui, à la bibliothèque, nous lirions des livres.

Dormirais-tu longtemps?
Oui, je dormirais longtemps.
Prendrais-tu un taxi?
Oui, je prendrais un taxi.

B. Répondez selon les modèles.

À la bibliothèque chercheriez-vous un dictionnaire?
Oui, à la bibliothèque, nous chercherions un dictionnaire.
À Paris, parlerais-tu français?
Oui, à Paris, je parlerais français.

1. Au café, boiriez-vous quelque chose?   2. Au théâtre, verriez-vous une pièce?   3. À la bibliothèque, liriez-vous?   4. En France, comprendriez-vous le français?   5. Au Maroc, irais-tu au marché?   6. À Marrakech, ferais-tu des achats à la foire?   7. Au Québec, visiterais-tu l'île d'Orléans?   8. À Montréal, serais-tu heureux?

C. Répondez.

1. En Bretagne verrait-elle les pierres de Carnac?   2. Irait-il à la plage?   3. Assisterait-elle à une fête?   4. Serait-il content?   5. En Haïti, les jeunes gens goûteraient-ils la cuisine créole?   6. Les Américains voudraient-ils assister à une séance de vaudou?   7. Les touristes auraient-ils soif?   8. Au Maroc iraient-ils au marché?

D. Demandez.

1. Demandez à un ami s'il aurait peur des embouteillages le premier août.   2. Demandez à une amie si elle irait à l'étranger.   3. Demandez à des amis s'ils liraient ce livre.   4. Demandez à deux amies si elles travailleraient dans la bibliothèque.

Note grammaticale

The conditional tense in French is formed by adding the imperfect endings *–ais, –ais, –ait, –ions, –iez, –aient* to the future stem. Verbs with irregular stems in the future have the same irregular stems in the conditional. (See pages 344 and 358 for irregular stems.)

finir	*attendre*
je finir<u>ais</u>	j'attendr<u>ais</u>
tu finir<u>ais</u>	tu attendr<u>ais</u>
il, elle, on } finir<u>ait</u>	il, elle, on } attendr<u>ait</u>
nous finir<u>ions</u>	nous attendr<u>ions</u>
vous finir<u>iez</u>	vous attendr<u>iez</u>
ils, elles } finir<u>aient</u>	ils, elles } attendr<u>aient</u>

Note that in *–er* verbs the vowel *e* which precedes the endings *–ions* and *–iez* is *always* pronounced.

j'arriv̷erais	nous arriv<u>e</u>rions
tu arriv̷erais	vous arriv<u>e</u>riez
il, elle, on arriv̷erait	ils, elles arriv̷eraient

The conditional tense usually corresponds to the English verb with the auxiliary "would."

    je partirais   *I would leave*

The verb *vouloir* is often used in the conditional to express the idea "I would like."

    Je voudrais aller au théâtre.   *I would like to go to the theater.*

The verb *devoir* in the conditional plus an infinitive expresses the idea "I ought to" or "should."

    Je devrais le faire.   *I ought to do it.*

The conditional tense is also used to soften a request, command or desire.

Je voudrais vous parler.	*I would like to speak to you.*
Pourriez-vous m'aider?	*Could you help me?*
Voudriez-vous aller au musée?	*Would you like to go to the museum?*
J'aimerais y aller.	*I would like to go there.*

Exercices

A. Complete the sentences with the conditional tense of the indicated verb.

1. Si la machine à laver ne marchait pas, il _____ au mécanicien. *téléphoner*
2. Nous _____ peur des embouteillages sur les autoroutes. *avoir*
3. On _____ dire que Paris en août est calme. *pouvoir*
4. Au mois de juin, les étudiants _____ tous en vacances. *être*
5. À Paris en août vous _____ beaucoup d'affiches sur les portes. *voir*
6. Pour éviter les embouteillages, je _____ partir tôt. *vouloir*

B. *Complete the following using verbs in the conditional.*

1. Pour acheter des timbres, je _____ .
2. Pour te reposer, tu _____.
3. Pour être à l'heure, nous _____.
4. Pour casser la fenêtre, elles _____.

C. *Follow the models.*

> Écoutez-moi!
> Pourriez-vous m'écouter?

1. Aidez-moi!
2. Donnez-moi du pain!
3. Venez tout de suite!

> Allons au théâtre!
> Voudriez-vous aller au théâtre?

1. Allons au cinéma!
2. Prenons l'autobus!
3. Dînons au restaurant!

> du lait
> Je voudrais du lait.

1. du café
2. des tomates
3. de la salade

SI CLAUSES

Pratique orale

A. *Répétez.*

S'il fait beau, nous allons à la plage.
Si j'ai du temps libre, je vais au cinéma.

S'il fait beau cet après-midi, j'irai au parc.
Si je finis mes devoirs, je te téléphonerai.

B. *Répondez.*

1. S'il fait beau, faites-vous des promenades?   2. Si votre auto ne marche pas, cherchez-vous un mécanicien?   3. S'il fait beau demain, irez-vous à la plage?   4. Si vous êtes riche un jour, voyagerez-vous beaucoup?   5. Si tout le monde part pour la Provence en août, le métro parisien sera-t-il vide? 6. Si tous les boulangers partent à la fois, les Parisiens seront-ils dérangés?

C. *Répétez.*

Si j'avais le temps, j'irais au cinéma.
Si nous étions riches, nous voyagerions à l'étranger.
S'il faisait beau, elle ferait une promenade.

D.   *Imitez le modèle.*

Où irait-il s'il voulait acheter du pain?   *chez le boulanger*
S'il voulait acheter du pain, il irait chez le boulanger.

1. Où irait-il s'il voulait goûter la bouillabaisse?   *à Marseille*   2. À qui
téléphonerait-il si sa machine à laver ne marchait pas?   *au mécanicien*   3. Où
iriez-vous si vous cherchiez un livre?   *à la bibliothèque*   4. Où resteriez-vous
si vous aviez besoin de vous reposer?   *à la campagne*   5. Où voyagerions-
nous si nous étions riches?   *en France*   6. Où m'attendrais-tu si tu allais me
rencontrer?   *au kiosque*   7. Où étudieriez-vous si vous aviez un examen à
préparer?   *dans ma chambre*   8. Qu'est-ce que vous boiriez si vous aviez
soif?   *du vin*   9. Qu'est-ce qu'ils mangeraient s'ils avaient faim?   *un bifteck*
10. Qu'est-ce que vous craindriez si vous partiez en vacances en août?   *les
embouteillages*

E.   *Imitez le modèle.*

Que feriez-vous si vous vouliez acheter des timbres?   *aller à la poste*
J'irais à la poste si je voulais acheter des timbres.

1. Que feriez-vous si votre auto ne marchait pas?   *chercher un mécanicien*
2. Que feriez-vous si vous étiez très malade?   *téléphoner au médecin*   3. Que
feriez-vous si votre médecin vous donnait une ordonnance?   *la donner au pharmacien*   4. Que feriez-vous s'il faisait beau?   *faire une promenade*

**Note
grammaticale**

Si (if) clauses in French follow a few basic patterns.

Si *clause*	Result *clause*
Present indicative	Future or present
Imperfect	Conditional

S'il fait beau, je sors.
Whenever the weather is nice, I go out.

S'il fait beau, je sortirai.
If the weather is nice, I will go out.

S'il faisait beau, je sortirais.
If the weather were nice, I would go out.

To decide what tense to use in the *si* clause, consult the main clause. If the main
clause is in the conditional, the *si* clause *must* be in the imperfect. If the main
clause is in the future, the *si* clause *must* be in the present. Note that in statements
where *si* means "whenever," both clauses are in the present.

Exercice   A.   *Complete the following sentences with the appropriate form of the indicated
verb.*

1. Si McDonald's _____ s'installer à Paris, la France s'américanisera-t-elle?
   venir
2. Si les Dubois _____ la maison, auront-ils besoin de la réparer?   *acheter*
3. Si vous arriviez en retard, vous ne _____ pas de place assise dans l'amphithéâtre.   *trouver*
4. Que _____-vous si la banque est fermée demain?   *faire*
5. Si votre ami visitait Marrakech, il _____ la foire au centre de la ville.   *voir*

6. Je vous aiderais si je le _____. *pouvoir*

7. Si l'on rencontre des gens au travail, on ne les _____ pas chez soi si on ne les _____ pas. *inviter, connaître*

8. Si les prix augmentaient sans cesse, il y _____ la menace du chômage. *avoir*

9. Si nous économisions beaucoup, nous _____ acheter une maison à la campagne dans deux ans. *pouvoir*

10. Si vous _____ de bonne heure, vous verriez la foule de gens qui attendent le passage des coureurs. *arriver*

RELATIVE PRONOUNS

qui, que, dont

Pratique orale

A. Répétez.

Voilà les Parisiens qui partent. Voilà la machine à laver qu'elle a achetée.

Voilà l'homme à qui j'ai parlé. C'est un voyage dont j'ai besoin.

B. Imitez les modèles.

Voilà mon auto. Elle ne marche pas.

Voilà mon auto qui ne marche pas.

1. Voilà ma machine à laver. Elle ne marche pas. 2. Je téléphone à un mécanicien. Il n'est pas chez lui. 3. Elle connaît un boulanger. Il est en vacances en août. 4. Je connais cette rue. Elle est bruyante.

Voilà le mécanicien. J'ai parlé à ce mécanicien.

Voilà le mécanicien à qui j'ai parlé.

1. Voilà le mécanicien. J'ai téléphoné à ce mécanicien. 2. Voilà mon amie. Je pars ce matin avec mon amie. 3. Voilà un monsieur. Mon père travaille avec ce monsieur. 4. Voilà le patron. Ma mère parle à son patron.

C'est la robe. J'ai acheté cette robe.

C'est la robe que j'ai achetée.

1. C'est la fenêtre. Il a cassé la fenêtre. 2. C'est l'auto rouge. Il a acheté cette auto récemment. 3. C'est un boulanger. Je connais ce boulanger. 4. C'est une fenêtre cassée. Il faut réparer cette fenêtre.

Voilà un livre. J'ai besoin de ce livre.

Voilà un livre dont j'ai besoin.

1. Voilà une machine à laver. J'ai besoin de cette machine à laver. 2. Voilà son stylo. Elle a besoin de son stylo. 3. Voilà une belle plage. Il a parlé de cette plage. 4. Ce sont des montagnes rudes. Il parle souvent de ces montagnes. 5. C'était un long voyage. J'étais content de ce voyage. 6. Voilà un chien. Il a peur de ce chien.

Avez-vous écrit cette lettre?

Oui, c'est la lettre que j'ai écrite.

Avez-vous besoin de ce stylo?

Oui, c'est le stylo dont j'ai besoin.

1. Avez-vous cassé cette fenêtre? 2. A-t-elle réparé cette auto? 3. A-t-il acheté cette chemise? 4. Avez-vous besoin de ce guide? 5. Sont-ils contents de cette route? 6. As-tu peur de ce monstre?

lequel, laquelle, lesquels, lesquelles, où

A.   Répétez.

Nous étudions à la bibliothèque.
C'est la bibliothèque où nous étudions.

J'écris avec le crayon.
C'est le crayon avec lequel j'écris.

Je pense aux cours.
Ce sont les cours auxquels je pense.

Voilà le restaurant auquel je vais.
Voilà les usines auxquelles je vais.

B.   Substituez.

C'est la pièce à laquelle | je pense.
| j'ai assisté.
| j'ai fait allusion.

C'est | le théâtre
| le parc
| le cinéma
| la pharmacie | où nous sommes allés.

C.   Imitez les modèles.

Voilà la chambre. Je dors dans cette chambre.
Voilà la chambre dans laquelle je dors.

1. Voilà l'usine. Ma mère travaille dans l'usine.   2. Voilà la chaise. Mon chien s'assied sur cette chaise.   3. Voilà le stylo. J'écris avec ce stylo.   4. Voilà le lit. Je dors sur ce lit.   5. Voilà les magasins. Les touristes font des achats dans ces magasins.

Voilà le film. Je pense à ce film.
Voilà le film auquel je pense.

1. Voilà le dessin. Je pense à ce dessin.   2. Voilà la pièce. Je pense souvent à cette pièce.   3. Voilà l'école. Je vais à cette école.   4. Voilà les restaurants. Je vais souvent à ces restaurants.   5. Voilà les boutiques. Nous allons souvent à ces boutiques.

Allez-vous à ce parc?
Oui, c'est le parc où je vais.

1. Habitez-vous dans cette maison?   2. Allez-vous à cette pharmacie?   3. Le chien dort-il sur la chaise?   4. Entrez-vous dans cette salle?   5. Allez-vous à ce restaurant?

Note grammaticale   Relative pronouns — in English "who," "whom," "which," "what" — allow us to combine sentences which otherwise would have to remain separate. The choice of the appropriate relative pronoun is dependent on whether it is subject or object of its verb or object of a preposition. In French the forms are:

1. Subject form: *qui*   "who," "which"

Ce sont les étrangers <u>qui</u> restent à Paris en août.
Les affiches <u>qui</u> sont sur les portes annoncent: « Fermeture annuelle ».

2. Object form: *que*   "whom," "which"

> Les artistes que nous avons regardés avaient beaucoup de talent.
> La route que nous avons suivie a été encombrée.

Note the agreement of the past participle with a preceding direct object.

3. Object of a preposition:

a.   *qui*   "whom"

> La femme à qui je parlais est intelligente.

b.   *lequel, laquelle, lesquels, lesquelles*   "which"

These pronouns generally replace things as object of a preposition. Where necessary, *à* combines with the forms of *lequel* to form *auquel, à laquelle, auxquels,* and *auxquelles*. *De* combines with them to form *duquel, de laquelle, desquels, desquelles*.

> J'ai téléphoné aux agences.
> Ce sont les agences auxquelles j'ai téléphoné.
>
> J'écris avec ce stylo.
> Le stylo avec lequel j'écris est dans ma poche.
>
> Voilà le film. Je pense à ce film.
> Voilà le film auquel je pense.
>
> Voilà les pièces. Je pense à ces pièces.
> Voilà les pièces auxquelles je pense.

c.   *dont*   "of whom," "of which," "whose"

One may use *de qui* or *duquel*, etc. but *dont* is most frequently used when the relative pronoun is the object of the preposition *de*.

> J'ai parlé de cet ami.
> C'est l'ami dont j'ai parlé.
>
> Je me souviens de ce voyage.
> C'est un voyage dont je me souviens.
>
> Je connais cet homme. La fille de cet homme est médecin.
> Je connais cet homme dont la fille est médecin.

d.   *où*   "where"

Où is often used when the preposition is one of location.

> Je suis allé au théâtre.
> C'est le théâtre où je suis allé.
>
> J'habite dans cette maison.
> C'est la maison où j'habite.

Exercice   *A. Complete the following sentences with the appropriate relative pronoun.*

1. Ce sont les vêtements _____ je voudrais nettoyer.
2. Elle a une bicyclette _____ elle a besoin pour acheter les provisions.
3. Il en est de même au Sénégal _____ il y a plusieurs langues locales.
4. On achète de plus en plus de gadgets sans _____, imagine-t-on, on ne peut pas vivre.
5. Les peuples des anciennes colonies françaises se parlent français _____ est la langue officielle de leur pays.

6. Le blé _____ les ouvriers cultivent est nécessaire pour faire le célèbre pain français.
7. Voilà Monsieur Dupont _____ la femme travaille dans mon bureau.
8. Nous avons retrouvé quelques bizuths avec _____ nous avons joué au petit foot.
9. Nous avons vu les spectateurs _____ attendaient le passage des coureurs.

RELATIVE PRONOUNS **CE QUI** AND **CE QUE**

Pratique orale

A.   Répétez.

Qu'est-ce qui se passe?   Qu'est-ce que vous faites?
Savez-vous ce qui se passe?   Je ne sais pas ce que je fais.

B.   Imitez les modèles.

Qu'est-ce qui arrive?
Je ne sais pas ce qui arrive.

1. Qu'est-ce qui se passe?   2. Qu'est-ce qui l'intéresse?   3. Qu'est-ce qui est sur la porte?   4. Qu'est-ce qui est nécessaire?

Qu'est-ce qu'elle veut?
Demandez-lui ce qu'elle veut.

1. Qu'est-ce qu'elle désire?   2. Qu'est-ce qu'elle nettoie?   3. Qu'est-ce qu'elle a cassé?   4. Qu'est-ce qu'elle essaie de faire?

Est-ce que l'argent est important?
Je ne sais pas ce qui est important.

1. Est-ce que le vent a cassé la fenêtre?   2. Est-ce que la machine à laver ne marche pas?   3. Est-ce que l'argent est dans la boîte?   4. Est-ce que l'affiche est sur la porte?

Dit-il quelque chose?
Je ne comprends pas ce qu'il dit.

1. Étudie-t-il quelque chose?   2. Lit-elle quelque chose?   3. Demande-t-il quelque chose?   4. Veut-elle quelque chose?

Note grammaticale

Ce qui and *ce que* mean "what" and link a subordinate clause and a main clause in which there is no antecedent. *Ce qui* is the subject of its verb and *ce que* is the object of its verb. Compare the following.

Je ne comprends pas la réponse qui est dans le livre.
Je ne comprends pas ce qui est dans le livre.

Voilà la fenêtre qu'il a cassée.
Voilà ce qu'il a cassé.

Note that *ce que* contracts to *ce qu'* before a following vowel.

Exercices   *A.   Follow the models.*

> Que dites-vous?
> Je ne comprends pas ce que vous dites.
> Qu'est-ce qui s'est passé?
> Je ne comprends pas ce qui s'est passé.

1. Que voulez-vous?
2. Qu'est-ce qui arrive?
3. Qu'est-ce qui l'inquiète?
4. Qu'est-ce que le mécanicien cherche?
5. Qu'est-ce qui est nécessaire?

B.   Complete the sentences with ce qui *or* ce que.

1. Voilà _____ Diop dit de son pays d'origine.
2. Savez-vous _____ s'est passé hier?
3. Je me demande _____ ennuie mes amis.
4. Elle ne sait pas _____ le mécanicien a cassé.
5. Nous voudrions savoir _____ vous recommandez.

Dans un pressing   *Alain Keler from EPA*

Conversation

pressing *cleaners*

AU COMPTOIR D'UN PRESSING

La cliente: Je voudrais faire nettoyer ces vêtements, madame. J'en ai besoin pour demain.

L'employée: Je regrette, madame, mais nous ne pouvons pas les faire avant mardi.

plus tôt *sooner*   *La cliente:* Il n'y a que la robe dont j'ai besoin plus tôt.

L'employée: Franchement, madame, cette robe qui n'est pas vraiment sale n'a repassée *pressed*   besoin que d'être repassée.

La cliente: Et elle sera prête demain?

complet *suit*   *L'employée:* Oui, madame. Savez-vous qu'il manque un bouton à ce complet?

La cliente: Tiens! Non, je ne le savais pas. Pourriez-vous le remplacer?

L'employée: Peut-être, mais ce serait préférable si vous nous apportiez le bouton.

La cliente: Si j'ai le temps avant demain, je chercherai un bouton. J'en suis très reconnaissante, madame. Faites ce qui est nécessaire.

L'employée: Et moi, je ferai ce que vous voulez, madame. Revenez vers 15 heures mardi.

La cliente: Merci bien, madame.

Exercice   *A. Answer the following questions.*

1. Pourquoi la cliente est-elle venue au pressing?
2. Quand désire-t-elle ses affaires?
3. De quoi a-t-elle besoin immédiatement?
4. Pourquoi sera-t-il possible d'obtenir la robe plus tôt?
5. Est-ce que la robe doit être nettoyée?
6. La cliente savait-elle qu'il manquait un bouton à ce complet?
7. Qu'est-ce qui serait préférable?
8. La cliente cherchera-t-elle un bouton si elle a le temps?
9. Quelle promesse l'employée du pressing fait-elle?
10. Quand la cliente reviendra-t-elle?

Lecture culturelle

PARIS EN AOÛT

à l'heure actuelle
at the present time
d'entre eux *of them*
quelque part *some-
where*
ailleurs *elsewhere*
acharnement *stub-
bornness*

En France, à l'heure actuelle, tous les employés ont droit chaque année à quatre semaines de congés payés. La majorité d'entre eux quittent leur domicile et font un voyage quelque part (déjà 50% en 1968). Ils vont surtout vers la mer ou dans les montagnes. Quelques-uns vont à l'étranger — en Italie, en Espagne, en Grèce, au Maroc, aux États-Unis, et ailleurs.

Les Parisiens, surtout, partent en vacances avec une sorte d'acharnement. On pourrait dire qu'ils ont plus besoin de partir que ceux qui habitent dans les provinces, car la ville de Paris, comme toute autre grande ville, est sale, bruyante, polluée et frénétique. (Paris et sa banlieue comptent environ 10 millions.)

n'importe quelle
any

étalement des vacances
staggered vacations
sensible *discernible*
bon mot *witticism*
Qu'est-ce qu'il en est?
*What is there about
it?*
du fait que *because*

Même quand ils ont le droit de partir à n'importe quelle saison de l'année (ce qui est souvent le cas), la majorité des Français partent en vacances au mois d'août (91% en 1968). Le Commissariat Général au Tourisme favorise depuis plusieurs années un programme d'étalement des vacances. Mais jusqu'à présent le programme reste sans résultat sensible. Ceci pose de graves problèmes, surtout à Paris. C'est même devenu un bon mot national — « Ah, Paris en août . . . »

Qu'est-ce qu'il en est? Pour commencer, les routes tout autour de Paris (et même à travers toute la France) sont terriblement encombrées de voitures, et il y a des embouteillages partout. Et deuxièmement, du fait que tout le monde est en route, personne n'est chez soi. Les boulevards de la ville sont calmes, le métro est vide, les boutiques, les marchés et les bureaux sont fermés. Des usines entières ferment leurs portes (exemple Renault). On trouve partout des affiches sur les portes: « Fermeture Annuelle, du premier août au premier septembre. »

« roulement » *rota-
tion (of closings)*

Il est vrai qu'en général les commerçants, les médecins et les restaurateurs de chaque quartier essaient de faire un « roulement » pour ne pas trop déranger leur clientèle. Par exemple, si un des boulangers veut partir au mois d'août, l'autre s'arrangera pour partir au mois de juillet. Mais le roulement ne réussit pas toujours.

L'été dernier j'ai eu la bonne fortune de louer un appartement à Paris où il y avait une machine à laver. Malheureusement, elle est tombée en panne le 3 août. J'ai téléphoné à plusieurs agences sans avoir de réponse. Après quelques jours, j'ai enfin trouvé une agence ouverte. Mais rassurez-vous, il n'y avait que des secrétaires. Les mécaniciens étaient tous en vacances. Pas moyen de réparer la machine avant le premier septembre.

maladresse *awkward-
ness*
vitrier *glass-maker*
venait de revenir *had
just returned*

Quelques jours plus tard, par une extrême maladresse, j'ai cassé une des grandes fenêtres de l'appartement. Cette fois j'ai eu de la chance: j'ai trouvé un vitrier qui venait de revenir des vacances. « Eh bien, me dit-il, quelles sont les

Dans un appartement   *Michel Laurent-Gamma/EPA*

un mètre sur un
mètre cinquante *one
meter by 1½ meters*

je n'y peux rien *I
can't do anything
about it*

se reconstituent *are
reconstructed*

décontractés *relaxed*
faire face à *face*

dimensions de la fenêtre dont vous avez besoin? » Je lui ai répondu: « Un mètre sur un mètre cinquante. » « Ah, mais je n'ai plus de verre aussi grand que ça, madame. Il faudrait commander ça à l'usine. Mais celle-ci est fermée jusqu'au premier septembre. Je vous aiderais si je le pouvais, madame. Désolé. Je n'y peux rien. » Alors, que voulez-vous, je suis restée sans fenêtre.

C'est ainsi qu'au mois d'août, les Parisiens se retrouvent, en masse, au bord de la mer et dans les montagnes. Les embouteillages des boulevards parisiens se reconstituent à Nice et à Chamonix. Les foules qui ont déserté le métro se regroupent en Provence et en Savoie. La ville de Paris, elle, est calme.

Moi, j'ai des amis de province qui m'ont dit qu'ils passeraient leurs vacances à Paris. Là, loin des foules, du bruit et de la confusion de la vie quotidienne, ils se reposeraient un peu. Ils rentreraient chez eux au mois de septembre, décontractés et prêts à faire face à la nouvelle année.

Compréhension   *A.   Répondez.*

1. Combien de semaines de congés payés a un employé actuellement en France?
2. Est-ce que la majorité des Français quittent leur domicile pour voyager?
3. Pourquoi les Parisiens ont-ils plus besoin de partir en vacances que ceux qui habitent la province?
4. Combien d'habitants y a-t-il dans la ville de Paris et dans sa banlieue?
5. En quel mois les Français partent-ils?
6. Est-ce que la programme gouvernemental d'étalement des vacances a bien réussi?
7. Comment sont les routes autour de Paris au début du mois d'août?
8. Quelles autres évidences du départ des Parisiens y a-t-il?
9. Que disent les affiches sur les portes de beaucoup de boutiques, de restaurants et d'usines?
10. Qu'est-ce qu'un « roulement »?
11. Pourquoi essaie-t-on de faire un « roulement »?
12. Est-ce que le système de « roulements » réussit toujours?
13. Quelle bonne fortune a eu la narratrice?
14. Quand la machine à laver s'est-elle mise en panne?
15. Pourquoi est-ce qu'il a fallu attendre le premier septembre pour la réparation de la machine?
16. Quel malheur est arrivé ensuite?
17. Pourquoi le vitrier ne pouvait-il pas réparer la fenêtre?
18. Mais où sont les Parisiens au mois d'août?
19. Où se trouvent les embouteillages après le premier août?
20. Comment est la ville de Paris?

Thèmes de discussion

1. Voudriez-vous visiter Paris au mois d'août? Pourquoi ou pourquoi pas?
2. Discutez les raisons pour lesquelles les Parisiens désirent quitter la ville pendant les vacances.

Thèmes de composition

1. Décrivez Paris au mois d'août.
2. Décrivez des vacances idéales.

VINGT ET UNIÈME LEÇON

Vocabulaire

1. **spontanément**   *avec spontanéité, sans inhibition*
   C'est une personne rigide; il n'agit pas trop _____.

2. **la pensée**   *le résultat de penser*
   Quand on pense, on a _____.

3. **couramment**   *ordinairement, habituellement*
   Le boulevard Saint-Michel s'appelle _____ le « Boul' Mich' ».

4. **le préjugé**   *l'opinion décidée à l'avance*
   Nous espérons éliminer _____.

5. **satisfaisant, —e**   *qui donne une satisfaction*
   Je suis content de mon travail; il est _____.

6. **s'intéresser à**   *prendre intérêt à*
   Elle s'intéresse à la politique.

7. **la réunion**   *le fait de se trouver ensemble*
   Les femmes vont se réunir; la _____ sera à trois heures.

8. **comporter**   *inclure*
   Dans ce groupe il y a des ouvrières. Ce groupe _____ des ouvrières.

9. **la grève**   *la cessation de travail de la part d'un groupe d'employés*
   Les ouvriers ont fait la _____ pour améliorer leurs conditions de travail.

10. **fort**   *très*
    Il est _____possible que nous restions deux jours.

11. **traiter**   *exposer, examiner*
    Ce journal _____ des problèmes des femmes qui travaillent.

12. **le patron, la patronne**   *une personne qui commande à des employés*
    Votre _____ est-il gentil?

13. **la garde**   *l'action de surveiller avec attention (custody)*
    Pour une mère et un père qui travaillent, la _____ des enfants est un problème.

14. **l'horaire (m.)**   *le programme d'heures*
    Les heures que vous devez travailler, c'est votre _____.

15. **convenir à**   *être approprié à*
    Un patron vous demande si les heures vous _____.

16. **soigner**   *s'occuper de*
    Les femmes demandent des journées payées pour _____ leurs enfants malades.

17. **les travaux**   *pluriel de travail*
    Les maris doivent faire aussi les _____ domestiques.

18. **faussement**   *contre la vérité*

Cet article-là a _____ représenté la situation.

19. **homogène**   *uniforme, le contraire de* hétérogène

Un mouvement qui comporte des femmes d'opinions diverses est un groupe _____. Ce groupe n'est pas _____.

20. **régler**   *diriger*

Le Président a créé un département pour _____ la condition de la femme.

Le mouvement pour la libération des femmes

Michel Laurent—Gamma/EPA

le mouvement	confronter	impossible
la définition	distinguer	monolithe
l'organisation (f.)	correspondre	féministe
la motivation	pratiquer	singulier, singulière
la perspective	se libérer	signé, –e
le manifeste	analyser	informel, –le
la libéralisation	imposer	homosexuel, –le
la formation	se révolter	hétérosexuel, –le
la contraception	publier	misérable
la psychanalyse	insister	essentiel, –le
la société	accorder	marxiste
le divorce	envisager	conservateur, conservatrice
la maternité	douter	bizarre
la sexualité	nécessiter	
l'inspiration (f.)	juger	
la compensation		
la construction		
la presse		
l'humanité (f.)		
le destin		
l'importance (f.)		
le département		

Exercices   *A.   Answer the following questions.*

1. Est-ce que les étudiants de votre université sont un groupe homogène ou hétérogène?
2. Quel jour y a-t-il beaucoup de réunions à votre université?
3. Décrivez un patron idéal.
4. Trouvez-vous votre vie satisfaisante?
5. Est-ce que votre horaire de classes de ce semestre vous convient? Si non, quels changements désirez-vous?
6. Quand vous êtes malade, est-ce que votre mère ou votre père vous soigne?
7. Connaissez-vous des gens qui ont beaucoup de préjugés? Les aimez-vous? Pourquoi ou pourquoi pas?
8. Est-ce que les ouvriers font quelquefois la grève dans votre ville? Quel groupe, par exemple?
9. À quoi vous intéressez-vous beaucoup? Avez-vous le temps d'y passer beaucoup de temps?

B.   Give a word related to each of the following.

1. penser
2. travailler
3. faux
4. la spontanéité
5. la garderie

Mouvement français pour le planning familial   *Michel Causse—Gamma/EPA*

Structure

THE SUBJUNCTIVE

Note grammaticale

Only the indicative forms of verbs have been presented up to this point. The subjunctive is another mood of the verb. Whereas the subjunctive is used rarely in English (If I were going,...), it is used frequently in French. Its use indicates, generally, subjectivity and lack of certainty.

Certain principles govern the use of the subjunctive in French.

1. The subjunctive almost always occurs in a dependent clause introduced by *que*. Certain expressions require the use of the subjunctive and others do not.

> Je veux qu'elle m'attende.
>
> Il faut qu'il travaille.

2. The use of the subjunctive often indicates lack of certainty about whether the action will be carried out.

> Je suis sûr qu'il réussira.   *(indicative)*
>
> Je ne suis pas sûr qu'il réussisse.   *(subjunctive)*

3. The present subjunctive has no standard translation in English. It may be translated as a present, a future, or a subjunctive.

> Je ne suis pas sûr qu'il réussisse.
>
> *I am not sure that he will succeed.*
>
> Il est important qu'il réussisse.
>
> *It is important that he succeed.*

The subjunctive has the same endings for all three conjugations and for irregular verbs. To form the subjunctive, add the endings *–e, –es, –e, –ions, –iez, –ent* to the stem of the third person plural of the present tense.

	parler	*finir*	*attendre*
	base: ils parlent	base: ils finissent	base: ils attendent
(que)	je parle	je finisse	j'attende
(que)	tu parles	tu finisses	tu attendes
(qu')	il / elle / on } parle	il / elle / on } finisse	il / elle / on } attende
(que)	nous parlions	nous finissions	nous attendions
(que)	vous parliez	vous finissiez	vous attendiez
(qu') (qu')	ils / elles } parlent	ils / elles } finissent	ils / elles } attendent

Other verbs that are regular in the subjunctive are:

Verb	*Base*	*Verb*	*Base*
Verbs like ouvrir	ils ouvrent	conduire	ils conduisent
Verbs like courir	ils courent	dormir	ils dorment
battre	ils battent	partir	ils partent
mettre	ils mettent	servir	ils servent
Verbs like connaître	ils connaissent	suivre	ils suivent
plaire	ils plaisent	vivre	ils vivent
se taire	ils se taisent	craindre	ils craignent
lire	ils lisent	joindre	ils joignent
dire	ils disent	peindre	ils peignent
écrire	ils écrivent	s'asseoir	ils s'asseyent

Note that the verbs *étudier, oublier, rire,* and *sourire* have a double *i* in the *nous* and *vous* forms since the base ends in *–i.*

Base

ils étudient   (que) nous étudiions
               (que) vous étudiiez

THE SUBJUNCTIVE WITH EXPRESSIONS OF WISH OR DESIRE

Pratique orale

A.   Répétez.

Voulez-vous que les femmes restent à la maison?

Préférez-vous qu'elles réussissent dans une profession?

Désire-t-il que je l'attende longtemps?

B.   Substituez.

Je veux qu'elle | établisse un programme.
| se rende compte des problèmes.
| écrive son article.
| lise le manifeste.

Il désire que nous | réussissions.
| évitions les préjugés.
| partions immédiatement.
| attendions une réponse.

C.   Imitez les modèles.

Elle travaille dur.

Je veux qu'elle travaille dur.

1. Elle réussit.   2. Les ouvrières réclament un meilleur salaire.   3. Vous lisez notre manifeste.   4. Vous traitez les problèmes des femmes.   5. Le patron part bientôt.   6. Tu attends une réponse.

Nous vendons des livres.

Les femmes désirent que nous vendions des livres.

1. Nous participons aux travaux domestiques.   2. Leurs maris soignent les enfants.   3. Le patron change l'horaire.   4. Vous oubliez les préjugés. 5. Nous servons du café.   6. Vous écrivez des lettres.

Elle part.
Préférez-vous qu'elle parte?

1. J'établis le programme.　　2. Elle ne craint rien.　　3. Nous étudions.
4. Il ne lit pas le journal.　　5. Elles réclament leurs droits.

Note grammaticale

Expressions of *will* or *desire* such as *vouloir*, *désirer*, and *préférer* require the subjunctive if there is a change of subject. When there is no change of subject, the infinitive follows.

Je veux rester.　*I want to stay.*
Je veux qu'elle reste.　*I want her to stay.*

Note the difference in structure between English and French.

Exercice

A. *Complete the following sentences with the appropriate form of the indicated verb, in the infinitive or the subjunctive.*

1. Voulez-vous que je ＿＿＿ ces provisions au marché?　*vendre*
2. Le marchand désire-t-il que nous ＿＿＿ tout ce qu'il a sur ses rayons? *acheter*
3. L'étudiant désire-t-il ＿＿＿ l'arabe?　*apprendre*
4. Voulez-vous que je ＿＿＿ maintenant.　*partir*
5. Les ouvriers préfèrent que leur patron ＿＿＿ la porte plus tôt.　*ouvrir*
6. Vos enfants veulent-ils que nous leur ＿＿＿.　*obéir*
7. Je désire que vous ＿＿＿ cette lettre à la poste immédiatement.　*mettre*
8. Je préfère que tu ne ＿＿＿ rien.　*craindre*
9. Jusqu'à quelle heure voulez-vous ＿＿＿?　*dormir*
10. Je préfère qu'elle ＿＿＿ la lettre.　*écrire*

THE SUBJUNCTIVE WITH IMPERSONAL EXPRESSIONS

Pratique orale

A. *Répétez.*

Il faut que je parte.
Il est important que nous restions.
Il vaut mieux que vous dormiez tard.

B. *Substituez.*

Il est nécessaire que	je lise le manifeste.
	j'écrive ma réponse.
	je traite des problèmes importants.

Il est possible que nous	organisions une réunion.
	demandions un meilleur salaire.
	craignions la réponse.
	établissions un horaire convenable.

C.   Imitez le modèle.

> Nous restons après cinq heures.   *Il est possible*
> Il est possible que nous restions après cinq heures.

1. Des groupes se forment.   *Il est important*   2. On connaît le mouvement.
Il faut   3. Vous lisez le manifeste.   *Il est nécessaire*   4. Le mouvement
français correspond au mouvement américain.   *Il est possible*   5. Les maris
soignent aussi les enfants.   *Il vaut mieux*   6. Le gouvernement établit des
garderies gratuites.   *Il est important*   7. Nous réclamons l'égalité des salaires.
Il est temps   8. Je m'intéresse à une transformation personnelle.   *Il vaut
mieux*   9. On attend quelques années.   *Il est possible*   10.   Tu pars plus
tard.   *Il est bon*

D.   Imitez le modèle.

> Il est important de l'étudier.   *vous*
> Il est important que vous l'étudiiez.

1. Il faut étudier le problème.   *vous*   2. Il est important de manger.   *les
enfants*   3. Il vaut mieux suivre la route.   *nous*   4. Il est temps de travailler.   *il*

Note grammaticale   Many impersonal expressions must be followed by a subjunctive whenever there
is a change of subject from the impersonal *il*. If there is no change of subject, the
impersonal expression should be followed by an infinitive.

> Il est nécessaire de lire.
> *It is necessary to read.*
> Il est nécessaire qu'il lise.
> *It is necessary for him to read.*

In the above sentence, even though it is necessary for him to read, there is no
assurance that he will. Therefore, the idea "for him to read" is subjective and must
be expressed by the subjunctive in French.

Study the following impersonal expressions which take the subjunctive.

il faut	il est bon
il est important	il est possible
il vaut mieux	il est temps

Exercice   *A.   Form sentences from the following. Note that some verbs will remain in the
infinitive and others will be changed to the subjunctive.*

1. Il / valoir / mieux / trouver / profession / satisfaisant
2. Il / être / bon / les marchands / vendre / provisions / demain
3. Il / falloir / famille / partir / dès / sortie / travail
4. Il / valoir / mieux / vous / conduire
5. Il / être / possible / artistes / ne / peindre / aujourd'hui
6. Il / être / important / de / étudier
7. Il / être / temps / femmes / s'intéresser / à / politique
8. Il / falloir / attendre / patiemment / arrivée / champion
9. Il / être / possible / acheter / maison / campagne / si / on / faire /
    économies
10. Il / valoir / mieux / tu / servir / café / maintenant

THE SUBJUNCTIVE WITH EXPRESSIONS OF EMOTION

Pratique orale

A.   Répétez.

Je suis content que tu restes longtemps.

Je suis triste qu'elle parte maintenant.

Elle est surprise que nous craignions un accident.

B.   Substituez.

Elle est heureuse qu'il	partage le travail.
	mette la nappe.
	lise le journal.

Nous regrettons que vous	doutiez de nos intentions.
	n'achetiez pas le journal.
	sortiez maintenant.

C.   Répondez selon l'indication.

1. Êtes-vous content que les ouvrières organisent la réunion? *Oui*   2. Êtes-vous heureux qu'elles s'intéressent à un meilleur salaire? *Oui*   3. Regrette-t-on que le mouvement se répande? *Non*   4. Regrette-t-on que les femmes deviennent plus féministes? *Non*   5. Les enfants sont-ils tristes que vous ne jouiez pas avec eux? *Oui*   6. Sont-ils tristes que vous ne couriez pas avec eux? *Oui*   7. Les femmes sont-elles surprises que nous publiions le manifeste? *Non*   8. Sont-elles surprises que nous le lisions? *Non*

D.   Imitez le modèle.

> Êtes-vous content de rester?
> Oui, et je suis content que vous restiez aussi.

1. Êtes-vous triste de partir?   2. Êtes-vous surpris(e) de réussir?
3. Regrettez-vous de confronter votre patron?   4. Êtes-vous heureux (heureuse) de vendre les provisions?   5. Êtes-vous surprise d'entendre cette nouvelle?

E.   Répétez.

Nous avons peur qu'il n'arrive en retard.

Nous craignons que vous ne demandiez trop.

Nous doutons qu'elle nous attende.

F.   Répondez.

1. Craint-elle que vous n'achetiez une robe chère?   2. Les femmes craignent-elles que les hommes n'ouvrent la porte?   3. A-t-elle peur que vous ne buviez trop de bière?   4. A-t-il peur que tu ne détestes le restaurant?   5. Doute-t-il que la jeune femme ne devienne médecin?   6. Doute-t-elle que le garçon ne la serve bientôt?

Note grammaticale

The subjunctive must be used with expressions of emotion such as:

regretter	être surpris
être content	avoir peur
être heureux	craindre
être triste	douter

With these expressions also, if there is no change of subject, the verb remains in the infinitive.

> Je suis content de ne pas arriver en retard.
> *I am happy I will not arrive (I am not arriving) late.*
> But:
> Je suis content que vous n'arriviez pas en retard.
> *I am happy you will not arrive (are not arriving) late.*

Note that with the expressions *avoir peur*, *craindre*, and *douter*, there is often a *ne* in the dependent clause. This so-called pleonastic *ne* is not a negative.

> Elle craint que tu n'arrives en retard.
> *She fears you will arrive late.*
> Doutez-vous qu'il n'écrive la lettre?
> *Do you doubt that he is writing the letter?*

Exercice   *A. Follow the model.*

> Je connais Paris.   *Elle est contente*
> Elle est contente que je connaisse Paris.

1. Vous partez si tôt.   *Nous sommes tristes*
2. Les artistes dessinent dans les rues.   *Êtes-vous surpris*
3. Tu choisis une chambre sur l'arrière.   *Je regrette*
4. Vous essayez cette paire.   *Elle est heureuse*
5. Vous ne nous écrivez pas.   *Nous regrettons*
6. Nous vous rejoignons.   *Es-tu content*
7. Elle arrive en retard.   *Je crains*
8. Il neige.   *Je doute*
9. Elle manque l'avion.   *J'ai peur*

THE SUBJUNCTIVE WITH EXPRESSIONS OF DOUBT

Pratique   *A. Répétez.*
orale
Il est sûr que vous trouverez une librairie.
Il n'est pas sûr que vous trouviez une librairie facilement.
Est-il sûr que vous trouviez une librairie facilement?

Je crois que nous traiterons ces problèmes.
Je ne crois pas que nous traitions ces problèmes.
Crois-tu que nous traitions ces problèmes?

B. Imitez le modèle.

> Il est certain que nous partirons bientôt.
> Il n'est pas certain que nous partions bientôt.
> Est-il certain que nous partions bientôt?

1. Il est sûr que le mouvement se répandra.   2. Je crois que mon mari partagera les travaux.   3. Il est certain que nous finirons bientôt.   4. Il est certain que vous ouvrirez la porte.   5. Nous espérons que les femmes s'intéresseront à la politique.   6. Il est probable que nous trouverons ce livre.   7. Je pense que vous attendrez longtemps.   8. Il est sûr que les Dupont dormiront tard.

Note grammaticale   The indicative is used with expressions which indicate certainty.

il est sûr	je pense
il est certain	je crois
il est probable	j'espère

When these expressions are in the negative or interrogative, however, they take the subjunctive where doubt is implied.

Il croit qu'il <u>dort</u> maintenant.

Il ne croit pas qu'il <u>dorme</u> maintenant.

Croit-il qu'il <u>dorme</u> maintenant?

Il est certain qu'elle le <u>lira</u>.

Il n'est pas certain qu'elle le <u>lise</u>.

Est-il certain qu'elle le <u>lise</u>?

Exercice   *A. Complete the following sentences with the appropriate form of* écrire la lettre demain.

1. Il est sûr que j'_____.
2. Crois-tu que j'_____.
3. Il est probable que j'_____.
4. Espère-t-il que j'_____.
5. Nous croyons que vous _____.
6. Il n'est pas certain qu'elles _____.
7. Je pense que tu _____.
8. Il n'est pas vrai qu'il _____.

THE SUBJUNCTIVE OF VERBS WITH SPELLING CHANGES

Note grammaticale   Many verbs which have a radical spelling change in the present have the same spelling change in the subjunctive. The third person plural of the present indicative is the base for all forms, except *nous* and *vous* which have as their base the *nous* form of the present tense.

Verbs with variable bases:

prendre
(qu'ils) prennent   (que) nous prenions
                            vous preniez

venir
(qu'ils) viennent   (que) nous venions
                            vous veniez

tenir
(qu'ils) tiennent   (que) nous tenions
                            vous teniez

boire
(qu'ils) boivent   (que) nous buvions
                            vous buviez

recevoir
(qu'ils) reçoivent   (que) nous recevions
                            vous receviez

devoir
(qu'ils) doivent   (que) nous devions
                            vous deviez

mourir
(qu'ils) meurent   (que) nous mourions
                            vous mouriez

Verbs with spelling changes:

1. Verbs such as *employer, envoyer, essayer, payer, croire,* and *voir*

envoyer

(qu'ils) envoient   (que) nous envoyions
                            vous envoyiez

voir

(qu'ils) voient   (que) nous voyions
                          vous voyiez

2. Verbs with *é* and *e* in the infinitive

espérer

(qu'ils) espèrent   (que) nous espérions
                            vous espériez

acheter

(qu'ils) achètent   (que) nous achetions
                            vous achetiez

jeter

(qu'ils) jettent   (que) nous jetions
                          vous jetiez

Pratique orale

A. *Substituez.*

	prenions notre temps.
	venions à l'heure.
	retenions une chambre.
	buvions de l'eau.
	recevions des lettres.
Il désire que nous	ne mourions pas.
	envoyions la lettre.
	voyions ce film.
	espérions venir.
	achetions ce livre.
	ne jetions pas le journal.

	envoies cette photo.
	voies ce film.
	achètes ce livre.
Il veut que tu	prennes ces billets.
	viennes maintenant.
	retiennes une chambre.
	boives du lait.
	reçoives un bon salaire.

B. *Répondez.*

1. Est-il important que les femmes reçoivent un bon salaire?   2. Faut-il qu'elles envoient des demandes au patron?   3. Est-il important que les employés viennent aux réunions?   4. Est-il important que les heures conviennent aux employés?   5. Faut-il que les gens ne jettent pas de papier dans les rues?   6. Est-il nécessaire que les enfants boivent du lait?   7. Est-il nécessaire que les étudiants prennent le petit déjeuner?   8. Regrettez-vous qu'ils doivent partir?

C.   Imitez le modèle.

> Faut-il que je vienne tout de suite?
> Non, mais il préfère que tu viennes tout de suite.

1. Faut-il que tu boives du lait?   2. Faut-il qu'on obtienne déjà un billet?
3. Est-il nécessaire qu'elle jette cette balle?   4. Est-il nécessaire qu'on achète ce manifeste?   5. Faut-il qu'il voie ce film?   6. Faut-il que je croie au Père Noël?   7. Est-il nécessaire que j'envoie ce paquet à Jean?   8. Faut-il que je paie maintenant?

D.   Répondez selon le modèle.

> Regrette-t-elle que vous ne veniez pas?
> Oui, et elle est surprise que nous ne venions pas.

1. Regrette-t-elle que vous deviez partir?   2. Regrette-t-elle que vous teniez les billets?   3. Regrette-t-elle que vous ne veniez pas à la réunion?   4. Regrette-t-elle que nous croyions le patron?   5. Regrette-t-elle que nous achetions cette maison?   6. Regrette-t-elle que nous buvions un vin rosé?   7. Regrette-t-elle que vous ne compreniez rien?   8. Regrette-t-il que vous ne receviez pas le paquet?

Exercice   *A.   Complete the sentences with the appropriate form of the indicated verb.*

1.   Il regrette que vous deviez partir.

> tu _____.
> elles _____.
> nous _____.

2.   Croit-elle qu'il vienne demain?

> que je _____?
> que nous _____?
> que tu _____?

3.   Elle désire que nous achetions la maison.

> tu _____.
> j'_____.
> vous _____.

4.   Il est important que les enfants boivent quelque chose.

> nous _____.
> je _____.
> vous _____.

5.   Sont-ils contents que vous appreniez beaucoup?

> nous _____?
> j'_____?
> elle _____?

6.   Il est important que vous voyiez ce film.

> nous _____.
> je _____.
> il _____.

Review   *A. Complete the following sentences either with the appropriate form of the subjunctive or with the infinitive.*

1. Les parents préfèrent que leurs enfants ＿＿＿ la balle près de la maison. *jeter*
2. L'étudiant désire-t-il ＿＿＿ l'arabe?   *apprendre*
3. Le marchand dit qu'il est triste que les Français ＿＿＿ de plus en plus. *s'américaniser*
4. Il vaut mieux ＿＿＿ à la vie moderne.   *s'habituer*
5. Êtes-vous sûr qu'elle ＿＿＿ les lettres à la poste chaque jour?   *mettre*
6. Il est possible que nous ＿＿ un meilleur salaire.   *recevoir*
7. Il est nécessaire de ＿＿＿ un examen à la fin de l'année.   *passer*
8. Certains Parisiens regrettent qu'on ＿＿＿ des quartiers anciens.   *démolir*
9. Voulez-vous que je ＿＿＿ maintenant?   *partir*
10. Nous sommes contents de ＿＿＿ vous voir.   *venir*

NEGATION OF THE INFINITIVE

Pratique orale   *A. Répétez.*

Je désire ne pas le manger.
Elle désire ne pas se coucher.
Il a peur de ne pas arriver à l'heure.

B. Répondez.

1. Est-ce qu'il vous a dit de ne pas les inviter?   2. Avez-vous décidé de ne pas les inviter?   3. Voudriez-vous ne pas travailler?   4. Le patron leur dit-il de ne pas se plaindre?   5. Votre amie vous demande-t-elle de ne pas le faire?

Note grammaticale   To make an infinitive negative, place *ne pas* before the infinitive.

Je vous ai dit de ne pas l'écrire.
I told you not to write it.

Exercice   *A. Make the infinitives of the following sentences negative.*

1. Ils sont contents de prendre un verre.
2. Les Français veulent s'américaniser.
3. Préférez-vous monter vos bagages vous-mêmes?
4. Nous avons décidé de le vendre.

AVANT DE AND APRÈS PLUS THE INFINITIVE

Pratique orale   *A. Répétez.*

Téléphonez-moi avant de venir.
Après avoir pris le petit déjeuner, je suis parti.
Après être parti de la maison, je me suis dépêché.

B. Substituez.

Après avoir | étudié, mangé, parlé à un ami, | j'ai lu le journal.

Avant de | partir, manger, étudier, me laver, | je lui téléphonerai.

C. *Répondez.*

1. Lisez-vous le journal avant d'étudier?   2. Regarde-t-il la télévision avant de se coucher?   3. Me téléphonerez-vous avant de partir?   4. Avez-vous étudié après avoir mangé?   5. A-t-il mis la table après avoir préparé le repas?   6. Après être parti de Marrakech, a-t-il décidé de visiter la Tunisie?

D. *Imitez le modèle.*

J'étudie et ensuite je me couche.
Après avoir étudié, je me couche.

1. J'ai parlé au patron et ensuite j'ai travaillé.   2. Je mangerai quelque chose et ensuite je lirai le journal.   3. J'ai étudié un peu et ensuite j'ai téléphoné à un ami.   4. Je suis monté à ma chambre et ensuite j'ai dormi un peu.

E. *Imitez le modèle.*

Je partirai. Je trouverai mes livres.
Avant de partir, je trouverai mes livres.

1. Je visiterai la France. J'étudierai le français.   2. Elle a fini ses devoirs. Elle a lu un roman.   3. Tu as vu le film. Tu as lu le livre.   4. Nous nous asseyons. Nous trouvons une place.

Note grammaticale   After all prepositions in French except *en* (see page 217), the infinitive is used. The infinitive in French is often used to express a present participle in English.

avant de partir   *before leaving*

After the preposition *après*, the infinitive of *avoir* or *être* plus the past participle of the verb is used.

après avoir mangé   *after eating*
après être **sorti**(e) (s) (es)   *after having gone out*

Exercices   A. *Use* avant de *or* après *plus the correct form of the indicated verbs to complete the following sentences.*

1. _____ la bouillabaisse, nous avons décidé de passer nos vacances en Provence. *goûter*
2. _____ la maison, ils en étaient très fiers. *peindre*
3. _____ du train, j'ai entendu l'accent méridional. *descendre*
4. Que fera-t-il _____? *s'habiller*
5. _____ le repas, il a dit aux enfants de venir dîner. *préparer*
6. Êtes-vous resté longtemps à Marseille _____ dans le nord? *voyager*
7. _____ dans le théâtre, j'ai donné un pourboire à l'ouvreuse. *entrer*
8. _____ la pièce, je ne pouvais la recommander à personne. *voir*

B. *Translate the following into French.*

1. before answering   3. before working
2. after writing   4. after falling

Lecture culturelle

LE MOUVEMENT DE LA LIBÉRATION DE LA FEMME EN FRANCE

Il est impossible de donner une définition précise du Mouvement de la Libération de la Femme (MLF) en France, car il ne s'agit pas d'une organisation, mais d'un *mouvement, en mouvement.* Des groupes se forment spontanément pour confronter les problèmes qui apparaissent d'un jour à l'autre. Quant aux membres du MLF, elles sont aussi variées que leurs groupes. Selon Simone de Beauvoir: « La pensée Féministe n'a rien de monolithe; chaque femme en lutte a ses propres motivations, ses perspectives, son expérience singulière . . . »[1]

Le MLF a pris l'essor au moment des revendications populaires générales en mai, 1968. Mais c'est surtout à partir de 1971 que le MLF se répand et se fait connaître, car c'est cette année-là qu'il fait publier le fameux manifeste réclamant la libéralisation de l'avortement. Le manifeste a été signé par 343 femmes, parmi elles plusieurs actrices et artistes très renommées (Simone de Beauvoir, Jeanne Moreau, Marguerite Duras, etc.). Il a attiré beaucoup d'attention en France, et même aux États-Unis, où il a inspiré un manifeste semblable. Ce manifeste a aussi lancé un mouvement populaire pour la libéralisation de l'avortement qui a mené à une loi adoptée en 1974 qui donne le droit de l'avortement à chaque femme.

On peut distinguer deux tendances principales dans le MLF. Un groupe qui a été à l'origine du Manifeste des 343, s'appelle couramment « Psychanalyse et Politique ». « Psyche et Po » correspond à peu près au « Consciousness-Raising » des féministes américaines. Les femmes de « Psyche et Po » pratiquent une sorte de psychanalyse informelle sur elles-mêmes pour se libérer des vieux préjugés et traditions qui les empêchent de mener une vie satisfaisante. Elles essaient d'analyser en même temps la société dans la mesure où elle a imposé aux femmes un rôle particulier et limité — d'où « Politique ».

Les femmes de « Psyche et Po » s'intéressent à tout ce qui touche à la vie des femmes. Leur journal, *Le Torchon Brûle,*[2] analyse des problèmes tels que l'enseignement, le travail, le mariage et le divorce, la maternité, la sexualité féminine, la contraception et l'avortement, les rapports homo- et hétérosexuels, et le viol.

En 1972 le groupe « Psyche et Po » a organisé une manifestation nationale qui a réuni des femmes de différentes régions et de diverses tendances. Elles ont monté une maison d'édition féministe et une librairie pour les femmes, et elles

Glosses (left margin):

en mouvement *in motion, changing*
d'un jour à l'autre *from one day to the next*

a pris l'essor *took off*
revendications *demands*
à partir de 1971 *from 1971 on*
se fait connaître *makes itself known*
fait publier *published*
l'avortement *abortion*
a . . . lancé *(here) launched*
a été à l'origine *dates from*

dans la mesure où elle *to the extent that it*
d'où *whence*

le Torchon Brûle *The Torch Burns*

le viol *rape*
ont monté *(here) established*
maison d'édition *publishing house*

---

[1] *Les Temps Modernes*, N°. 333–334, avril-mai, 1974, p. 1719.

[2] Cette métaphore signifie qu'il y aura bientôt un grand bouleversement dont on voit déjà les premiers signes. (Le torchon brûle; il y aura bientôt un holocauste. En même temps, "le torchon" signifie "dust rag.")

Michel Causse——Gamma/EPA

500 personnes ont suivi les démonstrations de contraception aux stands mis en place par le planning familial de Grenoble.

organisent chaque été une réunion au bord de la mer, à laquelle toute femme est invitée.

depuis peu d'années
in the last few years
prise de conscience
sudden awareness
de la part *on the part*

La deuxième tendance comporte surtout des ouvrières et des employées. Celles-ci commencent depuis peu d'années à se révolter contre leurs misérables conditions de travail en faisant des grèves. Il est fort possible que cette prise de conscience de la part des ouvrières trouve son inspiration dans les actions du MLF. Les ouvrières-employées publient *Femmes en Lutte*, qui traitent les problèmes des femmes qui travaillent. Elles réclament l'égalité des salaires: « À travail égal, salaire égal. » Elles insistent pour que le gouvernement construise

pour que *(here)*
that
crèches *day*
nurseries for children
under 2 years

des crèches, ou des garderies d'enfant, gratuites et ouvertes 24 heures sur 24 heures. Elles demandent aussi que le patron paie des compensations pour les enfants, qu'il établisse des horaires qui conviennent à une mère de famille, et qu'il accorde des journées payées pour soigner les enfants malades. Selon elles, il est essentiel que les maris partagent avec leurs femmes les travaux domestiques.

Il y a dans le MLF des féministes marxistes, et d'autres qui sont plutôt conservatrices et traditionnelles. Il y en a qui sont intellectuelles et d'autres qui ne le sont pas. Il y en a qui envisagent une révolution radicale dans le monde. D'autres doutent que le problème nécessite une révolution totale, et s'intéressent plutôt à une transformation personnelle. On craint que la presse ne fabrique une image

en effet *in fact*

bizarre et faussement homogène des femmes du MLF. Elles sont en effet assez hétérogènes.

ses problèmes à elle
her own problems

Chaque femme est attirée au MLF au moment où celui-ci touche à ses problèmes à elle. Une des femmes du MLF a écrit, « Je suis au MLF parce que . . . j'ai appris que mes problèmes étaient le fait d'une situation que je partageais avec la moitié de l'humanité et non le fait d'une tare personnelle ou d'un destin

tare *defect*
maudit *cursed*

maudit. »[3]

a . . . fait comprendre
au gouvernement
made the govern-
ment understand

Il est impossible à l'heure actuelle de juger l'importance du MLF en France. Mais il a déjà fait comprendre au gouvernement qu'il y a réellement un problème. C'est pour cela que le président Giscard d'Estaing a créé en 1974 un département pour régler la condition de la femme. Il faut attendre quelques années pour voir ce qui en résultera.

[3] *Le Torchon Brûle*, N°. 6, p. 15

Compréhension   *A.   Answer the following questions.*

1.   Est-ce que le Mouvement de la Libération de la Femme en France est un mouvement organisé?

2.   Pourquoi les groupes du mouvement ne restent-ils pas les mêmes?

3.   Qu'est-ce que le MLF a réclamé dans son manifeste?

4.   Qui a signé le manifeste des 343?

5.   Quelles sont les deux tendances qu'on peut distinguer dans le mouvement?

6.   Qu'est-ce que le « Psyche et Po »?

7.   Pourquoi les femmes de « Psyche et Po » pratiquent-elles une sorte de psychanalyse informelle sur elles-mêmes?

8.   Quels problèmes traite-t-on dans le journal *Le Torchon Brûle*?

9.   Qu'est-ce que les femmes de « Psyche et Po » ont créé après leur manifestation nationale de 1972?

10.   Qui publie *Femmes en Lutte?*

11.   Contre quoi les ouvrières et les employées protestent-elles?

12.   Qu'est-ce que les femmes qui travaillent réclament?

13.   Que demandent-elles à leur patron?

14.   Qu'est-ce que ces femmes demandent à leur mari?

15.   Est-ce que les femmes du MLF forment un groupe homogène?

16.   Pour quelles raisons les femmes sont-elles attirées au MLF?

17.   Est-ce que les femmes du MLF se sentent seules? Pourquoi pas?

18.   Pourquoi le président Giscard d'Estaing a-t-il créé un département pour régler la condition de la femme?

Thèmes de discussion

1.   La femme a-t-elle besoin de se libérer? Pourquoi ou pourquoi pas?

2.   Le mari devrait-il partager le travail domestique?

Thèmes de composition

1.   Faites une comparaison entre le mouvement de la libération de la femme en France et aux États-Unis.

2.   Parlez de la mère qui travaille, de ses problèmes et des solutions possibles.

VINGT-DEUXIÈME LEÇON

Vocabulaire

1. **la fuite**   *l'action de partir vite d'un lieu (flight)*
    Beaucoup de Parisiens cherchent à sortir de Paris pour habiter la banlieue; c'est une « _____ » vers la banlieue.

2. **bien que**   *conjonction de concession (although)*
    Nous restons encore deux jours _____ nous ayons peu d'argent.

3. **le séjour**   *le temps qu'on reste dans un lieu*
    Les touristes font un _____ de deux jours à Paris; ce n'est pas assez.

4. **pour que**   *pour avoir le résultat que (in order that)*
    On leur donne une carte _____ ils puissent trouver la maison.

5. **une centaine**   *un groupe de cent unités*
    Il y a des _____ de nouveaux immeubles tout autour de Paris.

6. **affreux, affreuse**   *horrible, abominable*
    La circulation à Paris est _____!

7. **stationner**   *rester à la même place, mettre la voiture dans un parking*
    Il y a tant d'autos qu'il est difficile de _____ à Paris.

8. **estimer**   *calculer, juger*
    On _____ que la pollution à Paris s'accroît très rapidement.

9. **le poids**   *ce que quelque chose pèse (weight)*
    Combien pèsent ces fraises? Le _____ de ces fraises est de deux kilos.

10. **tandis que**   *alors*
    Les moins riches sont obligés de quitter le centre de Paris _____ les plus riches y restent.

11. **la pelouse**   *le terrain couvert d'herbe devant ou derrière une maison (lawn)*
    On rêve d'une maison avec une _____ et un jardin.

12. **quoique**   *bien que (although)*
    On reste à Paris _____ la ville soit bruyante.

13. **le déménagement**   *l'action de déménager, de changer de logement*
    Il faut beaucoup de travail pour déménager. Le _____ nécessite un travail immense.

14. **vidé, —e**   *rendu vide*
    Il n'y a plus d'argent dans sa poche. Sa poche est _____.

Un nouvel immeuble et un centre commercial   *Alain Keler from EPA*

le phénomène
l'évolution (f.)
l'ordre (m.)
la tonne
le, la riche
le crime
l'interviewé, –e (m. and f.)

citer

inhabitable
récemment
individuel, –le
horriblement
rural, –e, –aux, –ales

récent, –e
identique
stérile
forcé, –e

Exercices   *A. Répondez.*

1. Trouvez-vous affreuse la circulation où vous habitez? Est-il facile de conduire dans le centre de votre ville?
2. Pouvez-vous estimer la population de votre ville?
3. Révélez-vous votre poids à vos amis?
4. Aimez-vous les séjours longs ou les séjours courts dans une ville étrangère?
5. Est-ce que la population de votre université s'accroît ou diminue à présent?
6. Y a-t-il une pelouse devant votre maison ou votre immeuble d'habitation?
7. Y a-t-il assez de place pour stationner à votre université? Y a-t-il assez de place pour les étudiants? pour les professeurs?
8. De quelles villes américaines y a-t-il une fuite vers la banlieue?

B. Give a word or expression related to each of the following.

1. pour   2. cent   3. déménager   4. vide

C. Give a synonym for each of the following.

1. bien que   2. alors   3. calculer

Structure

THE SUBJUNCTIVE OF **AVOIR, ÊTRE, ALLER, VOULOIR, VALOIR**

Note grammaticale

Avoir and *être* are irregular in the present subjunctive. They are the only verbs with no "i" in the *nous* and *vous* forms.

avoir	*être*
(que) j'aie	je sois
(que) tu aies	tu sois
(qu') il, elle, on ait	il, elle, on soit
(que) nous ayons	nous soyons
(que) vous ayez	vous soyez
(qu') ils, elles aient	ils, elles soient

The verbs *aller*, *vouloir*, and *valoir* have irregular and changing stems in the present subjunctive.

aller	*vouloir*	*valoir*
(que) j'aille	je veuille	je vaille
(que) tu ailles	tu veuilles	tu vailles
(qu') il, elle, on aille	il, elle, on veuille	il, elle, on vaille
(que) nous allions	nous voulions	nous valions
(que) vous alliez	vous vouliez	vous valiez
(qu') ils, elles aillent	ils, elles veuillent	ils, elles vaillent

Pratique orale

je, tu, il, elle, on, ils, elles

A.   Répétez.

J'aimerais que la ville soit plus calme.

J'aimerais aussi que les villes soient moins bruyantes.

Il faut que j'aie un jardin.

Il faut aussi qu'il y ait une pelouse.

B.   Substituez.

Croyez-vous qu'elle aille jamais | quitter la ville?
| habiter la banlieue?
| chercher un autre logement?

Crois-tu que les ouvriers veuillent | rester à Paris?
| quitter la ville?
| habiter la banlieue?

C.   *Imitez le modèle.*

> Que la ville soit plus calme!
> Voudriez-vous que la ville soit plus calme?

1. Que les maisons individuelles soient moins chères!   2. Que je sois plus optimiste!   3. Qu'on soit plus content en ville!   4. Qu'il ait un bon séjour!   5. Qu'il y ait un appartement pour vous!   6. Que j'aie mon propre jardin!

D.   *Répondez selon l'indication.*

1. Crois-tu que j'aille quitter la ville?   *Non*   2. Faut-il que tu ailles dans la banlieue?   *Oui*   3. Regrettez-vous que vos amis aillent si loin?   *Oui*   4. Crois-tu que M. Durand veuille quitter la ville?   *Non*   5. Est-il mauvais que je veuille une pelouse?   *Non*   6. Êtes-vous content que vos amis veuillent habiter la banlieue?   *Oui*

nous, vous

A.   *Répétez.*

Il est important que nous soyons contentes.
Il est important que vous soyez calme.

Il est possible que nous ayons besoin de votre aide.
Il est possible que vous ayez raison.

Veut-il que nous allions en ville?
Veut-il que vous alliez dans la banlieue?

Croit-elle réellement que nous voulions partir?
Croit-elle réellement que vous vouliez rester?

B.   *Imitez les modèles.*

> Allez-vous en ville?
> Faut-il que vous alliez en ville?

> Êtes-vous prêts?
> Faut-il que vous soyez prêts?

1. Allez-vous à la bibliothèque?   2. Allez-vous à la campagne?   3. Allons-nous dans la banlieue?   4. Êtes-vous content de la ville?   5. Sommes-nous heureux de rester à Paris?   6. Sommes-nous patients?

C.   *Répondez.*

1. Est-il temps que nous ayons une maison?   2. Est-il temps que nous ayons un jardin?   3. Est-il temps que vous ayez votre propre chambre?   4. Est-il possible que vous vouliez quitter la ville?   5. Est-il possible que vous vouliez rester?   6. Est-il possible que nous voulions acheter cette maison?

D.   *Transformez au pluriel selon le modèle.*

> Il est important que j'aie raison.
> Il est important que nous ayons raison.

1. Il faut que tu ailles voir ces immeubles.   2. Il est possible que tu sois fatigué.   3. Il est important que tu veuilles rester.   4. Il est temps que j'aie une chambre.   5. Il vaut mieux que je sois plus contente.   6. Il est possible que je sois en retard.   7. Il est temps que j'aille chercher un appartement.

THE SUBJUNCTIVE OF **FAIRE, POUVOIR, SAVOIR, FALLOIR, PLEUVOIR**

Note grammaticale

Certain common verbs have an irregular stem in the present subjunctive. This stem does not change, however, and the endings are regular.

faire	*pouvoir*	*savoir*
(que) je fasse	je puisse	je sache
(que) tu fasses	tu puisses	tu saches
(qu') il, elle, on fasse	il, elle, on puisse	il, elle, on sache
(que) nous fassions	nous puissions	nous sachions
(que) vous fassiez	vous puissiez	vous sachiez
(qu') ils, elles fassent	ils, elles puissent	ils, elles sachent

falloir	*pleuvoir*
(qu') il faille	il pleuve

Pratique orale

A.   Répétez.

Faites-vous un voyage?
Il faut que je fasse un voyage.
Il faut que nous fassions une promenade.

Peux-tu rester?
Il est bon que tu puisses rester.
Il est bon que vous puissiez partir.

Sait-il son adresse?
Il est surpris qu'elle ne sache pas son adresse.
Il est surpris que nous ne sachions pas les problèmes.

Faut-il habiter la banlieue?
Je ne crois pas qu'il faille habiter la banlieue.

Pleut-il aujourd'hui?
Je ne crois pas qu'il pleuve.

B.   Répondez.

1. Est-il possible qu'elle fasse vraiment une faute?   2. Préfère-t-il que tu fasses les devoirs?   3. Est-il possible que vous fassiez ce changement?   4. Es-tu surpris qu'elle puisse rester en ville?   5. Préfère-t-elle que je puisse rester aussi? 6. Est-il possible que vous puissiez trouver un appartement?   7. Faut-il que je sache la raison?   8. Êtes-vous surpris que les enfants sachent lire? 9. Regrettez-vous que votre ami ne sache pas y jouer?   10. Regrettez-vous qu'il pleuve?   11. Est-il désolé qu'il pleuve?   12. Est-il possible qu'il faille chercher un appartement?

Exercices

A.   Complete the sentences with the present subjunctive of the italicized verb.

1.   Je doute qu'il y _____ moins de pollution à Paris. *avoir*
2.   Crois-tu que les ouvriers _____ la grève? *faire*
3.   Je ne veux pas qu'il _____ cet après-midi. *pleuvoir*
4.   Je regrette que vous ne _____ pas rester en ville. *pouvoir*
5.   Est-il vrai que les ouvriers _____ une grève? *vouloir*
6.   Est-il probable que vous _____ au bord de la mer? *aller*

7. J'ai peur qu'il ne _____ partir. *falloir*
8. Les spectateurs craignent-ils que le champion ne _____ pas le premier cette année? *être*
9. Est-il possible que tu ne _____ pas où est Carnac? *savoir*
10. Tu désires que j'_____ visiter la Provence. *aller*
11. Est-il possible que nous ne _____ pas jouer au bridge? *savoir*
12. Il est possible qu'il _____ beau demain. *faire*
13. Nous sommes heureux que vous _____ un bon souvenir de votre visite. *avoir*
14. Il est bon que nous _____ inviter chez nous des collègues. *vouloir*
15. Crains-tu que nous ne _____ pas assez de progrès? *faire*
16. Il n'est pas vrai que les Français _____ xénophobes. *être*
17. Est-elle surprise que je ne _____ pas vous accompagner? *pouvoir*
18. Je ne crois pas qu'il _____ maintenant. *pleuvoir*

B. *Change the verbs in the subjunctive from the singular to the plural or from the plural to the singular.*

1. Il faut que je sois de retour à minuit.
2. Il est bon que tu veuilles le lire.
3. Il n'est pas probable que j'aille au restaurant.
4. Est-il probable que nous soyons obligés de quitter la ville?
5. Je ne suis pas sûre qu'ils aient raison.
6. Est-il vrai que nous ne voulions pas le voir?

THE SUBJUNCTIVE WITH SUBORDINATE CONJUNCTIONS

Pratique orale

A. *Répétez.*

Je leur donnerai un journal pour qu'*(in order that)*ils puissent chercher un appartement.

Je leur donnerai un journal afin qu'*(in order that)*ils puissent trouver un appartement.

Ils quittent la ville bien que *(although)* la vie soit plus vivante.

Ils quittent la ville quoique *(although)* la vie soit plus satisfaisante.

Je quitte la ville avant que *(before)* la pollution ne soit plus intense.

Nous resterons jusqu'à ce que *(until)* la vie soit trop chère.

Nous resterons pourvu que *(provided that)* nous trouvions un meilleur appartement.

B. *Imitez les modèles.*

Achetez un journal.
Achetez un journal afin que nous trouvions un appartement.
Achetez un journal pour que nous trouvions un appartement.

1. Regardez le journal.   2. Demandez à vos amis.   3. Téléphonez à Monsieur Robert.   4. Achetez un journal.

Bien qu'il y ait plus de pollution,
Bien qu'il y ait plus de pollution, nous habitons la ville.

Quoiqu'il y ait plus de pollution,
Quoiqu'il y ait plus de pollution, nous habitons la ville.

1. Bien que la banlieue soit plus calme,   2. Bien que les appartements soient plus chers,   3. Quoiqu'il y ait moins de parcs,   4. Quoique nous n'ayons pas de jardin,

jusqu'à ce que la ville soit plus calme

Nous habiterons la banlieue jusqu'à ce que la ville soit plus calme.

1. jusqu'à ce que la ville soit moins bruyante   2. jusqu'à ce qu'il y ait moins de circulation   3. jusqu'à ce que nos enfants soient plus grands   4. jusqu'à ce que nous mourions

Ils partent avant de me parler.

Ils partent avant que je ne leur parle.

1. Ils partent avant de me dire « bonjour. »   2. Ils partent avant de me dire « au revoir. »   3. Ils partent avant de me donner la clef.   4. Ils partent avant de me rendre le livre.

N'achetez pas la maison sans la regarder de près.

N'achetez pas la maison sans que nous ne la regardions de près.

1. N'achetez pas l'auto sans la regarder de près.   2. N'achetez pas la robe sans la regarder de près.   3. N'achetez pas la machine à laver sans la regarder de près.   4. N'achetez pas l'appartement sans le regarder de près.

C. *Imitez les modèles.*

Pourquoi cherchez-vous un appartement?

Je cherche un appartement parce que je veux quitter la ville.

Je cherche un appartement pour que je puisse quitter la ville.

1. Pourquoi cherchez-vous une maison?   2. Pourquoi achetez-vous une auto?   3. Pourquoi vendez-vous cet appartement?   4. Pourquoi regardez-vous ces appartements?

Partons-nous?

Non, attendez parce que ma femme n'est pas venue.

Non, attendez jusqu'à ce que ma femme vienne.

1. Cherchons-nous un taxi?   2. Descendons-nous dans le métro?   3. Sortons-nous?   4. Partons-nous?

plus calme

La banlieue me plaît pourvu qu'elle soit plus calme.

1. moins bruyante   2. plus verte   3. plus moderne   4. moins sale

Note grammaticale   Certain conjunctions require the use of the subjunctive:

pour que	*in order that*	avant que	*before*
afin que	*in order that*	jusqu'à ce que	*until*
pourvu que	*provided that*	sans que	*without*
bien que	*although*	à moins que	*unless*
quoique	*although*		

Note that certain of these conjunctions require the use of the pleonastic *ne: avant que, sans que, à moins que.*

Je vous téléphonerai avant que je <u>ne</u> parte.

I will telephone you before I leave.

Ne vendez pas cet appartement sans que nous <u>ne</u> le sachions.

Don't sell that apartment without our knowing it.

If the subject of the main clause and the subordinate clause are the same, a preposition and an infinitive are used instead of a conjunction.

> Je le verrai <u>pour être</u> sûre.
> Je le verrai <u>afin d'être</u> sûre.
> Je te téléphonerai <u>avant de partir</u>.
> Ne vendez pas l'appartement <u>sans</u> nous le <u>dire</u>.
> Ne vendez pas l'appartement <u>à moins de</u> nous le <u>dire</u>.

Certain common conjunctions take the indicative, not the subjunctive. You have been using many of these conjunctions.

> parce que *because*
> après que *after*
> puisque *since*
> pendant que *while*
> tandis que *while*
> aussitôt que *as soon as*⎫ Remember that these conjunctions take
> dès que *as soon as* ⎭ the future tense.

> Il y a moins d'appartements en ville <u>parce qu'on détruit</u> beaucoup de vieux logements.

> Les petits-bourgeois sont obligés de quitter la ville <u>tandis que les grands bourgeois peuvent</u> y rester.

Exercices *A. Complete the following sentences with the correct form of the italicized verb.*

1. Les Dubois partent dès la sortie du travail avant qu'il n'y _____ trop d'embouteillages. *avoir*
2. Leurs amis leur ont donné une carte pour qu'ils ne _____ pas. *se perdre*
3. Beaucoup de pieds noirs s'installent dans le sud de la France parce que le climat _____ plus proche de celui de l'Algérie. *être*
4. Les Dubois achètent la maison de campagne bien qu'il _____ la réparer. *falloir*
5. On écoute la radio jusqu'à ce qu'on _____ le premier cycliste. *voir*
6. On écoute la radio pendant qu'on _____ le premier cycliste. *attendre*
7. Quoiqu'ils _____ Français, les Bretons font tout pour garder leur individualité. *être*
8. On n'invite pas un collègue chez soi à moins qu'on ne le _____ assez bien. *connaître*
9. Afin qu'André _____ assez tôt pour voir le film, il ne commande pas de dessert. *partir*
10. Nous vous téléphonerons aussitôt que nous _____ au café. *arriver*
11. Jean décide d'accompagner ses amis au café pourvu qu'ils lui _____ de partir tôt. *promettre*
12. Bien que le Québec _____ une province canadienne, les Québecois cherchent à conserver aussi leur culture française. *être*

B. *Complete the following sentences with* avant que, bien que, afin que, *or* jusqu'à ce que.

1. _____ Paris vieillisse, on trouve que c'est toujours la « ville lumière ».
2. Je dois me dépêcher pour arriver _____ la boutique ne ferme.
3. Les ouvriers travaillent _____ la sirène de l'usine siffle.
4. _____ nous n'attendions pas trop longtemps, je vais téléphoner à l'avance.
5. _____ la famille Dubois n'achète la maison de campagne, les enfants doivent la voir.

THE SUBJUNCTIVE WITH INDEFINITE ANTECEDENTS AND WITH THE SUPERLATIVE

Pratique orale

A. *Répétez.*

Connaissez-vous un mécanicien qui sache réparer cette machine ?
Je cherche une femme qui sache conduire cette camionnette.
C'est le meilleur roman que je connaisse.
C'est le seul appartement que nous aimions.

B. *Répondez.*

1. Les Dubois cherchent-ils un appartement qui soit plus calme ?
2. Cherchez-vous une personne qui puisse les aider ?   3. Cherchez-vous une personne qui puisse réparer cette machine ?   4. Cherchez-vous une boutique qui soit ouverte en août ?   5. Avez-vous besoin d'un guide qui puisse vous aider ?   6. Est-ce le meilleur mécanicien que vous connaissiez ?
7. Est-ce le seul appartement que vous aimiez ?   8. Est-ce le seul film qui soit bon pour les enfants ?   9. Est-ce le meilleur immeuble où il y ait des appartements ?   10. Est-ce le meilleur centre commercial qui existe ?

Un marché à Paris   *Alain Keler from EPA*

Note grammaticale   The subjunctive is used in relative clauses when the antecedent (the word the clause modifies) is indefinite or superlative and when there is doubt.

> Je cherche un mécanicien qui sache réparer cette machine.
> *I am looking for a repairman who knows how to repair this machine.*
> *(But I haven't found one yet.)*
> Connaissez-vous une femme qui soit un bon écrivain?
> *Do you know a woman who is a good writer?*
> C'est le meilleur restaurant que je connaisse.
> *It is the best restaurant I know.*
> C'est le seul guide qui soit utile.
> *It is the only guide which is useful.*

If there is no doubt in the statement, the verb in the relative clause may be in the indicative.

> Je connais quelqu'un qui sait réparer la machine.
> C'est le seul appartement ici qui est grand et calme.

Exercice   *A.   Combine the following sentences according to the model.*

> Je cherche un médecin. Il est libre.
> Je cherche un médecin qui soit libre.

1. Je ne connais pas de mari. Il ne veut pas aider sa femme.
2. Je cherche quelqu'un. Il n'a pas de préjugés.
3. C'est le meilleur poème. Je connais ce poème.
4. C'est le seul restaurant. Il est ouvert à minuit.
5. J'ai besoin d'un guide. Il est utile.
6. Je cherche un étudiant. Il comprend bien le français.
7. C'est le meilleur guide. Nous connaissons ce guide.

THE SUBJUNCTIVE WITH QUE

Pratique orale   *A.   Répétez.*

Que l'appartement soit grand!   Vive le roi!
Que nous partions immédiatement!   Vive le président!
Que nous le trouvions immédiatement!

B.   Imitez le modèle.

> Il répond.
> Qu'il réponde!

1. Il part immédiatement.   2. Nous achetons la maison de nos rêves.   3. Elle fait son possible.   4. L'enfant joue sur la pelouse.   5. Nous gardons un bon souvenir.   6. Elle réussit.

Note grammaticale   *Que* is used with the subjunctive to express the idea "Let..." or "May...". It is most often used with the third person.

> Qu'il parte maintenant!   Que nous soyons à l'heure!
> *Let him (May he) leave now!*   *May we be on time!*
> Que la pollution disparaisse!   Vive le roi!
> *May (Let) pollution disappear!* *Long live the king!*

The expression *Vive le roi!* uses a subjunctive even though there is no *que*.

Exercice   *A.   Translate the following sentences into French.*

1.   May he live a long time!
2.   Let them finish their work!
3.   May she succeed!
4.   Long live the king!
5.   May we find the house of our dreams!

THE PASSIVE VOICE

Pratique   *A.   Répétez.*
orale
Marie écrira la lettre.
La lettre sera écrite par Marie.
Les Dubois admirent cet appartement.
Cet appartement est admiré par les Dubois.

Ce journal est vendu.
On vend ce journal.
Ce journal se vend.

L'appartement a été loué hier.
On a loué l'appartement hier.
L'appartement s'est loué hier.

B.   Substituez.

	vendue	
La maison a été	admirée	par les Dubois.
	vue	
	trouvée	

Les fraises	
Les haricots	
Les pommes	s'achètent au marché.
Les oignons	

C.   Imitez les modèles.

Madame Martin a acheté l'auto.
L'auto a été achetée par Madame Martin.

Madame Martin a acheté ces autos.
Ces autos ont été achetées par Madame Martin.

1. Madame Martin a vu l'appartement.   2. Madame Martin a choisi le quartier.   3. Madame Martin a acheté l'appartement.   4. Le professeur a rendu les compositions.   5. Les étudiants ont regardé les compositions.

La lettre sera écrite par Robert.
Robert écrira la lettre.

1. La cuisine sera faite par Robert.   2. Le repas sera préparé par Robert.
3. Le dîner sera annoncé par Danielle.   4. Le repas sera dégusté par tout le monde.   5. La viande sera appréciée par tout le monde.

Le français est parlé ici.
On parle français ici.
Le français se parle ici.

1. L'espagnol est parlé ici.   2. Les journaux sont vendus ici.   3. La vérité est dite ici.   4. L'arabe est parlé ici.

Cette chanson a été chantée.

On a chanté cette chanson.

1. Cette raison a été donnée.   2. Cet article a été lu.   3. Ce phénomène a été expliqué.   4. Cette situation a été comprise.

Note grammaticale   The passive voice in French is formed as in English with the verb *être* in the appropriate tense and a past participle. The past participle agrees in gender and number with the subject. If there is a doer of the action, the preposition *par* is used.

Les journaux sont vendus tous les jours.
Newspapers are sold every day.
Cette maison a été achetée par les Dubois.
This house was bought by the Dubois.
La lettre sera écrite par Paul.
The letter will be written by Paul.

In French, one generally avoids the passive voice whenever possible. Use the active voice if there is a doer of the action.

La lettre sera écrite par Paul.
Paul écrira la lettre.

If there is no person acting, use either of two structures:

1. *on* as subject:

Les journaux sont vendus.
On vend les journaux.

2. a reflexive verb:

Les journaux sont vendus.
Les journaux se vendent.

Exercices   *A. Make the following sentences active according to the model. Watch tenses carefully.*

Le cadeau sera donné par les enfants.
Les enfants donneront le cadeau.

1. Le café sera bu par les étudiants.
2. Les Durand ont été invités par les Dubois.
3. Le tourisme est encouragé par le gouvernement d'Haïti.
4. Les frais médicaux sont remboursés par la Sécurité Sociale.
5. Beaucoup de fermes bretonnes ont été abandonnées par les jeunes.
6. Les jolies coiffes seront portées par les femmes bretonnes les jours de fêtes.

B. Eliminate the passive voice verbs first using on *and then using a reflexive verb.*

Ce journal est vendu au coin.
Ce journal se vend au coin.
On vend ce journal au coin.

1. Le français est parlé ici.
2. Le coca-cola est dégusté à Paris.
3. Le programme est souvent donné.
4. L'accent est compris facilement.
5. Les fruits seront vendus au marché.

Un jardin dans une banlieue de Paris   *Alain Keler from EPA*

Une boulangerie   *Alain Keler from EPA*

Lecture culturelle

LA FUITE VERS LA BANLIEUE

Bien que des millions de touristes fassent un séjour à Paris chaque année, cette ville devient inhabitable pour beaucoup de ses citoyens. La fuite vers la banlieue devient de plus en plus importante. En 1901 la population de la région métropolitaine (Paris et sa banlieue) comportait 5 millions, dont 1,3 millions habitaient le centre-ville. En 1968 la région métropolitaine comportait plus de 9 millions, dont moins d'un million habitaient le centre-ville.

Pour que ces 8 millions de Français puissent s'installer dans la banlieue, on a dû construire de nouvelles villes-dortoirs tout autour de Paris, des centaines de grands ensembles, des autoroutes, et récemment des centres commerciaux immenses à la mode des États-Unis.

Ce phénomène s'explique facilement, car les raisons sont, en partie, les mêmes que celles qui ont entraîné l'évolution des banlieues aux États-Unis. Pour commencer, la population de la capitale a augmenté à tel point que la circulation est affreuse, il n'y a plus d'endroit pour stationner, et le bruit des voitures est étourdissant. La pollution s'accroît aussi rapidement que la population. On estime qu'en 1926 le poids des poussières qui tombaient sur la ville était de l'ordre de 100 tonnes *par an*; et qu'en 1970 il était de 40 tonnes *par jour*.

Les vieux logements de la ville tombent en ruines, et quand finalement on les détruit, c'est pour construire des centres commerciaux, des bureaux d'affaires, ou des immeubles de grand standing qui sont beaucoup trop chers pour la majorité des habitants. Ceux-ci se trouvent donc obligés de déménager dans les banlieues, où ils cherchent un logement qui soit moins cher qu'à Paris. C'est ainsi que, par contraste avec les États-Unis, ce sont les ouvriers et les petits bourgeois qui sont obligés de quitter le centre de Paris, tandis que les grands bourgeois et les riches y restent. Ainsi les banlieues parisiennes ne ressemblent point aux *suburbs* américains. Quand on pense au *suburb* américain on pense à une maison individuelle avec un jardin et une pelouse. Quoique 80% des Français veuillent acheter une maison individuelle, il n'en est pas question pour la plupart d'entre eux, surtout pour ceux qui habitent les villes, car les terrains sont horriblement chers. Donc dans les banlieues de Paris on ne trouve guère que de grands ensembles, des centres commerciaux, souvent sans parc ou verdure quelconque. On y trouve parfois les restes du vieux village rural entouré de ces géants de béton. Récemment on commence à construire des banlieues à la mode des États-Unis (des maisons individuelles, entourées d'un jardin), mais elles sont plus loin du centre de la ville que les vieilles banlieues, et elles sont extrêmement chères. Si on cherche une petite

---

Glossary (margin):

villes-dortoirs *bedroom towns*
tout *all*
grands ensembles *buildings with 1000 or more apartments*
à la mode de *(here) as in*
ont entraîné *(here) have brought about*
à tel point *to such an extent*
étourdissant *deafening*
s'accroît *increases*
par an *per year*
de grand standing *deluxe, expensive*
les petits bourgeois *lower middle-class*
les grands bourgeois *upper middle-class*

d'entre eux *of them*
terrains *lots*
ne trouve guère que *hardly finds anything except*
verdure quelconque *any greenery*
géants de béton *concrete giants*

en pleine campagne
*in the middle of the
country*

Par contre *By con-
trast*

Il est à craindre *It
is to be feared*

maison individuelle, entourée d'un jardin, et qui ne soit pas trop chère, il faut qu'on aille chercher plus loin de la ville, en pleine campagne.

Il y a une autre différence importante entre la « banlieusation » française et la *suburbanisation* américaine: le crime. La majorité des Américains qui quittent la ville pour habiter la banlieue, citent le crime comme une des raisons principales de leur déménagement. Par contre, dans une étude récente d'une banlieue de Paris, aucun des interviewés n'a cité le crime comme raison de déménagement. Parmi tous les interviewés la réponse a été presque identique: « Paris, c'est sale, c'est vieux, c'est bruyant. Les voitures ont tout envahi. Dans la banlieue on respire mieux. C'est vert, c'est calme. Et c'est moins cher. » Le crime n'y est pour rien.

Paris est en train de se « banlieuser », comme toutes les grandes villes. Il est à craindre que la ville de Paris ne soit vidée de son peuple et de sa vie et ne devienne un simple centre d'affaires stérile.

Compréhension

A. Répondez.

1. Est-ce que la population de Paris et sa banlieue diminue ou augmente depuis 1901?
2. Qu'est-ce qu'on a dû construire pour que les Français puissent s'installer dans la banlieue?
3. Pour quelles raisons des millions de Parisiens cherchent-ils à s'installer dans la banlieue? Indiquez trois ou quatre raisons.
4. Pourquoi les Américains s'installent-ils dans les *suburbs* des villes?
5. Qu'est-ce qu'on construit à la place des vieux logements qui tombent en ruine?
6. Pourquoi les habitants sont-ils contraints à chercher un logement dans la banlieue?
7. Quel groupe quitte la ville aux États-Unis? Quel groupe quitte la ville en France?
8. Qu'est-ce qu'on imagine dans un *suburb* américain?
9. Pourquoi la plupart des Français ne peuvent-ils pas acheter une maison individuelle?
10. Qu'est-ce qu'on trouve dans les banlieues de Paris?
11. Où peut-on trouver maintenant des banlieues à la mode des États-Unis?
12. Si l'on cherche une petite maison individuelle, où faut-il aller?
13. Quelle est une des raisons principales du déménagement des Américains?
14. Pourquoi les Français quittent-ils la ville?

**Thème
de discussion**

Comparez un *suburb* américain et une ville de banlieue française. Indiquez les similarités et les différences.

**Thème
de composition**

Pourquoi vous préféreriez vivre à la ville ou dans la banlieue. Feriez-vous le même choix en France qu'aux États-Unis?

VINGT-TROISIÈME LEÇON

Vocabulaire

1. **prendre au sérieux**   *prendre pour important*
   Rien n'est important pour lui. Il ne prend rien _____.

2. **éprouver**   *partager un sentiment, avoir l'expérience d'un sentiment (to feel . . . as to feel an emotion)*
   Il _____ un plaisir au sarcasme.

3. **se moquer de**   *rendre ridicule, ridiculiser*
   De quoi vous moquez-vous? Je _____ de mes professeurs et de l'administration.

4. **le désespoir**   *l'état de ne plus espérer*
   Quand on n'espère plus rien dans la vie, on éprouve le _____.

5. **renaître**   *naître de nouveau, recommencer à vivre (conjugated like* naître*)*
   Une bonne histoire ne meurt jamais; elle _____ chaque fois qu'on la raconte.

6. **le, la concierge**   *une personne qui a la garde d'une maison ou d'un immeuble*
   Les _____ ont la réputation de savoir tout ce qui se passe dans leur immeuble.

7. **allongé, —e**   *étendu (stretched out)*
   Elle se repose sur le sable. Quelle joie d'être _____ sur le sable.

8. **la cerise**   *un petit fruit rouge (cherry)*
   La _____, c'est un fruit populaire.

9. **le noyau**   *la partie dure d'un fruit (pit, stone)*
   Si l'on plante le _____ d'un fruit, un arbre fruitier poussera.

10. **tourner en ridicule**   *ridiculiser, se moquer de*
    Les Français aiment se moquer des institutions. Les Français aiment _____ leurs institutions.

11. **échapper (à)**   *éviter (to escape)*
    On se moque de tout. Rien n'_____ cette moquerie.

12. **la règle**   *la loi, le principe*
    Il y a des gens qui n'aiment pas la loi. Ils n'aiment pas les _____.

13. **le traducteur, la traductrice**   *une personne qui traduit*
    Quand vous irez en France vous n'aurez pas besoin de _____ car vous comprenez le français.

14. **bête**   *stupide*
    C'est une idée stupide. C'est une idée _____.

15. **la cloche**   *un instrument en métal (bell)*
    Voilà la fin des cours. Une _____ marque la fin des cours.

16. **la sonnerie**   *le son de ce qui produit un son (ring)*
    Voilà la cloche dont la _____ est si belle.

17. **peu de**   *un petit nombre*
  Il y a _____ gens qui n'aiment pas les histoires drôles.

18. **se priver (de)**   *refuser*
  Je ne refuse jamais un bon repas français. Je ne _____ jamais d'un tel repas.

19. **pressé, —e**   *être dans un état de devoir se dépêcher (in a hurry)*
  Il se dépêche. Il est _____.

20. **la plaisanterie**   *une chose dite qui fait rire*
  Les élèves ont tous ri de la _____ du professeur.

21. **le fou rire**   *l'explosion de rires*
  La plaisanterie a eu comme résultat le _____ de la classe. Tout le monde a ri longtemps.

22. **le bavardage**   *l'action de bavarder*
  Les concierges ont la réputation de beaucoup bavarder. Elles sont réputées pour leur _____.

23. **ennuyé, —e**   *fatigué, inquiété (annoyed)*
  La concierge était _____ par tous les visiteurs qui laissaient des messages.

24. **souhaiter**   *espérer, désirer quelque chose*
  Nous souhaitons que vous réussissiez bien à votre examen.

le sens	l'institution (f.)	tracer
l'humour (m.)	l'acte (m.)	diminuer
la différence	le, la militaire	sauver
l'ironie (f.)	l'aristocrate (m. and f.)	se manifester
la comédie	le délégué, la déléguée	planter
la satire	la curiosité	adorer
l'esprit (m.)		s'absenter
la limite		
le tragique		stupide
le sarcasme		absent, —e

Exercices   *A.   Answer the following questions.*

1. De quelles institutions aimez-vous vous moquer? De qui aimez-vous vous moquer?
2. Y a-t-il quelqu'un dans votre famille qui prend tout au sérieux? Qui est-ce?
3. Éprouvez-vous du plaisir quand vous racontez une bonne histoire drôle?
4. Quand êtes-vous pressé(e)?
5. À quelle heure est la sonnerie pour indiquer le commencement de vos classes?
6. Avez-vous jamais planté un noyau d'un fruit?
7. En quelle saison peut-on trouver des cerises au marché? Sont-elles généralement chères?
8. Quand avez-vous tendance à échapper au travail en jouant?

B.   Give a synonym for each of the following.

1. tourner en ridicule   2. stupide   3. refuser

C.   Give a word related to each of the following.

1. naître   2. long   3. traduire   4. bavarder   5. régler

Structure

THE PAST SUBJUNCTIVE

Pratique
orale

A.   Répétez.

Il est bon que nous ayons déménagé.

Croit-elle que vous ayez bien choisi?

Il est possible que j'aie trop pris au sérieux les problèmes.

Pensez-vous que Jean soit déjà arrivé?

Crois-tu qu'il soit descendu à une autre gare?

Il est bon que les touristes se soient amusés.

Il est possible que nous nous soyons trop amusés.

B.   Substituez.

Je suis content que vous | ayez reçu la lettre.
                         | ayez tant ri.
                         | ayez plaisanté avec les autres.

Je regrette qu'elle ne se soit pas | amusée.
                                   | dépêchée.
                                   | moquée de la situation.

Je ne crois pas qu'ils soient | restés.
                              | tombés.
                              | montés.

C.   Répondez selon les modèles.

> Est-il possible que Jean arrive bientôt?
> Il est possible qu'il soit déjà arrivé.

1. Est-il possible que Jean descende bientôt?   2. Est-il possible que Monsieur Robert monte bientôt?   3. Est-il possible que les enfants viennent bientôt?
4. Est-il possible qu'ils partent bientôt?

> Je suis content. Elle n'a pas déménagé.
> Je suis content qu'elle n'ait pas déménagé.

1. Je suis surpris. Il n'a pas ri.   2. Je suis triste. Elle n'a pas vu le musée de Cluny.   3. Elle regrette. Nous n'avons pas plaisanté.   4. Elle regrette. Nous n'avons pas compris.   5. Il est bon. Tu n'as pas perdu ta clef.   6. Il est bon. Tu n'as pas dû partir.

Je ne crois pas. Vous vous êtes amusé.

Je ne crois pas que vous vous soyez amusé.

1. Je ne crois pas. Vous vous êtes dépêché.   2. Je ne crois pas. Vous vous êtes moqué de votre professeur.   3. Elle ne croit pas. Je me suis dépêché(e).
4. Nous ne croyons pas. Ils se sont parlé.   5. Nous ne croyons pas. Ils se sont écrit.

Note grammaticale

The past subjunctive is formed by using the subjunctive of the appropriate auxiliary verb *avoir* or *être* and the past participle. The rules for agreement of the past participle are the same as for the *passé composé*.

finir	*aller*	*s'amuser*
(que) j'aie fini	je sois allé(e)	je me sois amusé(e)
(que) tu aies fini	tu sois allé(e)	tu te sois amusé(e)
(qu') il, elle, on ait fini	il, on soit allé	il, on se soit amusé
(que) nous ayons fini	elle soit allée	elle se soit amusée
(que) vous ayez fini	nous soyons allé(e)s	nous nous soyons amusé(e)s
(qu') ils, elles aient fini	vous soyez allé(e)(s)(es)	vous vous soyez amusé(e)(s)(es)
	ils soient allés	ils se soient amusés
	elles soient allées	elles se soient amusées

The past subjunctive is used when the action of the clause in which it is found *precedes* the action in the main clause. (The present subjunctive is used to express an action which occurs at the same time or after the action of the main clause.) Compare the uses of the present and the past subjunctive.

Il est bon que votre amie arrive demain.

It is good that your friend will arrive (is arriving) tomorrow.

Il est bon que votre amie soit déjà arrivée.

It is good that your friend has already arrived.

Croyez-vous qu'il dise la vérité?

Croyez-vous qu'il ait dit la vérité?

Exercice

A.   Complete the following sentences with the correct form of the past subjunctive.

1. Quoique les Noirs _____ au passé, ils ont de l'espoir pour l'avenir.   *souffrir*
2. Il est possible que beaucoup de Parisiens _____ l'année passée.   *déménager*
3. Je ne croyais pas que vous _____ dans l'amphithéâtre avant le début.   *entrer*
4. Il est étonnant que vos parents n'_____ dans la dernière élection.   *voter*
5. Je doute que le champion _____.   *arriver*
6. Il est bon que vous _____ hier soir.   *s'amuser*
7. Elle est contente que les acteurs et les actrices _____ bien leurs rôles.   *jouer*
8. Bien que les enfants _____ huit heures, ils sont fatigués aujourd'hui.   *dormir*

THE PLUPERFECT TENSE

Pratique orale

A.   Répétez.

J'avais fini mes devoirs.   J'étais déjà parti(e).
Nous avions regardé la télévision.   Elle était déjà arrivée.
Elles avaient visité la Provence.   Ils s'étaient levés.
Avais-tu beaucoup ri?   Je m'étais couché(e).

B.   Substituez.

Avant de partir, j'avais | pris mon petit déjeuner.
| dit « au revoir » à mes parents.
| mis mon imperméable.
| trouvé mes livres.
| ouvert la porte.

Pourquoi étaient-ils | partis?
| sortis?
| restés?
| arrivés en retard?

Nous nous étions | couché(e)s à minuit.
| levé(e)s à sept heures.
| habillé(e)s à huit heures.

C.   Répondez.

1. Avait-il raconté l'histoire?   2. Avait-il ri de la plaisanterie?   3. Avait-elle pris l'histoire au sérieux?   4. Avait-elle parlé à la concierge?
5. Avaient-elles acheté des cerises?   6. En avaient-elles mangé?
7. Avions-nous bien compris la plaisanterie?   8. Avions-nous apprécié son sens de l'humour?   9. Aviez-vous entendu la sonnerie?   10. Aviez-vous trouvé un bon traducteur de français?

D.   Imitez les modèles.

> Quand j'ai téléphoné, vous étiez-vous levée?
> Oui, je m'étais déjà levée.

1. Quand j'ai téléphoné, vous étiez-vous lavée?   2. Quand j'ai téléphoné, vous étiez-vous habillée?   3. Quand j'ai téléphoné, vous étiez-vous brossé les dents?   4. Quand j'ai téléphoné, vous étiez-vous peigné?

> Quand était-il parti?
> Il était parti avant mon arrivée.

1. Quand était-il sorti?   2. Quand était-il monté?   3. Quand était-il descendu?   4. Quand était-il tombé?

E.   Demandez à un ami ou à une amie

1. s'il avait fini ses devoirs.   2. s'il avait déjà mangé.   3. si elle avait goûté les cerises.   4. si elle avait apprécié les plaisanteries.   5. s'il s'était amusé.   6. s'il s'était couché tôt.   7. si elle s'était moquée du professeur.
8. si elle était rentrée à cinq heures.   9. si elle était restée.

Note grammaticale   The pluperfect is formed by using the imperfect of the auxiliary verb *avoir* or *être* plus the past participle. The rules governing agreement of the past participle are the same as for the *passé composé*.

j'avais compris	*I had understood*
il avait lu	*he had read*
nous étions parti(e)s	*we had left*
elle s'était levée	*she had gotten up*

The pluperfect is used to express an action which occurred before another past action. It is generally translated as "had done."

J'avais fini mes devoirs quand elle est arrivée.
I had finished my homework when she arrived.

Exercice   *A.   Follow the model.*

Vos amis mangeaient-ils quand vous êtes arrivé?
Non, ils avaient déjà mangé quand je suis arrivé.

1. Vos amis prenaient-ils du dessert quand vous êtes arrivé?
2. Vos amis sortaient-ils quand vous êtes arrivé?
3. Les élèves faisaient-ils leurs devoirs quand le professeur est entré?
4. Les élèves se moquaient-ils du professeur quand ils ont entendu la cloche?
5. Le touriste se promenait-il quand il a commencé à pleuvoir?
6. Le touriste rentrait-il quand il a commencé à pleuvoir?
7. Lisais-tu le journal quand on a annoncé le dîner?
8. Peignais-tu un paysage quand on a annoncé le dîner?
9. Répondiez-vous à la question quand la classe s'est terminée?
10. Lisiez-vous un poème quand la classe s'est terminée?
11. Nous moquions-nous de la cuisine quand votre mère est entrée?
12. Sortions-nous quand votre mère est entrée?

THE CONDITIONAL PAST TENSE

Pratique orale   *A.   Répétez.*

J'aurais parlé au traducteur.   Serais-tu parti(e)?
Elle aurait compris la conversation.   Vous seriez resté(e)(es)(s).
Ils auraient bavardé plus longtemps.   Je me serais dépêché(e).
Nous aurions obéi à la règle.   Elle se serait couchée plus tôt.
Aurais-tu pris les cerises?

B.   Substituez.

Si j'avais compris, j'aurais	répondu.
	dit quelque chose.
	ri de l'histoire.
	protesté.

Certainement elle se serait	dépêchée!
	amusée!
	habillée plus vite!
	privée de la bière!

$$\text{Non, ils ne seraient pas} \left|\begin{array}{l}\text{tombés.}\\\text{montés.}\\\text{rentrés.}\\\text{partis.}\end{array}\right.$$

C.   Imitez les modèles.

S'ils avaient compris la plaisanterie, auraient-ils ri?   *Oui*
Oui, ils auraient ri.

1. Si elle avait compris la question, y aurait-elle répondu?   *Oui*   2. Si elle avait compris la question, aurait-elle hésité?   *Non*   3. Si les élèves avaient entendu la cloche, auraient-ils fermé leurs livres?   *Oui*   4. Si les élèves avaient entendu la cloche, auraient-ils attendu plus longtemps?   *Non*
5. S'ils avaient été à l'heure, se seraient-ils inquiétés?   *Non*   6. Si nous nous étions amusés, serions-nous restés?   *Oui*   7. Si nous nous étions amusés, serions-nous partis?   *Non*

Si vous aviez entendu ces plaisanteries, qu'est-ce que vous auriez fait?
dire « bravo »
J'aurais dit « bravo! »

1. Si vous aviez entendu ces plaisanteries, qu'est-ce que vous auriez fait?   *rire*
2. Si vous aviez entendu ces plaisanteries, qu'est-ce que vous auriez fait?
demander d'autres   3. Si vous aviez rencontré la concierge, qu'est-ce que vous auriez fait?   *bavarder avec elle*   4. Si vous aviez rencontré la concierge, qu'est-ce que vous auriez fait?   *dire « bonjour »*

Si j'avais su que j'étais en retard,   *me dépêcher*
Je me serais dépêché.

1. Si j'avais su que j'étais en retard,   *m'inquiéter*   2. Si j'avais su que j'étais en retard,   *me priver du déjeuner*   3. Si j'avais su que j'étais en retard,   *me lever plus tôt*   4. Si j'avais su que j'étais en retard,   *me dépêcher*

Note grammaticale

The conditional past tense is formed by using the conditional of the auxiliary verb *avoir* or *être* and the past participle. Rules for agreement of the past participle are the same as for the *passé composé*. The conditional past tense expresses the idea of "would have..."

Nous aurions ri.	*We would have laughed.*
Vous seriez parti(e)(es)(s).	*You would have left.*
Elle se serait amusée.	*She would have had fun.*

The conditional past tense is often used in *si* clauses with a pluperfect in the main clause.

Si j'avais été en retard, je me serais dépêché.
If I had been late, I would have hurried.
Si nous étions partis, nous ne les aurions pas vus.
If we had left, we would not have seen them.

Exercice   *A. Follow the models.*

> Les enfants avaient-ils joué dans le parc?
> Non, mais ils auraient joué dans le parc s'il n'avait pas plu.

1. Avaient-ils fait du camping?
2. Avaient-elles visité la tour?
3. S'étaient-elles promenées dans le bois?
4. S'étaient-elles amusées au stade?
5. Étaient-ils restés au café?
6. Étaient-ils venus vous voir?

> Avez-vous visité la Bretagne?
> J'aurais visité la Bretagne si j'avais eu l'argent.

1. Avez-vous dîné à la Tour d'Argent?[1]
2. Avez-vous passé deux semaines à Paris?
3. Avez-vous visité la Côte d'Azur?
4. Êtes-vous resté longtemps en Europe?
5. Êtes-vous allé au Maroc?

> Qu'est-ce que vous auriez vu si vous étiez allés au Québec?   *l'île d'Orléans*
> Si nous étions allés au Québec, nous aurions vu l'île d'Orléans.

1. Qu'est-ce que vous auriez vu si vous étiez allés à Marrakech?   *la foire au centre de la ville*
2. Qu'est-ce que vous auriez vu si vous étiez allés en Haïti?   *le Palais National*
3. Qu'est-ce que vous auriez vu si vous étiez allés en Bretagne?   *Carnac*
4. Qu'est-ce que vous auriez vu si vous étiez allés à New York?   *la Cinquième Avenue*
5. Qu'est-ce que vous auriez vu si vous étiez allés à une banlieue de Paris? *des grands ensembles*

THE FUTURE PERFECT TENSE

Pratique orale   *A. Répétez.*

J'aurai réparé la maison.   Elles seront déjà parties.
Nous aurons écrit notre composition.   Nous serons déjà arrivés.
Auras-tu lu le manifeste?   Les enfants se seront couchés.
Elles auront entendu le discours.   Je me serai levé.

B. Substituez.

Au mois de juin | les classes auront terminé.
| nous aurons passé nos examens.
| mes parents auront préparé le voyage.
| tu auras reçu ton diplôme.

À dix heures seras-tu | partie?
| arrivée?
| sortie?
| montée?

---

[1] famous luxury restaurant in Paris

Téléphonez-moi quand vous vous serez | habillé. / levé. / installé.

C.   *Imitez les modèles.*

Le professeur partira. Il aura entendu la cloche.
Le professeur partira quand il aura entendu la cloche.

1. Les élèves partiront. Ils auront entendu la cloche.   2. Les élèves riront. Ils auront entendu cette histoire.   3. L'homme jettera les noyaux. Il aura mangé les cerises.   4. Vous comprendrez le problème. Vous aurez entendu le discours.   5. Vous apprécierez le sens de l'humour français. Vous aurez lu la lecture.   6. Tu seras pressé. Tu seras arrivé à Paris.   7. Tu éprouveras du plaisir. Tu auras appris à parler français.

Quand seras-tu arrivé?   *demain à trois heures*
Je serai arrivé demain à trois heures.

Quand te seras-tu couché?   *à minuit*
Je me serai couché à minuit.

1. Quand seront-elles parties? *lundi prochain*   2. Quand seras-tu arrivé? *cet après-midi*   3. Quand serons-nous entrés au théâtre? *avant le début de la pièce*   4. Quand serons-nous revenus? *à huit heures du soir* 5. Quand se seront-ils levés? *à six heures du matin*   6. Quand nous serons-nous couchés? *à dix heures du soir*   7. Quand te seras-tu installé? *dans un mois*   8. Quand se sera-t-il décidé à partir? *un jour*

Note grammaticale   The future perfect tense is formed by using the future tense of the auxiliary verb *avoir* or *être* and the past participle. As for all compound tenses, the rules for agreement of the past participle are the same as for the *passé composé.*

The future perfect tense is used to express the idea of an action completed in the future, usually expressed in English as "will have . . ."

Elle aura compris.   *She will have understood.*
Nous serons arrivés.   *We will have arrived.*
Ils se seront levés.   *They will have gotten up.*

The future perfect is often used with *quand, lorsque, aussitôt que, dès que* with a future or future perfect in the main clause. Note that the English tense is not necessarily the same as the French future perfect.

Téléphonez-moi dès que vous aurez lu l'histoire.
Telephone me as soon as you have read the story.
Je vous le dirai quand j'aurai acheté la maison.
I will tell you when I have bought the house.

Exercice   A.   *Complete the following sentences with the future perfect tense of the verb in the infinitive.*

1.   Je vous téléphonerai quand j'_____ les billets. *prendre*
2.   Les pieds noirs seront contents quand ils _____ dans le Midi. *s'installer*
3.   L'Afrique sera plus forte quand les Africains _____ leur passé. *comprendre*
4.   Le fils de Monsieur Lamont ira mieux quand il _____ le médicament. *prendre*
5.   Nous partirons dès que j'_____ de l'argent de la banque. *retirer*

6. Elles espèrent qu'un jour elles _____ de leurs vieux préjugés.   *se libérer*
7. Elles choisiront leur candidat quand elles _____ tous les programmes.
   entendre
8. Est-ce que vous _____ avant l'arrivée du champion ?   *arriver*

CAUSATIVE **FAIRE**; **LAISSER, VOIR, ENTENDRE** PLUS THE INFINITIVE

Pratique orale

A. *Répétez.*

Elle fait chanter les étudiants. Elle les fait chanter.
Elle fait chanter la chanson. Elle la fait chanter.
Je laisse jouer les enfants. Je les laisse jouer.
J'entends parler les élèves. Je les entends parler.
Je vois danser la femme. Je la vois danser.

B. *Substituez.*

| J'ai fait | rire
comprendre
travailler
écrire | les élèves. | Je les ai fait | lire.
entendre.
écrire.
apprécier. |

| Avez-vous entendu | raconter l'histoire ?
chanter la chanson ?
rire les élèves ? |

C. *Imitez les modèles.*

Demandez aux étudiants d'entrer.
Je fais entrer les étudiants.

1. Demandez aux étudiants d'écrire.   2. Demandez à l'enfant de jouer.
3. Demandez au garçon de manger.   4. Demandez aux invités d'entrer.

Avez-vous fait rire les invités ?
Oui, je les ai fait rire.

1. Avez-vous fait lire les étudiants ?   2. Avez-vous fait jouer les enfants ?
3. Avez-vous fait finir le travail ?   4. Avez-vous fait chanter la chanson ?

Elle ne laisse pas chanter son frère.
Mais si, elle le laisse chanter.

Il ne laisse pas raconter les histoires.
Mais si, il les laisse raconter.

1. Le professeur ne laisse pas plaisanter les élèves.   2. Le professeur ne laisse pas rire les élèves.   3. Les élèves n'entendent pas entrer la femme.
4. Les élèves n'entendent pas parler le traducteur.   5. On ne voit pas jouer les enfants.   6. On ne voit pas courir les enfants.

D. *Substituez.*

| Nous avons fait comprendre le problème | aux touristes.
aux élèves.
aux ouvriers.
aux fermiers. |

$$\text{Je les ai fait} \left|\begin{array}{l} \text{lire} \\ \text{entendre} \\ \text{écrire} \\ \text{apprécier} \end{array}\right| \text{par mes amis.}$$

$$\text{Je} \left|\begin{array}{l} \text{le lui} \\ \text{la lui} \\ \text{les leur} \end{array}\right| \text{fais comprendre.}$$

E.   Imitez le modèle.

>   Demandez à votre ami de raconter l'histoire.
>   Je fais raconter l'histoire par mon ami.

1. Demandez à votre ami d'expliquer le problème.   2. Demandez à votre ami de fermer la porte.   3. Demandez à votre ami d'ouvrir la fenêtre.
4. Demandez à votre ami d'écrire la lettre.

F.   Répondez selon les modèles.

>   Faites-vous écrire la lettre à la fille?
>   Oui, je la lui fais écrire.

1. Faites-vous chanter la chanson à la fille?   2. Faites-vous répéter l'exercice au garçon?   3. Faites-vous écrire les devoirs à l'élève?   4. Faites-vous écrire les leçons aux étudiants?

>   Est-ce que votre frère a récité le poème?
>   Oui, je le lui ai fait réciter.

1. Est-ce que votre frère a chanté la chanson?   2. Est-ce que votre frère a fini son travail?   3. Est-ce que votre ami a choisi son disque favori?
4. Est-ce que votre professeur a expliqué la leçon?

Note grammaticale

The verbs "to let," "to see" and "to hear" something done or someone do something are expressed by *laisser, voir, entendre* plus the infinitive. The infinitive is used in French even though the English verb may be a present or past participle. Note that object nouns follow the infinitive and pronoun objects precede the conjugated verbs.

>   Je vois jouer les enfants. Je les vois jouer.
>   *I see the children playing. I see them playing.*
>   J'entends chanter la chanson. Je l'entends chanter.
>   *I hear the song sung. I hear it sung.*

The verb *faire* plus an infinitive is used to express an action which someone causes to be done or causes someone to do. Note that the objects follow the infinitive.

>   Elle fait rire les étudiants. *She has (makes) the students laugh.*
>   Elle fait écrire la lettre. *She has the letter written.*
>   Ils ont fait faire le travail. *They had the work done.*

If, in the same sentence, there is both an action done and a person acting, the person or agent is introduced by *à* or *par*. *Par* is generally used if the use of *à* is ambiguous.

>   Il a fait faire le travail aux employés.
>   *He had the employees do the work.*

Elle fait construire la maison aux ouvriers.
She has the workers build the house.

J'ai fait lire le poème <u>aux</u> étudiants.
(two possible meanings)
I had the poem read to the students.
I had the students read the poem.

To avoid ambiguity when the second meaning is intended, use *par*.

J'ai fait lire le poème <u>par</u> les étudiants.
I had the students read the poem.

Pronoun objects of the *faire* plus infinitive construction precede the verb *faire*.

Je fais penser <u>les élèves</u>.
Je <u>les</u> fais penser.
I make (have) them think.

Elle fait peindre <u>le tableau à l'artiste</u>.
Elle <u>le lui</u> fait peindre.
She has him paint it.

But with *par*, use an emphatic pronoun.

Je fais raconter l'histoire par Jacques.
Je la fais raconter par <u>lui</u>.
I have him tell it.

Note that there is no agreement of the past participle of *faire* with a preceding direct object if *faire* is followed by an infinitive.

Exercices   *A. Translate the following sentences into French.*

1. He had the poem read.
2. She is having a house built.
3. I make the children laugh.
4. I had the story told.
5. We hear the birds singing.
6. Do you see the students studying?
7. We let the dog go out.
8. He hears his friends speaking French.
9. I see my father preparing dinner.
10. She lets the children play football.

B. Rewrite the following sentences, replacing the italicized words with pronouns.

1. J'entends chanter *ma grand'mère.*
2. Voyez-vous travailler *les étudiants?*
3. J'entends arriver *les spectateurs.*
4. Est-ce que la concierge laisse entrer *Monsieur et Madame Dubois?*
5. Je fais comprendre *la leçon.*
6. Il a fait jouer *les enfants.*
7. Tu as fait faire *la robe*, n'est-ce pas?
8. La tranquillité fait choisir *la banlieue aux Parisiens.*
9. Nous faisons parler *français à nos amis.*

Lecture culturelle

LE SENS DE L'HUMOUR

S'il est *If there is*
bien *indeed*

se faire gloire *to*
boast
esprit gaulois *Gallic*
wit
normand *of the*
province of Normandy
gascon *Gascon*
(ancient province of
France); *boastful*
(fig.)
parti pris de *in-*
sistence on
rapporte *yields*

cibles *targets*
religieuses *nuns*
curés *parish priests*
Corses *Corsicans*
Auvergnats *in-*
habitants of Auvergne,
a French province
volontiers *willingly*
en dehors de *outside*

à leur sujet *about*
them
la Corse *Corsica*

crache *spits out*

Nations Unies
United Nations
la tribune *meeting*
O.N.U. *United*
Nations (U.N.)

S'il est une chose difficile à définir, c'est bien le sens de l'humour. Comment faire entendre la différence entre ironie, comédie, satire, bonne humeur et esprit? Et où tracer la limite? Il aurait été plus simple de parler du sens du tragique!

Les Français, c'est bien connu, aiment à se faire gloire de leur « esprit gaulois », qui devient selon les régions « esprit normand », « esprit gascon » ou « esprit méridional ». Ils ne prennent rien au sérieux et préfèrent rire de tout et s'amuser. Ils éprouvent un plaisir particulier à la moquerie et au sarcasme. Ils se moquent de tout: de leurs voisins, des institutions, des coutumes, aussi bien que d'eux-mêmes. Qu'ils aient été souvent dans des situations tragiques ne semble pas avoir diminué leur envie de plaisanter. Il est même probable que ce parti pris de bonne humeur et d'ironie a sauvé bien des personnes du désespoir, à certains moments de l'histoire. On peut dire que le sens de l'humour se manifeste dans tous les domaines et dans tous les actes de la vie quotidienne.

La tradition orale rapporte une assez grande quantité d'histoires drôles, qu'il faudrait écrire parfois pour qu'elles se conservent dans leur originalité. Ce sont des histoires qu'on fait renaître chaque fois qu'on les raconte. Les cibles habituelles de ces histoires sont les militaires, les gendarmes, les religieuses, les curés, les bourgeois, les paysans, les aristocrates, les concierges, les Corses, les Auvergnats, les Américains . . . et beaucoup d'autres!

C'est ainsi qu'ils disent volontiers qu'il n'existe pas de cuisine en dehors de la cuisine française:

« *La cuisine anglaise? Si c'est chaud, c'est de la soupe. Si c'est froid, c'est de la bière!* »

On laisse entendre aussi que les Corses sont très paresseux. Voici l'une des histoires à leur sujet.

« *Un touriste visite la Corse. Il passe devant une petite ferme où il voit un paysan allongé sur une chaise longue. L'homme mange des cerises et de temps en temps, il crache un noyau.*
— *Alors, ça va? dit le touriste.*
— *Ça va, répond l'autre. Vous voyez, on plante . . .* »

Enfin l'une des choses que les Français adorent voir tourner en ridicule, ce sont les grandes institutions. Les Nations Unies n'échappent pas à cette règle:

« *À la tribune de l'O.N.U. un délégué demande:*
— *N'y aurait-il pas dans la salle un bon traducteur de français?*
Et une voix répond: Oui, je. »

représentantes
representatives
également *likewise*

il existe *there exist*

déchaîne *lets loose*

une pancarte *sign*

Reviens *I will be back*
de suite *colloquial for tout de suite*

Il se trouve *It happens*
renvoyait *sent (one) back*
en grognant *groaning*

Il ne faudrait pas faire croire cependant que les histoires drôles populaires soient les seules représentantes de l'humour français. Il vit également dans les écoles.

Être une « cloche », en français, veut dire « être bête, stupide. » Et généralement dans les lycées la sonnerie de la cloche annonce la fin de chaque cours. Et bien, il existe sans doute peu de professeurs qui se soient privés du plaisir de dire aux élèves pressés de partir :

« À vos places, s'il vous plaît! La cloche, ici, c'est moi! » Plaisanterie qui, bien sûr, déchaîne chaque fois le fou rire des classes françaises.

L'un des personnages typiques de la vie parisienne est la concierge. Il n'est pas étonnant que les concierges soient devenues aussi fameuses. Elles sont en effet réputées pour leur bavardage, leur curiosité et leur connaissance profonde des affaires personnelles de leurs voisins! Elles ont très souvent l'habitude, lorsqu'elles s'absentent, de laisser sur leur porte une petite pancarte avec ces mots :

« *absente pour un instant*
Reviens de suite »

L'une d'entre elles avait ajouté le plus sérieusement du monde :

« *de 2 à 5 heures, s'adresser au*
35 de la même rue »

Il se trouve que la concierge du 35, ennuyée sans doute, avait elle aussi une pancarte qui, aux mêmes heures, renvoyait chez sa collègue.

Il est bon que les Français aient conservé leur esprit gaulois. Ils continuent à rire et à faire rire d'eux-mêmes, avec bonne humeur ou en grognant parfois. Souhaitons qu'ils demeurent ainsi longtemps.

Compréhension   *A.   Répondez.*

1.   Les Français sont-ils fiers de leur « esprit gaulois » ?
2.   De quoi les Français se moquent-ils ?
3.   Où se manifeste le sens de l'humour ?
4.   Quelles sont des cibles habituelles des histoires drôles ?
5.   Les Français apprécient-ils la cuisine anglaise ?
6.   En quoi consiste la cuisine anglaise, selon une plaisanterie française ?
7.   Quelle est la réputation des Corses ?
8.   Comment le paysan corse plante-t-il des arbres fruitiers ?
9.   Pourquoi rit-on du traducteur qui se croit bon traducteur quand il dit: « Oui, je . . . » ?
10.   Quels sont les deux sens du mot « cloche » en français ?
11.   De quoi ou de qui se moque le professeur qui dit « La cloche, ici, c'est moi! » ?

12.   Quelle est la réputation des concierges parisiennes?

13.   Que font les concierges qui s'absentent?

14.   Qu'est-ce que la concierge de cette histoire avait ajouté à la pancarte?

15.   Pourquoi ne serait-on pas satisfait si l'on allait à l'immeuble au 35 de la même rue?

16.   Pourquoi la concierge du 35 avait-elle copié la pancarte de sa collègue?

Thème de discussion   De quoi les Français aiment-ils se moquer? les Américains? Commentez l'esprit gaulois.

Thème de composition   Achetez une revue française et commenter l'humour que vous y trouvez. Comparez-le à celui d'une revue américaine.

PRONUNCIATION

Pronunciation

A "good" accent in French is very much dependent upon careful imitation of a good model. The following is a general guide to the most distinctive features of French in comparison with English. The phonetic symbol for each sound is indicated between slash lines (/ /). Practice on these sounds is found in the *Sons et Symboles* section in the first 12 chapters.

Vowels

French vowels are said to be pure because there is no diphthongization, i.e., no −*y* or −*w* glide after a vowel. To pronounce a French vowel, lips and tongue are held firmly. An individual sound has a clipped quality by comparison with English, for which the mouth is more relaxed.

a /a/ as in *father*
    papa, la, vache, parle

a /ɑ/ like British pronunciation of *a* in *father*; as far back in throat as possible
    pas, bas, vase

é /e/ short, crisp sound similar to *ay* in *say*, but no diphthong and pronounced with lips spread
    été, café, blé, bébé

è, ê /ɛ/ as in *bed*
    père, lève, Hélène, êtes

e /ə/ like *e* in *eaten*; in words of one syllable or if followed by a single pronounced consonant
    le, me, ce, leçon, petit

e /e/ like *ay* in *say* when followed by a silent *d, f, r, z* in a final syllable
    pied, parler, discutez, assez

e /ɛ/ as in *bed* when followed by two consonants
    moderne, pittoresque

i, y /i/ short, crisp, high sound like *ee* in *see*, but no diphthong and pronounced with lips spread and front of tongue raised as high as possible
    ici, ski, guide, riche, j'y vais, bicyclette

o /ɔ/   like *aw* in *saw*, but no diphthong
       donner, possible, obligé, politique

o, ô /o/   as in *pole*, but no diphthong; *o* pronounced /o/ when in word of one syllable or before the sound /z/ or a *-tion* word
       sot, pot, gros, rose, poser, notion, nôtre, vôtre

u /y/   no English equivalent; to pronounce, place tongue in position as for /i/ and round lips tightly; or round lips tightly and, without moving them, say the English letter "e"
       sur, mur, tu, une, usine, rue

Semi-vowels

i /j/   like *y* in *yes* when followed by a vowel; but after two consonants in the same syllable, it is generally pronounced /i/.
       bien, tien, région; but /i/ in oublier, février, crier

u /ɥ/   no English equivalent; it is a glide from /y/ to a following vowel; but after two consonants in the same syllable, it remains /y/
       nuage, huit, lui, nuit; but /y/ in cruel, influence

Vowel combinations

ai   pronounced /e/ when final, /ɛ/ when not
       /e/ in j'ai, je parlerai but /ɛ/ in lait, j'avais, je parlerais, laine

au, eau   pronounced /o/
       au, sauter, restaurant, eau, peau, bateau

ei   pronounced /ɛ/
       peine, Seine, neige

eu /ø/   no English equivalent; pronounce /e/ with lips rounded (or if result is too closed, pronounce /ø/ with lips rounded) when followed by no pronounced consonant in the same syllable.
       deux, peut, mieux, monsieur

eu, oeu /œ/   no English equivalent; pronounce /ɛ/ with lips rounded as for /ɔ/ when followed by a pronounced consonant in the same syllable.
       sœur, leur, beurre, cœur, neuf

oi /wa/   like *wha* in *what*
       trois, froid, moi, pourquoi

ou /u/   like the *oo* in *zoo*, but no diphthong
       vous, tout, beaucoup, Louvre

oui /wi/   as in *we*, but no diphthong
       oui, Louis

Nasal vowels

Vowels are generally nasalized in French when they are followed in the same syllable by *n* or *m*. Nasal vowels are pronounced by allowing part of the air stream to exit through the nose. Such vowels do not exist in English.

an, am, en, em /ã/   nasalized /ɑ/
     dans, sans, ambiance, attendre, sembler

in, im, ain, aim, ein, ien /ɛ̃/   similar to a nasalized *a* in *man*
     fin, quinze, train, faim, peinture, bien

on, om /ɔ̃/   nasalized /o/
     bon, mon, long, nom, nombre

un, um /œ̃/   nasalized /œ/; there is actually little difference, especially in Parisian French, between /ɛ̃/ and /œ̃/
     un, brun, parfum

Consonants

French consonants are more similar to their English counterparts than are French vowels. One important difference is that final consonants are often silent (Paris̸, chaud̸, choix̸). The consonants *b, d, f, k, m, n, v,* and *z* are pronounced basically the same in French as in English. The most important differences in the pronunciation of consonants follow:

c   pronounced /s/ before *e* or *i*, like /k/ before *a, o, u*; pronounced /s/ with cedilla, ç
     ici, prononcer; carré, couper, occuper; leçon, français

ch /ʃ/   like *sh* in *show*
     chercher, choquer, proche

g   pronounced /ʒ/ (close to English *si* in *vision*) before *e* or *i*, like /g/ before *a, o, u*
     manger, argent; région, Gigi; garçon, goûter, guitare

gn /ɲ/   close to pronunciation of *ni* in *union*
     Espagne, campagne, Avignon, montagne

h   not pronounced in French; with words beginning with an aspirate *h* (indicated in dictionaries by an asterisk (*), there can be no liaison, no elision
     l'homme /lɔm/, l'hôtel /lotɛl/, les hôpitaux /lezopito/ *but* les haricots /le ariko/, le huit /lə ɥit/.

j /ʒ/   pronounced like *si* in *vision*
     je, Japon, jeune, jalousie

l /l/   always pronounced like *l* in *little* with tip of tongue against the upper teeth, resulting in a clearer sound than in English
     le, lit, librairie, élève

p /p/   not followed by a breath sound as in English
     père, passer, apporter, Paris

q /k/   pronounced /k/ when followed by *u*
      quand, qui, que

r / ʁ/   In small villages and towns and especially in the South of France, one may hear a rolled *r* /r/ with the tip of the tongue vibrating against the teeth ridge (like a Spanish *r*). Generally, however, the French r is uvular /ʁ/. To pronounce correctly the French uvular *r* takes some practice. Try the following:

    1. Pronounce an /ɑ/ as far back as you can. Raise the back of the tongue so as to almost close the passage between the tongue and the back of the mouth. Practice moving from /ɑ/ to /ʁ/.

    2. Say "ug" and create friction in the back of the mouth. Retain voicing.
       rouge, raconte, Paris, artiste, regarde, bonjour

s   pronounced like an /s/ at beginning of a word, like a /z/ (*zebra*) if between two vowels; two *s*'s always pronounced /s/
    séparer, sale; désert, base, musée; tasse, caisse, aussi

t   not followed by a breath sound as in English; in *-tion* pronounced like an /s/
    tu, trop, petit, tradition, national

th   pronounced /t/
    théâtre, mythe, rythme

w   pronounced /v/ in *wagon*, usually /w/ as in *week-end, sandwich*; rarely used in French

x   varies in pronunciation
    /ks/ *in* expliquer
    /gz/ *in* examen
    /s/ *in* dix, six
    /z/ *in* dix-huit, six‿enfants /sizɑ̃fɑ̃/

Syllabication

The division of a French word into syllables is governed by quite regular rules. The French syllable begins with a consonant and ends with a vowel whenever possible. Thus, a consonant between two vowels is part of the following syllable. This fact, that the French syllable is closed by a vowel, is one reason French vowels are pronounced with so much tightness and clarity. Compare English and French syllabication of the same words:

English	*French*
u-nit-y	u-ni-té
prim-it-ive	pri-mi-tif
coup-le	cou-ple

When there is a double consonant, for writing purposes the consonants are divided, but in pronunciation, both consonants usually represent one sound and go with the following syllable.

Writing	*Pronunciation*
pas-ser	/pɑ-se/
don-ner	/dɔ-ne/

With two or more consonants, one goes with the preceding syllable, one with the following syllable, unless there is a consonant cluster, which remains together (consonant + *l* or *r*, or *gn*).

ar-tiste	*but*	a-gri-cole
par-ler		ou-bli-er
ap-por-ter		mon-ta-gne
bon-jour		é-cri-re

Elision

Elision takes place in French when one vowel is dropped and replaced by an apostrophe before another word beginning with a vowel or mute *h*. Elision takes place under the following conditions:

1. The final *e* of words of one syllable elides with a following vowel:
   ce (c'est), de (d'Anne), je (j'ai), le (l'homme), me (il m'a), ne (je n'ai), que (qu'il), se (il s'appelle), te (il t'écrit)
2. *a* elides only in the word *la*.
   l'auto, l'écriture
3. *i* elides only in the case of *si* + *il* or *ils*.
   s'il, s'ils, *but note* si elle
Note that there is no elision before *huit* and *onze*
   le huit décembre, le onze décembre

Liaison

Liaison means linking, and in the pronunciation of French, it refers to the pronouncing of the final consonant of one word as if it were the initial consonant of the following word. Such linking occurs only if the second word begins with a vowel and if the words go naturally together in the flow of meaning of a sentence. Liaison or linking is necessary in the following situations:

1. between an article and a noun or adjective which precedes a noun
   les‿hommes, les‿artistes (note that *s* is pronounced as /z/), un‿ami: les‿autres livres, mon‿enfant
2. between a noun and an adjective which precedes it
   les‿autres‿élèves, un grand‿immeuble
3. between subject pronouns and verbs, or other pronouns
   ils‿ont, ont‿ils, vous‿allez, ils‿y sont
4. between preposition and object
   en‿été, chez‿elle, sans‿énergie

VERBS

Verbs

Infinitive	REGULAR VERBS **parler** *to speak*	**finir** *to finish*	**répondre** *to answer*
Present participle	parlant	finissant	répondant
Past participle	parlé	fini	répondu
Present	je parle tu parles il parle nous parlons vous parlez ils parlent	je finis tu finis il finit nous finissons vous finissez ils finissent	je réponds tu réponds il répond nous répondons vous répondez ils répondent
Present subjunctive	je parle tu parles il parle nous parlions vous parliez ils parlent	je finisse tu finisses il finisse nous finissions vous finissiez ils finissent	je réponde tu répondes il réponde nous répondions vous répondiez ils répondent
Imperfect	je parlais tu parlais il parlait nous parlions vous parliez ils parlaient	je finissais tu finissais il finissait nous finissions vous finissiez ils finissaient	je répondais tu répondais il répondait nous répondions vous répondiez ils répondaient
Future	je parlerai tu parleras il parlera nous parlerons vous parlerez ils parleront	je finirai tu finiras il finira nous finirons vous finirez ils finiront	je répondrai tu répondras il répondra nous répondrons vous répondrez ils répondront

Conditional	je parlerais	je finirais	je répondrais
	tu parlerais	tu finirais	tu répondrais
	il parlerait	il finirait	il répondrait
	nous parlerions	nous finirions	nous répondrions
	vous parleriez	vous finiriez	vous répondriez
	ils parleraient	ils finiraient	ils répondraient
Imperative	parle	finis	réponds
	parlons	finissons	répondons
	parlez	finissez	répondez
Conversational past (Passé composé)	j'ai parlé	j'ai fini	j'ai répondu
	tu as parlé	tu as fini	tu as répondu
	il a parlé	il a fini	il a répondu
	nous avons parlé	nous avons fini	nous avons répondu
	vous avez parlé	vous avez fini	vous avez répondu
	ils ont parlé	ils ont fini	ils ont répondu
Pluperfect	j'avais parlé	j'avais fini	j'avais répondu
	tu avais parlé	tu avais fini	tu avais répondu
	il avait parlé	il avait fini	il avait répondu
	nous avions parlé	nous avions fini	nous avions répondu
	vous aviez parlé	vous aviez fini	vous aviez répondu
	ils avaient parlé	ils avaient fini	ils avaient répondu
Future perfect	j'aurai parlé	j'aurai fini	j'aurai répondu
	tu auras parlé	tu auras fini	tu auras répondu
	il aura parlé	il aura fini	il aura répondu
	nous aurons parlé	nous aurons fini	nous aurons répondu
	vous aurez parlé	vous aurez fini	vous aurez répondu
	ils auront parlé	ils auront fini	ils auront répondu
Conditional past	j'aurais parlé	j'aurais fini	j'aurais répondu
	tu aurais parlé	tu aurais fini	tu aurais répondu
	il aurait parlé	il aurait fini	il aurait répondu
	nous aurions parlé	nous aurions fini	nous aurions répondu
	vous auriez parlé	vous auriez fini	vous auriez répondu
	ils auraient parlé	ils auraient fini	ils auraient répondu
Past subjunctive	j'aie parlé	j'aie fini	j'aie répondu
	tu aies parlé	tu aies fini	tu aies répondu
	il ait parlé	il ait fini	il ait répondu
	nous ayons parlé	nous ayons fini	nous ayons répondu
	vous ayez parlé	vous ayez fini	vous ayez répondu
	ils aient parlé	ils aient fini	ils aient répondu

VERBS WITH SPELLING CHANGES

acheter   *to buy* (**peser**   *to weigh,* **élever**   *to raise, to build,* etc.)

Present	j'achète, tu achètes, il achète, nous achetons, vous achetez, ils achètent
Present subjunctive	j'achète, tu achètes, il achète, nous achetions, vous achetiez, ils achètent
Future	il achètera, nous achèterons, ils achèteront

appeler   *to call*

Present	j'appelle, tu appelles, il appelle, nous appelons, vous appelez, ils appellent
Present subjunctive	j'appelle, tu appelles, il appelle, nous appelions, vous appeliez, ils appellent
Future	il appellera, nous appellerons, ils appelleront

commencer   *to begin* (and all verbs ending in **–cer**)

Present	je commence, tu commences, il commence, nous commençons, vous commencez, ils commencent
Imperfect	il commençait, nous commencions, ils commençaient

espérer   *to hope* (**préférer**   *to prefer,* **répéter**   *to repeat,* etc.)

Present	j'espère, tu espères, il espère, nous espérons, vous espérez, ils espèrent
Present subjunctive	j'espère, tu espères, il espère, nous espérions, vous espériez, ils espèrent

essayer   *to try* (and all verbs ending in **–ayer, –oyer, –uyer**)
(Note also alternate forms: **j'essaye, j'essayerai,** etc. for verbs ending in **–ayer.**)

Present	j'essaie, tu essaies, il essaie, nous essayons, vous essayez, ils essaient
Present subjunctive	j'essaie, tu essaies, il essaie, nous essayions, vous essayiez, ils essaient
Future	il essaiera, nous essaierons, ils essaieront

jeter   *to throw*

Present	je jette, tu jettes, il jette, nous jetons, vous jetez, ils jettent
Present subjunctive	je jette, tu jettes, il jette, nous jetions, vous jetiez, ils jettent
Future	il jettera, nous jetterons, ils jetteront

lever   *to raise* (**mener**   *to lead,* etc.)

Present	je lève, tu lèves, il lève, nous levons, vous levez, ils lèvent
Present subjunctive	je lève, tu lèves, il lève, nous levions, vous leviez, ils lèvent
Future	il lèvera, nous lèverons, ils lèveront

manger   *to eat* (and other verbs ending in **–ger**)

Present	je mange, tu manges, il mange, nous mangeons, vous mangez, ils mangent
Present subjunctive	je mange, tu manges, il mange, nous mangions, vous mangiez, ils mangent
Imperfect	il mangeait, nous mangions, ils mangeaient

IRREGULAR VERBS

In this list, the number at the right of each verb corresponds to the number of the verb or of a similarly conjugated verb in the table which follows. An asterisk (*) indicates that *être* is used as the auxiliary verb in the compound tenses. A dash plus an asterisk (−*) indicates that the verb is conjugated with *avoir* or *être* in compound tenses.

accueillir	11	déduire	6	paraître	7	savoir	32
*aller	1	détruire	6	parcourir	8	sentir	24
*s'en aller	1	*devenir	36	*partir	24	*se sentir	24
apercevoir	29	devoir	12	parvenir	36	servir	24
*apparaître	7	dire	13	peindre	9	*se servir de	24
apprendre	28	disparaître	7	permettre	20	−*sortir	24
*s'asseoir	2	dormir	24	plaindre	9	souffrir	23
avoir	3	écrire	14	*se plaindre	9	soumettre	20
battre	4	élire	19	plaire	25	sourire	30
*se battre	4	*s'endormir	24	pleuvoir	26	*se souvenir de	36
boire	5	envoyer	15	pouvoir	27	suivre	33
comprendre	28	être	16	prendre	28	survivre	37
conduire	6	faire	17	promettre	20	*se taire	25
connaître	7	falloir	18	recevoir	29	tenir	36
construire	6	joindre	9	reconnaître	7	traduire	6
courir	8	lire	19	recouvrir	23	transmettre	20
couvrir	23	mettre	20	rejoindre	9	vaincre	34
craindre	9	*mourir	21	reprendre	28	valoir	35
croire	10	*naître	22	retenir	36	*venir	36
cueillir	11	obtenir	36	*revenir	36	vivre	37
découvrir	23	offrir	23	rire	30	voir	38
décrire	14	ouvrir	23	rompre	31	vouloir	39

Only irregular forms are given for the following verbs. The conditional tense is always formed by adding the regular endings to the future stem. An asterisk (*) indicates that the verb is conjugated with *être* in auxiliary tenses.

[1]***aller**   *to go*

Present	je vais, tu vas, il va, nous allons, vous allez, ils vont
Present subjunctive	j'aille, tu ailles, il aille, nous allions, vous alliez, ils aillent
Future	il ira
Imperative	va, allons, allez

[2]***s'asseoir**   *to sit down*

Past participle	assis
Present	je m'assieds, tu t'assieds, il s'assied, nous nous asseyons, vous vous asseyez, ils s'asseyent
Present subjunctive	je m'asseye, tu t'asseyes, il s'asseye, nous nous asseyions, vous vous asseyiez, ils s'asseyent
Future	il s'assiéra
Imperative	assieds-toi, asseyons-nous, asseyez-vous

[3]avoir   *to have*

Present participle	ayant
Past participle	eu
Present	j'ai, tu as, il a, nous avons, vous avez, ils ont
Present subjunctive	j'aie, tu aies, il ait, nous ayons, vous ayez, ils aient
Future	il aura
Imperative	aie, ayons, ayez

[4]battre   *to strike, to beat*

Present	je bats, tu bats, il bat, nous battons, vous battez, ils battent

[5]boire   *to drink*

Past participle	bu
Present	je bois, tu bois, il boit, nous buvons, vous buvez, ils boivent
Present subjunctive	je boive, tu boives, il boive, nous buvions, vous buviez, ils boivent

[6]conduire   *to lead, to drive, to conduct*

Past participle	conduit
Present	je conduis, tu conduis, il conduit, nous conduisons, vous conduisez, ils conduisent

[7]connaître   *to know*

Past participle	connu
Present	je connais, tu connais, il connaît, nous connaissons, vous connaissez, ils connaissent

[8]courir   *to run*

Past participle	couru
Present	je cours, tu cours, il court, nous courons, vous courez, ils courent
Future	il courra

[9]craindre   *to fear*

Past participle	craint
Present	je crains, tu crains, il craint, nous craignons, vous craignez, ils craignent

[10]croire   *to believe*

Past participle	cru
Present	je crois, tu crois, il croit, nous croyons, vous croyez, ils croient
Present subjunctive	je croie, tu croies, il croie, nous croyions, vous croyiez, ils croient

[11]cueillir   *to pick, to gather*

Present	je cueille, tu cueilles, il cueille, nous cueillons, vous cueillez, ils cueillent
Future	il cueillera

[12]devoir   *to owe, to have to*

Past participle	dû (*fem.* due)
Present	je dois, tu dois, il doit, nous devons, vous devez, ils doivent
Present subjunctive	je doive, tu doives, il doive, nous devions, vous deviez, ils doivent
Future	il devra

[13]dire   *to say, to speak, to tell*

Past participle	dit
Present	je dis, tu dis, il dit, nous disons, vous dites, ils disent

[14]écrire   *to write*

Past participle	écrit
Present	j'écris, tu écris, il écrit, nous écrivons, vous écrivez, ils écrivent

[15]envoyer   *to send*

Present	j'envoie, tu envoies, il envoie, nous envoyons, vous envoyez, ils envoient
Present subjunctive	j'envoie, tu envoies, il envoie, nous envoyions, vous envoyiez, ils envoient
Future	il enverra

[16]être   *to be*

Present participle	étant
Past participle	été
Present	je suis, tu es, il est, nous sommes, vous êtes, ils sont
Present subjunctive	je sois, tu sois, il soit, nous soyons, vous soyez, ils soient
Imperfect	il était
Future	il sera
Imperative	sois, soyons, soyez

[17]faire   *to do, to make*

Past participle	fait
Present	je fais, tu fais, il fait, nous faisons, vous faites, ils font
Present subjunctive	je fasse, tu fasses, il fasse, nous fassions, vous fassiez, ils fassent
Future	il fera

[18]falloir   *to be necessary*

Past participle	fallu
Present	il faut
Present subjunctive	il faille
Future	il faudra

[19]lire   *to read*

Past participle	lu
Present	je lis, tu lis, il lit, nous lisons, vous lisez, ils lisent

[20]mettre   *to put, to place*

Past participle	mis
Present	je mets, tu mets, il met, nous mettons, vous mettez, ils mettent

[21]*mourir   *to die*

Past participle	mort
Present	je meurs, tu meurs, il meurt, nous mourons, vous mourez, ils meurent
Present subjunctive	je meure, tu meures, il meure, nous mourions, vous mouriez, ils meurent
Future	il mourra

[22]*naître   *to be born*

Past participle	né
Present	je nais, tu nais, il naît, nous naissons, vous naissez, ils naissent

[23]**ouvrir**   *to open*

Past participle	ouvert
Present	j'ouvre, tu ouvres, il ouvre, nous ouvrons, vous ouvrez, ils ouvrent

[24]*__partir__   *to leave, to go away*

Present	je pars, tu pars, il part, nous partons, vous partez, ils partent

[25]**plaire**   *to be pleasing* (**se taire**   *to be quiet:* present: il se tait)

Past participle	plu
Present	je plais, tu plais, il plaît, nous plaisons, vous plaisez, ils plaisent

[26]**pleuvoir**   *to rain*

Present participle	pleuvant
Past participle	plu
Present	il pleut
Present subjunctive	il pleuve
Future	il pleuvra

[27]**pouvoir**   *to be able*

Past participle	pu
Present	je peux, tu peux, il peut, nous pouvons, vous pouvez, ils peuvent
Present subjunctive	je puisse, tu puisses, il puisse, nous puissions, vous puissiez, ils puissent
Future	il pourra

[28]**prendre**   *to take*

Past participle	pris
Present	je prends, tu prends, il prend, nous prenons, vous prenez, ils prennent
Present subjunctive	je prenne, tu prennes, il prenne, nous prenions, vous preniez, ils prennent

[29]**recevoir**   *to receive*

Past participle	reçu
Present	je reçois, tu reçois, il reçoit, nous recevons, vous recevez, ils reçoivent
Present subjunctive	je reçoive, tu reçoives, il reçoive, nous recevions, vous receviez, ils reçoivent
Future	il recevra

[30]**rire**   *to laugh*

Past participle	ri
Present	je ris, tu ris, il rit, nous rions, vous riez, ils rient

[31]**rompre**   *to break*

Present	je romps, tu romps, il rompt, nous rompons, vous rompez, ils rompent

[32]**savoir**   *to know*

Present participle	sachant
Past participle	su
Present	je sais, tu sais, il sait, nous savons, vous savez, ils savent
Present subjunctive	je sache, tu saches, il sache, nous sachions, vous sachiez, il sachent
Future	il saura
Imperative	sache, sachons, sachez

[33]**suivre**   *to follow*

Past participle	suivi
Present	je suis, tu suis, il suit, nous suivons, vous suivez, ils suivent

[34]**vaincre**   *to conquer*

Present	je vaincs, tu vaincs, il vainc, nous vainquons, vous vainquez, ils vainquent

[35]**valoir**   *to be worth*

Past participle	valu
Present	je vaux, tu vaux, il vaut, nous valons, vous valez, ils valent
Present subjunctive	je vaille, tu vailles, il vaille, nous valions, vous valiez, ils vaillent
Future	il vaudra

[36]*****venir**   *to come*

Past participle	venu
Present	je viens, tu viens, il vient, nous venons, vous venez, ils viennent
Present subjunctive	je vienne, tu viennes, il vienne, nous venions, vous veniez, ils viennent
Future	il viendra

[37]**vivre**   *to live*

Past participle	vécu
Present	je vis, tu vis, il vit, nous vivons, vous vivez, ils vivent

[38]**voir**   *to see*

Past participle	vu
Present	je vois, tu vois, il voit, nous voyons, vous voyez, ils voient
Present subjunctive	je voie, tu voies, il voie, nous voyions, vous voyiez, ils voient
Future	il verra

[39]**vouloir**   *to want*

Past participle	voulu
Present	je veux, tu veux, il veut, nous voulons, vous voulez, ils veulent
Present subjunctive	je veuille, tu veuilles, il veuille, nous voulions, vous vouliez, ils veuillent
Future	il voudra
Imperative	veuille, veuillons, veuillez

VOCABULARY

Vocabulary

The number following each entry indicates the lesson in which the word was first presented. New words presented in the *Conversation, Lecture culturelle* and *Structure* are indicated by the symbols given below. If these words are presented later as active vocabulary, a second number is given. An asterisk (*) indicates an aspirate *h*.

Conversation   C
Lecture culturelle   L
Structure   S

à   *to, in, at*   1
  ___ moins que   *unless*   22
abandonner   *to abandon*   12
abominable   *abominable*   22
abondamment   *abundantly*   10
abondant, –e   *abundant*   7
abonder   *to abound, to be abundant*   7
abord
  d'___   *at first*   1L
abricot (m.)   *apricot*   17
abrité, –e   *sheltered*   7L
absence (f.)   *absence*   14
absent, –e   *absent*   23
s'absenter   *to go away, to absent oneself*   23
absolu, –e   *absolute*   18
absolument   *absolutely*   9
s'abstenir   *to abstain*   10
abstention (f.)   *abstention*   18
acacia (m.)   *locust tree*   11L
acajou (m.)   *mahogany*   5L
accent (m.)   *accent*   13
accepté, –e   *accepted*   8
accepter   *to accept*   7
accompagné, –e   *accompanied*   7
accompagner   *to accompany*   7
accomplir   *to accomplish*   11
accord (m.)   *agreement*   13L
accordéon (m.)   *accordeon*   7

accorder   *to grant*   21
s'accorder   *to agree on*   17L
s'accroître   *to increase, to grow*   22L
accueillant, –e   *hospitable*   17
accueillir   *to welcome*   4L, 17
accuser   *to accuse*   18
acharnement (m.)   *stubbornness*   20
achat (m.)   *purchase*
  faire des ___s   *to go shopping*   16
acheter   *to buy*   3
acre (m.)   *acre*   5
acte (m.)   *act*   23
acteur (m.)   *actor*   12
actif, active   *active*   5S, 7
action (f.)   *action*   8
activité (f.)   *activity*   6
actrice (f.)   *actress*   12
actuel, –le   *actual, real, current*   7; *present*   19L
  à l'heure actuelle   *at the present time*   20
adaptation (f.)   *adaptation*   10
s'adapter   *to adapt*   14
addition (f.)   *bill*   4
admettre   *to admit*   17
administratif, administrative   *administrative*   2

administration (f.)   *administration*   13
administrer   *to administer, to manage*   13
admirer   *to admire*   1
adopté, –e   *adopted*   9
adopter   *to adopt*   9
adoration (f.)   *adoration*   9
adorer   *to adore*   23
adresse (f.)   *address*   15S
adresser   *to address*   8
s'adresser (à)   *to speak (to)*   19
aéroport (m.)   *airport*   5
affaire (f.)   *affair, business*   11
affaires (f. pl.)   *business*   16
  bureau d'___   *business office*   22L
affiche (f.)   *sign, poster*   12
affinage   *ripening, maturing (of cheese)*   11L
affirmer   *to affirm*   18
affreux, affreuse   *shocking, horrible*   22
affronter   *to confront*   7L
afin que   *in order that*   22
africain, –e   *African*   5
Afrique (f.)   *Africa*   13
  l'___ du Nord   *North Africa*   16L

âge (m.)   *age*   2

âgé, –e   *old, aged*   11

agence (f.)   *agency*   20

agent (m.)   *agent, policeman*   14

___ de police   *policeman*   5

agir   *to act*   13C

s'agir (de)   *to be a question (of)*   12

agitation (f.)   *agitation*   5

agité, –e   *agitated*   5

agréable   *nice, agreeable*   4

agricole   *agricultural*   1

agriculture (f.)   *agriculture*   5

aide (f.)   *aid*   5

aider   *to aid, to help*   8

ail (m.)   *garlic*   4

ailleurs   *elsewhere*   8L

d'___   *moreover*   8L

aimer   *to like, to love*   1

aîné, –e (m. & f.)   *the elder*   11

ainsi   *thus*   6L

air (m.)   *air*   1

avoir l'___   *to seem, to have the appearance of*   5

aise (f.)   *ease*   14

ajouter   *to add*   18

s'alarmer   *to become alarmed*   19

Algérie (f.)   *Algeria*   13

algérien, –ne   *Algerian*   13

algue (f.)   *seaweed, alga*   7L

alimentaire   *alimentary*   6

allégeance (f.)   *allegiance*   18

allemand, –e   *German*   2

aller   *to go*   2

___ à pied   *to go on foot*   13

___ bien   *to be well*   5

s'en ___   *to go away*   10

___ mal   *to feel badly*   9

___ et retour   *round trip*   6

allergie (f.)   *allergy*   17

allocation (f.)   *allowance, allotment*   6L

allongé, –e   *stretched out*   23

allumer   *to light, to set on fire*   15

allusion (f.)   *allusion*   20

alors   *thus*   7L

amateur (m.)   *lover, devotee, enthusiast, fan*   3L

ambiance (f.)   *atmosphere, ambiance*   5

ambulance (f.)   *ambulance*   12

ambulant, –e   *ambulatory*   12

âme (f.)   *soul*   19L

amélioration (f.)   *improvement*   3L

améliorer   *to improve*   5L

amener   *to bring, to lead*   12

amer, amère   *bitter*   19L

américain, –e   *American*   2

Américain, –e (m. & f.)   *(an) American*   2

américanisation (f.)   *Americanization*   10

américanisé, –e   *Americanized*   9

s'américaniser   *to become Americanized*   10

ami, –e (m. & f.)   *friend*   3S, 5

amitié (f.)   *friendship*   8

amour (m.)   *love*   5L, 9

amphithéâtre (m.)   *amphitheater*   2

amusant, –e   *amusing*   8

s'amuser   *to have fun*   14

an (m.)   *year*   6

avoir ___ an(s)   *to be ___ year(s) old*   2

analyser   *to analyze*   21

ancestral, –e, –aux, –ales   *ancestral*   19

ancêtre (m.)   *ancestor*   16

ancien (m.)   *elder*   15L;   *old man*   17

ancien, –ne   *old, ancient*   3;   *former*   13

angine (f.)   *sore throat*   9C

anglais (m.)   *English (language)*   2

anglais, –e   *English*   2

Anglais, –e (m. & f.)   *Englishman, Englishwoman*   2

s'angliciser   *to become anglicized*   9L

Anglo-saxon, –ne   *Anglo-Saxon*   9

angoisse (f.)   *anguish*   13

animal (m.), animaux (pl.)   *animal*   6

année (f.)   *year*   2

___ scolaire   *school year*   2

annonce (f.)   *announcement*   17

annoncer   *to announce*   5

annuel, –le   *annual*   20

antique   *antique, ancient*   17

antiquité (f.)   *antiquity*   16

août (m.)   *August*   3

apercevoir   *to notice*   11L

s'apercevoir   *to notice, to become aware of*   10L

apéritif (m.)   *aperitif*   6

apiculture (f.)   *apiculture, beekeeping*   11L

apparaître   *to appear*   12

appareil (m.)   *telephone receiver*   18C

apparemment   *apparently*   10

apparence (f.)   *appearance*   5

apparent, –e   *apparent*   18

appartement (m.)   *apartment*   3

appel (m.)   *demand*   19L

appeler   *to call, to name*   3

s'appeler   *to be named*   10

applaudir   *to applaud*   12

applaudissement (m.)   *applause*   12

apporter   *to bring, to carry*   1

apprécier   *to appreciate*   6

appréhension (f.)   *apprehension*   5

apprendre   *to learn*   6;   *to teach*   15

s'approcher   *to approach, to come near*   12

approprié, –e   *appropriate, convenient*   21

approuver   *to approve*   2

approximativement   *approximately*   5

appuyer   *to prop, to support*   17

s'appuyer   *to lean*   10

après   *after*   2

après-midi (m. invar.)   *afternoon*   3

arabe   *Arab, Arabic*   16S

arabe (m.)   *Arabic*   16

arbre (m.)   *tree*   2

arcade (f.)   *arcade*   17

architecture (f.)   *architecture*   7

ardoise (f.)   *slate*   7L

arène (f.)   *arena*   17

argent (m.)   *money*   4;
    silver   7L

aride   *arid, dry*   7

aristocratie (f.)   *aristocracy*
    13

arme (f.)   *arm (military)*   13

armé, –e   *armed*   5

armée (f.)   *army*   13

arpent (m.)   *about an acre*
    14L

arrangé, –e   *arranged*   2

s'arranger   *to arrange*   20

arrêter   *to stop*   12

s'arrêter   *to stop oneself*   10

arrière (m.)   *back*   3C
    sur l'___   *in the back*   3C

arrivée (f.)   *arrival; finish
    line*   12

arriver   *to arrive*   6;
    to happen   19

arrondissement (m.)   *district*
    3L

arrosé, –e   *watered*   19L

arroser   *to wet*
    ___ un repas de vin   *to wash
    down a meal with wine*
    14L

art (m.)   *art*   1

artichaut (m.)   *artichoke*   7

article (m.)   *article, object*   3

artisan, –e (m. & f.)   *crafts-
    man, artisan*   11

artiste (m. & f.)   *artist*   1

artistique   *artistic*   3

ascenseur (m.)   *elevator*   3

asile (m.)   *shelter, refuge*
    13L

aspect (m.)   *side, appearance*
    7

aspirine (f.)   *aspirin*   9

assaut (m.)   *assault*   12

s'asseoir   *to sit down*   11

assez   *enough*   4;
    rather   6L
    ___ peu   *little enough*   11L
    juste ___   *just enough*   5L

assimiler   *to assimilate*   9

assis, –e   *seated*   5
    place ___   *place to sit*   15

assister à   *to attend*   2

association (f.)   *association*   7

assourdissant, –e   *deafening*   6L

assuré, –e   *insured*   2;
    assured   8

assurer   *to assure*   13

s'assurer   *to assure oneself*   15

atelier (m.)   *workshop*   6

athlétisme (m.)   *athleticism*   6

atmosphère (f.)   *atmosphere*
    5

attaché, –e   *attached*   9

attachement (m.)   *attachment*
    5

attacher   *to attach, to fasten*   5

attendre   *to wait, to wait for*   4

attentif, attentive   *attentive*   5

attention (f.)   *attention*   5
    Attention!   *Be careful!*   5
    faire ___ à   *to pay attention
    to*   22

atterrissage (m.)   *landing (of
    an airplane)*   5C

attirer   *to attract*   3

attitude (f.)   *attitude*   15

attribuer   *to attribute*   10

au   *to, at, in*   1

aucun, –e (pronoun)   *no*
    ___ . . . ne   *no, none*   22
    ne . . . ___   *no*   22

augmenter   *to increase,
    to augment*   6

aujourd'hui   *today*   3

auparavant   *formerly*   18L

au revoir   *goodbye*   8

aussi   *also, too*   1; *moreover*
    18L
    ___ . . . que   *as . . . as*   6L,
    11

aussitôt que   *as soon as*   18

autant
    ___ de   *as many as*   12
    ___ que   *as much as*   15L

auteur (m.)   *author*   19

auto (f.)   *automobile*   8

autobus (m.)   *bus*   5

automne (m.)   *fall, autumn*   3

automobile (f.)   *automobile*   3

autonomie (f.)   *autonomy*   2

autorité (f.)   *authority*   5

autoroute (f.)   *highway*   3

autour   *around*   8L, 16

autre   *other*   2
    ___ chose   *another question*
    10C
    d'___s   *others*   2L

l'___   *the other*   8
    ni l'un(e) ni l'___   *neither
    one nor the other*   18
    un(e) ___   *another*   2

autrefois   *formerly*   19

Auvergnat, –e (m. & f.)   *inhabi-
    tant of Auvergne*   23L

avance (f.)   *advance*   12
    à l'___   *in advance*   12
    en ___   *early*   12

avancer   *to advance*   12

avant   *before*   3L, 7
    ___ que   *before*   22
    ___ tout   *above all*   3L

avantage (m.)   *advantage*   6

avantageux, avantageuse
    advantageous   14

avec   *with*   1

avenir (m.)   *future*   5

aventure (f.)   *adventure*   16

aventureux, aventureuse   *adven-
    turous*   5

avenue (f.)   *avenue*   23S

aveugle   *blind*   10

aviation (f.)   *aviation*   5

avion (m.)   *airplane*   5
    par ___   *airmail*   17

avocat (m.)   *lawyer*   2

avoine (f.)   *oats*   7L

avoir   *to have*   2
    ___ deux ans   *to be two
    years old*   2
    ___ beau (plus infinitive)   *in
    vain*   18L
    ___ besoin   *to need*   9
    ___ de la chance   *to be lucky*
    5
    ___ du mal à   *to have trouble
    in*   13
    ___ envie de   *to want to*   2
    ___ faim   *to be hungry*   4
    ___ l'air   *to seem, to have
    the appearance*   5
    ___ mal à   *to have pain in*
    9
    ___ peur de   *to be afraid of*
    5
    ___ raison   *to be right*   10
    ___ sommeil   *to be sleepy*
    10

avortement (m.)   *abortion*
    21L

avril (m.)   *April*   3

baccalauréat (m.)   *baccalaureat (examination at the end of the lycée studies)*   2

bagage (m.)   *baggage*   3

baie (f.)   *bay*   7

bain (m.)   *bath*   3

balai
    voiture ___   *cleaning car*   12L

balançoire (f.)   *swing*   14

balcon (m.)   *balcony*   12

balle (f.)   *ball*   15

ballon (m.)   *ball, football*   12

ballottage (m.)   *situation in an election in which no candidate receives enough votes in the first ballot*   18L

balnéaire   *bathing*
    station ___   *seaside resort*   1L

banc (m.)   *bench*   17

banlieue (f.)   *suburb*   3L, 20

banque (f.)   *bank*   8
    carnet de ___   *bankbook*   13

barbecue (m.)   *barbecue*   14

bas, basse   *low*   7

bas
    en ___   *below*   14C
    là- ___   *over there*   14

bas-côté (m.)   *roadside*   12L

base (f.)   *basis*   2; *base*   11

basé, -e   *based*   5

basilique (f.)   *basilica*   3

bassin (m.)   *reservoir, district*   6L
    ___ minier   *mining district*   6L

bateau (m.)   *boat*   7

bâti, -e   *built*   5L

bâtiment (m.)   *building*   2

bâtir   *to build*   3

bâton (m.)   *stick, cane*   17

battre   *to beat, to strike*   13

se battre   *to fight*   13

bavardage (m.)   *gossip*   23

bavarder   *to chatter, to talk*   1

bazar (m.)   *bazaar*   5

beau, bel, belle   *beautiful, handsome*   3L, 7
    avoir ___ (plus infinitive)   *in vain*   18L

faire ___   *to be nice (weather)*   3

beaucoup   *a lot, many*   1
    ___ de   *a lot of, many*   1

beauté (f.)   *beauty*   3

Belgique (f.)   *Belgium*   6

bénéficier   *to benefit*   6

Berbère (m. & f.)   *Berber*   16L

besoin (m.)   *need*   9
    avoir ___ de   *to need*   9

bétail (m.)   *cattle*   11

bête   *stupid*   23

béton (m.)   *concrete*   22L

beurre (m.)   *butter*   4

Bey (m.)   *Bey (high military official in Muslim army)*   16L

bibliothèque (f.)   *library*   2

bicyclette (f.)   *bicycle*   6

bien   *well*   1C; *very*   7; *indeed*   23L
    ___ des   *many*   4
    ___ que   *although*   22
    ___ sûr   *of course*   4L, 14
    et ___   *well*   13C
    ou ___   *or*   13L

biens (m. pl.)   *belongings*   13

bientôt   *soon*   3C

bière (f.)   *beer*   1

billet (m.)   *ticket*   5; *paper money*   13

biniou (m.)   *Breton bagpipe*   7L

bizarre   *bizarre, strange*   21

bizuth (m.)   *freshman*   15L

bizuther (pop.)   *to haze*   15L

blanc, blanche   *white*   7

blasé, -e   *blasé*   18

blé (m.)   *wheat*   5

blessé, -e   *wounded*   16

bleu, -e   *blue*   12

bloqué, -e   *blocked*   16

blue-jean (m. invar.)   *blue jeans*   10

bœuf (m.)   *beef*   4

boire   *to drink*   2C, 10

bois (m.)   *wood*   11; *woods, forest*   14

boisson (f.)   *drink*   4

boîte (f.)   *box, stall*   3
    ___ aux lettres   *mailbox*   17
    ___ de nuit   *nightclub*   1

bon, bonne   *good*   1C, 4
    ___ mot   *witticism*   20L

bonheur (m.)   *happiness*   5

bonjour   *hello*   2C

bord (m.)   *border, coast*   7
    à ___ de   *on board*   5
    au ___ de   *next to*   12
    le ___ de la mer   *the seashore*   12

botte (f.)   *boot*   12S

botté, -e   *booted*   12

bouche (f.)   *mouth*   9

bougie (f.)   *spark plug*   8C

bouillabaisse (f.)   *fish stew*   4

boulanger, boulangère (m. & f.)   *baker*   20

boule (f.)   *bowling ball*   12

boulevard (m.)   *boulevard*   1

bouquiniste (m. & f.)   *second-hand bookseller*   3

bourgeois, -e (m. & f.)   *bourgeois*   15
    les grands ___ (m.)   *upper middle-class*   22L
    les petits ___ (m.)   *lower middle-class*   22L

bourgeoisie (f.)   *bourgeoisie*
    haute ___   *upper class*   5L

bourguignon, -ne   *Burgundy, from Burgundy*   4
    bœuf ___   *beef stew*   4

bourse (f.)   *scholarship*   15

bouteille (f.)   *bottle*   4

boutique (f.)   *shop, boutique*   3

bouton (m.)   *button*   20

bowling (m.)   *bowling*   10

branche (f.)   *branch*   19

bras (m.)   *arm*   4L, 17

brave   *good, kind (before a noun); brave, courageous (after a noun)*   13

break (m.)   *station wagon*   10L

Bretagne (f.)   *Brittany*   4

breton, -ne   *Breton*   4

brillamment   *brilliantly*   10

brillant, -e   *brilliant*   10

brodé, -e   *embroidered*   7

broder   *to embroider*   7

se brosser   *to brush*   10

bruit (m.)   *noise*   6

brûler   *to burn*   21L

bruyant, –e   *noisy*   20

budget (m.)   *budget*   6

building (m.)   *building*   10

bulletin (m.)   *ballot*   18L

bureau (m.)   *office*   4L, 20

_____ de location   *ticket office*   12

but (m.)   *end, goal*   17

butte (f.)   *hill, mound*   3L

buvard (m.)   *blotting paper*   12L

ça   *that*   10L

cabane (f.)   *hut*   5

cabaret (m.)   *cabaret, night-club*   3

cabine (f.)

_____ téléphonique   *telephone booth*   18

caché, –e   *hidden*   4L

cacher   *to hide*   4L

cadet, cadette (m. & f.)   *the younger*   11

café (m.)   *café*   1; *coffee*   2

café-théâtre (m.)   *café providing entertainment*   3

cahier (m.)   *notebook*   13

caisse (f.)   *cashier's desk*   7

caissier, caissière (m. & f.)   *teller, cashier*   13

calculer   *to calculate*   22

calèche (f.)   *horse-drawn carriage*   9L

calme   *calm*   13S

se calmer   *to calm oneself*   10

camarade (m. & f.)   *comrade, chum*   15

_____ de chambre   *roommate*   15

Cameroun (m.)   *Cameroon*   19

camion (m.)   *truck*   5

camionnette (f.)   *taxi, bus (in Haiti)*   5L; *light delivery van*   12

campagne (f.)   *country*   12; *campaign*   18L

en pleine _____   *in the middle of the country*   22L

camping (m.)   *camping*   10

faire du _____   *to go camping*   12

campus (m.)   *campus*   2

Canadien, –ne (m. & f.)   *Canadian*   9

canadien, –ne   *Canadian*   9

canapé (m.)   *canapé, hors d'oeuvre*   4

candidat, –e (m. & f.)   *candidate*   2

cantine (f.)   *cantine, dining-hall*   10

cantique (m.)   *canticle, hymn*   7L

cap (m.)   *cape*   7

capitale (f.)   *capital*   4

capitaliste (m. & f.)   *capitalist*   15

caprice (m.)   *caprice, whim*   14

car   *for, because*   3C, 13

caractère (m.)   *character, characteristic, feature*   3

Caraïbes (f. pl.)   *Caribbean*   5L

caravane (f.)   *caravan*   12

cargaison (f.)   *cargo, freight, shipload*   7

carnet (m.)   *book (of tickets)*   15

_____ de banque   *bankbook*   13

carré, –e   *square*   11

carrefour (m.)   *intersection*   16

carte (f.)   *card*   6

carte du jour (f.)   *menu*   4

cartésien, –ne   *Cartesian*   9

carton (m.)   *cardboard*   12L

cas (m.)   *case*   6

casqué, –e   *helmeted*   12

casquette (f.)   *cap*   12

casse-croûte (m. invar.)   *snack*   4L

casser   *to break*   20

catastrophe (f.)   *catastrophe*   13

catégorie (f.)   *category*   7

cause (f.)   *cause*   17

à _____ de   *because of*   5L

cave (f.)   *cellar*   11L, 14

_____ d'affinage   *ripening cellar*   11L

ce, cet, cette, ces   *this, that*   5

c'est-à-dire   *that is to say*   16

ce que   *that which*   20

ce qui   *what*   20

céder   *to give way*   7L

cèdre (m.)   *cedar*   5

ceinture (f.)   *belt, seat belt*   5

cela   *that*   8L

célèbre   *famous*   1

celtique   *Celtic*   7

celui   *that*   14L; (dem. pron.)   *the one*   12

cent   *one hundred*   2

centaine (f.)   *a hundred or so*   22

centre (m.)   *center*   1

centré, –e   *centered*   8

centre-ville (m.)   *city center*   22

cependant   *however*   13L

céréale (f.)   *cereal*   7

cérémonie (f.)   *ceremony*   5

cerise (f.)   *cherry*   23

certain, –e (adj. and pron.)   *sure, certain*   2

_____(e)s   *certain ones*   3

certainement   *certainly*   8

cessation (f.)   *stoppage*   21

cesse (f.)   *stop*

sans _____   *without stopping*   6

chaîne (f.)   *chain*   13

_____ de télévision   *television station*   9L

chaise (f.)   *chair*   11

chambre (f.)   *room, bedroom*   2

femme de _____   *maid*   3

champ (m.)   *field*   1

champêtre

garde-_____   *parochial police constable*   14L

champignon (m.)   *mushroom*   4

champion, –ne (m. & f.)   *champion*   6

chance (f.)   *chance, luck*   5

avoir de la _____   *to be lucky*   5

changement (m.)   *change*   10

changer   *to change*   2

chanson (f.)   *song*   15

chant (m.)   *chant*   19

chantant, –e   *singing, melodious*   13L

chanter   *to sing*   5

chapeau (m.)   *hat*   7

chaque   *each, every*   9L, 14

chargé, –e   *loaded*   14

charmant, –e   *charming*   14

charme (m.)   *charm*   7

charmé, –e   *charmed*   14

château (m.)   *castle*   5

chaud, –e   *warm*   1

   faire ___   *to be warm
(weather)*   3

chauffeur (m.)   *driver*

   ___ de taxi   *taxi driver*   19

chaume (m.)   *straw, thatch*   5

chaussure (f.)   *shoe*   7

chef (m.)   *chef*   4; *head,
chief*   5

   ___ de gare   *stationmaster*
17

chemin (m.)   *way, road*   14

cheminée (f.)   *fireplace*   14L

chemise (f.)   *shirt*   12

chèque (m.)   *check*   13

   ___ de voyage   *traveler's
check*   13

cher, chère   *expensive*   2;
dear   10

chercher   *to look for*   7

cheval (m.), chevaux (pl.)
horse   3L, 5

cheveu (m.), cheveux (pl.)
hair   5

chèvre (f.)   *goat*   5

chewing-gum (m.)   *chewing
gum*   10

chez   *to, at the home of*   6L, 9

chic (invar.)   *chic*   3

chien (m.)   *dog*   20

chocolat (m.)   *chocolate*   4

choisir   *to choose*   3

choix (m.)   *choice*   2L

chômage (m.)   *unemployment*
6L

chose (f.)   *thing*   8

   autre ___   *another thing,
another question*   10C

choucroute (f.)   *sauerkraut*   4

chou-fleur (m.), choux-fleurs
(pl.)   *cauliflower*   7

cible (f.)   *object, target*   23L

cidre (m.)   *cider*   7

ciel (m.)   *sky*   12

cigarette (f.)   *cigarette*   10

cimenter   *to cement*   14

cinéma (m.)   *movie theater,
cinema*   1

cinq   *five*   1

cinquième   *fifth*   3

circonstance (f.)   *circumstance*
8

circulation (f.)   *traffic*   3

circuler   *to circulate*   19

cité (f.)   *city*

   ___ universitaire   *student
residence*   3

citer   *to cite*   22

citoyen, –ne (m. & f.)   *citizen*
18

civil, –e   *civil*   15

civilisation (f.)   *civilization*   9

classe (f.)   *class*   2

   ___ moyenne   *middle class*
16L

classement (m.)   *classification*
12

classique   *classical*   16

clef (f.)   *key*   3

client, –e (m. & f.)   *client*   4

clientèle (f.)   *clientele*   20

climat (m.)   *climate*   7

clochard (m.)   *tramp, bum*   3

cloche (f.)   *bell*   23

   être une ___ (pop.)   *to be
stupid*   23

clocher (m.)   *bell-tower,
steeple*   11

clou (m.)   *nail*   14

clouer   *to nail, to fix*   14

club (m.)   *club*   16

coca-cola (m.)   *Coca-Cola*   10

cochon (m.)   *pig*   5

cocktail (m.)   *cocktail*   10

cœur (m.)   *heart*

   par ___   *by heart, from
memory*   6L

coiffe (f.)   *headdress*   7

coiffeur, coiffeuse (m. & f.)
hairdresser   11

coin (m.)   *corner*   9

collègue (m. & f.)   *colleague*
8

colline (f.)   *hill*   11

colombophile (m. & f.)   *pigeon
fancier*   6L

colon (m.)   *colonist, settler*
13L

colonie (f.)   *colony*   13

   ___ de vacances   *holiday
camp*   6L

colonisation (f.)   *colonization*
16

coloré, –e   *colored*   17

combat (m.)   *combat, contest*
15

combien   *how much, how many*
1S, 3

comédie (f.)   *comedy, play*
13S, 23

comédien, –ne (m. & f.)
comedian, actor   16

comique   *comical*   13

commander   *to order*   4

comme   *like, as*   1

commencement (m.)   *beginning*
1

commencer   *to begin*   2L, 3

comment   *how*   1

commentaire   *commentary*   10

commenter   *to comment*   12

commerçant, –e (m. & f.)
merchant, tradesman   3

commerçant, –e   *commercial*
9

commerce (m.)   *commerce,
trade*   7

commercial, –e, –aux, –ales
commercial   7

commettre   *to commit*   15

commis, –e   *committed*   16L

commissariat (m.)   *police
station*   20

commun, –e   *common*   4

communiquer   *to communicate*
5

compagnie (f.)   *company
(business)*   5; *company
(in the company of)*   12

comparable   *comparable*   7

comparer   *to compare*   18

compatriote (m. & f.)   *com-
patriot*   19

compensation (f.)   *compensation*   21

complet (m.)   *suit*   20C

complet, complète   *complete*
3

   pension complète   *room and
board*   3

complètement   *completely*   4

compliment (m.)   *compliment*
8

comportement (m.)   *comport-
ment, behavior*   8

comporter   *to include*   21

composer   *to compose*   17

comprendre   *to understand*   6;
to include   16L

compris, –e   *included*   3

comptable (m. & f.)   *accountant*
14L

compte (m.)   *account*   13
se rendre ___ de   *to realize*
10

compter   *to count, to intend*   2
___ sur   *to count on*   2

comptoir (m.)   *counter*   5

conception (f.)   *conception*
19

concert (m.)   *concert*   3

concession (f.)   *concession*   22

concierge (m. & f.)   *manager,
concierge*   3; *doorkeeper*
23

conclure   *to conclude*   5

concours (m.)   *competitive
examination*   2

concret, concrète   *concrete*   4S

condition (f.)   *condition*   6

conduire   *to drive, to conduct*
8; *to lead to*   9

conduite (f.)   *conduct*   8L

confédération (f.)   *confed-
eration*   9

confiance (f.)   *confidence*   13

confiture (f.)   *preserve, jam*
14

conflit (m.)   *conflict*   5

confort (m.)   *comfort*   9

confortablement   *comfortably*
5

confronter   *to confront*   21

confus, –e   *confused*   10

confusément   *confusedly,
confusingly*   10

confusion (f.)   *confusion*   20

congé (m.)   *holiday*   6

conjonction (f.)   *conjunction*
22

connaissance (f.)   *knowledge*   3
faire la ___ de   *to meet, to
become acquainted with*
3

connaître   *to know, to be
acquainted with*   5

connu, –e   *known, famous*   1

conquérant (m.)   *conqueror*
16

consacré, –e   *dedicated*   18

conscience (f.)   *consciousness*
prise de ___   *awakening*   21

conscient, –e   *conscious*   9L,
10

conséquent (m.)   *consequence*
17

conservateur, conservatrice
conservative   21

conserver   *to conserve*   9

se conserver   *to be preserved*
23

considérable   *considerable*   7

considérer   *to consider*   6

consister (en)   *to consist (of)*
2

se consoler   *to console oneself*
18

consommation (f.)   *refresh-
ments*   6; *consumption*
17

constamment   *constantly*   10

constant, –e   *constant*   10

constituer   *to constitute, to
make up*   4

construction (f.)   *construction*
21

construire   *to build, to construct*
8

construit, –e   *constructed, built*
3L

consulat (m.)   *consulate*   18

contacter   *to contact*   18

conte (m.)   *short story*   17

contemporain, –e   *contemporary*
7

content, –e   *happy, contented*
1

se contenter (de)   *to be content
(with)*   14

continent (m.)   *continent*   5

continuer   *to continue*   2

contraception (f.)   *contraception*   21

contraire (m.)   *opposite*   3

contraste (m.)   *contrast*   5
par ___ avec   *in contrast
with*   22

contre   *against*   13
par ___   *by contrast*   22L

contribuer   *to contribute*   4

contrôle (m.)   *control*   19

contrôler   *to control*   16

convenir   *to be convenient*   21

conversation (f.)   *conversation*
4

converti, –e   *converted*   5

coopération (f.)   *cooperation*
9

coopérative (f.)   *co-operative,
co-op*   11

coopérer   *to cooperate*   9

copain (m.), copine (f.)   *friend*
3

coquillage (m.)   *shell, shell fish*
4

coquille (f.)   *shell*
coquilles Saint-Jacques
scallops in a wine sauce
4

corde (f.)   *rope, cord*   8

corps (m.)   *body*   19

correspondance (f.)   *connecting
station*   15C

correspondre   *to correspond*   21

corsaire (m.)   *corsair, privateer*
7L

Corse (m. & f.)   *Corsican*
23L

cortège (m.)   *procession*   12L

cosmopolite   *cosmopolitan*   1

costume (m.)   *costume*   7

côte (f.)   *coast*   4L, 7

côté (m.)   *side*   7; *aspect*
3L
à ___   *to the side*   4

Côte d'Azur (f.)   *Riviera*   1L,
17

Côte-d'Ivoire (f.)   *Ivory Coast*
19

côtier, côtière   *coastal*   7

coton (m.)   *cotton*   5

cou (m.)   *neck*   12

se coucher   *to go to bed*   10

couchette (f.)   *sleeping berth
in a train*   6C

coucou (m.)   *cuckoo clock*
11L

couler   *to run, to flow*   5
___ à flots   *to gush forth,
to flow*   5

couleur (f.)   *color*   5

couloir (m.)   *corridor*   15

coup (m.)   *blow, strike*   3

— d'œil (m.)   *glance*   3

— de téléphone   *telephone call*   18

jeter un — d'œil sur   *to glance at*   3

coupe (f.)   *haircut*   11

couper   *to cut*   11

couple (m.)   *couple*   3

cour (f.)   *courtyard, court*   6L

couramment   *fluently*   10; *usually, generally*   21

courant, –e   *current, present*   10; *common*   14L

courbé, –e   *bent*   12

se courber   *to bend*   19L

coureur (m.)   *racer*   12

courir   *to run*   5

cours (m.)   *course, class*   2

au — de   *in the course of*   2L

course (f.)   *race*   6; *walk, trip, run*   11

court, –e   *short*   11

cousin, –e (m. & f.)   *cousin*   9

coûter   *to cost*   6

coutume (f.)   *custom*   7

couturier (m.)   *couturier, ladies' tailor*   3

couturière (f.)   *seamstress*   6

couvert, –e   *covered*   7

couverture (f.)   *blanket*   5

couvrir   *to cover*   7

cracher   *to spit*   23L

craie (f.)   *chalk*   13

craindre   *to fear*   14

cravate (f.)   *necktie*   8

crayon (m.)   *pencil*   13

crèche (f.)   *(public) day nursery for children under two*   21

crédit (m.)   *credit*   6

crédule   *credulous, believing*   18

créer   *to create*   7

crème (f.)   *cream*   4

crémeux, crémeuse   *creamy*   11

crénelé, –e   *embattled, crenelated*   7L

créole (m.)   *Creole*   5

crêpe (f.)   *crepe, pancake*   7

crevaison (f.)   *puncture, blow-out*   8

crevé, –e   *punctured, flat (tire)*   8

crier   *to scream*   14

crime (m.)   *crime*   22

critiquer   *to criticize*   2

croire   *to believe*   7

croissant, –e   *increasing*   16

crustacé (m.)   *crustacean*   4L

cueillir   *to pick*   14

cuir (m.)   *leather*   7

cuisine (f.)   *kitchen, cooking*   4

cultivateur (m.)   *cultivator, agriculturist*   5

cultiver   *to cultivate*   1

culture (f.)   *culture*   1

culturel, –le   *cultural*   7

cure (f.)   *therapeutic cure*   17L

curé (m.)   *parish priest*   23L

curiosité (f.)   *curio*   5L; *curiosity*   23

cycle (m.)   *cycle*   2

cycliste (m. & f.)   *cyclist*   12

cynisme (m.)   *cynicism*   18

d'abord   *at first*   1L

d'ailleurs   *moreover*   8L

danger (m.)   *danger*   8

dans   *in*   1

danse (f.)   *dance*   7

danser   *to dance*   1

danseur, danseuse (m. & f.)   *dancer*   16

date (f.)   *date*   13

d'autres   *others*   2L

davantage   *more*   8L, 19C

de   *of, about, from*   1

débarquement (m.)   *disembarkation, landing*   13L

debout   *standing, upright*   6

début (m.)   *beginning*   15

décembre (m.)   *December*   3

déchaîner   *to let loose*   23L

décider   *to decide*   2

se décider   *to decide*   15

déclarer   *to declare, to pronounce*   5

décollage (m.)   *takeoff (of an airplane)*   5

décoller   *to take off (airplane)*   5

décorer   *to decorate*   14

découragé, –e   *discouraged*   10

décourager   *to discourage*   10

découvrir   *to discover*   4; *to uncover*   7L

décréter   *to decree*   9L

décrire   *to describe*   13

décrocher   *to pick up*

— l'appareil   *to pick up the phone receiver*   18C

dédommager   *to compensate, to repay*   13L

déduire   *to deduce*   8

défaite (f.)   *defeat*   16

défendre   *to defend, to forbid*   6

défense (f.)   *defence*   7

défiler   *to walk in a procession*   7

définir   *to define*   9

définitif, définitive   *definitive*   9

définition (f.)   *definition*   21

déguster   *to taste, to relish*   7

dehors

en — de   *outside*   23

déjà   *already*   8L, 13C

déjeuner   *to have lunch*   4

déjeuner (m.)   *lunch*   4

petit —   *breakfast*   3

délabré, –e   *run-down*   14

délavé, –e   *washed out, faded*   10

délégué, –e (m. & f.)   *delegate*   23

délicat, –e   *delicate*   14

délicieux, délicieuse   *delicious*   7

delta (m.)   *delta*   17

demain   *tomorrow*   3C, 10

demander   *to ask*   3

se demander   *to wonder*   10

déménagement (m.)   *household move*   22

déménager   *to move (to another place), to move out*   8

demeurer   *to live, to remain*   11

demi, –e   *half*   3

demi-tasse (f.)   *half-cup*
4C

démolir   *to demolish*   3

dénouer   *to untie*   12

dent (f.)   *tooth*   10

dentelle (f.)   *lace*   1L, 7

dentifrice (m.)   *toothpaste*   14

départ (m.)   *departure*   5

département (m.)   *department*
21

départemental, –e, –aux, –ales
departmental   14

se dépêcher   *to hurry*   10

dépendance (f.)   *dependence*
13

dépendre   *to depend*   9

déplaire   *to displease*   10

déposer   *to deposit, to lay down*
7L

depuis   *since*   2L, 5

député (m.)   *member of
Parliament*   18L

déranger   *to upset*   20

dernier, dernière   *last*   3

derrière (m.)   *back*   3

derrière   *in back of*   3

des   *some*   1

dès   *as soon as, immediately*
14L

___ que   *as soon as*   18

désabusé, –e   *cynical*   17L

désagrément (m.)   *unpleasant-
ness*   14L

désavantage (m.)   *disadvantage*
15

descendant, –e (m. & f.)
descendant   16

descendant, –e   *descending*   5

descendre   *to descend, to go
down, to take down*   4

description (f.)   *description*
13

déséquilibré, –e   *unbalanced*
17

désert (m.)   *desert*   16

déserter   *to desert*   20

désespoir (m.)   *despair, hope-
lessness*   23

désinvolte   *casual*   10L

désirer   *to want, to desire*   2

désireux, désireuse   *desirous*
9

désolant, –e   *distressing*   17

désolé, –e   *sorry*
être ___   *to regret*   20

désordre (m.)   *disorder*   20

désormais   *henceforth*   13

dessert (m.)   *dessert*   4

dessin (m.)   *drawing*   5

dessiner   *to draw*   1

destin (m.)   *destiny*   21

destination (f.)   *destination*   5

détester   *to detest*   15

détour (m.)   *turn, bend*   14L

détruire   *to destroy*   8

deuxième   *second*   2

devant (m.)   *the front*   3

devant   *before, in front of*   3

développement (m.)   *development*   5

développer   *to develop*   13

devenir   *to become*   3L, 10

dévoiler   *to unveil, to disclose,
to reveal*   11L

devoir (m.)   *duty*   18L

devoir   *to have to, to owe*   10

devoirs (m. pl.)   *homework*   2

dialect (m.)   *dialect*   7

dieu (m.), dieux (pl.)   *god*
5L

différence (f.)   *difference*   23

différent, –e   *different*   2

différer   *to differ*   8

difficile   *difficult*   2

difficilement   *with difficulty*
13

difficulté (f.)   *difficulty*   13

diffuser   *to diffuse, to broadcast*
12

diligent, –e   *diligent*   10

dimanche (m.)   *Sunday*   3

dimension (f.)   *dimension*   20

diminuer   *to diminish*   23

dîner (m.)   *dinner*   4

diplôme (m.)   *diploma*   23S

dire   *to say, to speak*   8
c'est-à-___   *that is to say*   2
vouloir ___   *to mean, to
signify*   8

direct, –e   *direct*   5

directeur (m.)   *director*   8

direction (f.)   *direction*   10

se diriger (vers)   *to head
(toward), to turn (to)*   10

discerner   *to discern*   5

discipline (f.)   *discipline*   15

discours (m.)   *speech*   18

discret, discrète   *discreet*   4S

discrimination (f.)   *discrimination*   18

discussion (f.)   *discussion*   12

discuter   *to discuss*   1

disparaître   *to disappear*   9

disperser   *to disperse*   4

disque (m.)   *record*   1

disséminer   *to disseminate*   4

distance (f.)   *distance*   3

distinguer   *to distinguish*   21

distraction (f.)   *distraction,
diversion, entertainment*   6

se distraire   *to amuse oneself*
15

distribuer   *to distribute*   11

divers, –e   *several*   6

diversité (f.)   *diversity*   1

divisé, –e   *divided*   2

diviser   *to divide*   5

divorce (m.)   *divorce*   21

docteur (m.)   *doctor*   5

doigt (m.)   *finger*   10

dolmen (m.)   *dolmen, a prehistoric monument consisting of
two or more upright stones
supporting a horizontal slab*
7L

domaine (m.)   *domain*   9

dôme (m.)   *dome*   11

domestique   *domestic*   6

domicile (m.)   *residence*   20

dominer   *to dominate*   3

donc   *therefore*   3L

donner   *to give*   5
___ un coup de téléphone   *to
telephone*   18
donnez-moi la ville   *I want
to make a local call*
18C

dont   *of which, whose*   9L, 20

dormir   *to sleep*   6

dos (m.)   *back*   12

double   *double*   9

douloureux, douloureuse
painful   13L

doute (m.)   *doubt*
sans ___   *probably*   6L

douter   *to doubt*   21

doux, douce   *mild (weather)*
7; *mild (cheese)*   11

dramatique   *dramatic*   5

dresser   *to stand up*   5L

   faire ___ les cheveux   *to make one's hair stand on end*   5L

se dresser   *to rise up*   10L

droit   *straight ahead*   19C

droit (m.)   *law, right*   2

droite (f.)   *right*

   à ___   *to the right, on the right*   3

   rive ___   *right bank*   3

drôle   *funny*   13

drugstore (m.)   *drugstore*   10

dur (adv.)   *hard*   14

dur, –e   *hard, difficult*   6

durer   *to last*   7

eau (f.)   *water*   4

échange (m.)   *exchange*   9

échanger   *to exchange*   17

échapper (à)   *to escape (from)*   23

échouer   *to fail*   2

école (f.)   *school*   2

   ___ maternelle   *nursery school*   2L

économie (f.)   *economy*   7

économique   *economic, economical*   3

économiser   *to economize*   6

écouter   *to listen to*   1

écrire   *to write*   13

écrit (m.)

   par ___   *set down in writing*   5L

écrivain (m.)   *writer*   1

écroulé, –e   *destroyed*   17

édition (f.)   *edition*   21L

   maison d' ___   *publishing house*   21L

éducation (f.)   *education*   2

effet (m.)   *effect*   16

   en ___   *in fact, indeed*   3L

efficace   *efficient*   17L

effort (m.)   *effort*   7

effrayant, –e   *frightening*   17

égal, –e, –aux, –ales   *equal*   11

également   *equally*   3L; *likewise*   23L

égalité (f.)   *equality*   9

église (f.)   *church*   7

s'élargir   *to widen, to enlarge*   11

électeur, électrice (m. & f.)   *voter*   18

élection (f.)   *election*   18

électoral, –e, –aux, –ales   *electoral*   18

électrique   *electric*   20

élégant, –e   *elegant*   4

élémentaire   *elementary*   2

élevage (m.)   *rearing, breeding*   11

élève (m. & f.)   *student*   2

élevé, –e   *high*   18; *expensive*   2L

élever   *to raise*   1L; *to build*   3

éligibilité (f.)   *eligibility*   18

éliminer   *to eliminate*   15

élire   *to elect*   18

élite (f.)   *elite*   2

elle   *she, it*   1; *her*   8

elles   *they*   1; *them*   8

élu, –e (m. & f.)   *the one elected*   18

élu, –e   *elected*   18

embarras (m.)   *embarrassment, difficulty, inconvenience*   3L

embouteillage (m.)   *traffic jam*   1

émigrer   *to emigrate*   5

émission (f.)   *emission, program*   4

empêcher   *to prevent*   14

Empire (m.)   *Empire*   18

empire (m.)   *empire*   19

emploi (m.)   *employment, job*   6; *use*   8L

employé, –e (m. & f.)   *employee, worker*   5

employer   *to use*   4

emporter   *to win*   18L

en   *of it, of them, from it, from them, from there, some, any*   9

   ___ dehors de   *outside*   23L

enchantement (m.)   *enchantment*   12

encombré, –e   *crowded*   14

encombrement (m.)   *congestion (of traffic)*   14L

encore   *again*   5L; *even*   6L; *yet*   14; *still*   16; *more*   18

encourager   *to encourage*   2

s'endormir   *to fall asleep*   10

endroit (m.)   *place*   14

énergie (f.)   *energy*   9

enfant (m. & f.)   *child*   2

enfermé, –e   *enclosed*   17L

enfin   *finally*   1L

enlever   *to take off*   12

ennui (m.)   *tedium*   14

ennuyé, –e   *annoyed*   23

s'ennuyer   *to be bored*   15

s'enorgueillir   *to be proud, to pride oneself on*   10L

énorme   *enormous*   10

énormément   *enormously*   10

s'enrichir   *to become rich*   13

enseignement (m.)   *teaching, learning*   2L

enseigner   *to teach*   4L

ensemble   *together*   8

   grand ___ (m.)   *building of 1000 or more apartments*   22L

ensuite   *next, then*   4

entendre   *to hear, to understand*   4

   ___ parler   *to hear about*   14L

enterré, –e   *buried*   19C

entier, entière   *entire, whole*   3

entouré, –e   *surrounded*   7

entourer   *to surround*   7

entracte (m.)   *intermission*   12

entraîner   *to lead, to carry away*   9L; *to bring about*   22L

entre   *between*   2

entreprise (f.)   *enterprise*   16

entrer   *to enter, to go into*   2

entresol (m.)   *mezzanine*   12C

envahir   *to invade*   6

enveloppe (f.)   *envelope*   17

envie (f.)   *desire*   2

   avoir ___ de   *to want to*   2

environ   *about*   2L, 5

environs (m. pl.)   *outskirts*   12L

   aux ___   *in the vicinity*   17L

envisager   *to imagine*   21

envoi (m.)   *dispatch, sending*   16L

envoyer   *to send*   6

épais, épaisse   *thick*   4

épaule (f.) *shoulder* 10
  hausser les ___s *to shrug one's shoulders* 10
épice (f.) *spice* 5
époque (f.) *era, time* 19
éprouver *to feel (an emotion)* 23
équilibre (m.) *equilibrium, balance, steadiness* 6
équinoxe (m.) *equinox* 7
équipe (f.) *team* 6
équipement (m.) *equipment* 12
équivalent (m.) *equivalent* 2
erreur (f.) *error* 15
escale (f.) *stop, landing (of an airplane)* 5C
escarpé, –e *cragged* 11L
esclavage (m.) *slavery* 19
esclave (m. & f.) *slave* 19
escorter *to escort* 12
espace (m.) *space, interval (of time)* 8
Espagne (f.) *Spain* 16
Espagnol, –e *Spaniard* 2
espagnol, –e *Spanish* 2
espèce (f.) *kind* 20
espérer *to hope* 5
esprit (m.) *spirit* 5L, 23
  ___ gaulois *Gallic wit* 23L
essayer *to try, to try on* 4
essence (f.) *gasoline* 8
essentiel, –le *essential* 21
essor (m.) *flight, launch* 9L
  prendre l'___ *to take flight, to progress, to develop rapidly* 9L
est (m.) *east* 5
est-ce que *(indicates a question)* 1
esthétique *esthetic* 2
estimer *to feel* 18L; *to estimate* 22
estomac (m.) *stomach* 14
estuaire (m.) *estuary* 7L
et *and* 1
établi, –e *established* 16
établir *to establish* 12
établissement (m.) *establishment* 2
étage (m.) *floor, story* 3
étalage (m.) *stall* 13; *display* 14
étalement (m.) *staggering (of vacations, etc.)* 20L

étape (f.) *lap (of a race)* 12
état (m.) *state* 13L
États-Unis (m. pl.) *United States* 2
été (m.) *summer* 3
étendre *to spread out* 12
étendue (f.) *stretch* 19L
ethnique *ethnic* 19
étiquette (f.) *label* 14C
étoile (f.) *star* 12
  à la belle ___ *in the open air* 12L
étonnant, –e *surprising* 18
étourdissant, –e *deafening* 22L
étrange *strange* 13L
étranger, étrangère *strange, foreign* 6
étranger, étrangère (m. & f.) *stranger, foreigner* 8
  à l'étranger *abroad* 21
être *to be* 1
  ___ de retour *to be back* 18
  ___ désolé *to regret* 20
  ___ en peine *to fail to* 18L
  ___ en train de *to be in the process of* 2
  il est *there is, there are* 14
être (m.) *being* 19L
étroit, –e *narrow* 3
étude (f.) *study* 2; pl. études *studies* 2
étudiant, –e (m. & f.) *student* 1
étudier *to study* 6
Europe (f.) *Europe* 9
européen, –ne *European* 9
Européen, –ne (m. & f.) *European* 13
eux *them, they* 6L, 14
événement (m.) *event* 12L
évidemment *evidently* 10
évident, –e *evident* 10
éviter *to avoid* 14
évoluer *to evolve* 8
évolution (f.) *evolution* 22
évoquer *to evoke* 17
exactement *exactly* 9
exagérer *to exaggerate* 10
examen (m.) *examination* 2
  passer un ___ *to take an examination* 2
examiner *to examine* 21

excellent, –e *excellent* 1
exception (f.) *exception* 8
excessif, excessive *excessive* 3
exclusif, exclusive *exclusive* 11
exclusion (f.) *exclusion* 16
excursion (f.) *excursion, tour* 3
exemple (m.) *example* 4
  par ___ *for example* 4L, 15
exercice (m.) *exercise* 1
exil (m.) *exile* 13
exilé, –e (m. & f.) *exile* 13
exister *to exist* 2
exotique *exotic* 17
exotisme (m.) *exoticism* 13
expérience (f.) *experience* 4
expliquer *to explain* 6
s'expliquer *to be explained* 22L
exploitation (f.) *farming operation* 7L
explosion (f.) *explosion* 23
exposé (m.) *paper, theme* 2
exposer *to expose, to show* 3
exposition (f.) *exhibition* 17
expression (f.) *expression* 4
exprimer *to express* 8L
extérieur (m.) *exterior* 2
extraordinaire *extraordinary* 3
extra-professionnel, –le *extra-professional* 8
extrême *extreme* 7
extrémité (f.) *end* 16
exubérant, –e *exuberant* 7

fabrication (f.) *fabrication, manufacture* 11
fabrique (f.) *factory* 6
fabriqué, –e *fabricated, manufactured* 11
fabriquer *to fabricate, to manufacture, to make* 11
fabuleux, fabuleuse *fabulous* 3
face
  en ___ *opposite* 18C
  en ___ de *in front of* 2C
  faire ___ à *to face* 20L
facile *easy* 2
facilement *easily* 13

façon (f.)   *manner*   5
  de toute ___   *in any case*
    11L
faculté (f.)   *faculty*   2
  Faculté de Droit   *School of
    Law*   2
  Faculté des Lettres   *Liberal
    Arts School*   2
faim (f.)   *hunger*   4
  avoir ___   *to be hungry*   4
fainéant (m.)   *do-nothing*
    15L
faire   *to do, to make, to take*
    1L, 3
  ___ beau   *to be nice
    (weather)*   3
  ___ chaud   *to be warm*   3
  ___ des achats   *to go
    shopping*   16
  ___ dresser les cheveux sur la
    tête   *to make one's hair
    stand on end*   5L
  ___ du camping   *to go
    camping*   17
  ___ du soleil   *to be sunny*   3
  ___ du vent   *to be windy*   3
  ___ face à   *to face*   20L
  ___ frais   *to be cool
    (weather)*   3
  ___ froid   *to be cold*   3
  se ___ gloire   *to boast*   23L
  ___ la connaissance de   *to
    meet, to become
    acquainted with*   3
  ___ le plein   *to fill up (a gas
    tank)*   8
  ___ partie de   *to be part of*
    4L, 6
  ___ une promenade   *to take
    a walk*   3
se faire   *to be done*   16
fait (m.)   *fact*   9L
  au ___   *by the way, after all*
    6L
  du ___ que   *because*   20L
falloir   *to be necessary*   9
  il faut   *it is necessary*   3
  il ne faut pas   *one must not*
    3
fameux, fameuse   *famous*   14
familial, –e, –aux, –ales   *related
    to a family*   6
familier, familière   *familiar*   1

famille (f.)   *family*   4
fané, –e   *withered*   19L
fantastique   *fantastic*   3
fantastique (m.)   *the fantastic*
    7
farine (f.)   *flour*   5
fascinant, –e   *fascinating*   5
fatigant, –e   *tiring*   6
fatigue (f.)   *fatigue*   14
fatigué, –e   *tired*   1
faussement   *falsely*   21
faute (f.)   *fault, sin*   7L
fauteuil (m.)   *chair, seat,
    armchair*   11
favoris (m. pl.)   *sideburns*
    11C
favoriser   *to favor*   20
féminin, –e   *feminine*   18
féministe   *feminist*   21
femme (f.)   *woman*   1
  ___ de chambre   *maid*   3
fenêtre (f.)   *window*   13
fer (m.)   *iron*   5L
ferme (f.)   *farm*   4
fermé, –e   *closed*   4
fermer   *to close*   12
fermeture (f.)   *closing*   20
fermier (m.)   *farmer*   5
festin (m.)   *feast*   14
festival (m.)   *festival*   17
fête (f.)   *festival, holiday*   7
  ___ foraine   *street fair*   7L
feuilleter   *to flip through, to
    leaf through*   10
février (m.)   *February*   3
fiche (f.)   *form, card*   13
fidèle (m.)   *faithful*   7
fidélité (f.)   *faithfulness*   18
fier, fière   *proud*   7
fierté (f.)   *pride*   7L
fièvre (f.)   *fever*   9
figure (f.)   *face*   10
file (f.)   *file*   12
filet (m.)   *filet*   4
  ___ de sole   *filet of sole*   4
fille (f.)   *girl*   1;   *daughter*
    5
film (m.)   *film*   2S
fils (m.)   *son*   5
fin (f.)   *end*   2
  ___ de semaine   *weekend*
    14
  mettre ___ à   *to end*   13

final, –e   *final*   6S
finalement   *finally*   9S
financier, financière   *financial*
    6
fini, –e   *finished*   6L
finir   *to finish*   3
fixe   *fixed*   4
flamand (m.)   *flamingo*   17
flâner   *to stroll*   3
fleur (f.)   *flower*   11
fleurir   *to flourish*   8L
fleuve (m.)   *river*   9
flexibilité (f.)   *flexibility*   2
flot (m.)   *flood, wave, water*   5
  couler à ___s   *to flow*   5
flotille (f.)   *flotilla, fleet*   7
flûte (f.)   *flute*   7
foire (f.)   *fair*   12L, 16
fois (f.)   *time*   4
foisonner   *to abound*   11L
folklore (m.)   *folklore*   13
folklorique   *folkloric*   7
fonction (f.)   *function*
  entrer en ___   *to take up
    duties*   18L
fonctionner   *to work (machine)*
    11
fond (m.)   *content*   19L
  au ___   *in the back*   7
fonder   *to found*   19
fonds (m. pl.)   *funds, cash*
  retrait de ___   *withdrawal
    slip*   13
fontaine (f.)   *fountain*   17
foot
  petit ___   *miniature football*
    15L
football (m.)   *soccer*   6
forain, –e
  fête ___e   *street fair*   7L
force (f.)   *force*   6;
    strength   19
  de toutes leurs ___s   *with all
    their strength*   15
forcé, –e   *forced*   22
forêt (f.)   *forest*   5
formation (f.)   *formation*   21
forme (f.)   *form*   8; *health*
    6
  en bonne ___   *in good health*
    6
  en pleine ___   *in full form*
    12

formel, –le *formal* 5
former *to form* 4
se former *to be formed* 21
fort *very* 21
fort, –e *strong* 5
forteresse (f.) *fortress* 16
fortune (f.) *fortune, luck* 20
fou
 ____ rire (m.) *explosion of laughter* 23
fouet (m.) *whip* 19L
foule (f.) *crowd* 6
fourni, –e *furnished* 10
fournir *to furnish* 10
frais (m. pl.) *expenses* 2L
 ____ d'inscription *enrollment fee* 2L, 15
frais, fraîche *cool* 3; *fresh* 4
 faire ____ *to be cool (weather)* 3
fraise (f.) *strawberry* 14
franc (m.) *franc (French monetary unit)* 2L
franc, franche *frank* 7S
français (m.) *French* 1
Français, –e (m. & f.) *Frenchman, Frenchwoman* 1
France (f.) *France* 1
Franco-allemand, –e *Franco-Prussian* 16
francophone *French-speaking* 9L
frein (m.) *brake* 8
frénétique *frantic, frenzied* 20
fréquemment *frequently* 10
fréquent, –e *frequent* 10
fréquenter *to frequent* 4; *to keep company with* 8
frère (m.) *brother* 5
friche
 en ____ *fallow, uncultivated* 13L
froid *cold* 3
 faire ____ *to be cold* 3
fromage (m.) *cheese* 1
front (m.) *front* 13
frontalier, frontalière (m. & f.) *borderer* 6L
frontière (f.) *frontier* 19
fruit (m.) *fruit* 4

fruitier, fruitière *fruit-bearing* 14
 arbre ____ (m.) *fruit tree* 14
fuite (f.) *flight* 22
fulani (m.) *fulani (African dialect)* 19L
fumer *to smoke* 10
futur (m.) *future* 5
futur, –e *future* 8

gadget (m.) *gadget* 10
gagner *to earn* 11
gai, –e *gay* 7
galerie (f.) *gallery* 3
gallois (m.) *Welsh* 7L
gant (m.) *glove* 7
garage (m.) *garage* 6
garçon (m.) *boy, waiter* 1
garde (f.) *custody* 21
garde-champêtre (m.) *parochial police constable* 14L
garder *to keep* 5L, 7; *to watch* 16
 ____ le lit *to stay in bed* 9C
garderie (f.) *nursery school* 2L
gare (f.) *railway station* 6
 chef de ____ (m.) *station-master* 17
gascon, –ne *Gascon* 23L
gâteau (m.) *cake* 11
gâter *to spoil* 17
gauche *left* 3
 rive ____ (f.) *left bank* 3
gaulois *Gallic*
 esprit ____ (m.) *Gallic wit* 23L
gavotte (f.) *gavotte* 7L
géant (m.) *giant* 22L
gendarme (m.) *gendarme, soldier of police militia* 12
général (m.), généraux (pl.) *general* 18
général, –e, –aux, –ales *general* 2
 en ____ *in general* 2
généralement *generally* 14
génération (f.) *generation* 19
genêt (m.) *furze, gorse* 7L
gens (m. pl.) *people* 1
gentil, gentille *nice* 1C
géographie (f.) *geography* 2

gigantesque *gigantic* 9
glace (f.) *ice cream* 12
gladiateur (m.) *gladiator* 15
gloire (f.) *glory* 16
 se faire ____ *to boast* 23L
gonfler *to blow up, to inflate* 8
Gorée (f.) *Goree* 19
gorge (f.) *throat* 9; *pass, glen* 11
gourmet (m.) *gourmet* 4
goût (m.) *taste* 8L
goûter (m.) *snack* 4L
goûter *to taste* 5
gouvernement (m.) *government* 5
gouvernemental, –e, –aux, –ales *governmental* 20
gouverner *to govern* 16
grâce à *thanks to* 7L
graisse (f.) *grease* 6
grand, –e *big, tall, great* 1
 les ____s bourgeois (m.) *upper middle-class* 22L
 ____ ensemble (m.) *building of 1000 apartments or more* 22L
grandir *to grow larger* 3
grand-mère (f.) *grandmother* 19L
grand-père (m.) *grandfather* 15
granit (m.) *granite* 7
gratin
 au ____ *with cheese* 4L
gratte-ciel (m. invar.) *sky-scraper* 9
gratuit, –e *free* 2L
grave *serious* 3C, 6
gravé, –e *imprinted* 17
grec (m.) *Greek* 2
Grèce (f.) *Greece* 20
grève (f.) *shore* 7L; *strike* 21
grimper *to climb, to ascend* 11
gris, –e *gray* 7L
grogner *to groan* 23L
gros, grosse *big, fat* 4
groupe (m.) *group* 2
guère
 ne . . . ____ que *hardly anything except* 22L

guerre (f.)   *war*   5

guerrier (m.)   *warrior*   19

guichet (m.)   *window, ticket window, window at a bank*   13

guide (m.)   *guidebook*   1

guidé, –e   *guided*   19

guidon (m.)   *handlebars*   12

Guinée (f.)   *Guinea*   19

s'habiller   *to get dressed*   10

habitant (m.)   *inhabitant*   1

habitation (f.)   *residence*   16

habiter   *to live in*   1

habitude (f.)   *custom, habit*   9

habituel, –le   *habitual, usual*   6

s'habituer   *to become accustomed*   17

Haïti (f.)   *Haiti*   5

*hâle (m.)   *sun tan*   17L

*hamburger (m.)   *hamburger*   10

*hareng (m.)   *herring*   7L

*haricot (m.)   *bean*   4

___s verts   *green beans*   4

*hasard (m.)   *chance, hazard*   8

par ___   *by chance*   8

*hausser   *to raise, to heighten*   10

___ les épaules   *to shrug one's shoulders*   10

*haut, –e   *high, tall*   1

là-___   *up there*   14L

*haut-parleur (m.)   *loud-speaker*   12

herbe (f.)   *grass*   11;   *herb*   17

héritage (m.)   *heritage*   9

*héros (m.)   *hero*   16

hésiter   *to hesitate*   15

hétérogène   *heterogeneous*   21

hétérosexuel, –le   *heterosexual*   21

heure (f.)   *hour*   1

à l'___   *on time*   6

à l'___ actuelle   *at the present time*   20

de bonne ___   *early*   14

Quelle ___ est-il?   *What time is it?*   3

heureusement   *happily*   9S

heureux, heureuse   *happy*   7

hier   *yesterday*   12

histoire (f.)   *story, history*   2

historique   *historical*   3

hiver (m.)   *winter*   3

*homard (m.)   *lobster*   7

homme (m.)   *man*   1

homogène   *homogeneous*   21

homosexuel, –le   *homosexual*   21

honneur (m.)   *honor*   16

horaire (m.)   *time-table, schedule*   21

horloger (m.)   *clock-maker*   11L

horrible   *horrible*   22

horriblement   *terribly*   22

*hors-d'œuvre (m.)   *hors d'oeuvre, canapé*   4

hostile   *hostile*   8

hostilité (f.)   *hostility*   13

*hot dog (m.)   *hot dog*   10

hôtel (m.)   *hotel*   3

hôtelier, hôtelière   *pertaining to a hotel*   7

hôtesse (f.)   *stewardess*   5

houngan (m.)   *voodoo priest*   5L

huile (f.)   *oil*   8

huître (f.)   *oyster*   7

humain, –e   *human*   8

humanité (f.)   *humanity*   21

humeur (f.)   *humour, spirits, temper*   13

humilité (f.)   *humility*   19

humour (m.)   *humor*   23

*hurler   *to howl, to scream*   15

ici   *here*   1

idéal, –e   *ideal*   7

idée (f.)   *idea*   1

identifier   *to identify*   5

identique   *identical*   22

idiot, –e   *idiot*   15

il   *he, it*   1

___ est   *there is, there are*   14, 23L

il y a   *there is, there are*   1;   *ago*   12S

île (f.)   *island*   5

illettré, –e   *illiterate*   5

illisible   *illegible*   14C

ils   *they*   1

image (f.)   *image, picture*   9

imaginer   *to imagine*   8

imiter   *to imitate*   1

immédiatement   *immediately*   1

immense   *immense*   7

immeuble (m.)   *building*   3

immoraliste (m. & f.)   *immoralist*   16

impatient, –e   *impatient*   16S

impératif (m.)   *imperative*   10

impérial, –e, –aux, –ales   *imperial*   16

imperméable (m.)   *raincoat*   11

impétueux, impétueuse   *impetuous, brash*   19

implantation (f.)   *implantation*   13

implanter   *to implant*   13

importance (f.)   *importance*   21

important, –e   *important*   4

importe

peu ___   *it matters little*   13C

imposer   *to impose*   21

impossible   *impossible*   21

impressionnant, –e   *impressive*   11

impressionniste (m. & f.)   *impressionist*   3

incliner   *to incline (toward)*   7

inclure   *to include*   21

inconnu, –e (m. & f.)   *stranger, an unknown*   8

incroyable   *incredible*   3

indépendance (f.)   *independence*   7

indépendant, –e   *independent*   5

indéterminé, –e   *undetermined*   8

indication (f.)   *indication*   14;   *sign*   15

indigène   *indigenous, native*   13

indiquer   *to indicate*   16

individualité (f.)   *individuality*   7

individuel, –le   *individual*   22

industrialisation (f.)   *indus-trialization*   9

industrie (f.)   *industry*   1

industriel, –le   *industrial*   1

s'infiltrer   *to infiltrate*   16

influence (f.)   *influence*   5

influencer   *to influence*   16

informel, –le   *informal*   21

ingrédient (m.)   *ingredient*   4

inhabitable   *uninhabitable*   22

inhabité, –e   *uninhabited*   9

inhibition (f.)   *inhibition*   21

initial, –e, –aux, –ales   *initial*   13

innombrable   *innumerable*   3

inoubliable   *unforgettable*   4L

s'inquiéter   *to worry*   16C, 19

insalubre   *unhealthy, insalubrious*   3L

inscription (f.)   *enrollment*   2L

    frais d'___   *enrollment fee*   2L

insecticide   *insect-destroying*   17

insistant, –e   *insistent*   19

insister   *to insist*   21

inspiration (f.)   *inspiration*   21

installer   *to install*   12

s'installer   *to install oneself, to settle*   10

instant (m.)   *instant*   6

institution (f.)   *institution*   23

instrument (m.)   *instrument*   23

s'intégrer   *to integrate, to become a part of*   13

intellectuel, –le   *intellectual*   2

intellectuel, –le (m. & f.)   *intellectual*   13

intention (f.)   *intention*   21S

intéressant, –e   *interesting*   1

intéressé, –e   *interested*   6

intéresser   *to interest*   6

s'intéresser (à)   *to be interested (in)*   21

intérêt (m.)   *interest*   6

intérieur (m.)   *interior*   7

interlocuteur (m.)   *interlocutor*   8

interminablement   *interminably*   12

international, –e, –aux, –ales   *international*   6

interpréter   *to interpret*   8

interurbain, –e   *inter-city*   18

interviewé, –e (m. & f.)   *person interviewed*   22

intime   *intimate*   19

intimider   *to intimidate*   18

intimité (f.)   *intimacy*   19

introduire   *to introduce*   8

inutile   *useless, unnecessary*   8L

inviter   *to invite*   8S

ironie (f.)   *irony*   23

irrésistible   *irresistable*   17

irruption (f.)   *irruption*   17

isolé, –e   *isolated*   9

Italie (f.)   *Italy*   20

itinéraire (m.)   *itinerary*   12

jamais   *ever*

    ne . . . ___   *never*   13

janvier (m.)   *January*   3

Japon (m.)   *Japan*   9

jardin (m.)   *garden*   3

    ___ d'enfants   *kindergarten*   2

    ___ potager   *vegetable garden*   6

jardinage (m.)   *gardening*   6

jaune   *yellow*   12

jeter   *to throw*   3

    ___ un coup d'œil sur   *to glance at*   3

jeton (m.)   *token*   18C

jeu (m.), jeux (pl.)   *game*   12

    ___ de mots   *play on words*   15L

    Jeux Olympiques   *Olympic games*   9L

jeudi (m.)   *Thursday*   3

jeune   *young*   1

    ___ fille (f.)   *girl*   1

    ___s gens (m. pl.)   *young people*   6

jeunesse (f.)   *youth*   9L

joie (f.)   *joy*   5S, 14

joindre   *to join together, to reach*   14

se joindre   *to join*   16

joli, –e   *pretty*   1

jouer   *to play*   6

joueur (m.)   *player*   6

jouir   *to enjoy*   3L

jour (m.)   *day*   2

    de nos ___s   *at the present time*   7L

    par ___   *a day*   3

journal (m.), journaux (pl.)   *newspaper*   6

journée (f.)   *day*   6

juge (m.)   *judge*   15

jugement (m.)   *judgment*   14

juger   *to judge*   21

juillet (m.)   *July*   3

juin (m.)   *June*   3

juke-box (m.)   *juke box*   10

jurassien, –ne   *from the Jura region*   11L

jusqu'à   *until*   1L

    ___ ce que   *until*   22

juste   *just*   5

kilo (m.)   *kilogram (2.2 lbs)*   16S

kilomètre (m.)   *kilometer (.62 mile)*   7

kiosque (m.)   *kiosk*   16

la   *the*   1; *her, it*   8

là   *there*   6L

    ___-bas   *over there*   14

    ___-dedans   *inside it*   19

    ___-haut   *up there*   14L

laboratoire (m.)   *laboratory*   2

labourer   *to plow*   13L

lac (m.)   *lake*   9

lacustre

    cité ___ (f.)   *lake village*   11L

laid, –e   *ugly*   3

laine (f.)   *wool*   6

laisser   *to let*   3L; *to leave*   4; *to leave behind*   12

lait (m.)   *milk*   4

laitier, laitière   *milk-producing*   7L

lancer   *to throw*   15

lande (f.)   *moor, heath*   7L

langouste (f.)   *spiny lobster*   7L

langue (f.)   *language*   2

lapin (m.)   *rabbit*   14

laquelle   *which*   12L

large   *wide*   11

se lasser (de)   *to grow tired (of)*   18

latin, –e   *Latin*   9

latin (m.)   *Latin*   2

lavande   *lavender*   17L

se laver   *to wash (oneself)*   10

le   *the*   1; *him, it*   8

leçon (f.)   *lesson*   1

lecture (f.)   *reading*   1

légende (f.)   *legend*   5

légion (f.)   *legion*   16

Légion Étrangère   *Foreign Legion*   16

législatif, législative   *legislative*   18

législation (f.)   *legislation*   9

légume (m.)   *vegetable*   4

lent, –e   *slow*   3

lentement   *slowly*   9

lentille (f.)   *lens*   11L

lequel, laquelle, lesquels, lesquelles   *which*   20

par ___   *by which*   13L

les   *the*   1; *them*   8

lessive (f.)   *detergent*   12L

lettre (f.)   *letter*   2

Faculté des Lettres   *School of Liberal Arts*

leur   *them, to them*   9

leur, leurs   *their*   2L, 5

leur, le (m.), la leur (f.), les leurs (pl.) (poss. pron.)   *theirs*   19

se lever   *to get up*   10

liaison (f.)   *liaison*   5

libéralisation (f.)   *liberalization*   21

libération (f.)   *liberation*   7

se libérer   *to free oneself*   21

liberté (f.)   *liberty*   19

librairie (f.)   *bookstore*   19

libre   *free*   2

lichen (m.)   *lichen*   7

licorne (f.)   *unicorn*   19C

lié, –e   *linked*   19L

lien (m.)   *tie, bind*   5

lieu (m.)   *place*   11

au ___ de   *instead of*   4L, 19

avoir ___   *to take place*   16

donner ___ à   *to provide the opportunity*   14

ligne (f.)   *line, fishing line*   3; *subway line*   18

limite (f.)   *limit*   23

limité, –e   *limited*   6

limonade (f.)   *lemon soda*   12

lingerie (f.)   *linen, underwear*   6

linguistique   *linguistic*   9

liquide (m.)   *liquid*   19

lire   *to read*   8

lit (m.)   *bed*   3

littérature (f.)   *literature*   1

littoral, –e, –aux, –ales   *coastal*   7L

livre (m.)   *book*   3

local, –e, –aux, –ales   *local*   6

loge (f.)   *box*   12

être dans les premières ___s   *to have a front seat, to be in an excellent position*   12L

logement (m.)   *lodging*   8

se loger   *to lodge*   15

loi (f.)   *law*   9

loin   *far*   3

___ de   *far from*   3

d'assez ___   *from rather far away*   6L

lointain, –e   *far*   19

loisir (m.)   *leisure*   6

long, longue   *long*   6

le ___ de   *along*   3

longer   *to follow*   17

longtemps   *a long time*   8L, 12

longuement   *at length*   9L

lorsque   *when*   13L, 14

lotus (m.)   *lotus*   16

louer   *to hire out*   17

lourd, –e   *heavy*   3; *difficult*   9L

loyer (m.)   *rent*   3

lui   *him, her*   9

lumière (f.)   *light*   3L

lumineux, lumineuse   *luminous*   15C

lundi (m.)   *Monday*   3

lunette (f.)   *telescope*   11L; (pl.) *eyeglasses*   11

lutte (f.)   *battle, fight*   5

luxe (m.)   *luxury*   3

luxueux, luxueuse   *luxurious*   3

lycée (m.)   *secondary school, lycée*   2

machine (f.)   *machine*   6

___ à laver   *washing machine*   20

madame (f.)   *Mrs., madam*   3

mademoiselle (f.)   *Miss*   3

magasin (m.)   *store*   7

grand ___   *department store*   7

Maghreb (m.)   *Maghreb*   16

magnifique   *magnificent*   1

mai (m.)   *May*   3

maillot (m.)   *vest*   12

___ de bain   *bathing suit*   12

main (f.)   *hand*   10

___-d'œuvre   *manpower*   6L

maintenant   *now*   2

mais   *but*   1

maïs (m.)   *maize, corn*   5

maison (f.)   *house*   4

___ d'édition   *publishing house*   21

majorité (f.)   *majority*   5

mal (m.)   *evil*   18

mal   *badly*   6L, 9

avoir du ___ à   *to have difficulty in*   6

avoir ___   *to feel badly*   9

avoir ___ à la gorge   *to have a sore throat*   9

avoir ___ à l'estomac   *to have a stomach ache*   14

malade   *sick*   5

maladie (f.)   *illness, sickness*   5

maladresse (f.)   *awkwardness*   20L

malgré   *in spite of*   13L

malheureusement   *unfortunately*   13

malheureux, malheureuse   *unhappy, unfortunate*   10

manche (f.)   *sleeve*   12

manger   *to eat*   2

mangeur (m.)   *eater*   16

manière (f.)   *manner, way*   2

___ de vivre   *way of life*   9L

manifestation (f.)   *demonstration*   2L

manifeste (m.) *manifest* 21

se manifester *to show oneself* 23

manque (m.) *lack* 5L

manquer *to miss, to fail* 18L; *to lack* 20

____ de *to lack* 4L

Il manque un bouton à ce complet. *This suit is missing a button.* 20

manuel, –le *manual* 11

marchand, –e (m. & f.) *merchant* 10

marchander *to bargain* 5

marché (m.) *market* 5; *trade agreement* 9L

marcher *to work (machine)* 11

mardi (m.) *Tuesday* 3

marécageux, marécageuse *swampy* 17L

marée (f.) *tide* 7

à ____ basse *at low tide* 7

à ____ haute *at high tide* 7

mari (m.) *husband* 18

mariage (m.) *marriage* 7

marié, –e *married* 8

Maroc (m.) *Morocco* 16

Marocain, –e (m. & f.) *Moroccan* 16S

marquer *to indicate* 19

mars (m.) *March* 3

Martinique (f.) *Martinique* 19

marxiste *Marxist* 21

mas (m.) *farm, country house* 17L

masque (m.) *mask* 8

masse (f.) *mass* 20

en ____ *in the mass* 20

massif, massive *massive* 14

match (m.), matches (pl.) *game, match* 6

maternel, –le *maternal* 2L

école maternelle *nursery school* 2L

maternité (f.) *maternity* 21

mathématiques (f. pl.) *mathematics* 2

matin (m.) *morning* 3

matinée (f.) *morning* 4

maudit, –e *cursed* 21

mauvais, –e *bad* 3

il fait ____ *the weather is bad* 3

me *me, to me* 8

mécanicien (m.) *mechanic* 8; *repairman* 20

mécanisé, –e *mechanized* 1

médecin (m.) *doctor* 5

médecine (f.) *medicine* 2

médical, –e *medical* 6

médicament (m.) *medicine* 14

Méditerranée (f.) *Mediterranean Sea* 16

méditerranéen, –ne *Mediterranean* 17

méfiance (f.) *mistrust, distrust* 8L

mégalithe (m.) *megalith* 7

meilleur, –e *better*; le, la meilleur(e) *the best* 12

se mêler *to mix, to mingle* 12L

membre (m.) *member* 6

même *same* 2L, 13; *even* 5L, 13; *very* 13

de ____ *likewise* 16

tout de ____ *all the same* 15

mémoire (f.) *memory* 15

menace (f.) *menace, threat* 6

ménager, ménagère *household* 12L

mené, –e *conducted* 17

mener *to lead, to conduct* 13

menhir (m.) *menhir, single upright stone of prehistoric origin* 7

menton (m) *chin* 17

menu (m.) *menu* 2

mer (f.) *sea, ocean* 7

merci *thank you* 1C

mercredi (m.) *Wednesday* 3

mère (f.) *mother* 5

méridional, –e, –aux, –ales *meridional* 13

mérite (m.) *merit* 12

mériter *to deserve* 13

merveilleux, merveilleuse *marvelous* 7

message (m.) *message* 19

messe (f.) *mass (religious)* 7L

mesure (f.) *measure* 18

dans la ____ où *to the extent that* 21L

métal (m.), métaux (pl.) *metal* 23

métallurgique *metallurgic* 6

industrie ____ de transformation (f.) *metal-working industry* 6L

métier (m.) *job, trade, craft* 6

____ à tisser *power loom* 6

mètre (m.) *meter (1.09 yards)* 20L

métro (m.) *subway* 15

métropole (m.) *metropolis, mother-country* 13

métropolitain (m.) *metropolitan* 13

mettre *to put, to place* 13

____ fin à *to end* 13

meurtrier, meurtrière *deadly* 14L

microscope (m.) *microscope* 11

Midi (m.) *the South of France* 13L

miel (m.) *honey* 11

mien, le (m.), la mienne (f.), les miens, les miennes (pl.) (poss. pron.) *mine* 19

mieux *better* 12

il vaut ____ *it is better* 9

milieu (m.) *middle* 4L

au ____ de *in the middle of* 9L, 15

militaire (m. & f.) *military person* 23

milliers *thousands* 8

million (m.) *million* 2

mimosa (m.) *mimosa tree* 17

mine (f.) *mine* 6

minéral, –e, –aux, –ales *mineral* 4S

minier, minière *mining* 6L

ministère (m.) *ministry, cabinet* 2

minute (f.) *minute* 4

misanthrope (m. & f.) *misanthrope* 16S

misérable   *miserable*   21
mobilité (f.)   *mobility*   8
mobylette (f.)   *motor-bicycle*
   6
mode (f.)   *fashion*   1
   à la ___   *with ice cream*
      4L; *in fashion*   17L
modèle (m.)   *model*   1
modéré (m.)   *moderate*   18
modéré, –e   *moderate*   5
moderne   *modern*   1
modeste   *modest*   3
moins   *less*   1L, 5
   à ___ que   *unless*   22
mois (m.)   *month*   3
moitié (f.)   *half*   16
moment (m.)   *moment*   1
   ___s perdus   *leisure time*
      14L
mon, ma, mes   *my*   5
monarchie (f.)   *monarchy*   18
monde (m.)   *world*   3L
   beaucoup de ___   *a lot of*
      people   14
   tout le ___   *everyone*   6
mondial, –e   *worldwide*   1L
monolithe   *monolithic*   21
monsieur (m.), messieurs (pl.)
   Mr., sir   3
monstre (m.)   *monster*   20
mont (m.)   *mountain*   11L
montagne (f.)   *mountain*   1
montagneux, montagneuse
   mountainous   5
monter   *to go up, to carry up*
   3
montre (f.)   *watch*   11
montrer   *to show*   10
se montrer   *to be shown,*
   to show oneself   17
monument (m.)   *monument*   1
se moquer (de)   *to make fun*
   (of)   23
moquerie (f.)   *mockery,*
   ridicule   8
morceau (m.)   *piece*   4
mort (f.)   *death*   5L, 18
morue (f.)   *cod*   7L
mot (m.)   *word*   4
   bon ___   *witticism*   20L
motard (m.)   *motorcycle cop*
   12L
motivation (f.)   *motivation*   21

moto (f.)   *motorcycle*   12
motocyclette (f.)   *motorcycle*
   12
mouillé, –e   *wet*   11
moule (f.)   *mussel*   7
mourir   *to die*   14
   ___ d'envie (de)   *to want*
      very much (to)   14
   ___ de faim   *to be very*
      hungry   14
mousse (f.)   *mousse*
   ___ au chocolat   *chocolate*
      mousse   4
moustache (f.)   *moustache*   11
moustique (m.)   *mosquito*
   17L
mouvement (m.)   *movement*
   21
moyen (m.)   *means, way*   5L
moyen, –ne   *middle*
   classe ___ne   *middle class*
      16L
   Moyen Âge   *Middle Ages*
      16L
moyenne (f.)   *average*   12L
muet, –te   *mute, silent*   17
mulâtre (m.)   *mulatto*   5
multicolore   *multicolored*   5
multitude (f.)   *multitude*   7
municipal, –e, –aux, –ales
   municipal   6
mur (m.)   *wall*   5
mûre (f.)   *mulberry*   14L
musée (m.)   *museum*   1
musical, –e, –aux, –ales   *musical*
   5
music-hall (m.)   *music hall*   3
musicien, –ne (m. & f.)
   musician   7
musique (f.)   *music*   12
musulman, –e (m. & f.)
   Moslem   16L
mutilé, –e   *mutilated*   17
mystérieux, mystérieuse
   mysterious   7
mystique   *mystical*   5
mythe (m.)   *myth*   5
mythique   *mythical*   3

naissance (f.)   *birth*   11
naître   *to be born*   9
naïveté (f.)   *naiveté*   18
nappe (f.)   *tablecloth*   12

natal, –e   *native*   5L
nation (f.)   *nation*   5
   Nations Unies (f. pl.)
      United Nations   23L
national, –e, –aux, –ales
   national   2
nationale (f.)   *national road*
   14
nationalité (f.)   *nationality*
   12
naturel, –le   *natural*   9
naturellement   *naturally*   9S
ne   *not, no*
   aucun . . . ___   *no*   22
   ___ . . . aucun   *not one*   13
   n'est-ce pas?   *isn't that so?*
      2
   ___ . . . guère que   *hardly*
      anything except   22L
   ___ . . . jamais   *never*   13
   ___ . . . ni . . . ni   *neither*
      . . . *nor*   18
   ___ . . . pas   *not*   2
   ___ . . . personne   *no one*
      8L, 16
   ___ . . . plus   *no longer*
      5L, 13
   ___ . . . que   *only*   13
   ___ . . . rien   *nothing*   10L,
      16
néanmoins   *nevertheless*   16L
nécessaire   *necessary*   1
nécessité (f.)   *necessity*   9
nécessiter   *to make necessary*
   21
négligemment   *negligently*   10
négligent, –e   *negligent*   10
négliger   *to neglect, to avoid*
   14L
négritude (f.)   *negritude*
   (concept of recognition of
   the value of the African
   heritage)   19L
nettoyer   *to clean*   20
neuf, neuve   *new, brand new*
   9
ni
   ne . . . ___ . . . ___   *neither*
      . . . *nor*   18
   ___ l'un(e) ___ l'autre ne
      neither one   18
n'importe
   ___ quel   *any*   20L

nocturne *nocturnal, nightly* 9L

   vie ___ *night life* 9L

noir, –e *black* 5

Noir, –e (m. & f.) *(a) Black* 16

noix (m.) *nut* 14L

   vin de ___ *wine aged with nuts* 14L

nom (m.) *name* 6

nomade *nomadic* 13

nomade (m. & f.) *nomad* 16

nombre (m.) *number* 5

nombreux, nombreuse *numerous* 7

nommer *to name* 13

non *no, not* 2

   ___ plus *either* 12L

nord (m.) *north* 3

nord-américain, –e *North American* 5

normal, –e, –aux, –ales *normal* 2L

normand, –e *Norman* 23L

Normandie (f.) *Normandy* 4

nostalgie (f.) *nostalgia* 13

notable (m.) *notable* 13

notaire (m.) *notary* 15

notamment *especially* 14L

note (f.) *note* 13

   prendre des ___ *to take notes* 15

notre; nos *our* 5

nôtre, le, la; les nôtres (pl.) (poss. pron.) *ours* 19

nourrir *to feed, to nourish* 5

nous *we* 1; *us, to us* 8

nouveau, nouvel, nouvelle *new* 7

   de nouveau *again* 4

novembre (m.) *November* 3

noyau (m.) *pit, stone* 23

nuage (m.) *cloud* 12

nuit (f.) *night* 6

numéro (m.) *number* 3; *act (nightclub)* 13L; *telephone number* 18

numéroté, –e *numbered* 5L

objet (m.) *object* 5

obligation (f.) *obligation* 2

obligatoire *obligatory* 5

obligé, –e *obligated* 2

observation (f.) *observation* 8

observer *to observe* 10

obstinément *obstinately* 19

obtenir *to obtain* 7L, 10

occasion (f.) *occasion, chance, opportunity* 9

occidental, –e, –aux, –ales *western* 19L

occupant (m.) *occupant* 3

s'occuper (de) *to take care (of)* 14

octobre (m.) *October* 3

odeur (f.) *odor* 5

œil (m.), yeux (pl.) *eye* 3

   jeter un coup d'___ sur *to glance at* 3

œuf (m.) *egg* 13

office (m.) *office* 9

officiel, –le *official* 9

offrir *to offer, to give* 4

oignon (m.) *onion* 4

oiseau (m.), oiseaux (pl.) *bird* 12

omelette (f.) *omelet* 13

on *one, people, they* 1

oncle (m.) *uncle* 9

opinion (f.) *opinion* 5

oral, –e, –aux, –ales *oral* 1

orchestre (m.) *orchestra (theater section)* 12

ordinairement *ordinarily* 21

ordonnance (f.) *prescription* 9

ordre (m.) *order* 8

   de l'___ de *on the order of, about* 22

organe (m.) *organ* 18

organisation (f.) *organization* 21

organisé, –e *organized* 6

organiser *to organize* 6

organisme (m.) *organ, organism, organization* 9

original, –e, –aux, –ales *original* 9

originalité (f.) *originality* 9

origine (f.) *origin* 19

ou *or* 1

où *where* 1; *when* 6

oublier *to forget* 1L, 6

ouest (m.) *west* 7

oui *yes* 1

outre

   en ___ *besides* 18L

ouvert, –e *open* 4L, 6, 15

ouvertement *openly* 8L

ouvreuse (f.) *usher* 12

ouvrier, ouvrière (m. & f.) *worker* 1, 6

ouvrir *to open* 4

paillard, –e *bawdy* 15L

pain (m.) *bread* 1

   ___ beurré *toast* 4

paître *to graze* 11

palais (m.) *palace* 5

palmier (m.) *palm tree* 7

pancarte (f.) *sign* 23L

panne (f.) *breakdown* 8

   être en ___ *to have a breakdown* 8

   tomber en ___ *to have a breakdown* 20

pape (m.) *Pope* 17

papier (m.) *paper* 12

paquet (m.) *package* 17

par *by* 6L; *per* 22L

paraître *to seem* 17

parapluie (m.) *umbrella* 11

parc (m.) *park* 14

parce que *because* 8L, 10

parcourir *to go through, to pass through, to travel* 5

pardon (m.) *pardon, religious procession in Brittany* 7

pardonner *to pardon* 15

pareil

   sans ___ *unequaled* 4L

parenté (f.) *relations, relatives* 9L

parents (m. pl.) *parents, relatives* 12

paresseux, paresseuse *lazy* 10

parfait, –e *perfect* 10

parfaitement *perfectly* 10

parfois *sometimes* 6

parfum (m.) *perfume* 1

parfumé, –e *perfumed* 17

parier *to bet* 6L

parisien, –ne *Parisian* 1

Parisien, –ne (m. & f.) *(a) Parisian* 3

parler *to talk, to speak* 1

parmi *among* 13L

part (f.)   *part*
de la ___   *on the part*   21
d'autre ___   *on the other
    hand*   10L
d'une ___   *on the one hand*
    10L
quelque ___   *somewhere*
    20L
partager   *to share, to divide*
    5; *to participate*   9
parti (m.)   *party (political)*
    18
___ pris   *insistence*   23L
partialité (f.)   *partiality*   23
participation (f.)   *participation*
    15
participer   *to participate*   6
particulier, particulière
    particular, singular   11
particulièrement   *particularly*
    2
partie (f.)   *part*   1; *party*
    14; *game*   17
faire ___ de   *to be part of*
    4L, 6
partiellement   *partially*   12
partir   *to leave*   6
à ___ de   *starting from*   21
partisan, –e (m. & f.)   *partisan*
    9
partout   *everywhere*   4
parvenir   *to succeed*   18
passage (m.)   *passing*   12
passé (m.)   *past*   7
passé, –e   *past, last*   13S
passeport (m.)   *passport*   5
passer   *to pass*   2; *to spend
    (time)*   3
___ un concours   *to take a
    competitive examination*
    2
___ un examen   *to take an
    exam*   2
se passer   *to happen*   10
passion (f.)   *passion*   14
passionné, –e   *passionate*   5
patiemment   *patiently*   10
patient, –e   *patient*   10
pâtisserie (f.)   *pastry*   4
patrie (f.)   *homeland, native
    country*   13
patron, –ne (m. & f.)   *boss*
    21

pauvre   *poor*   3; *pitiable,
    poor, miserable*   10
pavé, –e   *paved*   5
payer   *to pay for*   2L, 3
pays (m.)   *country*   1L, 5;
    village   14L
paysage (m.)   *countryside*   5
paysan, –ne (m. & f.)   *peasant*
    1
pêche (f.)   *fishing*   7;
    peach   17L
aller à la ___   *to go fishing*
    7
pêcheur (m.)   *fisherman*   3
se peigner   *to comb one's hair*
    10
peindre   *to paint*   14
peine (f.)   *trouble*   9
être en ___ de   *to fail to*
    18L
valoir la ___   *to be worth the
    trouble*   9
peintre (m.)   *painter*   16
peloton (m.)   *group (sports)*
    12L
pelouse (f.)   *lawn*   22
pencher   *to lean, to bend*   12
pendant   *during*   4L
___ que   *while*   15L
pénétrer   *to penetrate*   16
pénible   *difficult, troublesome*
    17
péninsule (f.)   *peninsula*   7
pensée (f.)   *thought*   21
penser   *to think*   2
pension (f.)   *pension, charge
    for room and board*   3L
___ complète   *full board*   3
perdre   *to lose*   17
perdu, –e   *lost*
    moments ___s   *leisure time*
    14L
père (m.)   *father*   5
période (f.)   *period, era, time*
    8
périr   *to perish*   17
permanence (f.)   *permanence*
    17
perméable   *permeable*   8
permettre   *to permit*   11
permission (f.)   *permission*
    13
perpétuel, –le   *perpetual*   16

personnage (m.)   *character*   3
personnalité (f.)   *personality*
    13
personne (f.)   *person*   11
___ . . . ne   *no one*   16
ne . . . ___   *no one*   8L, 16
personnel, –le   *personal*   6
personnifié, –e   *personified*   19
perspective (f.)   *perspective*
    21
persuader   *to persuade*   14
perte (f.)   *loss*   13L
pèse-bagages (m.)   *baggage
    scale*   5C
peser   *to weigh*   3
pétard (m.)   *firecracker*   15L
petit, –e   *little, small, short*   1
les ___s bourgeois (m.)
    lower middle-class   22L
___ déjeuner   *breakfast*   3
___ foot   *miniature football
    game*   12L
___s pois (m. pl.)   *peas*   7
peu   *a little*   3
à ___ près   *nearly, almost*   5
___ à ___   *little by little*   8
___ de   *few*   23
___ importe   *it matters little*
    13C
un ___ de   *a few*   4
peuple (m.)   *people*   5
peur (f.)   *fear*   5
avoir ___ de   *to be afraid of*
    5
peut-être   *perhaps*   2L, 15
pharmacie (f.)   *drugstore,
    pharmacy*   14
pharmacien, –ne (m. & f.)
    pharmacist   9
phénomène (m.)   *phenomenon*
    22
philosophie (f.)   *philosophy*   9
photo (f.)   *photograph*   1
phrase (f.)   *sentence*   4
physique   *physical*   2
piano (m.)   *piano*   7S
pièce (f.)   *play*   12
pied (m.)   *foot*   8
à ___   *on foot*   13
pierre (f.)   *stone*   7
pigeon (m.)   *pigeon*   6
___ voyageur   *carrier pigeon*
    6L

pillage (m.)   *pillage, looting*   16

pilule (f.)   *pill*   9

pin (m.)   *pine tree*   17

pin-parasol (m.)   *parasol pine tree*   17

pipe (f.)   *pipe*   11

pique-nique (m.)   *picnic*   13S

pique-niquer   *to have a picnic*   12

piqûre (f.)   *bite*   17L

pitoyable   *pitiable*   10

pittoresque   *picturesque*   1

place (f.)   *place*   2; *public square*   3; *seat*   5

___ assise   *place to sit*   15

placer   *to place*   6

plage (f.)   *beach*   1

se plaindre   *to complain*   14

plaine (f.)   *plain*   9

plaire   *to please, to be pleasing*   10

s'il vous plaît   *please*   1C

plaisance (f.)   *pleasure*   7L

plaisant, –e   *pleasing*   8

plaisanter   *to jest, to joke*   8

plaisanterie (f.)   *jest, joking*   8L; *joke, witticism*   23

plaisir (m.)   *pleasure*   5

plan (m.)   *plan, map*   15

plantation (f.)   *plantation*   5

planter   *to plant*   23

plat (m.)   *dish*   4

platane (m.)   *plane-tree*   17

plateau (m.)   *plateau, table-land, high plain*   11

plein, –e   *full*   8

en pleine campagne   *in the middle of the country*   22L

faire le ___   *to fill up (a gas tank)*   8

pleuvoir   *to rain*   11

il pleut   *it is raining*   11

il pleut à verse   *it is raining in torrents*   11

plupart, la   *most*   4

pour la ___   *for the most part*   7

plus   *more*   2L

de ___   *moreover*   3L

de ___ en ___   *more and more*   5L

ne . . . ___   *no longer*   5L, 13

non ___   *either*   12L

___ de   *more than*   3L, 13

___ un(e)   *not a single*   12L

tout au ___   *at the most*   10L

plusieurs   *several*   2L, 4

plutôt   *rather*   8L

pluvieux, pluvieuse   *rainy*   7L

pneu (m.)   *tire*   8

poche (f.)   *pocket*   15

poème (m.)   *poem*   19

poète (m.)   *poet*   19

poids (m.)   *weight*   19L, 22

point (m.)   *point, dot*   15C

à tel ___   *to such a point*   22L

pointe (f.)   *point, cape, fore-land*   7L

pointure (f.)   *size*   7C

pois

petits ___ (m. pl.)   *peas*   7

poisson (m.)   *fish*   4

police (f.)   *police*

agent de ___ (m.)   *policeman*

agent de la ___ secrète (m.)   *secret serviceman*   5

policier (m.)   *policeman*   5

politicien, –ne (m. & f.)   *politician*   18

politique   *political*   3

politique (f.)   *politics*   1

pollué, –e   *polluted*   20

pollution (f.)   *pollution*   1

pomme (f.)   *apple*

___ s frites   *fried potatoes*   4

pomme de terre (f.)   *potato*   4

pommier (m.)   *apple tree*   9L

pont (m.)   *bridge*   15C

populaire   *popular, public*   5

population (f.)   *population*   1

porcelaine (f.)   *china, porcelain*   1

port (m.)   *port*   4

porte (f.)   *door*   6; *gate*   5

porter   *to carry, to wear*   7

___ sur   *to bear upon*   2L

porteur (m.)   *porter*   5

poser   *to put, to place*   14; *to pose*   20

position (f.)   *position*   12

possédé, –e   *possessed*   5L

posséder   *to possess, to have*   3

possibilité (f.)   *possibility*   2

possible   *possible*   17

poste (m.)   *job, position*   2L

___ de télévision   *television set*   6

___ à transistors   *transistor radio*   12

poste (f.)   *post office*   17

mettre à la ___   *to mail*   17

pot (m.)   *drink*   2L; *jug*   15L

potager, potagère   *vegetable*   6

poulet (m.)   *chicken*   4

pour   *for, in order to*   2

___ que   *in order that*   22

pourboire (m.)   *tip*   5

pour cent   *percent*   9L

pourcentage (m.)   *percentage*   12

pourquoi   *why*   5L

pourtant   *however*   14

poussière (f.)   *dust*   12

pouvoir   *to be able to*   3

je n'y peux rien   *I cannot do anything about it*   20L

pouvoir (m.)   *power*   5L

pourvu que   *provided that*   22

pragmatisme (m.)   *pragmatism*   9

prairie (f.)   *prairie*   11

pratique (f.)   *practice*   1

pratiquement   *practically*   8

pratiquer   *to practice*   21

pré (m.)   *meadow*   11

précaire   *precarious, uncertain*   6L

précaution (f.)   *precaution*   14

précédé, –e   *preceded*   12

précéder   *to precede*   12

se précipiter   *to hurry*   12

précis, –e   *precise, exact*   6

précisément   *precisely*   10

préférable   *preferable*   9

préférer   *to prefer*   3

préjugé (m.)   *prejudice*   21

premier, première   *first*   2, 3

prendre   *to take*   6

—— au sérieux   *to take
    seriously*   23

prénom (m.)   *first name*   8

se préoccuper (de)   *to be
    preoccupied (with)*   15

préparer   *to prepare*   2

près (de)   *near*   4

à peu ——   *nearly, almost*   5

présence (f.)   *presence*   3

présent (m.)   *present*   15

à ——   *at present*   11

présenter   *to introduce*   8;
    to present   11

se présenter   *to come up, to
    occur*   10L

préserver   *to preserve*   5

président (m.)   *president*   5

présidentiel, –le   *presidential*
    18

presque   *almost*   6L

presse (f.)   *press*   21

pressé, –e   *in a hurry*   23

pressing (m.)   *cleaners*   20C

prestige (m.)   *prestige*   2

prêt (m.)   *loan*   14L

prêt, –e   *ready*   14

prêter   *to lend*   15

prétexte (m.)   *pretext*   16

prêtre (m.)   *priest*   5L

preuve (f.)   *proof*   10L

prévoir   *to foresee*   17

prier   *to pray*   5

primitif, primitive   *primitive*
    5

prince (m.)   *prince*   12

principal, –e, –aux, –ales
    principal   19

printemps (m.)   *spring*   3

priorité (f.)   *priority*   2

pris

parti ——   *insistence*   23L

prise

—— de conscience   *awakening*
    21

prison (f.)   *prison*   19

se priver (de)   *to deprive
    oneself (of)*   23

prix (m.)   *price*   3

probablement   *probably*   9

problème (m.)   *problem*   1

procession (f.)   *procession,
    parade*   7

processus (m.)   *process*   8

prochain, –e   *next*   8

proche   *near*   13

production (f.)   *production*
    11

produit (m.)   *product*   6

professeur (m.)   *teacher*   2

profession (f.)   *profession*   15

professionnel, –le   *professional*
    8

profiter   *to profit*   6

profond, –e   *profound*   10;
    deep   11

profondément   *profoundly*   10

programme (m.)   *program*   2

progressiste (m. & f.)   *radical*
    18

progressivement   *progressively*
    13

promenade (f.)   *walk*   3

faire une ——   *to take a walk*
    3

se promener   *to take a walk*
    11

promesse (f.)   *promise*   13

promettre   *to promise*   13

promotion (f.)   *promotion*   6

Promotion Sociale   *Social
    Service*   6

prononcer   *to pronounce*   17

propos

à —— de   *about, concerning*
    13L

proposer   *to propose*   11

propre   *own*   3L, 11;
    clean   13

propriété (f.)   *property*   5

prospère   *prosperous*   5

prospérer   *to prosper*   7

protection (f.)   *protection*   8

protectorat (m.)   *protectorate*
    16

protégé, –e   *protected*   7

protéger   *to protect*   8

protestation (f.)   *protest*   18

protester   *to protest*   23S

provençal, –e   *from Provence*
    4

Provence (f.)   *Provence*   17

province (f.)   *province*   4

provincial, –e, –aux, –ales
    *provincial, from the
    provinces*   20

provision (f.)   *provision*   11

prudemment   *wisely*   10

prudent, –e   *prudent, wise,
    cautious*   8

prune (f.)   *prune*   17

psychanalyse (f.)   *psycho-
    analysis*   21

public, publique   *public*   5

publicitaire   *advertising*   12

publier   *to publish*   21

puis   *then*   1L

puisque   *since*   5L

puissance (f.)   *power*   16L

puissant, –e   *powerful, strong*
    7

punch (m.)   *punch*   12

quai (m.)   *embankment, quay*
    3; *wharf, pier, platform*   6

qualité (f.)   *quality*   3

quand   *when*   2L

—— même   *just the same*
    10L

quant à   *as for*   16L

quantité (f.)   *quantity*   3

quart (m.)   *quarter*   3

un —— d'heure   *a quarter
    hour*   6

quartier (m.)   *section,
    neighborhood*   1C

Quartier latin   *Latin Quarter*
    1C

que   *which, that*   1

ce ——   *that which*   20

Québecois, –e (m. & f.)   *person
    from Quebec*   9

quelconque   *whatever*   22L

quelque   *some*   4

—— part   *somewhere*   20L

quelque chose (m.)   *something*
    8L, 16

quelquefois   *sometimes*   1L

quelques   *some, a few*   4

——-un(e)s   *some*   5L, 9

quelqu'un, –e   *someone*   8

qu'est-ce que   *what*   1

question (f.)   *question*   13

queue (f.)   *line*   13

qui   *who*   1

ce ——   *that which*   20

quinzaine (f.)   *about fifteen*   9

quitter   *to leave*   2

quoi   *what*   2S, 20

quoique   *although*   22
quotidien, –ne   *daily*   6

race (f.)   *race*   16
racine (f.)   *root*   9L, 19
raconter   *to tell, to relate*   13
raconteur (m.)   *storyteller*   7
radiateur (m.)   *radiator*   15
radical, –e, –aux, –ales   *radical*
   9
radio (f.)   *radio*   12
raie (f.)   *part (in hair)*   11
raisin (m.)   *grape*   1
raison (f.)   *reason*   8
   avoir ___   *to be right*   10
raisonnement (m.)   *reasoning*
   8
ramener   *to take, to bring back*
   7
rapide   *fast, rapid*   3
se rappeler   *to remember, to
   recall*   17
rapport (m.)   *rapport, relation-
   ship*   8L
rapporter   *to yield*   23L;
   to bring back   17
rare   *rare*   8
rarement   *rarely*   3
se raser   *to shave*   10
rassembler   *to gather together*
   15
rassurer   *to reassure*   20
rayon (m.)   *shelf*   7
réagir   *to react*   9L
réalité   *reality*   10
rebelle (f.)   *rebel*   13S
se rebeller   *to rebel, to rise up
   against*   13
récemment   *recently*   22
récent, –e   *recent*   22
recevoir   *to receive*   10
rechange (m.)   *replacement,
   spare*   8
   pneu de ___   *spare tire*   8
réclamer   *to claim, to demand*
   7L
récolte (f.)   *harvest*   5
récolter   *to gather, to harvest*
   12L
recommander   *to recommend*
   14
recommencer   *to begin again*
   2L

reconnaissance (f.)   *gratitude*
   8C
reconnaître   *to recognize*   5
reconnu, –e   *recognized*   16L
se reconstituer   *to form again*
   20L
recouvrir   *to cover again*   7
reculer   *to draw back*   7
redoubler   *to fail, to repeat
   (a class)*   2L
réduction (f.)   *reduction*   2
réel, –le   *real*   3
référendum (m.)   *referendum*
   13
refuge (m.)   *refuge*   14
réfugié, –e (m. & f.)   *refugee*
   16L
regard (m.)   *look, gaze*   19
regarder   *to look at*   1
régime (m.)   *diet*   4C;
   regime, rule   18
région (f.)   *region*   1
régional, –e, –aux, –ales
   regional   14
règle (f.)   *rule, law*   23
régler   *to direct, to regulate*
   21
régner   *to reign*   5
regret (m.)   *regret*   13
regretter   *to regret*   14
se regrouper   *to reunite*   20
réinviter   *to reinvite*   8
rejoindre   *to meet, to reunite*
   14
se rejoindre   *to meet, to reunite*
   16
relater   *to relate, to tell*   13
relation (f.)   *relation*   5
relativement   *relatively*   8
relevé, –e   *seasoned*   17L
religieusement   *religiously*   10
religieux, religieuse   *religious*
   5
religieuse (f.)   *nun*   23L
remarquable   *remarkable*   18
remarque (f.)   *remark*   18
remarquer   *to notice*   12
rembourser   *to reimburse*   6
remercier   *to thank*   8
remonter   *to go up again, to
   climb up again*   7
remorquer   *to tow*   8C
remous (m.)   *unrest*   5L

rempart (m.)   *rampart*   7
remplacer   *to replace*   7
remplir   *to fill*   7; *to fill out*
   13
remporter   *to take back, to
   carry back*   11L
renaissance (f.)   *rebirth*   19
renaître   *to be reborn*   23
rencontrer   *to meet*   1
rendez-vous (m.)   *meeting, date*
   18
rendre   *to render, to give back,
   to make*   9
   se ___ compte de   *to realize*
   10
   ___ visite à   *to visit*   9
renommé, –e   *known, renowned*
   1L
renouveler   *to renew*   15
renseignement (m.)   *information*   3C
rentrer   *to go back*   4
renvoyer   *to send back*   23L
réorganiser   *to reorganize*   2
répandre   *to spread, to diffuse,
   to circulate*   4
se répandre   *to spread*   21
répandu, –e   *shed*   19L
réparation (f.)   *repair*   14L
réparer   *to repair*   14
repartir   *to leave again*   6
repas (m.)   *meal*   2
repassé, –e   *pressed*   20C
répéter   *to repeat*   1
répétition (f.)   *repetition*   19
repeupler   *to restock*   17
répondre   *to answer*   1S, 4
réponse (f.)   *answer*   20
reportage (m.)   *reporting*   12
repos (m.)   *rest, tranquillity*
   14
se reposer   *to rest*   11
repousser   *to grow again*   19L
reprendre   *to begin again*   12
représentant, –e (m. & f.)
   representative   23L
représentation (f.)   *perfor-
   mance, production*   17
représenter   *to represent*   7
reprocher   *to reproach*   18
république (f.)   *republic*   5
réputation (f.)   *reputation*   7
réputé, –e   *reputed, renowned*   7

réserve (f.)   *reserve*   17

réserver   *to reserve*   10

résidence (f.)   *residence*   7;
dormitory   10

résistance (f.)   *resistance*   12

résolument   *resolutely*   18

respecter   *to respect*   15

respirer   *to breathe*   7

ressembler (à)   *to resemble,
to look like*   4

ressentir   *to feel*   19L

resserrer   *to tighten*   8C

ressource (f.)   *resource*   9

restaurant (m.)   *restaurant*   2

restaurateur (m.)   *restaurant
owner*   20

reste (m.)   *rest*   9

rester   *to stay, to remain*   1
il reste   *there remains*   15L

restreint, –e   *restrained*   8

résultat (m.)   *result*   18

résulter   *to result*   9

retard
en ___   *late*   15

retenir   *to retain*   10

retirer   *to take away, to take
off*   8L; *to draw out, to
take out (money)*   13

se retirer   *to retire*   11

retour (m.)   *return*   6
aller et ___   *round trip*   6
au ___   *on the way back*
14
être de ___   *to be back*   18

retourner   *to go back, to return*
15

retrait (m.)   *withdrawal*   13
___ de fonds   *withdrawal
slip*   13

retraite (f.)   *retirement*   6

retrouver   *to find again, to
rejoin*   6

réunion (f.)   *reunion*   9;
meeting   21

réunir   *to reunite, to bring
together*   7L

se réunir   *to meet*   21

réussir   *to succeed*   11

réussite (f.)   *success*   4L

revanche
en ___   *in return*   18L

rêve (m.)   *dream*   7L, 16

se réveiller   *to wake up*   10

revendication (f.)   *demand*
21L

revenir   *to come back*   15

rêver   *to dream*   12L, 16

réviser   *to revise*   2

se révolter   *to revolt*   21

révolution (f.)   *revolution*   9

revue (f.)   *magazine*   10

rez-de-chaussée (m.)   *ground
floor*   7

rhum (m.)   *rum*   5

riche   *rich*   1

riche (m. & f.)   *rich person*
22

richesse (f.)   *richness*   9

ridicule   *ridiculous*   10
tourner en ___   *to make fun
of*   23

ridiculiser   *to ridicule*   18

rien   *nothing*   16
ne . . . ___   *nothing*   10L,
16
___ . . . ne   *nothing*   16

rigide   *rigid*   2

rigoureux, rigoureuse   *rigorous*
2

rire (m.)   *laughter*
fou ___   *explosion of
laughter*   23

rire   *to laugh*   5

risquer   *to risk*   8

rive (f.)   *bank*   3
___ droite   *right bank*   3L
___ gauche   *left bank*   3L

rivière (f.)   *river, stream*   7

riz (m.)   *rice*   5

rizière (f.)   *rice field*   17

robe (f.)   *dress*   5

robuste   *robust*   19

rocher (m.)   *rock*   7

rocheux, rocheuse   *rocky*   7

rôle (m.)   *role*   12

Romain, –e (m. & f.)   *Roman*
17

rompre   *to break*   5

rond, –e   *round*   7

rosbif (m.)   *roast beef*   4

rose   *pink*   17L

rôti, –e   *roasted*   4

rouge   *red*   4

roulement (m.)   *rotation (of
closings)*   20L

rouler   *to roll, to roll up*   12

Roumanie (f.)   *Rumania*   14

route (f.)   *road, route*   5, 5L

routier, routière   *of roads*   14

ruban   *ribbon, band*   7

rude   *rough, rugged*   5

rue (f.)   *street*   1

ruine (f.)   *ruin*   13

ruiner   *to ruin*   8

rural, –e, –aux, –ales   *rural*
22

rythme (m.)   *rhythm*   7

rythmique   *rhythmical*   5

sable (m.)   *sand*   7

sabot (m.)   *wooden shoe, clog*
7

sac (m.)   *sac*   12
___ de couchage   *sleeping
bag*   12

safran (m.)   *saffron*   4

sage   *wise*   14

Sahara (m.)   *Sahara*   19

sain, –e   *healthy*   14

saisir   *to seize, grab*   14

salade (f.)   *salad*   4

salaire (m.)   *salary*   6

sale   *dirty*   20

saleté (f.)   *dirt, filth*   10L

salle (f.)   *room*   2
___ de bains   *bathroom*   3
___ de classe   *classroom*   13
___ de concert   *concert hall*
3
___ de cours   *classroom*   2

salon (m.)   *salon*   3; *living
room*   4

saluer   *to address, to greet*   10

samedi (m.)   *Saturday*   3

sandwich (m.)   *sandwich*   10

sang (m.)   *blood*   19

sanitaire   *sanitary, pertaining
to sanitation*   9

sans   *without*   3
___ cesse   *without stopping*
6

sans que   *without*   22

sapin (m.)   *pine tree*   11

sarcasme (m.)   *sarcasm*   23

sardine (f.)   *sardine*   7

sarrasin (m.)   *buckwheat*   7L

satire (f.)   *satire*   23

satirique   *satirical*   18

satisfaction (f.) *satisfaction* 12

satisfaire *to satisfy* 14

satisfaisant, –e *satisfying* 21

satisfait, –e *satisfied* 14

sauce (f.) *sauce* 4

saucisse (f.) *sausage* 4

saucisson (m.) *sausage, bologna* 4

sauté, –e *sautéed* 4

sauvage *wild* 16

sauver *to save* 23

se sauver *to escape* 13L

savane (f.) *savanna* 19

saveur (f.) *taste* 19L

savoir *to know, to know how to* 5

savourer *to savor, to taste* 4

science (f.) *science* 2

scierie (f.) *saw mill* 11L

scolaire *pertaining to a school, scholarly* 2

année ___ *school year* 2

scrutin (m.) *balloting* 18L

séance (f.) *séance* 5

sec, sèche *dry* 7

sécher (pop.) *to miss, to "cut"* 15L

second, –e *second* 16

secondaire *secondary* 2

seconde (f.) *second* 9

secret (m.) *secret* 11

secret, secrète *secret* 4S

secrétaire (m. & f.) *secretary* 20

sécurité (f.) *security* 2

Sécurité sociale *Social Security* 2

séjour (m.) *stay, visit* 5L, 22

self-service (m.) *self-service restaurant* 4

selon *according to* 14C

semaine (f.) *week* 3

semblable *similar, alike* 9

sembler *to seem* 2

semestre (m.) *semester* 13S

semi *half* 8

Sénégal (m.) *Senegal* 19

sens (m.) *sense* 23

sensation (f.) *sensation, feeling* 19

sensible *discernible* 20L

sentiment (m.) *sentiment, feeling* 8

séparer *to separate* 5

septembre (m.) *September* 3

septentrional, –e, –aux, –ales *northern* 16L

sérieux, sérieuse *serious* 6

prendre au ___ *to take seriously* 23

serpentin, –e *winding* 5L

serré, –e *closed in, tightened* 11L

serrer *to clasp, to clench, to tighten* 11L

service (m.) *tip* 3; *service* 9

servir *to serve* 6

se ___ de *to use* 13

servitude (f.) *servitude* 19

seul, –e *alone* 2L, 13; *only one* 13

seulement *only* 2C, 13

sexualité (f.) *sexuality* 21

shampooing (m.) *shampoo* 14

short (m.) *shorts* 12

si *if* 2L, 16; *so* 14; *yes (in answer to a negative question)* 19

siècle (m.) *century* 7

siège (m.) *seat* 5L

sien, le (m.), la sienne (f.), les siens, les siennes (pl.) (poss. pron.) *his, hers, its* 10L, 19

sieste (f.) *siesta* 17

siffler *to whistle* 6

signe (m.) *sign* 18

signé, –e *signed* 21

signer *to sign* 21

signifier *to signify, to mean* 8

silence (m.) *silence* 5S, 12

simple *simple* 11

simplement *simply* 13

singulier, singulière *singular, peculiar* 21

sinon *if not* 8L

sirène (f.) *siren* 6

sisal (m.) *sisal* 5L

situation (f.) *situation* 3

situé, –e *situated, located* 2

sixième *sixth* 3

ski (m.) *ski* 1

skier *to ski* 11

snack-bar (m.) *snack bar* 10

social, –e, –aux, –ales *social* 3

Sécurité sociale *Social Security* 2

société (f.) *society* 21

sœur (f.) *sister* 5

soi *oneself, himself, herself* 14L

soie (f.) *silk* 7

soigner *to take care of* 21

soin (m.) *care* 8

avec ___ *with care* 8

soir (m.) *evening* 2

soirée (f.) *evening* 6; *party* 8

solde (m.) *sale* 7

en ___ *on sale* 7

sole (m.) *sole* 4

soleil (m.) *sun* 3

faire du ___ *to be sunny* 3

___ couchant *setting sun* 16L

solicitude (f.) *solicitude* 8

solution (f.) *solution* 8

sombre *dark, somber, melancholy* 3

somme (f.) *sum*

en ___ *in all* 13

sommeil (m.) *sleep* 10

avoir ___ *to be sleepy* 10

sommet (m.) *summit* 11

somnifère (m.) *sleep-inducing, sleeping pill* 6L

son (m.) *sound* 5

son, sa, ses *his, her, its* 2L, 5

sondage (m.) *poll* 18L

sonnerie (f.) *ringing (of bells)* 23

sorte (f.) *kind, sort* 5

en quelque ___ *in some way* 7L

sortie (f.) *departure* 14

sortir *to leave* 6

soudain *all of a sudden* 12L

souffrance (f.) *suffering* 19

souffrant, –e *suffering* 19

souffrir *to suffer* 14

souhaiter *to wish, to hope for* 23

souk (m.) *covered market (in Islam)* 16L

soumettre *to subdue, to submit* 13

soupçonner   *to suspect*   18

soupe (f.)   *soup*   4

source (f.)   *spring*   11L; *source*   19

sourire   *to smile*   5

sous   *under*   5

sous-sol (m.)   *basement*   4L

soutenir   *to support, to aid*   15L

souterrain, –e   *underground*   9

souvenir (m.)   *souvenir, remembrance*   9

se souvenir de   *to remember*   15

souvent   *often*   3L, 4

souverain, –e (m. & f.)   *sovereign*   16

spécialisation (f.)   *specialization, major*   2

se spécialiser   *to specialize, to major in*   6L

spécialité (f.)   *specialty*   4

spectacle (m.)   *show, entertainment*   3L; *spectacle, sight*   14

spectaculaire   *spectacular*   7

spectateur (m.)   *spectator*   6

spirituellement   *spiritually*   19

splendidement   *splendidly*   19

spontanéité (f.)   *spontaneity*   21

spontanément   *spontaneously*   21

sport (m.)   *sport*   6

sportif, sportive   *athletic*   6

stabilité (f.)   *stability*   8

stable   *stable*   8

stade (m.)   *stadium*   6

standing (m.)

de grand ___   *luxury*   10L

station (f.)   *resort*   1L; *station*   15

___ balnéaire   *seaside resort*   1L

stationner   *to park*   22

station-service (f.)   *service station, gas station*   8

statut (m.)   *statute, law*   9

stérile   *sterile*   22

structure (f.)   *structure*   1

stupide   *stupid*   23

style (m.)   *style*   9

stylo (m.)   *pen*   13

subjuguer   *to subjugate, to subdue*   13

substituer   *to substitute*   1

subtil, –e   *subtle*   19

succéder   *to succeed, to follow after*   13

se succéder   *to follow, to succeed one another*   11L

sucre (m.)   *sugar*   5

sud (m.)   *south*   7

sueur (f.)   *sweat*   19L

suffisamment   *sufficiently, enough*   11

suffisance (f.)   *sufficient quantity*   4

suite

Reviens de ___   *Back soon*   23L

suivant   *according to*   8L

suivant, –e   *following*   8

suivre   *to follow*   13

superficiel, –le   *superficial*   10

supérieur, –e (m. & f.)   *boss, superior*   8

supérieur, –e   *superior, higher*   2

superlatif (m.)   *superlative*   12

supermarché (m.)   *supermarket*   9

sur   *on*   1

sûr, –e   *sure*   6

bien sûr   *of course*   4L

surmonter   *to surmount, to overcome*   14

surpeuplé, –e   *overpopulated*   3

surpeuplement (m.)   *overpopulation*   5

surpopulation (f.)   *overpopulation*   5

surtout   *especially*   1L

survivre (à)   *to survive*   17

suspecter   *to suspect*   18

symbole (m.)   *symbol*   19

sympathique   *likeable, nice*   8

syndicat (m.)   *union, syndicate*   6

systématiquement   *systematically*   10

système (m.)   *system*   2

table (f.)   *table*   3

tableau (m.)   *blackboard*   13

tablier (m.)   *apron*   7

tailler   *to cut, to trim*   11

se taire   *to be quiet, to become quiet*   10

talent (m.)   *talent*   20

talon (m.)   *heel*   7

tambour (m.)   *drum*   5

tandis que   *while*   22

Tanger (m.)   *Tangiers*   16

tant

en ___ que   *as, insofar as*   6L

tante (f.)   *aunt*   9

tapisserie (f.)   *tapestry*   19

taquinerie (f.)   *teasing*   8L

tard   *late*   10

plus ___   *later*   7

tare (f.)   *defect*   21L

tartine (f.)   *slice of bread and butter*   4L

tasse (f.)   *cup*   4

taureau (m.), taureaux (pl.)   *bull*   17L

taxe (f.)   *tax*   16S

taxi (m.)   *taxi*   19

te   *you, to you (fam.)*   8

technique   *technical*   2

technique (f.)   *technology*   2

tee-shirt (m.)   *tee shirt*   10

tel, telle   *such a*   6L

à tel point   *to such a point*   22L

___ que   *such as*   6L

un(e) ___   *such a*   13C

téléphone (m.)   *telephone*   13S

donner un coup de ___   *to telephone*   18

téléphoner   *to telephone*   13S

téléphonique

cabine ___   *telephone booth*   18

télévision (f.)   *television*   4

poste de ___   *television set*   6

tellement   *so*   7L

témoigner   *to witness*   7L

___ de   *to be witness to*   7L

témoin (m.)   *witness*   7L

temps (m.)   *time*   4C; *weather*   3

de ___ en ___   *from time to time*   14L

ténacité (f.)   *tenacity, strength*   7

tendance (f.)   *tendency*   3
avoir ___ à   *to have a tendency to*   3

tendre   *to pull, to stretch*   12

tenir   *to have, to hold*   10
se ___ debout   *to stand*   15

Tenez!   *Hey!*   14L

tennis (m.)   *tennis*   7S

tension (f.)   *tension*   5

tente (f.)   *tent*   12

tenter (de)   *to try (to)*   5

terme (m.)   *term*   10

terminé, –e   *finished, terminated*   12

terminer   *to finish*   3

terrain (m.)   *terrain*   5;   *land*   22L

terrasse (f.)   *terrace*   1

terre (f.)   *land, earth*   5

terreur (f.)   *terror*   5

terrible   *terrible*   17

tête (f.)   *head*   5
en ___   *first*   18L

textile   *textile*   1

théâtre (m.)   *theater*   1

tien, le (m.), la tienne (f.), les tiens, les tiennes (pl.) (poss. pron.)   *yours (fam.)*   19

Tiens!   *Well!*   1C

tiercé (m.)   *bet in horse race*   6L
faire le ___   *to bet*   6L

tiers (m.)   *third*   17L

timbre (m.)   *stamp*   17

tisser   *to weave*   6
métier à ___   *power loom*   6

tisserand (m.)   *weaver*   6

toile (f.)   *picture, canvas*   14

toit (m.)   *roof*   5

tomate (f.)   *tomato*   4

tomber   *to fall*   15
___ en panne   *to break down*   20

ton, ta, tes   *your (fam.)*   5

tondeuse (f.)   *clippers*   11C

tonne (f.)   *ton*   22

torchis (m.)   *loam*   5
murs de ___   *mud walls*   5

torchon (m.)   *torch*   21L

tortueux, tortueuse   *tortuous*   17

tôt   *soon*   17L, 20C

total, –e, –aux, –ales   *total*   15

toucher   *to touch*   16
___ un chèque   *to cash a check*   16L

toujours   *always*   2L, 6

tour (m.)   *tour*   3;   *turn*   8
à son ___   *in turn*   19L

tour (f.)   *tower*   1

tourisme (m.)   *tourism*   5

touriste (m. & f.)   *tourist*   3

touristique   *tourist*   1

tournant (m.)   *turning point*   9L

tourner   *to turn*   9
___ en ridicule   *to make fun of*   23

tous (pron.)   *all*   7L

tousser   *to cough*   9

tout (adv.)   *very*   14L;   *all*   22L

tout (pron.)   *all, everything*   17
du ___   *at all*   8L
___ au plus   *at the most*   10L
___ de même   *all the same*   15L
___ de suite   *immediately*   4

tout, tous, toute, toutes (adj.)   *the whole, every, all the*   2L, 6
___ le monde   *everyone*   6

tracer   *to trace*   23

tradition (f.)   *tradition*   5

traditionnel, –le   *traditional*   7

traducteur (m.)   *translator*   23

tragédie (f.)   *tragedy*   13

tragique   *tragic*   13

train (m.)   *train*   6
être en ___ de   *to be in the process of*   2

trait (m.)   *trait, characteristic*   4

traiter   *to treat*   21

trajet (m.)   *journey*   5

tranquille   *quiet, tranquil*   3

tranquillité (f.)   *tranquillity, quiet*   4

transformation (f.)   *transformation*   6L

transformer   *to transform*   9

transistor (m.)   *transistor*   12

transition (f.)   *transition*   15

transmis, –e   *transmitted*   19

transparent, –e   *transparent*   17

transport (m.)   *transport*   5

travail (m.), travaux (pl.)   *work*   3, 21

travailler   *to work*   1

travailleur (m.)   *worker*   5

travers
à ___   *across*   14L

traverser   *to go through, to go across*   5

tremblant, –e   *trembling*   19

très   *very*   1C, 7

tribu (f.)   *tribe*   16

tribune (f.)   *tribune*   23L

triste   *sad*   10

tromper   *to deceive*   18
se tromper   *to be mistaken*   15

trop   *too (much)*   3;   *too*   15
___ de   *too much*   4

tropical, –e, –aux, –ales   *tropical*   5

trouble (m.)   *trouble*   5

troupe (f.)   *troop*   16

troupeau (m.)   *flock*   16

trouver   *to find*   3
se trouver   *to be located*   14
il se trouve   *it happens*   23L

tu   *you (fam.)*   1

tube (m.)   *tube*   14

Tunisie (f.)   *Tunisia*   16

tunisien, –ne   *Tunisian*   16

turc, turque   *Turkish*   16

tutoyer   *to address someone using tu*   8

type (m.)   *type*   14

typique   *typical*   4

typiquement   *typically*   7

un, –e   *one, a*   1
l'___   *the one*   8

uni, –e   *united*

Nations Unies   *United Nations*   23L

unifier   *to unify*   19

union (f.)   *union*   7

unir   *to unite*   9

unité (f.)   *unity*   1; *unit*   22

universitaire   *of the university*   2

université (f.)   *university*   2

urbain, –e   *urban*   3

urne (f.)   *ballot box*   18L

usé, –e   *worn, worn out*   8C

usine (f.)   *factory*   1

utile   *useful*   14

utiliser   *to use, to utilize*   8

utilité (f.)   *utility*   19

vacances (f. pl.)   *vacation*   1L, 7

colonie de ___   *holiday camp*   6

vache (f.)   *cow*   1

vain

en ___   *in vain*   14L

vaincre   *to overcome, to defeat*   14L

valable   *valuable, valid*   9

valise (f.)   *suitcase*   3

valoir   *to be worth*   9

il vaut mieux   *it is better*   9

___ la peine   *to be worth the trouble*   9

vanter   *to boast*   12L

varié, –e   *varied*   1

varier   *to vary*   8

vaste   *vast*   5

vaudou (m.)   *voodoo*   5

velours (m.)   *velvet*   7

vendre   *to sell*   4

vendredi (m.)   *Friday*   3

venir   *to come*   10

___ de (plus infinitive)   *to have just*   11

vent (m.)   *wind*   3

faire du ___   *to be windy*   3

véranda (f.)   *veranda*   5

verbe (m.)   *verb*   5S, 8

verdure (f.)   *greenery*   22L

vérifier   *to check, to verify*   8

véritable   *veritable*   12

vérité (f.)   *truth*   10

en ___   *in truth*   11L

verre (m.)   *glass*   1

vers   *toward*   4L, 16

verse

Il pleut à ___.   *It is raining in torrents.*   11

vert, –e   *green*   4

veste (f.)   *vest, coat*   12

vêtements (m. pl.)   *clothing*   20

vêtu, –e   *dressed*   16

veuillez (plus infinitive)   *please*   11C

viande (f.)   *meat*   4

victoire (f.)   *victory*   18

vide   *empty*   12

vidé, –e   *emptied*   22

vie (f.)   *life*   1L

vieillesse (f.)   *old age*   14

vieillir   *to become old*   3L, 14

vieux, vieil, vieille   *old*   7

vif, vive   *alive, lively*   5

vigne (f.)   *vine, vineyard*   14

village (m.)   *village*   1

villageois, –e (m. & f.)   *villager*   17

ville (f.)   *city*   1

donnez-moi la ___   *I want to make a local call*   18C

___ close   *walled city*   7L

ville-dortoir (m.)   *bedroom town*   22L

vin (m.)   *wine*   1

vinicole   *wine-growing*   1

visage (m.)   *face*   12

vis-à-vis   *toward*   17L

visible   *visible*   9

visière (f.)   *visor*   12L

___ de carton publicitaire   *cardboard visor with advertisements*   12L

vision (f.)   *vision*   18

visite (f.)   *visit*   5

rendre ___ à   *to visit*   9

visiter   *to visit*   3

visiteur (m.)   *visitor*   3

vite   *quickly*   8

vitesse (f.)   *speed*   12

à toute ___   *at full speed*   12

vitrier (m.)   *glass-maker*   20L

vivant, –e   *living, alive*   9

vivement   *strongly*   19C

vivre   *to live*   4L, 13

manière de ___   *way of life*   9L

vocabulaire (m.)   *vocabulary*   4

voilà   *there is, there are*   4

voir   *to see*   7

voisin, –e (m. & f.)   *neighbor*   9

voisin, –e   *neighboring*   9

voiture (f.)   *car*   6

___-balai   *cleaning car*   12L

voix (f.)   *voice*   17

volaille (f.)   *poultry*   14L

volant (m.)   *steering wheel*   8

volontiers   *willingly, gladly*   11L

vote (m.)   *vote*   15

voter   *to vote*   13

votre, vos   *your*   5

vôtre, le, la; les vôtres (pl.) (poss. pron.)   *yours*   19

vouloir   *to want, to wish*   3

___ dire   *to mean, to signify*   8

veuillez (plus infinitive)   *please*   11C

vous   *you*   1; *to you*   8

vouvoyer   *to address someone using* vous   8

voyage (m.)   *trip*   9

chèque de ___   *traveler's check*   13

voyager   *to travel*   6

voyageur, voyageuse (m. & f.)   *tourist, traveler*   3

vraiment   *really*   13C

vue (f.)   *sight*

à perte de ___   *as far as the eye can see*   7L

wagon (m.)   *car*   6

___-restaurant   *dining car*   6

week-end (m.)   *weekend*   14

whisky (m.)   *whisky*   10

wolof (m.)   *wolof (African dialect)*   19L

xénophobe   *xenophobic, hating foreigners*   8L

y   *there, of it, of them*   9

yeux (m. pl.), œil (sing.)   *eyes*   18

zébrure (f.)   *stripe*   19L

zone (f.)   *zone*   16

INDEX

Index

à:
  plus the definite article, 33–35
  with geographical names, 329–331
  with *lequel* forms, 379–381
  with possessive pronouns, 364–365
  after verbs, 135–136, 309–311
adjectives:
  comparison of, 213–216, 232–234
  demonstrative, 95–96
  double the consonant, 69–70
  ending in *–al*, or *–ail*, 119–120
  ending in *–c*, 139
  ending in *–er* and *–et*, 71–72
  ending in *–eux*, 136–137
  ending in *–f*, 98–99
  feminine of, 8–10
  interrogative, *quel*, 123–124
  with one oral form, 10
  possessive, 100–104
  plural of, 8–10
  preceding nouns, 140–143
adverbs:
  comparison of, 213–216, 232–234
  formation of:
    ending in *–ément*, *–amment*, *–emment*, 194–196
    regular, 181–182
  position of, in the *passé composé*, 229–231
agreement of the past participle:
  with reflexive verbs, 285–287
  with verbs conjugated with *avoir*, 287–288
  with verbs conjugated with *être*, 282–285
aller:
  future tense of, 342–344
  plus the infinitive, 30–31
  present tense of, 29–30

subjunctive of, 408–411
s'en aller, 198
  contrasted with *laisser, partir, sortir, quitter,* 228
apprendre:
  past participle of, 250–251
  present tense of, 118–119
après, plus the infinitive, 400–401
article:
  definite, 8–10
    contractions of the, 33–35
    partitive versus the, 75–76
    with parts of the body, 198–199
  indefinite, 25–26
  omission of the, 26–27
s'asseoir:
  past participle of, 285–287
  present tense of, 212–213
au with geographical names, 329–331
autant, 236
avant de plus the infinitive, 400–401
avoir:
  agreement of the past participle with verbs conjugated with, 287–288
  expressions with, 92, 172
  future tense of, 342–344
  idiomatic expressions with, 36
  passé composé with, 229–231, 250–251
  past participle of, 264–265
  present participle of, 217–218
  present tense of, 35–37
  subjunctive of, 408–411

battre, 247–248
se battre, 247–248
bien, comparison of, 232–234

boire:
    past participle of, 264–265
    present tense of, 193–194
bon, comparison of, 232–234

ça fait . . . que and the present tense, 104–106
ce as demonstrative adjective, 95–96
celui (see demonstative pronouns)
ce que, 381–382
ce qui, 381–382
ce sont, 25–27, 267
c'est, 25–27, 267
commands (see imperative)
comparison, of adjectives and adverbs, 213–216
    of *bien,* 232–234
    of *bon,* 232–234
    of quantity, 236
comprendre:
    past participle of, 250–251
    present tense of, 118–119
conclure, 90
conditional past tense, 427–429
conditional tense, 374–376
    in *si* clauses, 376–378
conduire:
    past participle of, 250–251
    present tense of, 158–159
conjunctions followed by the subjunctive, 411–414
connaître:
    past participle of, 264–265
    present tense of, 97
    versus *savoir,* 98
construire:
    past participle of, 250–251
    present tense of, 158–159
contractions of the definite article, 33–35
conversational past tense (see *passé composé*)
courir:
    future tense of, 357–358
    past participle of, 264–265
    present tense of, 88
couvrir, 272
craindre, 270–271
croire:
    past participle of, 264–265
    present tense of, 137–138

dates, 47–48
days of the week, 47–48
de:
    plus the definite article, 34–35
    after verbs, 135–136, 309–311
découvrir:
    past participle of, 272
    present tense of, 70–71
décrire:
    past participle of, 250–251
    present tense of, 248–249
déduire, present tense of, 158–159
definite article, 8–10
    contractions of the, 33–35
    partitive versus the, 75–76
    with parts of the body, 198–199
demander à plus the infinitive, 173
demonstrative adjectives, 95–96
demonstrative pronouns, 232–234
depuis and the present tense, 104–106
descendre with *être* and *avoir* in the *passé composé,* 284–285
détruire:
    past participle of, 250–251
    present tense of, 158–159
devoir:
    future tense of, 342–344
    meaning in the *passé composé,* 265
    past participle of, 264–265
    present tense of, 193–194
    special meanings of, 375–376
dire:
    past participle of, 250–251
    present tense of, 158–159
dire à plus the infinitive, 173
direct object (see object pronouns; pronouns)
dont, 378–381
dormir, 120–121

écrire:
    past participle of, 250–251
    present tense of, 248–249
emphatic pronouns, 266–269
en:
    with geographical names, 329–331
    plus the present participle, 216–218
    as a pronoun, 178–181, 291–292
entendre plus the infinitive, 431–433

envoyer:
    future tense of, 357–358
–er verbs:
    imperative of, 32–33
    passé composé of, 229–231
    present tense of, 13–14
être:
    future tense of, 342–344
    imperfect tense of, 308–309
    past participle of, 250–251
    present participle of, 217–218
    present tense of, 11–12
    subjunctive of, 408–411
    verbs conjugated with, 282–287

faire:
    in causative construction, 431–433
    expressions with, 55
    future tense of, 342–344
    past participle of, 250–251
    present tense of, 54–55
    subjunctive of, 408–411
falloir:
    past participle of, 264–265
    present tense of, 174
    subjunctive of, 410–411
future perfect tense, 429–431
future tense:
    of irregular verbs, 342–344, 357–358
    of regular verbs, 331–333
    uses of:
        after *quand, lorsque, dès que, aussitôt que,*
            344–346
        in *si* clauses, 376–378

gender (see article and adjectives)
geographical names, prepositions with, 329–331

habiter versus *vivre,* 249–250

il y a, 15
il y a . . . que and the present tense, 104–106
imperative:
    of *–er* verbs, 32–33
    of *–ir* verbs, 52–53
    position of object pronouns with, 160, 304–305
    of *–re* verbs, 74
    of reflexive verbs, 200–201

imperfect tense:
    formation of, 306–309
    versus the *passé composé,* 325–329
    uses of:
        completed action, repeated action, 325–326
        description in the past, 327–328
        with *si,* 309
        in *si* clauses, 376–378
        verbs of mental activity or condition, 328–
            329
indefinite article, 25–26
    omission of the, 25–26
indirect object (see object pronouns; pronouns)
infinitive:
    preceded by *à,* 135–136, 309–311
    après and, 400–401
    avant de and, 400–401
    preceded by *de,* 135–136, 173, 309–311
    negation of, 400
    position of object pronouns with, 160–161
    of reflexive verbs, 201
    versus the subjunctive, 394, 396
interrogative:
    with *est-ce que,* 27–29
    by intonation, 27–29
    by inversion, 28–29
    negative:
        of the *passé composé,* 235–236
        of the present tense, 56–57
    with *n'est-ce pas,* 27–29
    quel, 123–124
    words, 359–362
inversion:
    in negative interrogative, 56–57
    with a noun subject, 53–54
    of pronoun and verb, 28–29
–ir verbs:
    imperative of, 52–53
    passé composé of, 229–231
    present tense of, 52–53

joindre, 270–271
jouer versus *jouer à, jouer de,* 139–140

laisser:
    contrasted with *s'en aller, partir, sortir, quitter,*
        228
    plus the infinitive, 431–433

le, la, l', les (See article; pronouns; object
    pronouns)
lequel, 379–381
lire:
    past participle of, 264–265
    present tense of, 158–159

meilleur, 232–234
même with emphatic pronouns, 267–269
mettre:
    past participle of, 250–251
    present tense of, 247–248
mieux, 232–234
moins with comparative and superlative, 213–216
monter with *être* and *avoir* in the *passé composé,*
    284–285
months, 47
mourir:
    future tense of, 357–358
    past participle of, 282–285
    present tense of, 263

ne (see negative)
ne, pleonastic, 396, 412
negative:
    imperative, 32–33
    of the infinitive, 400
    interrogative forms of the present tense, 56–57
    ne . . . aucun, 251–253
    ne . . . jamais, 251–253
    ne . . . ni . . . ni, 346–347
    ne . . . personne, 312–313
    ne . . . plus, 251–253
    ne . . . que, 251–253
    ne . . . rien, 312–313
    of the *passé composé,* 234–235
    personne ne, 313–314
    of the present tense, 31–32
    rien ne, 313–314
    si in answer to a negative question or state-
        ment, 358–359
nouns:
    feminine of, 8–10
    gender of, 8–10
    masculine of, 8–10
    plural forms of, 8–10
        ending in *–al,* or *–ail,* 119–120
numbers, 15, 25

object pronouns:
    in the affirmative imperative, 160–161, 304–
        305
    direct, 154–158
    en, 178–181, 291–293
    indirect, 156–158, 175–176
    in the infinitive, 160–161
    in negative sentences, 159–160
    position of double object, 289–293
    y, 176–178, 291–293
    (see pronouns)
offrir:
    past participle of, 272
    present tense of, 70–71
on with the passive voice, 416–417
où, 379–381
ouvrir:
    past participle of, 272
    present tense of, 70–71

participle:
    past:
        ending in *–é, –ait, –i, –is, –it,* 250–251
        ending in *–ert,* 272
        ending in *–u,* 264–265
        of reflexive verbs, 285–287
        of regular verbs, 229–231
        of verbs conjugated with *être,* 282–285
    present, 216–218
partir:
    versus *laisser, s'en aller, partir, quitter,* 228
    present tense of, 120–121
partitive, 74–80
    exceptions to the rule for using the, 76–80
    after expressions of quantity and expressions
        with *de,* 77–81
    in negative sentences, 76, 78–81
passé composé:
    versus the imperfect tense, 325–329
    interrogative by inversion of, 235–236
    of irregular verbs:
        in *–é, –ait, –i, –is, –it,* 250–251
        in *–ert,* 272
        in *–u,* 264–265
    negative of, 234–235
    of reflexive verbs, 285–287
    of regular verbs, 229–231
    of verbs conjugated with *être,* 282–285

passive voice, 416–417

past participle (See participle)

peindre, 270–271

permettre:
  past participle of, 251
  present tense of, 247–248

plaire:
  past participle of, 264–265
  present tense of, 204–205

pleuvoir:
  future tense of, 342–344
  present tense of, 213
  pluperfect tense, 426–427

plus with comparative and superlative, 213–216

plusieurs contrasted with *un peu de*, 78–81

possessive adjectives, 100–104

possessive pronouns, 364–365

pouvoir:
  future tense of, 357–358
  past participle of, 264–265
  present tense of, 57–59
  subjunctive of, 410–411

prendre:
  past participle of, 250–251
  present tense of, 118–119

prepositions:
  with geographical names, 329–331
  before infinitives, 135–136, 309–311
  with months of the year, 48
  after verbs, 135–136, 309–311

present participle (see participle)

present tense:
  and *ça fait . . . que*, 104–106
  with *depuis*, 104–106
  of *–er* verbs, 13–14
  and *il y a . . . que*, 104–106
  of *–ir* verbs, 52–53
  of irregular verbs (see individual verbs)
  negative forms of the, 31–32
  negative interrogative forms of the, 56–57
  of *–re* verbs, 73–74
  in *si* clauses, 376–378
  of spelling-change verbs:
    ending in *–cer* and *–ger*, 48
    with *–e–* in the infinitive, 49–50
    with *–é–* in the infinitive, 50–51
    with *–yer* in the infinitive, 69

promettre:
  past participle of, 250–251
  present tense of, 247–248

pronouns:
  demonstrative, 232–234
  direct object:
    le, la, l', les, me, te, nous, vous, 154–158
    with *voici* and *voilà*, 155–156
  double object, 289–293, 304–305
  emphatic, 266–269
  en, 178–181, 291–293
  indirect object:
    lui, leur, 175–176
    me, te, nous, vous, 156–158
  object:
    direct, 154–158
    double, 289–293, 304–305
    indirect, 156–158, 175–176
    position of:
      in affirmative imperative, 160, 304–305
      in the infinitive, 160–161
      in negative sentences, 159–160
  possessive, 364–365
  reflexive, 196–199, 285–287
  relative, 378–382
  subject, 11–12
  y, 176–178, 291–293

que:
  interrogative pronoun, 359–362
  relative pronoun, 378–381

quel, interrogative, 123–124

quelque contrasted with *un peu de*, 78–81

qu'est-ce que, 359–362

qu'est-ce que c'est que, 359–362

qui:
  interrogative pronoun, 359–362
  relative pronoun, 378–381

qui est-ce qui, 359–362

quitter versus *partir, sortir, laisser, s'en aller*, 228

quoi, 359–362

–re verbs:
  future tense of, 331–333
  imperative of, 74
  passé composé of, 229–231
  present tense of, 73–74

recevoir:
    future tense of, 342–344
    past participle of, 264–265
    present tense of, 193–194
reconnaître:
    past participle of, 264–265
    present tense of, 97
reflexive pronouns, 196–199, 285–287
reflexive verbs:
    imperative of, 200–201
    in the infinitive, 201
    interrogative of, in the *passé composé*, 285–286
    negative forms of, 199–200
    passé composé of, 285–287
    present tense of, 196–198
rejoindre, 270–271
relative pronouns, 378–382
rire:
    past participle of, 250–251
    present tense of, 86
rompre, 90

savoir:
    versus *connaître*, 98
    future tense of, 342–344
    past participle of, 264–265
    present participle of, 217–218
    present tense of, 94–95
    subjunctive of, 410–411
se in the passive voice, 416–417
seasons, 48
s'en aller, 198
    contrasted with *partir, sortir, laisser, quitter*, 228
servir, 120–121
si:
    and the imperfect tense, 309
    in answer to a negative question or statement, 358–359
si clauses, 376–378, 428–429
sortir:
    with *être* and *avoir* in the *passé composé*, 284–285
    versus *partir, quitter, laisser, s'en aller*, 228
    present tense of, 120–121
souffrir, 272

sourire:
    past participle of, 250–251
    present tense of, 86
stress pronouns (see emphatic pronouns)
subject pronouns, 11–12
subjunctive:
    past, 424–425
    present:
        of irregular verbs, 408–411
        of regular verbs, 391–397
        of spelling-change verbs, 397–400
    uses of:
        with expressions of doubt, 396–397
        with expressions of emotion, 395–396
        with expressions of wish or desire, 392–393
        with indefinite antecedents and with the superlative, 414–415
        with impersonal expressions, 393–394
        with *que*, 415–416
        with subordinate conjunctions, 411–414
suivre:
    past participle of, 250–251
    present tense of, 248–249
superlative of adjectives and adverbs, 213–216

se taire, 202–203
tenir:
    future tense of, 357–358
    past participle of, 264–265
    present tense of, 192–193
time, 51
tout, toute, tous, toutes, 121–122

un peu de contrasted with *plusieurs* and *quelques*, 78–81

valoir:
    present tense of, 174
    subjunctive of, 408–411
venir:
    future tense of, 357–358
    present tense of, 192–193
venir de plus the infinitive, 216
verbs:
    conditional past tense, 427–429
    conditional tense, 374–376
    future perfect tense, 429–431

future tense:
    irregular forms of, 342–344, 357–358
    regular forms of, 331–333
    uses of, 344–346
imperfect tense:
    formation of, 306–309
    uses of, 309, 325–329
irregular (See appendix and individual verbs)
passé composé:
    of irregular verbs:
        past participles in *–é, –ait, –i, –is, –it,*
            250–251
        past participles in *–ert,* 272
        past participles in *–u,* 264–265
    of reflexive verbs, 285–287
    of regular verbs, 229–231
    of verbs conjugated with *être,* 282–287
pluperfect tense, 426–427
present tense:
    of *–er* verbs, 13–14
    of *–ir* verbs, 52–53
    of *–re* verbs, 73–74
    of spelling-change verbs:
        ending in *–cer* and *–ger,* 48
        with *–e–* in the infinitive, 49–50
        with *–é–* in the infinitive, 50–51
        with *–yer* in the infinitive, 69
    of verbs beginning with a vowel, 14–15
    of verbs ending with a vowel sound, 122–
        123

reflexive:
    passé composé of, 285–287
    present tense of, 196–201
subjunctive:
    formation of:
        irregular verbs, 408–411
        regular verbs, 391–397
        spelling-change verbs, 397–400
    past, 424–425
    uses of, 392–397, 411–416
    (See individual tenses and verb charts)
vivre:
    versus *habiter,* 249–250
    past participle of, 264–265
    present tense of, 248–250
voici and *voilà* with direct object pronouns, 155–
    156
voir:
    future tense of, 357–358
    plus the infinitive, 431–433
    past participle of, 264–265
    present tense of, 137–138
vouloir:
    meaning in the *passé composé,* 264–265
    past participle of, 264–265
    present tense of, 57–59
    subjunctive of, 408–411
vous, formal, 12

y, 176–178, 291–293